새로 쓴

방송 저널리즘

새로 쓴
방송 저널리즘

컬처룩 미디어 총서 018

심석태 김민표 지음

New
Broadcast
Journalism

컬처룩 미디어 총서 018
새로 쓴 방송 저널리즘

지은이 심석태 김민표
펴낸이 이리라

책임 편집 이여진
편집 에디토리얼 렌즈
표지 디자인 엄혜리

2021년 2월 25일 1판 1쇄 펴냄

펴낸곳 컬처룩
등록번호 제2011-000149호
주소 03993 서울시 마포구 동교로 27길 12 씨티빌딩 302호
전화 02.322.7019 | 팩스 070.8257.7019 | culturelook@daum.net
www.culturelook.net

ISBN 979-11-85521-90-9 94300
ISBN 979-11-85521-06-0 (세트)

culturelook

차례

3부 방송 뉴스 제작론

4부 디지털 혁신과 언론의 미래

일러두기

- 한글 전용을 원칙으로 하되, 필요한 경우 원어나 한자를 병기하였다.
- 한글 맞춤법은 '한글 맞춤법' 및 '표준어 규정'(1988), '표준어 모음'(1990)을 적용하였다.
- 외국의 인명, 지명 등은 국립국어원의 외래어 표기법을 따랐으며, 관례로 굳어진 경우는 예외를 두었다.
- 사용된 기호는 다음과 같다.

  신문 및 잡지 등 정기 간행물, 논문, 방송 프로그램 등 : 〈 〉

  책(단행본):《 》

머리말

전통 미디어 시대는 갔다고 한다. 이미 오래전부터 귀가 따갑도록 들어온 얘기다. 사람들이 신문을 읽지 않은 지 오래되었고, 지상파 방송 메인 뉴스도 보지 않는다. 방송 뉴스 시청률은 수년 동안 급격히 추락했다. 그러면 사람들이 아예 '뉴스' 자체를 외면하고 있는가? 그렇지 않다. 여전히 사람들은 뉴스를 본다. 오히려 더 많이 본다. 최근 연구를 보면 모바일 시대가 되면서 사람들이 가장 즐겨보는 콘텐츠 중 하나가 뉴스라고 한다.

사람들은 뉴스를 보지 않는 것이 아니라 뉴스를 보는 방식을 바꾸고 있다. 생활 패턴에 맞게, 다양한 방법으로 뉴스를 보는 것이다. 어떤 이는 SNS에서 친구들이 추천하는 뉴스를 보고, 어떤 이는 포털이 추천하는 뉴스를 본다. 전통 언론의 뉴스를 재가공한 콘텐츠를 SNS나 이메일 뉴스레터 서비스를 통해서 받아보는 사람도 있다. 물론, TV를 통해 실시간으로 방송 뉴스를 보는 사람도 여전히 제법 있다. 많이 줄기는 했지만 종이 신문을 보는 사람도 있다. 뉴스를 보는 방식이 그만큼 다양해졌다.

어떤 경로를 통해서든 뉴스 영상과 기자의 오디오가 결합된, 우리가 흔히 '기자 리포트'라고 부르는 '뉴스 패키지'는 중요한 정보원이다. 우리는 아직도 이런 뉴스를 대체로 방송 뉴스라고 부른다. 실제로 우리가 알고 있는 방송 뉴스라는 뉴스 콘텐츠는 모든 영상 뉴스의 기본 형태라고 할 수 있다. 여전히 매일 수백만 명이 TV를 통해서, 그리고 방송사들이 운영하는 홈페이지나 스마트폰 앱, 유튜브 채널 등을 통해서 방송 뉴스를 본다. 포털과 페이스북 등 SNS를 통해 방송 뉴스를 보는 사람도 적지 않다. 방송 뉴스는 뉴 미디어 시대에도 여전히 핵심적인 정보 전달 방법이 되고 있다.

이 책은 그런 방송 뉴스는 어떤 것이고, 어떻게 만들어야 하는지, 그리고 이를 만들 때 어떤 점을 유의해야 하는지, 방송 뉴스가 어떻게 변해 가고 있는지를 종합적으로 다루고 있다. 필자들이 이 책을 쓰기로 한 이유는 뉴 미디어 시대에도 여전히 방송 뉴스가 중요한 위치를 차지하고 있는데도 불구하고 방송 뉴스 제작 현장에서의 교육 기능이 급격히 약화되고 있기 때문이다. 방송에서 처음 기자 생활을 시작한 사람들은 물론 신문 등 다른 미디어에서 방송으로 일터를 옮긴 이들에게 적합한 교육 자료가 마땅치 않았다. 최근 몇 년 동안 기자 교육 관련 업무를 하면서 더욱 실감했다. 스타일이 적잖이 다른 두 사람이 의기투합해서 책을 쓰는 데 1년 가깝게 씨름하게 된 것은 그런 이유에서였다.

이 책의 출발점이 된 것은 SBS 보도국의 사건 기자들 사이에 은밀히 대를 이어 전수되고 있던 김민표의 "데스크 통신: 오늘의 원 포인트"라는 프린트물이었다. 이는 김민표가 사건 사고 뉴스를 총괄하는 사회부 사건 데스크를 하던 10여 년 전, 제목 그대로 하루에

한 가지씩, 1편에서 45편까지 연재한 내용을 묶은 것이다. 기사 작성이나 취재 요령에 대한 노하우를 전수하는 것인데 '필로폰? 히로뽕?'이라는 소제목이 붙은 1편부터 매번 '이렇게 해 보자, 저렇게는 하지 말자'는 식의 구체적인 내용이 담겨 있었다. 책에서 배운 것이 아니라 선배들과 취재 현장에서 몸으로 배운 것이 많았다. 그러고 나서 정작 자신은 잊어버리고 있던 것을 후배들이 교육 교재로 쓰고 있었다는 이야기를 들었다.

말로만 들었던 이 김민표의 "데스크 통신"을 심석태가 직접 읽어 본 것은 보도본부장을 끝으로 SBS를 퇴직하고 전국에서 유일한 실무 중심의 예비 언론인 교육 기관인 세명대학교 저널리즘스쿨대학원으로 옮길 무렵이었다. 평소에도 신입 기자나 방송으로 옮겨 온 기자들에 대한 교육 교재가 없어서 아쉽게 생각하고 있었는데 이 무렵 특히 방송 실무 교재에 대한 고민이 많았다. 이 "데스크 통신"은 비록 분량은 적지만 현장 기자들에게 필요한 중요한 내용으로만 구성돼 있어서 서점에 나와 있는 여러 방송 뉴스 입문서들에 비해 훨씬 실용적인 도움이 되었다. 다만 작성한 지 시간이 제법 흘러 보완이 필요했고, 사건 기사 외의 다양한 분야에 대한 설명과 함께 어느 정도 일반화와 체계화가 필요했다. 그래서 방송 뉴스 전반을 다루는 입문서 집필을 제안해 하루 만에 뜻을 모으게 되었다.

이 책은 기존의 "데스크 통신"을 뼈대로 하되 최근 사회적으로 큰 관심이 일고 있는 언론 윤리 부분, 그리고 보다 근본적으로는 언론이 도대체 무엇인지 등 기초적인 내용을 추가했다. 기왕 책을 쓰는 김에 보다 체계적이고 종합적으로 방송 뉴스 전반에 대한 사항, 디지털 혁신 등 앞으로 방송 뉴스의 변화 방향까지 다루어 보았다. 앞으로 방송 뉴스가 시청자의 사랑을 계속 받기 위해서 필요한 시청자와의 소통 문제, 나아가 방송 뉴스 제작에 참여하는 사람들 사이의 의사소통과 투명성에 대한 문제까지 개략적으로 살펴보았다. 취재 보도와 관련한 실무적인 부분은 대부분 김민표가, 언론의 기능이나 저널리즘의 원칙, 각종 언론 윤리나 방송 뉴스의 변화 방향 등은 심석태가 집필을 맡았다. 각자 집필한 내용에 대해 서로 의견을 나누고 조정하는 과정을 거쳤다. 당연히 두 사람이 동의하지 않는 내용을 한 사람이 일방적으로 쓴 것은 없다.

주 52시간 근무제가 도입된 뒤 과거처럼 '철야 뻗치기'로 시작하는 기자 입문 교육은 사라졌다. 대신에 출근해서 일하는 시간은 더 빡빡해졌다. 단위 시간당 업무 강도는 더 높아져서, 이제 근무 시간은 오롯이 취재와 제작에 사용해야 하는 상황이 되었다. 그나마 남아 있던 선후배 사이의 도제식 교육의 전통을 유지하기도 쉽지 않다. 디지털 환경에서는 취재와 동시에 바로바로 기사 '생산'을 요구하고, 정밀한 검증이나 꼼꼼한 검토가 이뤄지기가 더 어려워졌다. 뉴스는 소비자가 감당하기 힘들 정도로 넘쳐나는데 언론의 신뢰는 오히려 더 떨어지고 있다.

이 때문에 어렵게 언론사에 입사한 기자들은 '도대체 내가 지금 왜 이 일을 하고 있는가,' '내가 하는 일의 의미는 무엇인가' 같은 정체성에 관한 고민에서부터 '이것을 이렇게 취재하고 보도하는 것이 옳은가,' '지금 이 일을 처리하는 기준은 무엇이어야 하는가,' '이 일을 하는 더 나은 방법이 있지 않을까' 같은 직업 윤리적 고민까지 더 하게 되었다. 하지만 지금 방송사 보도국의 현실은 젊은 기자들에게 이런 교육의 부족을 채워 주고 고민을 함께 들어 줄 여유를 점점 잃고 있다.

이 책은 현장을 지키며 몸으로 깨우친 방송 기자들의 이야기를 바탕으로 한 것이다. 술술 읽을 수 있도록, 현장 경험을 되도록 쉬운 언어로 표현하려고 노력했다. 지금 현업 기자들에게는 무엇을 빼고 무엇을 채워야 할지 점검하는 데 도움이 되도록 현장과 실무 중심으로 내용을 구성했다. 현장으로 뛰어들 준비를 하고 있는 예비 언론인에게도 마찬가지다. 꼭 방송 기자를 지망하는 사람이 아니라도 이 시대에 '기자'라는 직업을 준비하는 데 무엇이 필요한지를 파악하는 데도 이 책이 도움이 될 것이다.

그렇다고 꼭 기자나 예비 언론인만을 독자로 상정한 것은 아니다. 전반적으로 언론을 공부하는 사람이나 언론에 관심이 있는 일반인에게도 이 책이 방송 뉴스가 어떤 고민과 절차를 거쳐서 만들어지는지를 이해하는 데 길잡이 역할을 할 수 있을 것이다. 방송 뉴스는 어떻게 만들어지는지, 사회적으로 어떤 역할을 하는지를 이해하면 방송 뉴스를 제대로 소비할 수 있다. 구체적인 취재와 제작 과정에 대한 이해를 생략하고 결과만 놓고 판단하다 보면 단순히 내 마음에 드는지 혹은 그렇지 않은지를 기준으로 뉴스를 평가하기 십상이기 때문이다.

이 책은 언론의 취재 제작 관행에 대한 성찰도 담고 있다. 지금 방송을 포함한 한국 언론은 매우 어려운 지경에 처해 있다. 이럴 때일수록 기본으로 돌아가야 한다. 취재하고 기사를 쓰는 것은 언론의 기본이다. 발 빠른 취재나 기사의 정확성만으로 뉴스 소비자의 마음을 잡을 수 없다는 회의적 시각도 있다. 하지만 사실을 제대로 취재하는 것은 그럴수록 더 중요하다. 그것이 언론과 언론이 아닌 것을 구분하는 가장 중요한 기준이기 때문이다. 기자는 현장 취재를 하기 때문에 비평가와 다르고, 기사 역시 취재를 바탕으로 하기에 성명이나 보도 자료와 다르다. 기자 생활을 오래했다고, 연차만 차면 취재가 잘되고 기사가 저절로 나오는 것도 아니다. 결국 시청자·독자에게 사랑받고 신뢰받기 위해서는 언론이 기본을 잘 갖추는 수밖에 없다.

책을 쓰면서 방송 뉴스의 관행과 시스템을 돌아볼 기회도 되었다. 취재하고 보도하는 일련의 업무 방식 속에 언론계의 낡은 관행이나 인식이 숨어 있는 걸 발견하기도 했다. 이런 오래된 관행과 인식은 복원력이 강해 방송사들의 뉴스 혁신 노력을 방해한다. 뉴스가 무엇을 위해 존재하는지 기본으로 돌아가서 낡은 관행과 인식을 바꾸는 방안을 독자들과 함께 찾아보고 싶다.

디지털 혁신과 언론의 미래를 다룬 4부는 당장 하루하루 뉴스를 만들어야 하는 이들에게는 쉽게 눈길이 안 가는 내용일 수도 있다. 하지만 방송 뉴스의 미래를 고민하는 사람은 꼭 그 부분을 읽고 한번쯤 생각해 줬으면 좋겠다. 특히 마지막 10장에서 다룬 언론 내외부의 소통 문제는 방송 뉴스는 물론 모든 전통적인 저널리즘의 생존을 위해 필수적인 부분이다. 언론에 대한 불만을 단순히 기사 댓글이나 SNS를 통해 표출하는 것을 넘어 기자에게 물리적 위해를 가하는 일마저 벌어지고 있다. 이런 현실을 극복하려면 언론에 대한 사회적 신뢰를 확보해야 한다. 언론이 전반적인 신뢰를 확보하기 위해서는 언론 내부의 소통, 그리고 시청자와의 소통에서 성과를 내는 것이 당장 특종 보도를 하고 시청률을 올리는 것보다 더 중요해졌다.

이 책을 쓰기 시작한 것은 2020년 봄부터였다. 하지만 원고를 집필하는 동안에도 막상 출간을 맡아 줄 곳이 있을지는 확신하지 못했었다. 언론에 대한 진지한 논의보다 자극적이고 즉자적인 비평이 앞서는 지금 같은 시기에 이렇게 방송 저널리즘의 기초를 다루는 책을 내려면 상당한 결단이 필요하다는 것을 잘 알기 때문이다. 하지만 컬처룩은 제안을 받자마자, 선뜻 이 책의 출판을 맡아 주었다.

이리라 대표와 이여진 편집장께 감사의 말씀을 드린다. 컬처룩은 그동안 《방송 저널리즘의 7가지 문제》, 《방송 뉴스 바로 하기》 등 방송 저널리즘의 품질을 제고하기 위한 연구 결과물을 도맡아 출판해 왔다. 쉽지 않은 일이다. 그 점에 대해서도 이 자리를 빌려 특별한 감사를 전한다.

마지막으로 이 책을 읽는 모든 언론인과 예비 언론인, 그리고 뉴스 소비자 모두의 건승을 빈다.

심석태, 김민표

1부

뉴스의 기초

1장 뉴스와 기자

2장 저널리즘 원칙과 윤리

1장

뉴스와 기자

1. 왜 뉴스를 하는가?

1) 뉴스의 기원

BC 490년, 대부분 아테네 병사로 이루어진 그리스군은 페르시아와 전쟁을 치르는 도중 마라톤이라는 평원에서 대규모 전투를 벌였다. 이 전투에서 그리스가 이겼다는 소식을 알리기 위해 한 병사가 아테네까지 약 40여 킬로미터를 쉬지 않고 뛰어갔다. 이는 42.195킬로미터를 달리는 장거리 육상 종목, 올림픽의 대미를 장식하는 마라톤의 기원으로 알려져 있다. 그 병사는 승전보를 전하고는 그만 숨을 거두었다.[1] 패전해서 급하게 대책을 세워야 하는 것도 아닌데, 승전보를 전하기 위해 그 병사는 왜 목숨을 걸고 뛰었을까? 물론 지휘관이 소식을 급히 전하라고 명령해서였겠지만, 요즘 시각으로 보면 그가 그렇게까지 목숨을 걸고 뛰어가서 소식을 전해야 했는지 의아하다.

하지만 공동체의 존망이 걸린 전쟁이 벌어지는 와중에 중요한 전투의 승패가 큰 소식임은 분명하다. 거물 테러 지도자를 사살한 소식을 전하기 위해 미국 대통령이 심야에 기자 회견을 하고, 방송사들이 정규 방송을 중단하고 중계하는 것을 봐도 그렇다.

어쨌든 페이디피데스Peidippides라고 전해 오는 그 병사는 뉴스를 전달하는 데 목숨을 바쳤다. 마라톤은 역사적으로 매우 극적인 뉴스 전달 사례를 기념하는 경기인 셈이다. 중요한 일이 있을 때 이렇게 사람이 직접 가서 정보를 전달하는 방식이 당시에는 일상적이었을 것이다. 중요한 소식을 사람을 통해 전달하는 방식은 마라톤 전투가 벌어진 BC 490년보다 훨씬 더 오래전부터 있었을 것이다.

실제로 이런 전투 소식만 뉴스 가치가 있는 것은 아니다. 인류학자들이 고립된 부족 사회들을 대상으로 한 연구를 보면 뉴스를 생산하고 소비하는 것은 어느 사회에서나 매우 일상적인 일이다. 미첼 스티븐스Mitchell Stephens의 《뉴스의 역사*A History of News*》는 뉴스의 원초적 형태를 잘 보여 준다. 서태평양 폴리네시아의 어느 섬에 사는 원주민들은 마을 안에서 누군가를 만나면 항상 자신이 목격한 것을 확인하고 다른 마을 사람을 만나면 서로 알고 있는 것을 교환한다. 심지어 다른 마을을 방문하면 자기 볼일을 보기 전에 먼저 그가 알고 있는 최신 소식에 대한 그 마을 사람들의 질문에 답을 해야 한다.[2]

종이 신문이나 방송 등과 같은 오늘날의 체계화된 전문적 뉴스 전달 시스템은 그리 오래되지 않았다. 하지만 인류가 사회를 이루어 살기 시작하면서 이른바 '정보'라는 것이 생겼고, 인류학적 연구들은 어느 사회나 그런 정보의 수집과 유통을 중요하게 여겼음을 알려 준다. 특히 사회의 규모가 커지면 정보를 수집하고 전달하는 사람이 생겼고, 나중에는 이런 일을 전문적으로 하는 사람이 나타났다.

오랜 세월이 흐르면서 점토판과 파피루스를 거쳐 인쇄술, 전파, 인터넷 등 다양한 정보 전달 기술이 도입되었다. 인류 역사 전체를 돌아보면 정보를 대규모로, 신속하게 전달하는 기술이 만들어진 것은 극히 최근의 일이다. 인류 역사 대부분 인간은 '기억'과 '말'을 통해 정보를 전달해 왔다. 다만 새로운 기술이 등장하면 정보를 기록하고 전달하는 과정 전체에 계속 영향을 미쳤다. 돌아보면 인류는 당대에 동원할 수 있는 가장 최신 기술을 정보 전달에 활용해 왔다.

정보 전달 방법은 계속 진화했지만, 새로운 기술이 등장한다고 이전의 정보 전달 방식이 갑자기 사라지는 것은 아니다. 사람이 편하게 이용 가능한 기술이라면 얼마든지 살아남아서 정보 전달에 이용된다. 기술이 중심이 아니라 전달되는 것, 즉 뉴스라는 내용물이 핵심인 것이다. 모바일 기기를 이용한 뉴스 소비가 대세가 되어 버린 지금도 여전히 개인 사이의 말을 통한 뉴스 전달의 비중은 크다. 이는 기술 변화 속에서도 정보 전달의 본질은 여전하다는 것을 보여 준다.

2) 뉴스의 기능

'뉴스는 무엇을 하는 것인가' 하는 질문은 기자, PD 같은 언론인이 무슨 일을 하는지 묻는 것이기도 하다. 기자나 PD가 뉴스를 전하려면 정보 수집, 즉 취재를 해야 한다. 이때 사람들은 '당신이 무슨 이유로 그런 것을 묻는가?' 혹은 '내가 당신에게 그것을 왜 얘기해야 하는가?' 되물을 수 있다. 마찬가지로 기자나 PD 스스로도 '내가 무엇을 위해서 이 일을 하는가?' 혹은 '내가 이것을 묻는 것에 어떤 의미가 있는가?' 하고 자문할 수도 있다. 이런 질문에 제대로 대답을 하지 못한다면 현실적으로 취재의 벽에 부딪힐 수도 있고, 의욕을 상실할 수도 있다. 그래서 우리는 매번 본질적인 질문을 스스로에게 던져야 한다.

표현의 자유는 사회에서 어떤 기능을 할까? 이에 대한 아주 설득력 있는 네 가지 답이 있다. 미국 예일대학교 교수였던 토머스 에머슨Thomas Emerson이 제시한 것이다. 이는 곧 '언론 자유Freedom of Press'의 기능에 대한 답이다. 결국, 뉴스는 무엇을 하는가에 대한 것이기도 하다. 에머슨이 제시한 표현의 자유의 사회적 기능은 다음과 같다.

① 개인의 자아 실현individual self-fulfillment

② 지식 발전과 진실의 발견advancing knowledge and discovering truth

③ 모든 사회 구성원의 의사 결정 과정 참여participation in decision making by all members of society

④ 사회의 안정과 변화 사이의 균형achieving more adaptable and more stable community[3]

첫 번째, 표현의 자유는 개인에게 자아를 실현하는 기능을 수행한다. 자기 생각을 드러내는 것은 개인이 자신의 존재를 사회적으로 입증하는 것이다. 아무리 훌륭한 생각이 있어도 이를 겉으로 표현하지 않는 한 아무도 그것을 인식할 수 없다. 이는 특히 예술이나 사상 등과 관련해서 생각해 볼 수 있다.

두 번째, 표현의 자유는 지식 발전과 진실의 발견을 위해 필요하다. 자유로운 토론이 억압된다면 기존의 관념을 뛰어넘는 지식의 발전은 기대하기 어렵다. 기존의 지식 체계에 대한 도전이 자유롭게 허용되어야만 기성 질서의 오류를 시정하고, 보다 더 진실에 가깝게 다가갈 수 있다. 학문적으로만이 아니라 사회적 가치 질서를 바로잡는 데도 이런 기능은 매우 중요하다.

세 번째는 보다 직접적으로 뉴스의 기능을 설명한다. 표현의 자유는 모든 사회 구성원이 사회적 의사 결정에 참여하기 위해 필요하다. 과거는 물론 지금과 같은 대의민주주의 사회에서 구성원들이 여론 형성에 참여하고 궁극적으로 투표 등을 통해 정치에 참여하려면 공적 사안에 대해 정확한 정보를 파악할 수 있어야 한다. 아는 것이 없다면 의사 결정에 참여하는 것이 무의미할뿐더러 사회에 위험을 초래할 수도 있다. 만약 사회 구성원들이 중요한 공적 사안에 대해 알지 못한다면 민주주의니, 국민 주권이니, 정치 참여니 하는 것이 모두 공허한 이야기가 되고 만다. 이런 기능 때문에 표현의 자유, 언론의 자유는 다른 모든 자유를 가능하게 하는 '메타meta자유'라고 말한다.

마지막으로 표현의 자유가 사회의 안정과 변화 사이에 균형을 잡는다는 것은, 사회적으로 다양한 생각이 표출될 수 있는 기회를 보장해야 사회 안정을 유지할 수 있다는 뜻이다. 다수와는 다른 생각이거나, 얼핏 보기에 별로 중요하지 않은 것 같은 의견도 두려움 없이 제시될 수 있도록 보장해야 한다. 지금 주류와 다른 의견을 말하는 것 자체를 억압한다면, 시간이 흐른 뒤 그 의견이 충격적인 방식으로 나타날 수 있다. 주류적 견해에서 볼 때 이상해 보이는 주장이거나, 혹은 단순히 즐거움이나 호기심 충족을 위한 정보도 사회가 긴장을 해소하면서 안정적으로 유지되는 데 필요한 것이다. 스포츠나 연예 정보에도 사회상을 반영하는 많은 정보가 숨어 있다. 다양한 정보 욕구를 충족시키기 위한 정보 흐름을 보장하는 것은 사회 전체의 건강을 위해서 필요하다.

3) 뉴스: 사회 공론장의 필수 요소

앞서 살펴본 표현의 자유의 네 가지 기능 가운데 세 번째 기능, 즉 사회 구성원이 의사 결정에 참여하는 것에 대해서 좀 더 생각해 보자. 현대 사회에서 대부분의 공적 의사 결정은 대의민주주의 제도를 통해 이루어진다. 이 시스템에서는 여론, 즉 사회적 공론이 어떻게 형성되는지가 매우 중요하다. 사회 구성원들이 어떤 정보를 입수하느냐에 따라 여론의 흐름이 다르게 형성될 수 있고, 이는 그 사회가 어떤 의사 결정을 내리느냐로 연결된다. 따라서 사회적 의사 결정이 제대로 이루어지기 위해서는 공적 정보의 유통 시스템이 제대로 작동해야 한다.

이 때문에 언론 자유의 네 가지 기능 가운데서도 사회 구성원들이 공적 의사 결정에 참여할 수 있도록 제대로 된 정보를 제공하는 것은 각별히 중요하다. 일부 학자들은 이런 공적 의사 결정에 필요한 정보를 제공하기 위해서라면 언론 자유를 '절대적으로' 보호해야 한다고 주장하기도 한다. 미국의 알렉산더 마이클존Alexander Meiklejohn이 대표적이다. 그는 "언론의 자유를 보장한 미국 수정헌법 제1조("의회는 표현의 자유를 제한할 수 있는 어떤 법률도 만들 수 없다")는 유권자인 시민이 자신이 선출한 대리인, 즉 정치인과 공직자가 국민의 뜻에 따라 일을 하는지 감시하고, 동시에 유권자의 뜻을 그들에게 전달하기 위해 제정된 것"이라며 이런 내용을 다루는 언론은 절대적으로 보호해야 한다고 주장했다.[4] 이런 주장은 다른 기본권에 대해 언론 자유가 우월적 지위에 있다는 것으로, 명예권 등 사람의 다른 기본권과 언론 자유가 충돌할 때 언론 자유를 우선적으로 보호해야 한다는 뜻이다. 실제로 미국에서는 연방대법원이 수정헌법법 제1조를 해석할 때 이 논리를 적용한다.

국내에서도 학계는 물론 헌법재판소도 언론 자유가 다른 기본권에 대해 우월적 지위에 있다고 보는 것이 현대 헌법의 해석 방향이라고 인정하고 있다. 언론 자유가 다른 기본권에 비해 무조건 더 중요하다는 말이 아니라, 그 정도로 사회적 공론장 형성을 중요하게 보고 있다는 의미다.

이런 논의를 바탕으로 뉴스가 무엇이냐는 질문으로 돌아가 보자. 뉴스는 다른 무엇보다도 오늘의 우리 사회에서 공적 의사 결정이 제대로 이루어지기 위해 필요한 '필수적 공공재'다. 사회적으로 공론장이 원활하게 작동하기 위해서는 각종 공적 정보가 왜곡되지 않고 제대로 유통되어야 한다. 하지만 그런 공론장은 항상 많은 이해관계자들의 치열한 두뇌 싸움의 표적이 된다.

단순히 공론장 자체만이 아니라 공론장 안으로 정보를 전달하는 역할을 하는 언론의 보도를 놓고도 다양한 신경전이 벌어진다. 어떤 사안에서 여론이 어떻게 흘러가는지에 따라 정치권이나 정부가 반응한다. 정치권이나 정부는 항상 여론이 자기편에 유리하게 형성되기를 바라고, 이를 위해 다양한 홍보 전략을 구사한다. 사실상 모든 정치 세력이 여론을 자신에게 유리하게 형성하기 위한 전략적 행동을 한다.

사회에서 유통되는 정보를 모두 그대로 신뢰하기는 어렵다. 사회적으로 치열하게 논쟁이 벌어지는 쟁점은 물론, 일견 사소해 보이는 사안도 정도의 차이는 있지만 관련된 사람의 이해관계가 얽혀 있다. 아무리 작은 사안이라도 이해관계에 따라서는 다르게 볼 여지가 있다. 따라서 어떤 이해관계자가 공개한 정보를 그대로 믿는 것은 위험하다. 정치적으로나 사회적으로 큰 쟁점이 된 사안과 관련해서는 더욱 그렇다. 자신에게 불리한 언론 보도를 '가짜 뉴스'로 몰기도 하고, 경우에 따라서는 언론 전체에 대한 혐오를 조장하기도 한다. 미국의 트럼프 전 대통령과 그 추종자들이 보인 행태에서 이런 문제가 잘 드러난다. 모두가 여론 형성 과정에서 유리한 위치를 차지하기 위한 전략적 행위라고 할 수 있다.

이렇게 우리가 살고 있는 사회의 공론장은 참가자들이 다양한 이해관계를 놓고 각축을 벌이는 곳이다. 때문에 그 속에서 사회 구성원들이 제대로 된 정보를 파악하지 못한다면 공론장이 정상적으로 작동하기는 매우 어렵다. 다양한 정보의 흐름 속에서 실체적인 사실 관계를 파악하기도 쉽지 않다. 언론 미디어를 운영하는 소수의 사람에게 정보 유통을 의존하던 시기는 지나갔다. 이미 몇몇 개인은 어지간한 대형 미디어보다 더 영향력이 있다. 하지만 그렇게 실질적인 영향력을 행사할 수 있는 개인이 항상 중립적이고 공정하게 정보를 다뤄 주기를 기대하기는 어렵다. 그것은 그야말로 그들의 선택일 뿐이다.

이런 영향력 있는 개인이나 집단은 이른바 기성 미디어를 오히려 부당하게 정보를 독점하거나 이를 이용해 이익을 취하려는 기득권 세력이라고 비판한다. 하지만 그 반대의 경우도 얼마든지 가능하다는 점은 의외로 부각되지 않았다. 실제로 정보 유통에 관여하게 되면 정치적, 경제적 쟁점에 영향을 미칠 수 있으므로, 그 과정에는 일정한 사회적 통제가 필요하다. 이것은 그 주체가 집단, 조직, 개인 가운데 누구라도 마찬가지다. 그동안 이른바 '언론의 전문직주의'나 다양한 언론 윤리 규범이 만들어진 것도 어떻게 하면 정보 유통이 개인적 이익을 위해 왜곡되지 않게 할지 고민한 결과물이다. 고도의 공적 의무가 법률로 부여된 방송만이 아니라 신문이나 인터넷 언론에 대해서도 일정한 수준 이상의 공익성은 필요하다.

물론 언론의 전문직주의나 윤리 규범이 우리 사회에서 충분하게 작동하고 있지 못하다는 비판을 피하기는 어렵다. 하지만 이런 현실은 언론의 전문직주의나 윤리 규범을 더 강화하고 체계화해서 실효성을 갖게 해야 할 필요성을 일깨우는 것이지 그런 전문직주의나 윤리 규범이 아무 소용이 없다는 주장의 근거가 되지는 못한다.

사회적 공론장이 정상적으로 작동하려면 언론이 이런 다양한 이해관계자의 전략적 행동에 발목 잡히지 않고 왜곡되지 않은 다양한 공적 정보를 전달해야 한다. 이를 위해서는 어떤 정보가 일부 관련된 사람의 이해관계에 오염되지 않았는지, 누군가의 주관적인 견해가 객관적인 사실로 잘못 알려진 것은 아닌지 등을 잘 살펴야 한다. 정보 생산자가 직접 발신하는 생생하고 다양한 정보 못지 않게, 정보 소비자인 일반 시민의 입장에서 객관적으로 정보의 가치를 따지고 정확성을 검증하는 언론의 역할이 중요하다.

이런 과정을 거친 정보를 비로소 뉴스라고 한다. 일차적인 정보를 바탕으로 뉴스를 생산하는 과정이 오염되는 것을 방지하기 위해 다양한 언론 윤리 규범이 존재한다. 이러한 규범 체계 아래에서 일정한 훈련을 거쳐서 사회적으로 신뢰할 만한 뉴스를 생산하는 사람을 언론인이라고 부른다. 정보를 생산하는 사람 중에서 일정한 윤리적 규범 체계를 준수하는 사람만을 언론인이라고 할 수 있다.

2. 기자의 자질

1) 기자에게 필요한 자질은 다양하다

수습으로 갓 입사한 기자들에게 좋은 기자의 자질이 무엇인지 물어보면 다양한 답변이 나온다. '술을 잘 마셔야 할 것 같다,' '체력이 좋아야 할 것 같다'는 신체적 건강에 대한 얘기도 있고, '발품을 많이 팔아야 한다,' '엉덩이가 무겁지 않아야 한다'며 부지런함을 좋은 기자의 자질로 꼽는 답변도 있다. '균형 감각이 필요하다'거나 '전문성이 필요하다'며 저널리즘의 가치를 말하기도 한다.

모두 틀린 답변은 아닐 것이다. '술을 잘 마셔야 한다'는 답변은 취재원을 많이 만들고 네트워킹을 잘해서 많은 정보를 제공하는 뉴스를 만들겠다는 포부로 해석할 수 있다. 하지만 술과 기자 실력은 상관이 없다. 술을 못 마셔도 좋은 기사를 쓰는 기자들이 얼마든지 있다. 수습기자들의 답변은 다양한 나름의 '기자관'이 덜 세련된 방식으로 표현되었을 뿐이다. 각자 자신의 장점을 십분 활용해 뉴스를 만들면 된다.

방송 기자를 보면 현장 취재에 능한 이들이 있고, 중계 연결이나 스튜디오 출연같이 생방송에 능한 이들도 있다. PD처럼 감각적 제작에 능한 이들도 있고, 뉴 미디어 콘텐츠 제작에 능한 이들도 있다. 세부적으로 더 나눠 볼 수도 있다. 가령 현장 취재 가운데서도 정치, 경제, 사회 등 특정 분야에 능한 기자들이 있다.

기자 생활을 10년쯤 하다 보면 자연스레 자기에게 맞는 길을 찾게 되고, 완벽하진 않지만 인사발령도 대체로 그렇게 나게 된다. 뉴스를 만드는 데 다양한 능력들이 두루 필요하기 때문이다.

그렇다고 해도 기자에게 필요한 자질은 있다. 다만 선발할 때는 잠재성을 보는 것이지 완성된 기자를 뽑는 것은 아니다. 기자가 된 뒤에 후천적으로 기자 체질을 만들고 자신에게 맞는 분야의 전문성을 개발하면서 언론인으로 성장해 가는 것이다. 그리고 기술의 발전과 언론 환경의 변화에 맞춰 기자의 전통적인 자질과는 완전히 다른 새로운 자질도 필요해졌다. 기자 지망생이라면 '나는 어떤 능력이 있는가? 왜 기자가 되려고 하는가? 좋은 기자가 되려면 어떤 노력을 해야 하는가?' 하는 질문을 스스로에게 던지면서 고민해 보자.

2) 세상 돌아가는 데 관심이 있어야 한다

기자 중에는 의사, 수의사, 변호사 같은 전문직 출신들이 있다. 이른바 한국 사회에서 먹고사는 걱정 없이 기득권을 누리며 살 수 있는 자격증 소유자들이다. 이들이 기자를 지망한 건 월급을 더 받아서도 아니고, 더 편해서도 아니다. 승진과 같이 조직 내에서의 앞날이 보상되는 건 더더욱 아니다. 병원이나 연구소, 법원에서는 할 수 없는 일을 언론에서 할 수 있다고 믿고 새로운 영역에 도전한 것이다. 기자 DNA가 있었던 셈이다.

기자 DNA가 있다는 건 세상 돌아가는 데 관심이 많다는 의미다. 의사 출신으로 기자가 된 경우를 생각해 보자. 기자가 되기 전에는 환자나 보호자와 일대일 커뮤니케이션을 하다가 기자가 된 뒤에는 전문성을 살려 감염병 등의 의학 이슈를 다루는 기사를 통해 다수의 뉴스 소비자와 커뮤니케이션하게 된 것이다. 세상 이슈에 뛰어든 셈이다. 조동찬 SBS 의학 전문 기자의 인터뷰를 살펴보자.[5]

끈질긴 취재로 정평 났지만, 특히 국정농단 의혹을 집요하게 취재하는 이유는 무엇인가?

조동찬　세월호 때문이다. 2014년 4월 16일, 그날을 우리가 어떻게 기억하느냐에 관련된 문제다. 모든 사람이 배가 가라앉는 걸 TV를 통해 실시간으로 봤다. 나중에 아이들이 촬영한 동영상을 보니, 아이들은 기울어진 상태에서 그렇게 가만히 있는 게 가장 안전한 거라고 믿고 있었다. 그 순간에라도 누군가 빨리 내리라고 했으면 다만 몇 명이라도 살 수 있지 않았을까. 우리가 왜 우리 아이들을 저렇게 허망하게 보냈느냐 하는 부분이고, 그 세대에 대한 미안함이 있다. 그래서 세월호 침몰 원인과 직간접적으로 연결돼 있는 이번 사안에 대해서는 타협할 수가 없다. 많은 의사 선생님들이 "네가 왜 여기 나서냐?"며 만류한다. 의사가 관여한 부분은 얼마 되지 않는데 왜 의료계 쪽을 집요하게 취재하느냐고 하는데, 그렇게 그냥 넘어갈 수 없다. 아이들을 그렇게 허망하게 보낸 것의 이면에 온갖 부조리한 것들이 깔려 있다는 사실이 드러났는데도 하나도 바뀌지 않았기 때문이다.

기자는 기본적으로 사회와 소통하는 일선에 있기 때문에 사회 돌아가는 데 무관심한 기자란 있을 수 없다. 어떤 음식이나 음악이 유행한다면 그 유행을 경험해 보려는 호기심이 발동하고, 분노와 연민을 유발하는 사회 이슈가 있으면 그 분노와 연민에 공감하는 감성이 있어야 한다.

단순히 사회와 호흡하는 것으로 멈추지 말고 세상이 제대로 돌아가는지, 뉴스가 되는 이슈의 흐름이 어떻게 전개되는지, 주변에 어떤 부조리는 없는지, 이웃에 억울한 사람은 없는지를 관찰하고 감시하며 사회 변화의 마중물이 돼야 한다. 한국언론진흥재단이 기자를 상대로 한 의식 조사를 보면 언론인을 직업으로 선택한 이유를 묻는 질문에 '좀 더 나은 사회를 만드는 데 기여할 수 있어서'라는 응답이 가장 많았다. 2017년에는 51.4%,[6] 2019년에는 53.6%였다(모두 복수 응답).[7] 이 조사대로라면, 기자들이 초심을 잃지만 않으면 사회는 더 나아질 것이다.

3) 현장에서는 뜨겁게, 기사 쓸 때는 차갑게

모든 일이 그렇지만 기자의 일도 열정이 중요하다. 갓 입사한 수습기자들은 열정이 지나쳐서 문제일 때가 있다. 한쪽의 제보를 받으면 그게 진실로 보이고, 다른 면을 잘 보지 못하고 성급하게 달려든다. 상대적으로 사회적 약자의 제보라면 더욱 그렇다. 하지만 선과 악의 이분법과 달리 진실은 단순하지 않다. 하나의 기사가 빛을 보게 만드는 과정은 열정만으로 이뤄지지 않는다.

일반적으로 기자의 노동 강도는 높은 편이다. 계속 피로가 쌓이다 보면 기자 생활 10년차 정도에 이르면 초기의 열정이 식으면서 매너리즘에 빠지곤 한다. 사실 10년차 정도라면 취재와 보도의 노하우가 쌓여 양적으로나 질적으로나 매우 왕성한 활동을 할 수 있는 시기다. 하지만 매너리즘에 빠지면 그럭저럭 중간 정도의 콘텐츠밖에 나오지 않는다. 어떤 기사를 쓰라는 지시를 받으면 누구를 인터뷰하고, 어디를 촬영하고, 내용은 어떻게 구성할지 벌써 머릿속에 그려 놓고 그 그림에 취재를 맞추는 식이다. 10년차 정도 되면 누구나 이 정도는 가능하다. 특별히 흠을 잡을 것도 없고, 그렇다고 뛰어나게 좋지도 않은 결과물이 나오는 것이다.

저널리즘의 무거운 책무를 생각하면 기자의 열정이 식지 않아야 한다. 기자 개인에게만 맡겨서는 해결되지 않고 언론 노동 환경을 제도적으로 변화시켜야 한다. 주 52시간 근무제 시대가 된 만큼 '인력 충원'과 '유연근무제' 등으로 조직적으로 기자의 열정을 뒷받침해야 한다. 기자가 열정을 잃고 매너리즘에 빠지지 않도록 언론사 차원의 노력이 필요하다.

냉정도 필요하다. 특히 기사 작성 단계에서는 차가운 머리가 필요하다. 검증된 사실 위주로 쓰는 건 기본이고 취재가 미진한 점이 발견되면 아깝더라도 기사를 접거나 미루는 냉정한 판단을 내릴 수 있어야 한다. 다시 언급하겠지만 취재와 보도 관련 윤리를 바탕으로 사실 검증을 꼼꼼하게 했는지, 반론 취재는 충실하게 했는지 냉정하게 따져 봐야 한다. 그래서 기자에게는 '뜨거운 가슴'과 '차가운 머리'가 모두 필요하다. 특히 기사 작성 단계에서 차가운 머리가 필요하다는 점을 잊지 말자.

4) 과거와 다른 용기가 필요하다

불편한 진실들이 있다. 자신의 이해관계나 정치적 성향에 맞지 않는 진실은 불편하다. 독자나 시청자도 마찬가지다. 최근 들어 자신이 보고 싶은 뉴스, 듣고 싶은 뉴스만 진실로 믿는 경향이 강해졌다. 기사가 나간 뒤 댓글을 보면 방향이 극명하게 갈린다. 기사에 대한 반감이 심한 시청자나 독자는 기자 개인에게 항의 전화와 메일을 퍼붓고, 언론사 인터넷 페이지 회원 가입을 끊어 버리는 등 아예 소비를 중단하기도 한다. 이런 현상을 '포스트트루스Post-Truth,' 우리말로 '탈진실'의 개념으로 설명하기도 한다. 포스트트루스란 '여론을 형성할 때 객관적 사실보다 개인의 신념과 감정에 호소하는 것이 더 큰 영향력을 발휘하는 현상'을 뜻한다. 저널리즘의 측면에서 보면 '내 입장을 지지하는 뉴스만 진실하다'는 식의 뉴스 소비가 늘어나는 현상을 의미한다.

특정한 시청자나 독자의 구미에 맞는 맞춤형 뉴스를 만들면 어떨까? 기자들이 어느 한 편의 소비자가 환호할 만한 뉴스를 만드는 건 정말 쉽다. 하지만 이는 저널리즘의 원칙에 부합하지 않는다. 기자라면 소비자가 원하는 뉴스는 물론 소비자가 불편해하는 뉴스도 보도할 용기가 있어야 한다. 진실이거나, 혹은 진실에 가깝다는 확신이 들 정도로 취재해서 정확한 정보를 기사에 담으면 된다. 하지만 현실에서는 충성스러운 소비자가 불편해하는 뉴스를 보도하기로 결정하는 것은 기자나 보도 책임자 모두에게 쉽지 않은 일이다. 이럴 때 뉴스룸 내부에 긴장이 형성되기도 하는데, 이런 내부 긴장도 저널리즘의 품질을 높이기 위해 어쩔 수 없이 겪어야 하는 과정으로 보아야 한다. 과거에는 정치권력과 경제 권력 같은 권력에 맞서 언론 자유를 지키려는 용기가 중요했다. 포스트트루스 시대에도 그런 용기는 필요하다. 더불어서 진실과 허위가 혼재하는 상황에서 눈치 보지 않고 진실을 가려내는 취재와 보도에도 용기가 필요하다.

5) 잘 듣고, 잘 물어볼 수 있어야 한다

기자가 사회와 소통하는 방식은 뉴스가 필요로 하는 취재원을 직간접적으로 접촉해 정보를 수집하고, 수집된 정보를 진실이라는 본질에 가깝게 재구성해서 독자나 시청자에게 전달하는 과정으로 이뤄진다. 여기서 중요한 것은 취재원과의 소통이다.

같은 취재원을 접촉해도 기자가 어떤 사람인지에 따라 사뭇 다른 뉴스가 나올 수 있다. 취재원의 말을 귀담아듣고 핵심적인 내용으로 깊이 들어가서 사안에 대한 새로운 관점, 새로운 이야기를 끄집어낼 수 있어야 한다. 취재원이 놀랄 정도로 기자가 해당 사안을 이해하는 폭이 넓다면 좋은 답변을 얻기 유리하다. 질문의 수준이 높으면 답변의 수준도 높기 마련이다.

경청과 질문은 하나의 과정으로도 볼 수 있다. 일단 취재원을 만나면 취재원의 말을 경청하고 취재원의 말에서 질문을 찾아야 취재가 겉돌지 않는다. 제대로 듣지 않고 미리 준비해 둔 다음 질문으로 넘어가면 제대로 된 기삿거리가 나오지 않는다. 뉴스의 중심에 있는 취재원을 쉽게 접촉할 수 있는 것이 아닌데, 기껏 접촉에 성공해 놓고 겉도는 대화만 나눈다면 얼마나 아까운 일인가. 기자의 능력에 따라 이끌어 낼 수 있는 답변과 기사가 달라진다. 이때 중요한 것이 경청과 질문이라는 점을 잊지 말자.

6) 협업이 점점 더 중요하다

사회생활 모든 부분에서 협업이 중요하지만, 특히 방송 기자는 혼자 할 수 있는 일이 거의 없다. 리포트 하나를 만들려면 영상 기자(카메라 기자), 영상 편집 기자, CG 디자이너 등 여러 부문의 동료와 협력해야 한다. 협력이 잘 되면 결과물인 리포트의 품질이 좋아진다.

단순히 리포트 품질이 좋아지는 것 외에도 동료의 제보나 아이디어로 특종 기사가 나오기도 한다. 취재 차량 운전기사의 도움으로 특종을 취재한 사례도 있다. 방송 프로그램 제작을 오케스트라에 비유하기도 하는데, 방송 뉴스도 물론이다. 같은 팀 내 기자들끼리 팀워크도 중요하다. 신문이나 방송이나 국회팀, 사건팀, 법조팀 등은 팀워크로 움직이는 조직이다. 서로 조각난 정보의 파편을 모으다 보면 어떤 그림이 나오고, 그게 기사로 연결되는 협업 방식이다.

이들 조직 외에도 협업이 필요한 뉴스 제작은 갈수록 늘어나고 있다. 출입처 시스템의 약화와 이슈 중심 취재가 중요해지면서 취재 부서 사이의 협업이 늘어났다. 뉴 미디어의 중요성이 부각되면서 취재 부서와 뉴 미디어 부서의 협업도 늘어나고 있다. 특히 올드 미디어와 뉴 미디어의 융합 콘텐츠가 늘어나는 추세여서 언론사 내에서 협력의 중요성은 앞으로 더 커질 것이다.

7) 각광받는 얼리어답터

언론은 기술 발전과 밀접한 관련이 있다. 디지털 기술이 발전하면서 세상 돌아가는 걸 알려 주는 다양한 뉴스 콘텐츠가 손바닥 안으로 들어왔다. 손쉽고 편리하게, 또 선택적으로 뉴스를 소비할 수 있게 됐다.

언론사들에게는 뉴 미디어를 강화하고, 디지털 혁신을 하는 것은 더 이상 피할 수 없는 생존 전략이 됐다. 기술 혁신을 콘텐츠 제작에 얼마나 활용하느냐, 시청자나 독자의 콘텐츠 이용 행태 변화에 얼마나 잘 적응하느냐가 언론사의 중요한 이슈가 되었다. 그만큼 기자들에게는 취재와 기사 작성을 넘어서는 업무 자질이 필요하다. 반대로 새로운 소프트웨어나 하드웨어에 발 빠르게 적응하는 얼리어답터early adopter가 활약할 공간이 무궁무진하게 열리고 있다. 특히 방송 기자에게는 기술 변화에 대한 이해와 빠른 적응이 필요하다.

2장

저널리즘 원칙과 윤리

1. 저널리즘 원칙

1) 저널리즘의 핵심 원칙

바람직한 언론 활동을 위해서는 어떤 원칙을 지켜야 할까? 이 질문을 조금 다르게 해 보자. 저널리즘은 과연 무엇으로 다른 행위와 구별되는가? 언론인의 직업적 정체성을 규정하는 것은 무엇인가? 좋은 언론을 실천하려면 어떻게 해야 할까?

무엇보다 언론을 다른 여러 사회적 기능과 구분하는 것은 그동안 언론이 오랜 시간 동안 축적해 온 나름의 작동 방식에서 찾을 수 있다. 사람들이 보도 내용, 즉 언론의 결과물을 놓고 자신의 호불호에 따라 언론을 평가하고, 언론이 이에 흔들리기 시작하면 그때부터 언론은 목소리 큰 시청자나 독자의 눈치를 보면서 그들의 눈과 귀에 영합하는 길을 찾게 될 우려가 있다. 이를 방지하기 위해 좋은 언론을 평가하는 판단 기준은 명확해야 한다. 어떤 보도를 비평할 때 '이런 원칙을 어겼으므로 문제가 있다,' '이런 원칙을 준수했으므로 좋은 보도로 볼 수 있다'는 식으로 저널리즘의 실천 과정, 절차를 중심으로 구체적으로 비평이 이루어져야 한다는 것이다. 내가 지지하는 사람이나 진영을 비판하는 것이면 구체적인 비판 기준을 제시하지도 않고 나쁜 보도라고 규정하는 식이어서는 곤란하다. 그럼 좋은 저널리즘을 판단하는 기준으로 제시된 것을 살펴보자.

《저널리즘의 기본 원칙》이 제시하는 원칙

언론과 언론인이 시청자와 독자에게 자신의 일을 어떤 원칙에 따라 평가를 해달라고 요구하려면 자신이 먼저 이런 원칙을 일상적인 업무 과정에서 존중해야 한다. 자신은 잘 지키지도 않는 원칙을 시청자나 독자에게만 평가 기준으로 삼으라고 요구하는 것은 말이 안 되기 때문이다. 저널리즘이 어떤 원칙 아래서 행해져야 하는지, 즉 언론이 어떤 원칙을 갖고 있는지는 여러 가지 방식으로 설명할 수 있다. 먼저 저널리즘 실무 교육에 많이 사용되고 있는 빌 코바치Bill Kovach와 톰 로젠스틸Tom Rosenstiel의 저서 《저널리즘의 기본 원칙 *The Elements of Journalism*》이 제시한 10가지 원칙을 살펴보자.[8]

《저널리즘의 기본 원칙》이 제시한 10대 원칙

1. 저널리즘의 첫 번째 의무는 진실에 대한 것이다.
2. 저널리즘이 가장 충성을 바쳐야 할 대상은 시민이다.
3. 저널리즘의 본질은 사실 확인의 규율이다.
4. 저널리즘을 실천하는 사람은 반드시 그들이 취재하는 대상으로부터 독립을 유지해야 한다.

5. 저널리즘은 반드시 권력에 대한 독립적인 감시자로 봉사해야 한다.
6. 저널리즘은 반드시 공공의 비판과 타협을 위한 포럼을 제공해야 한다.
7. 저널리즘은 반드시 최선을 다해 시민이 중요한 사안을 흥미롭게, 그들의 삶과 관련 있는 일로 인식할 수 있도록 전달해야 한다.
8. 저널리즘은 반드시 뉴스를 포괄적이면서도 비중에 맞게 보도해야 한다.
9. 저널리즘을 실천하는 사람은 그들의 양심을 실천해야 하는 의무를 지닌다.
10. 시민도 뉴스에 대해 권리와 책임을 가진다.

이 원칙들을 잘 살펴보면 먼저 '사실성'이 눈에 띈다. 첫 번째 의무인 '진실'이나, 세 번째의 '사실 확인의 규율'이 저널리즘의 본질이라고 제시한다. 사실 확인을 중요하게 생각하는 것이 바로 저널리즘을 다른 것과 구분 짓는 핵심 요소라는 것이다. 유의할 것은 단순한 '사실의 조각'보다 사건의 종합적 실체인 진실을 추구할 것을 제일 먼저 언급하고 있다는 점이다.

다음으로 '독립성'이다. 이 독립성은 취재 대상으로부터 독립을 유지해야 하며, 특히 반드시 권력에 대한 독립적 감시자로 봉사해야 한다고 설명되어 있다. 언론의 독립성을 침해하는 원천은 다양하다. 내부와 외부, 조직 차원과 개인 차원에서 독립성을 침해하는 요소가 모두 나타날 수 있다. 특정한 시청자, 독자 그룹도 언론의 독립성을 제약하는 요소가 될 수 있다.

세 번째 원칙은 '공익성'이다. 언론인이나 언론사의 사적 이익, 혹은 특정한 집단이나 기관의 이익이 아닌 '시민 일반의 이익'을 앞세워야 한다는 것이다. 저널리즘은 특정 집단이 아니라 일반 시민에게 최우선의 충성을 바쳐야 한다는 것, 언론이 공적인 비판과 타협을 위한 논의의 장이 되어야 한다는 것 등이 그것이다. 시민이 중요한 사안을 제대로 이해할 수 있도록 잘 전달해야 한다는 것도 공익성에 관한 것이라고 할 수 있다.

이 밖에 저널리즘을 실천하는 사람, 즉 언론인은 일을 하는 과정에서 양심을 실천해야 할 의무를 갖고 있다는 것이나 시민도 뉴스에 대해 권리와 함께 일정한 책임을 가진다는 대목도 기억해 둘 만하다.

'방송 저널리즘의 7대 문제 유형'과 저널리즘 원칙

국내에서는 저널리즘의 원칙과 관련해 방송기자연합회 저널리즘특별위원회가 제시한 '방송 저널리즘의 7대 문제 유형'이 있다.[9] 여러 해 동안 문제적 보도 사례를 수집하고 분석해 우리 방송 보도에 어떤 문제가 있는지를 정리한 것이다. 이 문제 유형을 뒤집어 보면 좋은 보도가 어떤 것인지, 제대로 된 보도를 하려면 어떻게 해야 하는지를 알 수 있다.

방송 저널리즘의 7대 문제 유형

1. 사실 관계 확인 부족
2. 정치적 편향
3. 광고주 편향
4. 출입처 동화
5. 자사 이기주의
6. 시청률 집착
7. 관습적 기사 작성

첫 번째 문제 유형은 역시 사실 관계 확인이 부족한 것이다. 세부적으로 보면 ① 단편적 정보에 의존해 성급하게 추측 보도를 하는 것, ② 유력 취재원의 발표나 자료를 무비판적으로 인용해 보도하는 것, ③ 논쟁적 사안에 관한 일방적 주장을 그대로 전달하는 것, ④ 익명 취재원의 주장을 검증이나 반론 취재를 하지 않은 채 보도하는 것 등이 해당된다. 이렇게 사실 관계 확인이 부족한 보도가 이뤄지는 이유로 다음의 네 가지를 들고 있다. ① 속보 경쟁이나 특종에 매달리거나, ② 자료가 나오면 확인도 없이 보도하는 잘못된 관행에 젖어 있거나 혹은 출입처의 이해에 동화되어 있거나, ③ 보도에 관한 의사 결정권자의 정치적, 경제적 편향성 때문이거나, 혹은 ④ 언론사의 시청률 경쟁 때문일 가능성이 크다는 것이다.

이렇게 '사실 관계 확인 부족'의 세부 유형이나 그것이 나타나는 이유를 자세히 살펴보면 다른 문제 유형과 어느 정도 중첩되는 점을 발견할 수 있다. 다시 말하면 어떤 사안의 사실 관계만 제대로 취재해서 보도해도 대부분의 문제가 발생하는 것을 피할 수 있다는 뜻이기도 하다.

사실 관계 확인 부족 다음에 나오는 '정치적 편향,' '광고주 편향,' '출입처 동화,' '사사 이기수의'라는 문제 유형을 관통하는 원칙은 독립성이다. 정치적인 진영 논리로부터의 독립성, 경제적 이해관계로부터의 독립성, 출입처를 중심으로 한 기자의 인간적 관계로부터의 독립성, 자기 회사의 이익으로부터의 독립성을 의미하는 것이기 때문이다.

마지막으로 하나의 핵심 원칙을 더 꼽는다면 '공익성'이다. 시청률이나 소속 언론사의 이익, 혹은 특정 진영의 이해를 위해서가 아니라 시청자 일반, 즉 공공의 이익을 우선에 놓고 보도를 해야 한다.

관습적 기사 작성에 해당하는 것은 대부분 사실 관계 확인 없이 기계적으로 보도 자료 등을 그대로 보도하는 것이다. 방송의 경우 시청률을 의식해 정확하게 사실 관계를 확인하려는 노력 없이 화면 등이 입수될 경우 별 의심 없이 보도해 버리는 관행이 될 수도 있다. 사실 관계 확인 부족이나 독립성, 공익성의 원칙에 모두 해당하는 것이라 할 수 있다.

그렇게 보면 앞서 살펴본 《저널리즘의 기본 원칙》과 저널리즘 특위의 '방송 저널리즘의 7대 문제 유형'은 본질적으로 같은 얘기를 하고 있는 셈이다. 사실성과 독립성, 공익성에 대해 좀 더 살펴보자.

2) 사실성: 조각 사실을 넘어 완전성을 추구해야 한다

저널리즘이 진실을 추구하는 것은 기본적인 임무다. 어떤 것이 주장이고 어떤 것이 사실인지를 명확하게 검증하는 것은 기본적인 규율이다. 한국 사회와 같이 정파적인 대립이 극심한 곳에서는 이 '사실 추구'라는 것이 정말 쉽지 않다. 마음에 들지 않는 사실 보도 자체를 나쁜 보도로 규정하거나 심지어 가짜 뉴스라고 주장하는 경우도 많기 때문이다. 그렇기 때문에 사실 보도를 제대로 하는 것이 중요하다. 개인이든 집단이든 누군가 큰 목소리로 주장한다고 해서 그것이 사실로 둔갑하게 해서는 안 된다. 힘 있는 사람이 무슨 말을 하더라도 그것이 정말 사실인지 차분하게 확인해야 한다.

이 '사실 확인' 내지는 '사실 보도'에는 함정도 있다. 사실 확인을 제대로 하지 않고 보도하는 것도 문제지만 사실이라고 다 보도하는 것도 문제가 된다. 대체로 기자가 취재하는 것은 '조각 사실'이다. 이런 사실의 조각은 전체의 큰 그림 속에서 의미를 갖는다. 산발적으로 조각 사실을 마구 보도할 경우 자칫하면 시청자와 독자는 물론 기자 자신도 길을 잃을 수 있다. 그것이 의미하는 바가 무엇인지 오해할 수도 있다. 어떤 보도의 정당성을 단순히 '이것이 사실이다'라는 주장만으로 확보할 수는 없다는 말이다. 다시 말하지만, 기자가 취재하는 것은 파편화된 개별적 '사실fact'이다. 이런 사실은 전체적인 그 사안의 진상, 즉 '진실truth'로 가는 징검다리일 뿐이다. 개별 사실은 이런 진실로 가는 징검다리가 되는 때에 제대로 된 의미를 갖는다.[10]

문제는 더 있다. 사실은 확인하기 어렵기 때문이다. 강제 수사권을 가진 경찰이나 검찰도 종종 엉뚱한 사람을 범인으로 만든다. 3심까지 가는 재판을 거쳤는데도 무고한 사람이 유죄 판결을 받아 억울한 옥살이를 하기도 한다. 실제로 화성 연쇄 살인사건에서도 성폭행 살인죄로 무려 20년의 징역형을 복역한 사람이 재심을 통해 무죄 판결을 받는 일이 있었다. 수사권이 없는 기자의 경우는 더 그렇다. 기자가 어떤 사실을 직접 확인했다고 해서 그것으로 전체 사안을 쉽게 판단해서는 안 된다. 나아가 취재한 것 자체도 최종적인 것이라고 섣불리 생각하지 말고 어디까지나 '잠정적인 사실'이라고 생각해야 한다.

취재 방법에 대해서도 마찬가지다. 사안의 전모를 파악하기 위해 내가 알고 있는 방법을 모두 동원했다고 해서, 또는 당장 생각 나는 다른 방법이 없다고 해서 '할 수 있는 취재를 모두 다했다'고 단정하는 것을 주의해야 한다. 누군가는 확인이 불가능하다고 생각했던 것을 다른 사람은 어렵지 않게 확인하는 경우도 있다. 동료는 물론 관련 전문가에게 취재 기법이나 해석 방법에 관해 폭넓게 자문을 받는 열린 자세가 중요하다.

기자가 '내가 확인한 것'에 대해 과도한 의미 부여를 하는 경우 종종 사고로 연결된다. 취재 기자가 자신이 취재한 것에 과도한 의미를 부여하기 시작하면 전체 뉴스룸의 의사 판단이 잘못 흘러갈 수 있다. 취재 기자가 경력이 짧은 신입이라도 마찬가지다. 취재 기자의 사기를 생각해서, 다소 부족하더라도 후배 기자가 단독으로 무엇인가를 취재해 오면 그것을 크게 평가해서 보도하는 관행이 아직도 일부 언론에 남아 있기 때문이다. 이것은 단순히 해당 사건에서 오보를 할 가능성을 높여 줄 뿐만 아니라 해당 기자는 물론 동료 모두가 해당 사안을 판단하는 기준을 잘못 형성하게 할 가능성이 크다. 자칫 조직 전체는 물론 사회적으로도 큰 문제를 일으킬 위험이 있다.

기자는 자신이 취재한 것이 그 사안의 전체 얼개에서 어느 정도의 비중을 차지하는지, 전체적인 그림의 윤곽을 잡는 데 얼마나 중요한지를 객관적으로 판단할 줄 알아야 한다. 그 점에서 '완전성 completeness'이라는 개념을 생각해야 한다. 보도할 만한 사실은 사안의 본질적 측면에 접근하는 데 도움이 되어야 한다. 단순히 변죽만 울리거나, 혹은 엉뚱한 선정적 관심을 끌 뿐, 본질에 다가가지 못하는 '사실'을 보도하는 것은 뉴스 소비자가 사안을 이해하는 데 아무런 도움을 주지 못한다.

특히 큰 사건이 진행 중일 때에는 더욱 조심해야 한다. 평소에는 신중하게 사실 관계를 확인하고, 또 핵심적이지 않은 사실은 잘 보도하지 않던 기자들도 큰 사건 앞에서는 평소와는 다르게 판단하는 경우가 생긴다. 평소의 기준이라면 보도하지 않았을 사소한 내용을 보도하거나, 혹은 사실 관계 확인이 미처 덜 끝난 사안을 불쑥 보도하기도 한다. 원래의 큰 줄거리와는 상관이 없는 아주 작은 곁가지에 불과하거나, 평소 같으면 보도하지 않을 사적 정보가 보도되면 해당 사안 자체에 대한 뉴스 소비자의 이해를 방해하게 된다. 더구나 시청자나 독자는 해당 사안에 대한 언론 보도가 정상적인 권력 감시 작용이 아니라고 판단되면 사적 이해관계에 따른 행동이거나 혹은 감정적 행동이 아닌지 의심할 수 있다.

좀 사소해 보이지만 같은 사안을 타사가 먼저 보도할까 우려하는 것도 부실한 보도를 하게 되는 큰 이유 중 하나다. 외부적 계기가 없다면 조금 더 차분하게 취재하면서 적절한 보도 방법을 모색했을 텐데 선수를 빼앗기지 않으려고 필수적인 검토 사항을 생략하고 급하게 보도하는 것이다. 하지만 몇 달씩 취재를 하던 사안도 막판 하루 이틀을 더 확인하느냐 마느냐에 의해 큰 질적인 차이가 생길 수 있다. 막판에 하루 이틀 빨리 보도하기 위해 중요한 확인 과정을 생략한다면 기사의 완성도에 큰 구멍이 생길 수 있다. 전체적인 보도의 완전성을 타사와의 경쟁 때문에 포기한다면 장기적으로 큰 손실이 될 것이다. 오래 준비했던 사안일수록, 다른 언론과의 경쟁은 보도의 깊이로 승부를 걸어야 한다. 하루 일찍 보도하기 위해 기자 본인은 물론 소속 언론사나 전체 언론을 위험에 빠뜨려서는 안 된다. 나중에 문제가 되면 후회해도 돌이킬 방법이 없음을 기억하자.

3) 독립성: '누구 편'이 아닌 공정한 관찰자

한국의 뉴스 소비는 극심한 편가르기에 시달리고 있다. 정치적으로 자기와 같은 목소리를 내지 않는 언론을 '나쁜 언론'이라고 비판하는 흐름이 매우 강하다. 어제까지 이른바 '개념 언론인'이라고 부르다가도 자기가 지지하는 사람이나 진영을 비판하는 기사를 쓰면 바로 '기레기'로 규정하는 것을 서슴지 않는다. 언론학자 강준만은 자기 속을 후련하게 해 주는 언론에 열광하고 자신에게 불편한 보도를 비난하는 일부의 소비 행태를 '해장국 언론'이라는 말로 비판했다.[11]

이런 뉴스 소비 행태는 로이터저널리즘연구소의 조사(2020)를 통해서도 확인되었다. 국내 언론 소비자는 조사 대상인 40개 나라 가운데 '나와 같은 관점의 뉴스'를 선호하는 경향이 매우 높은 나라로 꼽혔다. 한국의 뉴스 소비자는 무려 44%가 '나와 같은 관점의 뉴스'를 자신의 뉴스원으로 선호한다고 밝혔다. 40개국의 평균은 28%였으니 16%포인트나 높은 것이다. 한국에 비해 이런 경향이 더 높은 나라는 터키, 멕시코, 필리핀뿐이었는데 큰 차이가 나지 않았다. 더구나 이런 경향은 진보나 보수로 정치적 성향이 강한 사람에게서 더 강하게 나타났다.[12] 실제로 이렇게 정치적으로 강한 의견을 가진 사람이 자기 마음에 들지 않는 언론을 '기레기' 등으로 부르며 공격하는 사실상의 정치 행위를 하면서 '언론 개혁'을 명분으로 내세우는 것이 한국 언론계 전반에 큰 영향을 미치고 있다.[13]

이런 측면은 한국의 뉴스 소비자가 저널리즘의 독립성을 그렇게 중요하게 생각하지 않는다는 조사 결과와도 관련이 있다(표 1). 이번 조사에서 한국 뉴스 소비자가 저널리즘의 독립성에 부여한 점수는 싱가포르를 제외하고는 40개 조사 대상 국가 가운데 가장 낮았다.[14] 한쪽으로는 언론을 신뢰하지 않는다는 소비자가 다른 한편으로는 저널리즘의 독립성은 중요하지 않다고 생각하는 셈이다. 조사 결과를 보면 저널리즘의 독립성을 중요하게 생각하는 비율이 높은 국가일수록 언론에 대한 신뢰도를 묻는 질문에서 긍정적인 응답 비율이 높았다. 한국의 뉴스 소비자 사이에서 언론에 대한 신뢰가 낮다는 것과 뉴스 소비자가 언론의 독립성을 중요하게 생각하지 않는다는 조사 결과의 연관성을 생각하게 한다.

이런 경향은 일반 뉴스 소비자에게만 관찰되는 것이 아니다. SNS 등에서 정파적 이슈를 놓고 기성 언론에 대해 비판적 목소리를 높이

표 1 저널리즘의 독립성 중요도 5점 척도 평균(40개국)

단위: 점

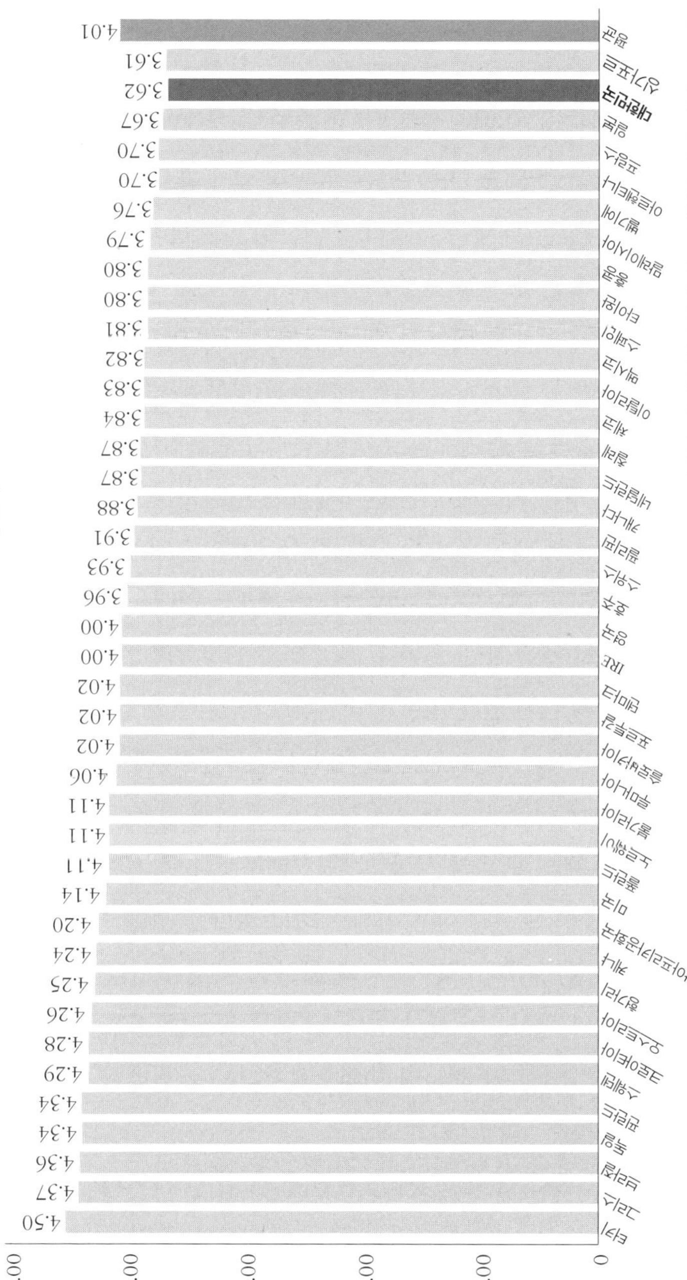

출처: 언론진흥재단, 《디지털 뉴스 리포트 2020》, 2020. 10, p.45.

는 사람 중에는 전·현직 언론인도 적지 않다. 언론인이 자기 영역에서 벌어지는 일에 대해 문제의식을 갖고 성찰과 자성의 목소리를 내는 것은 당연히 권장할 일이다. 그런 내부의 성찰, 자성이야말로 언론이 윤리적 수준을 높일 수 있는 토대가 되기 때문이다. 하지만 문제는 이런 자성을 내세운 목소리가 근본적인 저널리즘 원칙이 아니라 진영 논리에 기대고 있는 경우가 많다는 것이다. 사회 전반의 언론에 대한 정파적 소비 행태가 전·현직 언론인 사회에도 그대로 나타난다. 그리고 일반 뉴스 소비자는 이런 정파적 경향성을 드러내는 전·현직 언론인의 말과 글을 자신의 주장에 근거로 활용한다. 전·현직 언론인이 진영 논리에 기초해 언론을 비평하는 행위는 일반 뉴스 소비자가 자신의 언론에 대한 정파적 태도를 정당화하는 근거가 된다는 말이다. 언론학자 중에도 이런 경향성을 강하게 드러내는 경우가 적지 않은데 이들의 주장 또한 일반 뉴스 소비자가 정파적 언론 소비 행태를 강화하는 데 적지 않은 영향을 미친다.

이런 상황은 개별 언론인이 기사를 판단할 때 영향을 미친다. 특정 진영에 속한 사람을 비판하면 당장 어떤 항의 댓글이 붙을지, 어떤 비난 메일이 올지 상상이 되기 때문이다. 하지만 그럴수록 언론이 본질적으로 독립성을 전제로 하고 있다는 점을 기억해야 한다. 언론은 특정 정파나 집단을 위해 봉사하는 것이 아니라 사회 전체, 시민 전체의 이익을 위해야 한다. 그것은 특정한 정파나 단체, 심지어는 자기가 소속된 회사의 이익으로부터도 독립해서 기사 판단을 할 때만 실현할 수 있다.

기자가 독립적으로 기사를 판단할 때 독불장군식으로, '나만 옳다'고 생각하는 오류에 빠지는 것은 절대적으로 경계해야 한다. 내가 취재한 것을 나부터 계속 의심하는 자세를 가져야 한다. 사실 확인의 원칙이다. 거기에 덧붙여 내가 특정인, 특정 세력 등의 이해를 위해 기사를 쓰는 것은 아닌지, 내가 정말 사회 전체를 위해 독자적인 의사 판단을 하는 것인지 되돌아보아야 한다. 그것이 독립성의 원칙이다. 지금 당장 특정인, 특정 집단의 박수를 받는 선택을 하는 것은 손쉬운 일이다. 반발과 공격을 무릅쓰고 보도를 하는 데는 큰 용기가 필요하다. 물론 그러기 위해서는 내가 혼자서 엉뚱한 착각에 빠져 있는 것은 아닌지 항상 냉철하게 돌아보고 동료와 시청자, 독자와 폭넓게 소통해야 한다.

4) 공익성: 저널리즘의 존재 이유에 대한 답

공익성은 저널리즘의 존재 이유

언론이 어떤 사실을 충실하게, 제대로 취재하고, 그것에 대한 평가를 독립적으로 내렸다고 치자. 그럼 그 사안은 그 자체로 보도 가치가 있는 것인가? 꼭 그렇지는 않다. 한 가지 질문을 더해 봐야 한다. 이 사안이 정말 우리 사회의 공적 논의를 진전시키는 데 도움이 되는 내용인가? 사회 구성원의 삶에 필요한 것인가? 사회 전체의 이익을 위한 것인가, 아니면 단순히 당신이 소속된 회사나 기자 개인의 이익을 위한 것은 아닌가? 이런 질문이 바로 공익성에 관한 것이다.

공익성이 인정되지 않는 보도는 해서는 안 된다. 내가 단독으로 취재한 것이든, 취재하는 데 얼마나 공을 들였든, 공익성이 인정되지 않는다면 보도 가치가 없다. 언론 보도는 누군가의 이익을 침해할 우려가 있다. 꼭 기사의 대상이 되는 사람의 이익만 관련된 것이 아니다. 많든 적든 그것을 읽거나 시청하는 사람의 시간을 빼앗게 되고, 다른 기사가 노출될 공간이 그만큼 줄어들게 만든다.

정말 공적으로 중요한 사안을 충실하게 취재한 기사가 엉터리 기사에 파묻히게 된다면 그만큼 공익을 해치는 일이 된다. 적어도 우리는 공적인 공간을 차지한 그 기사가 그만한 값어치를 하는 것이기를 바란다. 그래서 공익성은 저널리즘의 존재 이유에 관한 것이다. 따라서 그저 사이버 공간에서의 조회 수를 노려 광고 수익을 올리는 목적밖에 없다면 저널리즘적으로 그 기사는 존재할 이유가 없다. 연예인의 자살 보도를 조회 수를 올리는 데 이용하는 일부 언론의 행태는 이런 이유로 비난받는다.

물론 정치적 의사 결정에 관련된 내용이 아니라도 일반인이 관심을 가질 만한 것은 충분히 기사가 될 수 있다. 사회는 다양한 관심사를 가진 사람으로 구성되어 있기 때문이다. 스포츠나 연예 정보도 기사로 다뤄질 가치가 있다. 하지만 사회적 의사 결정과 관련된 공적 관심사로부터 멀어질수록 그만큼 공익성은 옅어지므로, 다른 사람의 이익과 충돌하면서까지 보도해야 하는 것은 아님을 분명히 기억해야 한다.

공익성과 보도 분량의 관계

공익성에 관해서는 보도 분량도 생각해 봐야 한다. 앞서 살펴본 《저널리즘의 기본 원칙》이 제시한 원칙 중에서 "저널리즘은 반드시 뉴스를 포괄적이면서도 비중에 맞게 보도해야 한다"는 대목에 유의하자. 실제로 언론 보도와 관련 비판 가운데는 사안의 중요성에 비해 '과도한 보도'라며 보도량을 문제 삼는 경우가 더러 있다. 종종 보도 자체에 대해 반박하기 어려울 경우 분량이 과하다, 보도량으로 볼 때 다른 목적이 있다는 등의 주장을 펴기도 한다. 진영 논리로 불리한 보도를 공격하기 위해 보도량의 문제가 종종 동원된다.

사안의 성격이나 중요성에 비해 터무니없이 많은 시간이나 지면을 보도에 할애하는 것은 시민의 이익과 무관한 보도 태도라고 할 수 있다. 이를테면 무단 횡단과 같은 사소한 범법 행위를 크게 보도한다면 사회적으로 중요하고 구조적인 문제는 외면한 채 지엽말단적인 문제에 집중한다는 비판을 피하기 어려울 것이다. 이것은 단순히 '사실 보도냐, 아니냐'의 문제를 넘어서는 것이다.

하지만 사회적으로 공적 관심사에 해당하며, 권력 감시와 관련된 사안을 언론이 집중적으로 보도하는 것은 다른 문제다. 이런 사안에 대해 전체적인 보도 분량을 문제 삼는 것은 '포괄적이면서도 비중에 맞게 보도해야 한다'는 원칙을 제대로 적용한 것이라고 하기 어렵다. 사실 어떤 사안에 딱 맞는 보도 분량이 정해져 있는 것도 아니다. 사안의 중요성에 비추어 어느 정도가 적정한 보도 분량일지 상식적으로 판단하는 것이다. 특정 사안에 대한 해당 언론사의 편집 전략이나 가치 판단에 따라 상당한 수준의 자율성이 주어져야 한다. 만약 해당 사안을 처음 발굴했거나 새로운 의미를 부여할 경우에는 상대적으로 많은 시간을 할애할 수 있다. 가령 어떤 중요한 사회 문제를 포착했더라도 이를 한두 건의 기사로 보도해서는 사회적 관심을 끌기 쉽지 않다. 이럴 때는 사회가 그 문제를 제대로 인식할 때까지 그 언론사는 다른 뉴스를 줄이고 이 사안을 집중 보도할 수 있다.

언론사들이 서로 비슷비슷한 보도를 하는 것을 이른바 '백화점식 보도'라고 비판하는 경우가 많다. 하지만 한편으로는 어떤 언론사가 특정 사안을 깊이 있게 집중적으로 보도하는 것을 두고 과도하게 보도량이 많다든가 다른 의도가 있는 것이 아니냐는 식으로 비판하는 것은 앞뒤가 맞지 않는 지적이다. 언론사 수가 예전과 달리 매우 많아서 특정 언론사가 모든 이슈를 다 다루지 않아도 보편적인 정보 전달에 문제가 없다.

물론 큰 공적 관심사를 갖는 사안이라고 해서, 또는 자기 언론사가 발굴해 낸 사안이라고 해서, 지엽말단적인 사안까지 과도하게 부각하거나 본질과 무관한 사적 영역을 파헤치는 것까지 정당화될 수는 없다. 이 부분은 보도 윤리와 관련해서도 생각해 볼 일인데, 원칙적으로 공적으로 매우 중요한 사안이라고 해서 그와 관련된 모든 보도가 공익성을 인정받기는 어려울 수 있다는 점을 기억해야 한다. 실제로 사회적으로 중요한 공적 사안에 대한 집중 보도가 이어지는 과정에서 상당한 양의 선정적 보도, 조회 수를 겨냥한 보도가 이뤄지기도 한다. 이 또한 시사적 사안을 돈벌이 수단으로 삼는 상업주의의 한 단면이다. 궁극적으로 공익성이야말로 저널리즘의 유일한 존재 이유라는 점을 명심해야 한다. 단순히 사실 보도라는 이유로 행해지는 비본질적이고 선정적인 보도는 핵심을 가리고 중요한 논의를 진흙탕으로 끌고 들어가게 만들 위험성이 있다.

저널리즘의 원칙과 '언론 판례'의 기준

저널리즘의 원칙, 즉 저널리즘은 사실성을 추구해야 하며, 독립성을 가져야 하고, 공익성을 추구해야 한다는 것은 법원의 언론 관련 판례에서도 나타난다. 우리 법원은 명예훼손 등 언론 관련 사건에 대한 판례를 통해 언론 보도가 보도 대상 등의 기본권과 충돌할 경우 언론 보도의 정당성을 판단하는 기준으로 삼아야 할 사항을 제시해 왔다.

우리 형법은 명예훼손에 관한 조항에서 보도 내용이 '진실한 사실'일 경우, 그리고 공공의 이익에 관한 때에는 보도 대상의 명예를 훼손했더라도 처벌을 면제받을 수 있다고 규정하고 있다(형법 제310조 '위법성의 조각'). 이 조항을 글자 그대로 적용하면 보도한 내용이 사실에서 벗어난 경우, 즉 '진실한 사실'이 아닌 경우에는 보호받을 수 없게 되는 것이다. 이렇게 되면 강제 수사권도 없는 언론으로서는 어떤 보도를 할 때마다 그것이 조금이라도 사실에서 벗어날 가능성이 있다면 보도를 자제할 수밖에 없다. 언론 보도가 위축될 수밖에 없는 것이다.

그래서 법원은 비록 보도 내용이 사실이 아니었다고 하더라도 언론이 사실이라고 믿고 보도했고, 그렇게 사실로 믿는 데 '상당한 이유'가 있는 경우에는 위법성을 면제해 주는 판례를 확립하였다. 이것이 이른바 '상당성의 법리'다. 다만 언론은 보도 내용이 사실이라고 믿었을 뿐만 아니라, 최선을 다한 취재를 통해 그런 믿음에 도달했어야 한다. 그렇게 '상당한 이유'가 있는 것으로 인정받으려면 풍문이나 억측을 보도해서는 안 되고, 믿을 만한 취재원 등으로부터 진실이라고 믿을 만한 합리적인 자료나 근거를 입수했어야 한다. 특히 매우 간단하게 확인할 수 있는 사안을 한쪽 말만 듣고 보도했다가 사실이 아닌 것으로 드러난 경우에는 이른바 '상당성'을 인정받기 어렵다. 정말 최선을 다해 열심히 취재를 했어야 한다는 말이다.

법원은 대체로 공적 사안에 대한 언론 보도의 대부분을 공익성이 있는 것으로 인정하는데, 여기에는 독립성이라는 요건이 큰 영향을 미친다. 언론이 특정 사안을 보도하기로 한 결정이 순전히 보도 가치에 대한 판단에서 나왔어야 한다는 것이다. 언론사가 자사의 행사를 후원해 주지 않은 지방자치단체장을 부정적으로 보도한 사건에서 법원이 공익성을 부인한 사례도 있다. 기사 판단이 독립적으로 이뤄지지 않고 다른 어떤 이익을 챙기기 위한 것으로 드러난다면 공익성을 인정받기 어렵다. 다시 강조하지만 공익성은 보도의 존재 이유다. 만약 어떤 보도가 재판 과정에서 공익성을 인정받지 못한다면 보도한 언론사와 기자는 매우 부끄러워해야 한다.

저널리즘의 기본 원칙인 사실성, 독립성, 공익성은 우리 법원이 정당한 언론 보도 여부를 판단하는 기준과 거의 일치한다.

2. 저널리즘 윤리

1) 저널리즘 윤리란 무엇인가

윤리라는 것은 사람의 행동에서 좋고 나쁨, 옳고 그름을 체계적으로 판단하는 것, 또는 그런 판단에 따른 행위 기준을 말한다. 그래서 윤리는 사회적으로 인간의 행위를 규율하는 지침이 된다. 언론 윤리는 언론에 종사하는 사람이 언론 활동을 하면서 추구해야 할 것과 피해야 할 것을 판단하는 철학적 개념 체계, 또는 그런 개념 체계에 따른 행위 기준이라고 할 수 있다.[15]

이런 개념 체계 또는 행위 기준은 언론에 종사하는 사람 사이에 널리 공유되고 있어서 언론인이라면 마땅히 어떤 행동을 할 것으로 기대될 정도의 규범력을 가지고 있어야 비로소 하나의 윤리 체계로 인정될 수 있다. 실제로 윤리 규범이라는 것을 만들어 놓았더라도 정작 이것을 지켜야 하는 사람이 저마다 무엇이 옳은지에 대한 생각이 다르다면 그런 것을 그 분야의 윤리 체계라고 말하기는 어렵다. 최소한 언론에 종사하는 사람이 누구나 '이건 이렇게 해야 돼'라고 공유하는 부분이라야 진정한 언론 윤리라고 할 수 있다.

많은 사람이 언론 윤리라고 하면서도 구체적으로 무엇을 말하는지는 의견이 일치하지 않는다. 언론 윤리를 위반했다는 논란이 벌어지는 경우 언론인 사이에서 의견이 다른 경우가 적지 않다. 언론사 스스로 언론 윤리 위반을 시인하고 사과를 하는 경우에도 정확하게 어떠한 기준을 어떻게 위반했는지는 명확하게 밝히지 않고 뭉뚱그려서 말하는 경우가 많다. 그만큼 언론인 사회에서 언론 윤리의 구체적 내용에 대한 공유가 부족하고, 개별 언론인에 이르기까지 정확한 언론 윤리적 판단을 하는 훈련이 충분히 되어 있지 않기 때문이다.

한 가지 사례를 살펴보자. MBC는 2018년 1월 1일 〈뉴스데스크〉에서는 새해 첫날 특집 기획으로 개헌에 대한 보도를 했다. 그 보도에 20대 대학생으로 등장한 인터뷰이interviewee가 담당 기자와 직전까지 같은 팀에서 일했던 인턴 기자였고, 회사원으로 등장한 인터뷰이도 담당 기자의 친구였던 것으로 드러났다. MBC는 바로 다음 날 〈뉴스데스크〉에서 사과를 했다. 당시 MBC는 앵커를 통해 기자가 아는 사람을 일반 시민을 인터뷰한 것처럼 방송한 것은 여론을 왜곡할 우려가 있는 보도 행태로서 "취재 윤리를 명백히 위반한 행위"라고 밝혔다.[16]

MBC는 또 자체 조사에서 이 사건 외에 다른 기자가 전자담뱃값 인상 여파를 전하는 리포트에서 전자담배를 피우는 자사 직원에게 가격 인상에 대한 소감을 인터뷰한 것으로 확인됐다며 이 또한 취재 윤리 위반이라고 인정했다. 그렇지만 MBC는 자체 조사 결과 해당 기자들이 인터뷰 도중 특정한 내용의 발언을 유도하거나 부탁한 사실은 없는 것으로 확인됐다고 밝혔다.

여기서 한 가지 궁금증이 생긴다. 만약 내용적으로 특정한 발언을 유도하거나 부탁한 것도 아니라면, 이 경우는 취재 윤리의 어떤 부분이 문제된 것인가? 지인에 대한 인터뷰는 무조건 하면 안 되는 것인가? 실제로 명절날 차례를 지내는 가정을 촬영하기 위해 지인을 섭외하거나, 혹은 회식 문화 취재를 위해 일반 회사에 다니는 지인에게 부탁해서 회식 장면을 촬영한다거나 하는 지인 취재가 수시로 이뤄져 왔다. 이런 사례도 모두 취재 윤리 위반일까?

MBC의 발표만으로는 구체적으로 어떤 것이 윤리 위반인지 아닌지 판단하기 어렵다. MBC의 취재 보도에 관한 윤리 규정에서 어떤 부분을 위반한 것인지 등은 구체적으로 언급하지 않았기 때문이다. 이런 행위가 한국기자협회의 윤리강령이나 실천요강과 같은 보다 일반적인 윤리 기준에도 위반되는 것인지의 문제도 마찬가지로 판단하기 쉽지 않다.

2020년 한국 사회를 떠들썩하게 한 채널A 기자의 재소자 취재 과정에서의 '강요' 의혹 등을 비롯해 언론 윤리 문제가 사회적으로 쟁점이 된 경우가 적지 않다. 하지만 정확하게 어떤 윤리 기준을 어떻게 위반했다는 것인지 구체적으로 정리되지 않고 넘어가는 경우가 많다. 심지어 형사 처벌로 이어진 사례에서도 마찬가지다. 취재 과정이 법적으로도 문제가 되어서 처벌을 받아도 언론인 단체 등에서 명확하게 원칙에 따라 대응하기보다는 관행 등을 들어 엄호에 나서기도 한다. 이런 사례는 우리 언론계가 아직도 언론 윤리라는 것을 상당히 막연하게 이해하고 있음을 보여 준다. 언론인은 물론 언론사나 언론 단체 차원에서도 어떤 행위는 되고 어떤 행위는 안 되는지 등 언론 윤리 차원에서 확실한 기준이 필요하다.

언론 윤리는 저널리즘이 추구하는 핵심 가치가 무엇인지, 그리고 저널리즘을 다른 행위와 구분하는 것은 무엇인지를 기초로 구성된다. 앞에서 말한 저널리즘의 핵심 원칙이 바로 언론 윤리를 구성하는 기본적인 가치 기준이 되는 것이다. 사실 확인을 어떻게 하고 사실성은 어느 정도로 추구해야 하는지, 독립성은 무엇이고 독립성을 구현하기 위해 언론인이 무엇을 해야 하는지, 공익성을 추구하기 위해 어떤 기준을 지켜야 하는지와 같은 것이다. 이 책이 본격적으로 언론 윤리를 다루는 것은 아니므로 언론인으로서 꼭 기억해야 하는 핵심적인 내용 몇 가지만 살펴보자.

2) 사실성에 기초한 윤리

속으면 안 된다: 검증의 윤리

저널리즘 윤리에서 가장 핵심은 역시 사실 확인에 대한 것이다. 한국기자협회 윤리강령도 "뉴스를 보도함에 있어서 진실을 존중하여 정확한 정보만을 취사선택하며, 엄정한 객관성을 유지한다"고 선언하고 있다. 한국기자협회의 실천요강도 공정 보도를 '기자의 제1사명'이라면서 객관적 사실에 입각한 진실 보도를 위해 최선을 다해야 한다고 규정하고 있다.

온갖 이해관계자가 언론을 자신에게 유리하게 활용하기 위해 최선을 다한다. 기업을 비롯한 경제 주체나 정치권력은 말할 것도 없고, 사회적으로 영향력 있는 개인이나 단체 등은 모두 언론에 영향을 미쳐 자신에게 유리한 보도가 이루어지게끔 하려고 한다. 사실상 정치권력, 경제 권력, 사회·문화 권력이 모두 언론에 영향력을 미치고 있다. 물론 적극적으로 언론에 자신의 입장을 밝히는 것은 정상적인 활동이다. 하지만 정상적인 범위를 벗어나는 활동도 적지 않다. 언론이 사실 관계를 오해하도록 다양한 방법으로 불리한 것은 숨기고 유리한 것을 집중 부각한다.

언론을 기만하려는 다양한 시도에 신중하게 대처하지 못하면 사실과 다른 보도를 할 가능성이 커진다. 기자가 개인적으로 접촉한 취재원의 말은 물론 정부 등 공공 기관이 정식으로 내놓은 보도 자료도 아무 의심 없이 그대로 믿고 보도하면 위험하다. 모든 세부 사항을 일일이 확인하고 보도하는 것은 현실적으로 불가능하기 때문에 평소에 자기가 맡고 있는 분야에 대한 기본 정보를 파악해 두고, 사안이 생길 때마다 핵심 내용을 빨리 확인하는 것이 중요하다. 뉴스 통신사를 비롯한 다른 언론에 보도된 내용도 별 의심 없이 인용했다가 문제가 될 수도 있다.

공익적인 제보자 또는 사회적으로 관심이 집중된 사건의 피해자가 한 말을 검증 없이 보도했다가 문제가 되는 경우도 있다. 성폭력 사건의 경우에도 피해자 중심주의라고 해서 피해자의 말을 무조건 검증 없이 보도해야 한다는 것이 아니다. 피해자에게 2차 가해가 되지 않도록 유의하되 기본적인 내용을 검증해야 한다. 고 장자연 씨 사건 관련 제보자를 자처한 윤지오 씨가 나중에 국제형사기구에 지명수배되자 언론이 그의 발언을 검증 없이 받아썼던 행태에 대한 반성이 제기되기도 했다. 뉴스에 어떤 인물을 출연시킨다면 언론은 그가 하는 말의 신뢰성을 검증할 책임이 있다. 언론이 검증되지 않은 주장을 퍼뜨리는 도구가 되어서는 안 된다.

물론 아무리 언론이 사실 확인을 위해 애를 써도 오보는 나올 수 있다. 오보를 해도 괜찮다는 말이 아니라, 이런 오보 가능성을 염두에 두고 항상 취재 내용이 진실이 아닐 수도 있다고 의심해야 한다는 뜻이다. 오보를 아예 없앨 수는 없지만 적어도 크게 줄일 수 있고, 또 당연히 그렇게 되도록 최선을 다해야 한다.

주관적 판단·추측 보도 금지

꼭 누군가가 적극적으로 기만행위를 하지 않아도 언론이 기본적인 사실 확인을 하지 않아서 오보를 하기도 한다. 기자의 선입견 등으로 인해 섣부른 판단을 내리는 경우다. 특히 영상이 있는 경우 화면에 드러난 사항을 함부로 해석하는 사례가 있다. CCTV를 입수해 보도하는 경우가 늘어나면서 이런 문제가 발생할 가능성도 커지고 있다. 화면을 본 기자가 개인적인 판단을 앞세우다 엉뚱한 결론에 도달할 수 있다. 기자가 영상을 자기 눈으로 보았다는 자신감 때문에 오류가 생길 수 있다.

실제로 화재 진압 장면을 보고 소방대원의 활동을 잘못 해석해 단정적 보도를 내보냈다가 법정 제재를 받은 경우도 있고, 유튜브에 오른 화제 영상을 보고 등장 인물이 특정 국가 출신이라고 속단해서 오보를 한 경우도 있다. 객관적 사실을 보도하기 위해 최선을 다해야 한다는 저널리즘의 기본 원칙을 생각하면 관련 영상을 확보했더라도 당사자의 반론을 듣거나, 그것이 어렵다면 전문가의 자문을 받는 등 객관적 판단을 위해 최선의 노력을 기울여야 한다.

특히 한국기자협회 윤리강령과 실천요강은 취재가 충분히 이루어지지 않은 상태에서 추측 보도를 하는 것을 금지하고 있다. 실제로 기사를 쓰는 과정에서 취재를 통해 확보한 사실과 사실 사이를 해석이나 추측으로 채워 넣는 경우가 있다. 시사 현안을 다루면서 '합리적 추론' 운운하며 사실의 문제를 해석의 문제로 바꿔 버리는 사례도 있는데 해석이 아무리 그럴듯해도 그것이 사실이 될 수는 없다. 특히 서로 사실 관계에 대한 주장이 엇갈리는 상황에서 어느 한쪽의 말이 맞을 것이라고 예단하고 일방적인 보도를 하는 경우도 있는데 고의성이 없다고 해서 용인될 수는 없다.

집회 참석 인원을 두고도 종종 논란이 벌어지는데, 이럴 때도 개인적 판단에 따른 보도를 해서는 안 된다. 경찰이나 주최 측의 추산이 있을 경우 분명하게 출처를 밝혀서 쓰되 그것이 중요한 쟁점이 된다면 관련된 다른 객관적인 자료를 확보하도록 노력해야지 언론이 어림짐작으로 수치를 과장하거나 축소하는 것은 옳지 않다.

속이면 안 된다: 진실성의 윤리

사실과 다른 보도를 하더라도 고의성 유무에 따라 보도에 대한 평가는 크게 엇갈린다. 물론 세월호 참사 때 '전원 구조' 오보와 같이 고의성과 무관하게 언론사에 뼈아프게 남을 보도 참사도 있다. 하지만 아예 고의로 시청자와 독자를 속이는 것은 애당초 용인될 수 없다. 한국기자협회도 윤리강령과 실천요강에서 기록과 자료를 임의로 조작하는 것을 금지하고 있다.

하지만 실제 보도 사례 중에 기자나 편집자 등이 명확하게 사실과 다르다는 것을 인식하면서 내용을 왜곡하는 일이 종종 벌어진다. 미국산 쇠고기 소비 상황을 취재하러 식당에 갔다가 촬영에 응하는 손님을 찾지 못하자 취재진이 식당을 찾은 손님인 것처럼 촬영한 사진을 게재하거나, 수년 전에 촬영한 태풍 사진을 어제 촬영한 사진이라며 게재하거나, 오래전에 다른 집회 현장에서 시위대와 경찰이 충돌한 장면을 세월호 관련 폭력 집회 사진이라고 방송에 내보낸 사례도 있다.

뿐만 아니라 마땅한 인터뷰 대상을 확보하지 못하자 심층 기획 리포터에 등장하는 다양한 관계자를 익명으로 처리한 뒤 자신의 목소리를 서로 다르게 음성 변조해 사용한 사례도 있었다. 또 홍보 회사와 관련된 인물을 신제품 소비자나 신규 서비스 이용자로 인터뷰해 사용한 사례도 있었다. 앞서 언급한 것처럼 일반 시민 인터뷰에서 인턴 기자로 일하던 사람이나 회사 내 다른 부서 관계자를 등장시킨 사례도 있다.

언론이 소비자인 시청자와 독자에게 연출된 영상을 보여 주면서 실제 상황을 촬영한 영상이라고 하거나 이해관계가 있는 사람을 일반 시민으로 보이게 하는 것은 정도의 차이는 있지만 모두 기만행위에 해당한다. 연출된 것이라면 그런 사실을, 독립적인 인터뷰이가 아니라면 그가 어떤 관계에 있는 사람인지를 밝혀야 한다. 그런 사실을 다 밝히면 긴장감이 떨어지거나 완성도가 떨어진다는 식의 말은 저널리즘이 추구해야 하는 사실성이라는 기본 윤리를 부정하는 것이다.

그런데도 조금 더 극적으로 보이기 위해 인터뷰 내용을 살짝 자극적으로 고치거나, 직접적인 관련성이 없는 영상을 사용하거나, 영상의 속도를 빠르게 혹은 느리게 조작해 내보내거나, 화면의 흐름을 편집해 순서를 바꾸는 등의 사례가 실제로 종종 나타난다. 영상을 아예 모자이크 처리하거나 음성 변조를 심하게 하면 이렇게 조작을 해도 잘 드러나지 않는다. 익명 요구나 음성권, 초상권 보호를 강조하는 문화가 엉뚱한 비윤리적 상황을 조장하는 셈이다. 하지만 그런 시도가 어떤 경위로라도 발각이 되면 후폭풍을 피하기 어렵다. 뿐만 아니라 이런 행위는 언론인의 내적 윤리 기준을 스스로 파괴하는 자기 부정 행위다. 들키고 말고의 문제가 아니다.

잘못된 보도의 신속한 정정

최선을 다했음에도 불구하고 어쩔 수 없이 오보를 했을 경우에는 어떻게 해야 할까? 답은 간단하다. 최대한 빨리, 최대한 분명하게 자신의 잘못을 인정하고 바로잡아야 한다. 한국기자협회 윤리강령과 실천요강은 모두 오보가 발생하면 솔직하게 잘못을 인정하고 가능한 빨리 정정 보도를 하도록 규정하고 있다.

언론사나 기자가 자신이 취재한 내용이 최종적인 것이 아닐 수 있다는 점을 인정한다면 보도 과정에서도 지나치게 단정적인 보도를 하지 않을 것이고 이후 사실과 다른 부분이 드러나도 자연스럽게 이를 보도하게 될 것이다. 하지만 기자는 물론 언론사 차원에서도 자신이 취재한 내용에 과도하게 의미를 부여하는 경우가 많다. 때문에 자기가 취재한 것을 중심으로 전체 보도를 구성하고, 나중에 사실과 다른 부분이 나타났을 경우에도 최대한 정정 보도를 회피하려는 경향을 보인다.

보도 대상이 되었던 쪽에서 언론사에 직접 사실 관계의 문제를 지적하더라도 중요 부분이 아니라는 등의 이유로 정정을 미루다가 언론 중재나 재판을 거치고 나서야 정정 보도를 하는 사례도 적지 않다. 하지만 원래 보도와 정정 보도 사이의 시간적 간격이 크게 벌어지게 되면 시청자나 독자는 원 보도가 나간 뒤 한참이 지나 맥락도 기억하지 못하는 상태에서 생뚱맞은 정정 보도를 접하게 된다. 비판이 많이 제기되어 왔으나 좀처럼 바뀌지 않는 문제다. 일단 피하고 보려는 심리 때문일 수도 있는데, 언론의 신뢰에 흠집이 생기는 것은 물론 뉴스 소비자를 최우선에 둔 보도 태도가 아니다.

오보는 불가피하다. 취재 기자가 아무리 노력해도 모든 사실 관계를 완벽하게 확인하는 것은 거의 불가능하다. 때문에 보도를 할 때는 처음부터 직접 확인한 것이 무엇이고 아직 정확하게 잘 모르는 것은 어떤 것인지부터 제대로 밝혀야 한다. 투명성이다. 처음부터 당사자의 반론도 충실하게 실어야 한다. 보도 이후에도 당사자를 통해서든 다른 경로를 통해서든 사실과 다른 부분이 나타나면 신속하게 바로잡아서 자신이 사실 관계를 중시한다는 점을 명확하게 밝혀야 한다.

3) 독립성에 기초한 윤리

독립적 판단의 의무

저널리즘적 판단은 취재 결과를 바탕으로 독립적으로 이루어져야 한다. 여기에 어떤 내부, 외부로부터의 간섭이나 압력이 작용해서는 안 된다. 한국기자협회 윤리강령의 첫 번째도 '언론 자유 수호'이고 실천 요강의 첫 번째 조항도 '언론 자유'다. 여기서 말하는 언론 자유는 무엇을 취재하고 보도할 것인지, 특정 사안을 어떻게 보도할 것인지를 결정하는 것은 언론 내부의 자율적 판단에 따라야 한다는 것이다.

언론에 영향을 미치려는 세력은 다양하다. 정치권력은 언론에 각종 규제나 인허가 등의 권한을 이용해 압박을 하는 등 직접적인 영향력을 행사한다. 방송의 경우 특히 정부가 재허가나 재승인과 같이 해당 언론사의 존폐를 좌우할 수 있는 막강한 권한을 갖고 있을 뿐만 아니라 광고 제도를 비롯한 각종 규제나 지원책을 이용해 방송에 영향력을 행사할 수 있다. 저널리즘적 판단이 이런 정치권력의 영향에 좌우되지 않도록 하는 것이 중요하다. 어떤 정치권력이든 우호적인 언론 환경이 형성되기를 바라고, 이를 위해 나름의 노력을 한다. 현실적으로 여러 가지 제약이 따를 수 있으나, 어쨌든 언론은 권력을 감시하는 것을 중요한 임무 중 하나로 갖고 있다는 점을 기억해야 한다. 어떤 정권이 들어서더라도 저널리즘적 판단의 기준이 일관될 수 있도록 노력하는 것이 무엇보다 중요하다.

경제 권력의 영향력도 마찬가지다. 언론이 기업의 형태로 운영되는 상황에서 일정한 수익을 올리는 것은 언론사의 생존을 위해 필요하다. 광고나 협찬 등을 지렛대로 언론에 영향을 미치려는 시도는 항상 있어 왔다. 글로벌 기업으로 불리는 거대 기업도 자신에 대한 부정적 보도를 막기 위해서, 또는 부정적 보도에 대한 보복 차원에서 특정 언론사를 대상으로 광고를 줄이거나 심지어 아예 끊어버리는 경우도 발생한다.

언론이 특정 기업에 광고를 하도록 강요할 수는 없다. 언론이 할 수 있는 일이라고는 특정 기업이 광고를 하든 말든 스스로의 저널리즘적 판단을 독립적으로 하는 것뿐이다. 일정한 손실을 감수하고라도 언론이 제대로 된 보도를 지속한다면 결국 전체적인 신뢰와 영향력이 올라갈 것이고, 장기적으로는 언론으로서의 생존을 보장받을 수 있는 시청자, 독자 기반을 더 폭넓게 확보할 수 있을 것이다. 그것이 특정 경제 권력으로부터 독립성을 확보할 수 있는 유일한 방법이다. 당장의 생존을 위해 스스로의 저널리즘적 판단의 독립성을 포기한다면 언론으로서 스스로의 존재 이유 자체를 훼손하는 것임을 명심해야 한다.

많은 사람은 권력이라고 하면 정치권력과 경제 권력만을 생각하는데 사회적, 문화적 권력의 영향력도 만만치 않다. 특정한 방향으로 언론 보도를 유도하려는 시청자나 독자 집단의 영향력은 점점 커지고 있다. 이런 집단이 조직적으로 움직이는 경우는 정치권력이나 경제 권력의 영향력을 넘어설 수도 있다. 이들은 조직화된 시청 행태를 통해 직접적으로 시청률을 움직이기도 하고, 댓글이나 SNS 활동을 통해 언론사나 언론인을 공격함으로써 자신이 원하는 방향의 보도를 하도록 압박하기도 한다.

언론사 내부에도 이런 다양한 외부 세력과 공감하는 사람이 있을 수 있다. 언론 내부의 의사 결정 과정에서 언론 소비자의 의견을 잘 반영하는 것도 중요하다. 다만 내부적인 논의 과정에서 제기되는 다양한 의견이 언론인으로서의 양식과 원칙에 기초한 것인지, 정파적 동기에 따른 것인지를 잘 구분해야 한다. 언론 내부 의사 결정 과정에 대해서는 10장에서 자세히 다룰 것이다.

취재원과의 거리 유지

언론이 저널리즘적 판단의 독립성을 유지하기 위해서는 취재원과 적절한 거리를 유지해야 한다. 원만한 취재를 위해 취재원과 친밀한 관계를 맺으면 좋겠지만 과할 경우 객관적이고 독립적인 판단을 하기 힘들다. 취재원과의 관계가 서로를 존중하는 선을 지킬 수만 있다면 얼마든지 취재원과 친해져도 상관이 없지만, 사적으로 친밀해지면 비판할 일이 있을 때 객관적인 판단을 하기 어렵다. 자칫하면 '유착'이라는 의심을 받을 수 있다.

실제로 한 분야를 오래 담당하다 보면 해당 분야에서 사적으로 친하게 지내는 사람이 많아지게 마련이다. 일상적인 취재에는 큰 도움이 되는데 정작 해당 분야를 비판해야 할 경우 그로 인해 제대로 보도하지 못하는 문제가 생긴다. 오히려 인간적으로 폭넓은 관계를 유지하다가 한 번 관계가 틀어지면 해당 분야를 계속 맡기 힘들어질 수도 있다. 사람 사이의 관계를 중시하는 한국 사회의 분위기와도 관련이 있다.

때문에 어떤 경우라도 본질적으로는 언론인과 취재원이라는 각자의 정체성을 분명히 인식해야 한다. 평소 기자가 취재원으로부터 사적인 특혜나 편의를 제공받지 않아야 한다. 공적 관계에 수반되는 최소한의 긴장을 유지해야 하는데, 한국기자협회 윤리강령과 실천요강은 '품위 유지'라는 항목으로 관련 규정을 두고 있다. 하지만 독립성의 문제는 단순히 품위의 문제를 넘어서는 것이다. 특히 이 부분은 '김영란법'으로 불리는 청탁금지법의 제정으로 법적 규제까지 이뤄진다는 점을 명심하자.

기자들이 어느 정도 경력을 쌓아 정치권이나 경제계로 진출하는 것도 생각해 볼 문제다. 직업 선택의 자유라는 측면에서 언론인 출신이 다양한 분야로 옮겨가는 것을 막을 수는 없지만, 일정한 유예 기간도 없이 현직에서 바로 정계 등으로 가는 것은 문제가 있다. 해당 언론인의 활동이 정계 등으로 진출하기 위한 것으로 보일 수 있다. 시청자와 독자가 일반적인 보도까지 색안경을 끼고 볼 수도 있다. 자신의 행위가 언론계 전체에 미칠 영향을 생각해야 한다.

SNS 활동과 독립성

취재원과의 거리 유지와 관련해 일상적으로 유념할 부분 중 하나는 SNS 등에서 자신의 정치적 소신을 공개적으로 표명하는 것이다. 〈뉴욕 타임스*New York Times*〉나 〈워싱턴 포스트*The Washington Post*〉, BBC, 로이터통신 등은 구성원의 SNS 활동에 대한 가이드라인을 가지고 있는데 기본적으로 "기자는 언제나 기자"라는 것을 인식하고 있어야 한다는 것이다.[17] 기자가 SNS에서 어떤 발언을 할 경우 그가 특정 언론사 소속 기자라는 점 때문에 그 발언은 일반인의 발언과는 다르게 받아들여질 수 있다. 또 특정 언론사 소속 기자가 어떤 발언을 했다는 것 때문에 소속 언론사의 공정성과 객관성에 대한 일반인의 인식에 영향을 미칠 수 있다. 이들 언론사의 SNS 관련 원칙은 자신의 발언이 소속 언론사의 공정성과 객관성 등에 영향을 미치지 않아야 한다는 점을 밝히고 있다.

국내에서는 많은 언론인이 개인 SNS 계정에서 자신의 신분을 공개하면서 적극적으로 정치적 이슈에 대해 발언하고 있다. 이런 정치적 의사 표현은 평소 언론인으로서의 활동은 물론이고 소속 언론사의 공정성과 객관성, 저널리즘적 독립성 평가에 영향을 미친다. 공개적으로 정파적 의견을 밝힐 경우 해당 진영으로부터의 독립성을 의심받을 수 있다. 국내 언론사들은 SNS 사용에 대한 가이드라인을 제정한 곳이 아직 많지 않다. 이 부분은 언론사와 언론인 모두 진지하게 고민해야 한다.

4) 공익성에 기초한 윤리

보도의 목적은 '공익 추구'여야 한다

기본적으로 언론의 취재 보도 활동은 공익을 위해 이루어져야 한다. 언론이 공익성을 추구해야 한다는 의미는 특정 개인이나 세력, 단체, 기업 등의 이익을 위한 것이 아니라 사회 전체의 이익에 부합해야 한다는 것이다. 언론이 사회 문제를 고발하는 것도 이런 목적을 위한 것일 때만 정당성을 갖는다. 법원이 언론 보도가 인격권 등을 침해한 경우에도 면책을 인정하는 것은 이런 경우로 한정된다. 사회 문제, 갈등 등을 해소함으로써 사회의 안정과 발전에 기여하려는 것이기 때문에 언론 보도가 개인의 명예권 등을 침해하더라도 일정한 범위까지는 사회적으로 수용해야 한다는 것이다.

언론 보도가 공정성과 객관성을 확보해야 한다고 요구하는 것도 언론이 사회 일반의 이익, 즉 공익을 추구하는 것이기 때문이다. 언론이 독립성을 요구받는 이유도 마찬가지다. 다양한 이해관계로부터 독립해서 오로지 공익을 기준으로 저널리즘 판단을 해야 한다는 것이다. 한국기자협회 윤리강령은 "취재의 과정 및 보도의 내용에서 지역·계층·종교·성·집단 간의 갈등을 유발하거나, 차별을 조장하지 않는다"고 선언하고 있다. 이 또한 언론이 사회 전체의 공익을 추구하지 않고 특정 지역이나 집단 등의 이익을 대변해서는 안 된다는 것을 의미한다. 모두 공익성에서 출발하는 윤리 기준이다.

나아가 취재나 보도 행위를 언론사가 기업으로서 수행하는 영업과 분리해야 한다. 언론인 개인은 물론 언론사 경영진이 유념해야 하는 윤리 원칙이다. 한국기자협회 윤리강령은 기자들에게 소속 회사의 광고 문제와 관련해 기자로서 품위를 손상하는 행위를 하지 말 것을 요구하고 있다. 실천요강에서는 기자가 소속 회사의 출판물을 강매하거나 광고를 강요하는 행위를 하지 않고, 이를 취재 보도에 연계하지 말아야 한다고 규정하고 있다. 언론이 가진 비판, 고발 기능을 영업에 동원해서는 안 된다는 얘기이다. 만약 언론이 고발 보도를 내세워 광고를 강요한다면 형사적 문제로 비화될 수도 있다.

취재 내용의 목적 외 사용 금지

언론의 취재 활동은 오로지 보도를 위한 것이어야 한다. 취재를 통해 얻은 정보는 보도 목적에만 사용해야 한다. 너무나 당연한 얘기이다. 한국기자협회 윤리강령은 "취재 활동 중에 취득한 정보를 보도의 목적에만 사용한다"고 규정한다. 실천요강에서는 기자가 자신이나 취재원의 개인적인 목적에 영합하는 취재·보도 활동을 해서는 안 된다고 밝히고 있다. 사적인 이해관계가 취재 보도 활동에 개입해서는 안 된다는 것이다.

구체적으로는 주식 관련 취재를 담당하는 사람이 주식 투자를 해서는 안 된다는 윤리 기준이 있다. 꼭 주식 관련 취재를 하지 않더라도 자신이 맡고 있는 분야에서 얻은 정보를 투자 등 개인적인 이익 창출을 위해 사용하는 것은 모두 공익성을 추구해야 하는 저널리즘의 본질에 어긋난다. 만약 언론인이 취재 내용을 사적으로 활용하는 일이 있다면 언론인의 취재 활동 전반이 개인적인 이익 추구 활동으로 오해받을 수 있다. 특정인의 일탈로 전체 언론인의 취재 활동이 오해를 살 수 있으니 각별히 유의해야 한다.

개인적인 이익뿐만 아니라 취재 내용을 특정 집단이나 기관의 이익을 위해 활용해서도 안 된다. 자신이 소속된 단체, 집단, 진영의 이해를 위해 취재 내용을 활용하거나 혹은 취재 활동 자체를 이용하는 것도 여기에 해당한다. 자기가 속한 회사의 이익을 추구하는 것도 마찬가지다. 언론사가 기업으로서의 일반적인 이윤 추구 활동을 하는 것은 문제가 없지만 개별적인 취재와 보도 활동을 회사의 이익을 위해 활용하는 것은 공익성을 추구해야 하는 언론의 본질에 위배되는 것이다. 공익성을 인정받을 수 없는 취재, 보도 활동이 개인의 명예권과 같은 기본권과 충돌할 경우 면책을 기대하면 안 된다. 다시 말하지만 언론 보도가 공익성을 부정당하는 것만큼 수치스러운 일도 없을 것이다.

2부

취재론

3장 취재의 기초

4장 저널리즘 원칙과 윤리

3장

취재의 기초

1. 취재가 돼야 기사를 쓴다

취재는 모든 보도 활동의 출발점이다. 취재는 현장을 관찰해서 기록하고, 자료를 모으고, 이해관계자의 이야기를 듣는 등 뉴스 제작의 재료를 모으는 일체의 행위를 일컫는다. 어떤 사실 관계를 파악하는 것은 물론 영상이나 사진을 확보하는 것까지 취재에 포함된다. 특히 방송의 경우 뉴스 영상을 촬영하거나 뉴스 종사자가 아닌 사람이 촬영한 영상을 확보하는 일도 매우 중요한 취재 활동이다. 취재가 잘 되면 뉴스를 만드는 과정이 순조롭고 뉴스 콘텐츠도 좋아진다. 얼마나 많이 취재했는지, 취재 과정이 얼마나 힘들었는지, 어떤 관점으로 취재했는지 등을 기자가 말하지 않아도 뉴스에 묻어 나온다.

취재 환경은 갈수록 힘들어지고 있다. 다매체 환경에서 취재 경쟁이 치열해지면서 정보를 가진 취재원이 특정 언론사나 특정 기자를 선택해서 정보를 제공하는 사례가 늘고 있다. 검찰이나 경찰의 수사 정보는 피의 사실 공표 금지 원칙이 엄격하게 적용되면서 언론의 접근이 과거보다 어려워졌다. 정부든 기업이든 개인이든 불리한 정보를 숨기려는 본성은 변하지 않고, 정보에 접근하는 길목은 점점 좁아지고 있다.

'주 52시간 근무제'도 취재와 뉴스 제작 방식에 큰 변화를 가져왔는데, 이 제도의 시행 초기 변화를 분석한 결과 뉴스 콘텐츠에 부정적인 영향을 주고 있다는 연구가 있다. 이완수 등(2020)의 연구에 따르면, 주 52시간 근무제는 취재 시간 단축은 물론 기사 다양성과 정보 투명성 하락, 기획 기사의 감소, 치열한 취재 경쟁 약화와 같은 여러 문제를 만들어 내고 있다. 연구진은 이런 문제가 뉴스 제작 현장에 나타난 새로운 현상과 관련 있다고 분석했다. 새로운 현상으로는 ① 절대 취재 시간 부족, ② 취재원이나 출입처 관리 부실, ③ 게이트키핑의 부실화, ④ 회의 시간과 횟수의 감소, ⑤ 현장 취재의 급속한 축소, ⑥ 팀워크와 정보 공유 약화, ⑦ 신문의 경우 판 갈이 감소를 들었다.[18]

이처럼 주 52시간 근무제 시행 이전에 우려했던 문제가 기자들을 심층 인터뷰한 연구를 통해 확인된 것이다. 가뜩이나 기자 숫자가 부족한 언론사 인력 구조에서 근무 시간마저 단축되다 보니 출입처의 보도 자료, 그날그날의 발생, 인터넷 화제가 뉴스로 채택되는 일도 많아졌다. 출입처 위주의 취재 보도 관행을 혁파하자는 주장이 반복되지만 번번이 구호에 그치고, 언론사마다 비슷비슷한 뉴스가 생산되는 이유이기도 하다. 발생 뉴스를 더 깊이 또는 다른 각도에서 취재하거나, 기획 보도나 탐사 보도를 하는데 인력을 투입할 여력이 있는 언론사가 많지 않은 게 현실이다.

언론사 내부나 외부 환경이 취재하기 어렵게 바뀐다고 해서 취재가 없거나 취재가 부실한 상태에서 기사를 쓸 수는 없다. 아무리 정확한 제보를 받아도 확인하거나 보충하는 취재 과정이 필수다. 또 남의 기사를 따라가는 것도 독자적인 취재가 있어야 하고, 취재를 한 범위 안에서만 기사를 쓸 수 있다. 남의 기사를 베끼는 건 법적·윤리적 책임이 뒤따르고 무엇보다 소비자의 외면을 받기 때문이다. 그래서 취재력이 없으면 벌어지는 이슈를 제대로 따라가기도 어렵다. 취재가 어려운 사안일수록 언론사나 기자의 취재력의 차이가 더 두드러지게 된다는 점을 명심해야 한다. 뉴스의 기초 체력인 취재력을 기르는 게 갈수록 중요해지고 있다. 시대가 바뀌면서 온라인 취재, 데이터 분석, 비대면 취재 등으로 취재 방식이 다양화될 뿐이다.

1) 사실 확인을 게을리하지 말라

세상사가 모두 취재의 대상이 되고 취재의 출발점도 다양하다. 보도자료, 기자 회견, 행사, 예고 없는 발생(사건 사고 등), 제보, 소문, 타 언론사 기사, 각종 SNS, 다른 취재에서 파생된 내용 등이 취재의 단서가 될 수 있다. 이 취재 출발점에 있는 단서들의 신뢰도는 나르다. 소문과 보도 자료의 신뢰도는 다를 수밖에 없다. 하지만 사실 관계를 검증해야 한다는 측면에서 보면 소문과 보도 자료가 다를 게 없다.

중요한 내용이 확인되지 않으면 원칙적으로 기사를 쓰지 말아야 한다. 다만 완전히 확인되기 전이라도 기사를 써야 하는 상황이 있다. 완전히 확인될 때까지 기다리느라고 중요한 정보를 아예 보도하지 않는 것이 문제가 될 때도 있다. 이런 경우에는 기사를 쓰더라도 아직 확인되지 않은 사항이라는 점을 밝히고, 왜 그런 상태에서도 기사를 써야 하는지, 그리고 이를 확인하기 위해 어떤 노력을 기울였는지 등을 명확하게 써 줘야 한다.

보도 자료나 연합뉴스 등 통신사 기사를 검증 없이 받아서 기사를 썼다가 나중에 오보로 밝혀지면 1차적으로 기사를 시청자와 독자에게 내보낸 언론사가 책임을 져야 한다. 취재는 사실의 조각을 모아서 진실이라는 퍼즐을 맞추는 과정이다. 사실 관계가 틀린 오보로는 진실을 찾는 것이 불가능하다. 언론사 이미지도 크게 훼손될 수 있다.

2) 취재는 현장이 기본

기사는 육하원칙에 맞아야 한다. 취재할 때는 육하원칙에 맞는 정보부터 찾아야 한다. 정보를 찾는 취재의 출발은 현장이다.

어디선가 불이 났다고 가정해 보자. 데스크의 지시를 받고 현장에 가면 화재 상황이나 사람의 움직임이 눈에 보이겠지만 기사를 쓸 때 필요한 화재의 기본적인 내용이 곧바로 파악되는 건 아니다. 상황 파악이 돼 있는 기관이나 책임자를 빨리 접촉해야 한다. 소방 공무원을 우선 접촉해야 하는데 화재 상황에 대한 정보는 현장 지휘본부에서 보고 라인을 타고 소방청까지, 더 큰 불이면 청와대까지 보고된다고 보면 된다.

이런 보고 체계의 어느 단계를 접촉하는 것이 좋을까? 일단 상급 기관으로 올라갈수록 보고에 시차가 생길 수밖에 없다. 실시간으로 상황을 보도해야 하는 상황에서는 상급 기관을 취재해 봐야 기사로 쓰기 어려운 죽은 정보만 나온다. 현장의 소방 지휘본부, 현장을 관할하는 파출소, 현장 목격자를 접촉해 화재 발생 시간과 장소, 최초 발화 지점, 인적 물적 피해 규모, 화재 당시 상황, 대피 상황, 소방서 대응 조치, 경찰의 조치와 수사, 사망자 또는 부상자 후송 병원, 후송 병원의 응급조치 상황 등을 냉정하면서도 신속하게 취재해야 한다.

방송 기자라면 영상 기자가 직접 취재한 영상 외에 소방서 촬영 영상이 있는지, 화재 건물이나 주변 건물 CCTV에 화재 영상이 포착되지 않았는지, 주변을 지나던 차량 블랙박스에 화재 현장이 녹화되지는 않았는지, 119 화재 신고 녹음을 확보할 수 있는지 등을 신속하게 파악해 시청각 제작 요소를 챙겨야 한다.

3) 취재 포인트를 잡아라

화재 취재 얘기를 더 해 보자. 단순 사실 전달을 위한 정보를 모으는 수동적인 취재에 머물러선 안 된다. 먼저 화재 원인과 관련해서는 건물주가 화재 대비를 제대로 하지 않은 건 아닌지, 감지기 등 화재 예방 장비는 제대로 작동했는지, 소방 점검이 형식적이었던 건 아닌지, 방화 가능성은 없는지, 경찰의 화재 원인 수사에 문제는 없는지 등을 취재해야 한다.

소방 당국의 진화와 관련해서는 출동을 제때 했는지, 현장 소방관의 진화 과정에 문제는 없었는지 등이 취재 포인트가 된다. 피해와 관련해서는 왜 큰 피해가 났는지(또는 큰 불인데도 어떻게 피해가 적을 수 있었는지), 방범창이나 대피로에 쌓인 물건 등 대피를 막는 장애물은 없었는지 등을 점검해야 한다. 시민의식과 관련해서는 골목길 불법 주차가 소방차 출동을 방해하지 않았는지, 소방차가 오기 전에 시민의 구조 활동은 없었는지 등을 취재해서 있다면 구체적으로 취재해야 한다. 사연과 관련해서는 피해자 가운데 안타까운 이야기를 가진 사람은 없는지, 소방관의 숨은 노력은 없었는지 등을 체크해 봐야 한다.

이런 것이 취재 포인트다. 취재 포인트에 따라 한 문제에 집중해 심층 취재와 보도를 이어갈 수도 있다. 취재하다가 자연스럽게 포인트가 잡히기도 하고, 기자의 관찰력, 과거의 취재 경험, 시각 등이 필요할 때도 있다. 취재 포인트가 잡히면 자연스레 취재와 기사의 방향이 잡힌다.

현장 취재를 바탕으로 화재를 둘러싼 구조적 문제를 파헤친 기사를 쓸지, 시민의식이나 사연에 중심을 둔 기사를 쓸지, 소방이나 경찰의 미숙한 대처를 질타하는 기사를 쓸지, 이도 저도 아니면 화재 발생을 충실히 전달하는 기사를 쓸지가 정해진다. 현장 상황에 맞춰 취재 포인트를 잡는 것은 취재 단계에서 가장 중요한 일이다.

4) 100:120:80의 원칙

기획 아이템, 그중에서도 고발 아이템을 취재하고 보도할 때 적용되는 원칙이다. 고발 아이템은 제보나 어떤 취재의 단서를 들고 나선형으로 취재하는 게 일반적이다. 핵심에서 먼 주변 취재부터 시작해서 점점 핵심으로 들어간다. 수사 기법과 비슷하다.

주변 취재 없이 섣불리 핵심 취재 대상을 접촉하면 후속 취재가 막힐 수 있다. 고발 기사의 대상이 되는 당사자는 기자가 어디까지 취재했는지 파악하고 그에 따라 대응한다. 가령, 고발 대상이 제보자를 찾아내 추가 폭로를 막는 식으로 대응할 수도 있다. 당사자가 기업이라면, 대부분의 기업은 조직력이 있고 경험도 많기 때문에 이런 문제에 기민하고 노련하게 대응한다. 정부나 정치권력도 마찬가지다. 당사자가 부인하기 어려울 정도로 주변 취재를 한 뒤에 핵심 당사자를 접촉해 사실 확인이나 해명, 반론을 취재해야 취재 실패

가능성을 줄일 수 있다. '주변 취재 → 당사자 취재' 과정을 반복할 때도 있는데, 당사자의 반론을 반박할 필요가 있거나 확인 과정에서 새로운 취재 포인트가 생길 수도 있기 때문이다.

당사자 접촉 이전의 주변 취재 분량을 100이라고 하면 당사자 취재를 하면서 취재 분량은 120으로 늘어난다. 물론 이건 취재가 잘 되는 경우이고, 당사자 취재 뒤 원점으로 취재를 돌려야 할 때도 있다. 취재가 마무리되면 기사를 쓰는데, 기사에는 욕심내서 밀고 취재 내용의 80 정도만 담는다고 생각해야 한다. 주제에 부합하고 확실한 사실 위주로 기사에 넣고 주변적인 내용이나 확실성이 떨어지는 정보는 과감히 버려야 한다. 고발성이 강하고 사안이 중대할수록 공격받는 당사자가 잘못 이상으로 부당한 피해를 보는 일이 없도록 정확한 사실만 가려서 써야 하는 것이다.

취재 분량을 남기는 건 공격받는 당사자가 부당하고 과도하게 피해 보는 것을 방지하려는 목적만 있는 게 아니라 기사를 쓰는 기자와 언론사를 위한 일이기도 하다. 무엇보다 과욕을 부리다 보면 오보 논란에 휩싸일 수도 있다. 고발성이 강할수록 기사로 공격받는 조직이나 개인은 사소한 사실 하나라도 틀리면 이를 소재로 삼아 반격에 나서고, 경우에 따라서는 전체 기사를 오보로 만들기 위한 여론전을 펴기도 한다. 기자들이 흔히 '되치기'라고 부르는 일이 벌어지는 것이다.

'주변 취재가 100이라 하면, 당사자를 취재하면서 120으로 올리고 기사에는 80만 담아라.' 이렇게 정리할 수 있는데 여기서 가장 중요한 점은 '확실한 80만 담으라'는 것이다.

5) 영상 취재와 볼펜 취재?

방송사 보도국에서는 취재 기자를 영상 기자와 대비시켜 '볼펜 기자'라고도 한다. 신문사도 펜 기자와 사진 기자로 분류하기도 한다. 여기에는 영상 기자나 사진 기자도 취재 영역을 담당하기 때문에 기사 쓰는 기자만 취재 기자라고 하기 어렵다는 공감대가 깔려 있다. 특히 방송 뉴스의 취재는 볼펜 취재와 영상 취재로 나뉘고 두 가지, 즉 내용과 영상이 조화롭게 취재되어야 좋은 방송 뉴스 콘텐츠가 만들어진다.

그런데 영상 취재는 영상 기자만 하는 게 아니다. 볼펜 기자도 영상 기자와 끊임없이 의견을 나누고 소통하면서 시청각적인 재료를 함께 모아야 한다. 이른바 볼펜 기자가 영상 기자의 촬영 파트너 역할을 하면서 제보 영상이나 CCTV 화면 같은 제3의 영상을 확보하는 데 신경을 곤두세워야 하는 것이다. 영상 취재를 소홀히 하면서 좋은 방송 기자가 되는 건 불가능하다. 영상 기자의 카메라에 어떤 영상이 담기는지, 직접 촬영한 영상 외에 어떤 영상을 확보하는지에 따라 볼펜 기자의 리포트 품질이 달라진다. 특히 사안에 따라서는 영상 한 컷에서 리포트의 승부가 갈라지기도 한다는 점을 잊어서는 안 된다.

2. 현장 취재가 승부를 가른다

1) 현장에 보물이 있다

수사에서 초동 수사가 중요하듯 취재도 초동 단계 취재가 경쟁의 승부를 가르는 경우가 많다. 처음에 뒤처지면 그 사안에 대한 취재가 끝날 때까지 따라잡기 어려운 때도 있다. 어떻게 하면 초기 취재를 잘할 수 있는가에 대한 답은 역시 현장에 있다.

현장에는 무수한 보물이 널려 있다. 남보다 먼저 현장을 찾아서 부지런히 뒤지는 기자가 그 보물을 차지한다. 예기치 않게 벌어지는 사건 사고의 현장만 봐도 그렇다. 사건 사고의 현장은 시간이 지나면 순식간에 상황이 정리되면서 생생함이 떨어진다. 초기에 영상을 촬영하는 것은 물론이고 자료와 정보, 취재원을 최대한 많이 확보해야 한다. 남이 보지 못한 본질을 꿰뚫거나 당국의 발표를 뒤집는 열쇠가 될 만한 자료나 목격자 증언이 기자를 기다리고 있을지 모른다. 대형 사건 사고 발생 초기에는 좀 과하다 싶을 정도로 현장 취재를 해 보면 일이 수월하게 풀릴 수 있다.

문건이든 영상이든 독점적인 자료를 확보하면 주도권을 쥐고 뉴스를 이끌어 갈 수 있고 경쟁사에 비해 차별화된 뉴스를 만들 수 있다. 세상에 똑같은 현장은 없다. 화재만 해도 하루에 여러 건 발생하지만 장소와 피해 정도, 발생 개요 등이 똑같은 화재는 단 한 건도 없다. 취재 경험이 아무리 많다고 해도 현장을 다 알 수 없는 것이다. 경험이 많을수록 매너리즘에 빠져 '현장에 가도 별다른 게 없겠지,' '화제의 인물을 찾아가 봐야 만나지도 못하겠지' 하는 예단을 버려야 한다. 경험이 있는 기자들이 현장에 나가면 보물을 찾을 가능성이 경험이 적은 기자보다 훨씬 크다. 기자 세계에서는 막연한 취재를 '맨땅에 헤딩'하는 것이라고 한다. 21세기 첨단 정보 사회에서도 '맨땅에 헤딩'하는 취재가 여전히 이뤄지는 것은 현장 취재를 하면 무언가 나온다는 현장 중심주의를 믿기 때문이다.

2018년 12월 태안화력발전소에서 하청 노동자로 일하던 청년 김용균 씨가 숨진 사건에서도 이런 '맨땅에 헤딩'하는 취재가 큰 역할을 했다. 서울에서 취재를 간 지역 물정을 모르는 기자들이 회사, 유족, 동료, 경찰, 고용노동청 등을 접촉하며 고군분투했지만 사고의 실체와 성격이 잘 드러나지 않았다. 특히 회사는 취재 접근조차 어려웠고 경찰이나 고용노동청도 방어적이었다.

기자들은 동료와 노동조합 간부들을 자주 만나기 시작했다. 밤새

김민표의 현장 #1: 노숙자가 된 경찰관 사례

IMF에 구제금융을 신청하기에 이른 외환 위기 사태가 터지자 실직자가 속출하고 퇴직금까지 날려 길거리로 나앉는 직장인이 많았다. 퇴직금까지 사기당해 가정이 붕괴되는 실태를 보도하기로 기획하고 현장 취재에 나섰다. 현장은 서울역 앞. 노숙자 가운데 퇴직금 날린 직장인이 있을 수 있다는 막연한 생각으로 밤마다 서울역으로 향했다.

사흘째 되던 날, 근처 포장마차에 들어가 손님을 만나던 중 뜻밖에도 경찰관 출신의 노숙자를 만났다. 그는 사업에 손을 댔다가 퇴직금을 사기당해 경제적 고통에 시달리다가 노숙자가 됐다고 했다. 가슴 아픈 사연을 기자에게 오래 털어놓았다. 경찰관 출신이 맞는지, 언제 퇴직했는지 등 검증을 거쳐 사연이 보도됐다. '맨땅에 헤딩'으로 부딪치다 보면 의외의 기삿거리를 찾을 수 있다.

김용균 씨 빈소를 지키기도 했다. 그 결과 김용균 씨 동료들로부터 안전 교육 없이 현장 근무에 투입하는 실태와 2인 1조 근무의 필요성 등에 대해 생생하게 들을 수 있었다. 여러 명의 증언이 대부분 일치했다. 증언 외에도 사고의 진실을 풀 수 있는 단서들이 하나둘 나왔다. 김용균 씨의 스마트폰 안에 있던 영상과 사진을 받아 보고 열악한 작업 현장을 확인할 수 있었고, 사고 당시 발전소 컨베이어벨트 운행 정

김민표의 현장 #2: '테크론'이 '엔크린' 주유소로

SK와 LG칼텍스정유가 '엔크린'과 '테크론'이라는 휘발유 브랜드를 도입해 경쟁할 때의 일이다. 정유사들이 독자적인 브랜드로 광고하지만 실제로는 SK 주유소에서 '테크론'을 팔고, LG칼텍스정유의 주유소에서도 '엔크린'을 판다는 제보를 받고 현장 확인에 나섰다.

취재의 출발은 인천의 저유소. 여기서 휘발유를 싣고 나가는 대형 유조차를 추적해 어느 주유소로 가는지 촬영하면서 확인하는 방식으로 취재했다. 여건상 야간 취재만 가능했는데, 하룻밤에 겨우 한두 대를 따라갈 수밖에 없는 상황이었다. 며칠 밤을 추적해도 성과가 없었다. 열흘 정도가 지난 어느 날, '테크론'을 실은 유조차가 수도권에 있는 SK 주유소에 들어가 주유소 저장소에 휘발유를 채우는 현장을 잡았다. 모든 추적의 과정을 빠짐없이 촬영하고, 주유소의 해명도 들었다. 주유소는 "조금 싼 가격에 살 수 있어서……"라며 잘못을 시인했다.

잠복 수사 같던 '맨땅에 헤딩' 취재가 끝내 실패했다면 보도 자체가 불가능했다. 현장 없이 쓸 수 있는 기사도 많지만 이런 기획 보도는 현장 취재 없이는 보도할 수 없기 때문이다. '맨땅에 헤딩'이 실패했다면 유통 질서를 흐리는 정유업계의 잘못된 거래 관행은 한동안 계속됐을 것이다.

보를 통해 사망 사고 이후에도 80분 동안 컨베이어벨트가 돌아간 사실을 확인했다. 이 밖에도 원청과 하청업체의 계약서 등을 입수해 법적 문제 등 여러 근본적인 문제를 제기할 수 있었다.

문서와 영상, 증언 등을 주요 뉴스로 지속적으로 보도하던 중 고인이 마지막으로 컨베이어벨트를 순찰하는 CCTV 화면까지 입수할 수 있었다. 위험을 하청업체에 떠넘기는 '위험의 외주화'의 문제가 사회적으로 공감을 얻기 시작했다. 그 시작은 현장이었다.

2) 더 질문하라

현장에서 보물을 건지면 취재된 내용의 사실성을 검증해야 한다. 현장에서 보물이라는 확신이 들어도 이 과정은 필수다. 검증에서 보물이라는 게 1차로 확인되면 취재 내용을 확장할 필요가 있다. 추가 취재를 통해 얼마든지 기사를 키울 수 있다. 현장을 보여 주는 것으로 그쳐서는 안 되고 현장이 시사하는 점을 짚고 가능하면 해법까지 제시할 수 있어야 현장이 던진 문제를 푸는 취재가 입체적으로 완성된다. 어떤 실태에 대한 자료나 증언을 취재했다면, '그런 자료나 증언이 사실인가?' '사실이라면 그 원인은 무엇인가?' '그 원인이 생긴 배경에는 어떤 구조적인 문제가 있는가?' '그런 구조적 문제를 해결하려면 어떻게 해야 하는가?'와 같은 질문을 스스로에게 던지고 그에 대한 답을 취재하다 보면 취재와 보도가 훨씬 충실해진다. 보물의 가치가 더 빛나는 것이다.

질문이 현장보다 먼저일 수도 있다. 질문에 따라 취재 포인트와 취재 현장이 결정되는데, 좋은 질문은 좋은 취재 포인트로 이어지고 '현장의 보물'을 만나게 해 주기 때문이다. '현장 → 질문' 순서도 가능하고 '질문 → 현장' 순서도 가능하다. '현장'과 '질문'은 따로 정해진 순서가 없고 두 과정이 반복되기도 하는 것이다. 기획 보도의 경우에는 질문이 앞서는 경우가 종종 있다. '이곳만 문제일까?' '또 다른 문제는 없을까?' '발생 기사가 놓치는 뉴스는 뭐가 있을까?'와 같은 질문에서 시작해 현장 취재가 이어지는 방식이다.

김민표의 현장 #3: "납 꽃게, 식탁까지 올랐나?" 질문의 답은 현장에

인천지검이 2000년 8월 중국산 납 꽃게를 단속했다. 시중에 풀리기 전 인천항 수입 검역 단계에서 적발한 것이다. 여기서 자연스레 궁금증이 생긴다. '납 꽃게가 시중에 풀려 소비자 식탁에 오르지는 않았을까?' 이런 질문과 함께 취재 지시가 내려왔다.

금속 탐지기부터 빌렸다. 서울 시내 수산시장을 돌며 상인의 허락을 받고 꽃게 위에 금속 탐지기를 들이댔다. 대표적인 수산시장인 노량진 수산시장에서는 금속 탐지기가 울리지 않았다. 몇 군데 더 가 보기로 하고 마지막으로 찾아간 수산시장의 어느 점포에서 금속 탐지기를 대는 순간 귀를 의심했다. '삐익' 하는 고음이 울렸다. 다시 들이대도 같은 소리가 반복적으로 울렸다.

꽃게의 배를 열고 살펴보니 양쪽 끄트머리 뾰족한 곳에 손가락 한 마디 크기의 납 토막이 하나씩 박혀 있었다. 한 마리에 납 토막 두 개를 넣어 중량을 늘린 것이다. 취재를 마무리하고 납 꽃게가 이미 시장에 풀려 소비자 식탁을 위협한다는 내용을 당일 톱뉴스로 보도했다. 소비자 체감이라는 면에서 검찰 발표 기사와는 완전히 다른 기사가 나왔다. 취재의 시작은 좋은 질문이었다. 질문에 대한 답도 현장에 있었다.

3. 단독 보도의 유혹과 함정

1) 특종과 낙종 사이

기자라면 누구나 〈워싱턴 포스트〉의 워터게이트 기사처럼 숨겨진 문제를 발굴해서 세상을 바꾸는 기사를 쓰고 싶어한다. 그게 기자 직업의 소명이기도 하다. 하지만 현실에서는 특종보다 낙종을 많이 하는 게 기자의 숙명이다. 특종과 낙종을 두루 경험하면서 기자로 완성되어 간다. 특종을 하면 좋지만 낙종의 경험에서도 배우는 게 너무 많다. 특히 낙종을 계기로 특종을 만든 사례도 수두룩하다.

1971년 6월 13일자 〈뉴욕 타임스〉는 세상을 뒤흔들었다. 신문 1면 제목이 "펜타곤 보고서로 본 미국의 군사 개입 확대 과정 30년"이었고 관련 기사가 여러 면을 도배했다. 〈뉴욕 타임스〉는 방대한 분량의 미 국방부 기밀 보고서를 토대로 미국이 베트남 전쟁에 개입하기 위해 통킹만 사건을 조작했다고 폭로했다. 파문이 커질 것을 우려한 닉슨 정부는 국가 안보를 이유로 법원으로부터 후속 보도를 금지하는 명령을 받아 냈다. 그렇게 보도가 위축될 뻔한 순간에 경쟁지 〈워싱턴 포스트〉가 가세했다. 〈뉴욕 타임스〉 보도와 같은 취재원으로부터 국방부 기밀문서를 추가 입수해 베트남 전쟁의 비밀을 다시 폭로한 것이다. 법원은 더 이상 미국 정부가 요청한 보도 금지 명령을 내주지 않았다. 미국에서 반전 운동이 거세게 일었고, 끝내 미국은 첫 패배라는 불명예와 함께 베트남에서 철수했다. 이 과정은 영화 〈더 포스트*The Post*〉(2017)로 그려지기도 했다. 영화는 "언론은 통치자가 아닌 국민을 섬겨야 한다" 등의 명대사를 남기기도 했다.

1보 특종은 〈뉴욕 타임스〉, 2보 특종은 〈워싱턴 포스트〉가 한 셈이다. 권력의 회유와 압력을 이기고 세상을 바꾸는 데는 〈워싱턴 포스트〉의 역할이 결정적이었다. 이처럼 다른 회사나 다른 기자에게 1보 특종을 빼앗겼다고 해서 낙담할 필요는 없다. 아니, 낙담해서는 안 된다. 빼앗긴 특종이 사회적인 이슈가 된다면 그 이슈를 주도할 2보를 발굴하려는 노력을 게을리하지 말아야 한다. 스트레이트 기사가 아니더라도 새로운 시각에서 접근하는 기사나 좀 더 깊이 있는 심층 기획 기사로 문제의 실체에 더 접근할 수도 있다. 낙종한 것은 잘못이 아니지만, 낙종 이후 기사가 커지는 데도 이런 저런 핑계를 대면서 외면하는 것은 시청자나 독자를 위해 올바른 자세가 아니다.

특종을 취재하는 비법이 따로 있는 건 아니다. 우연히 운이 따르는 경우도 있지만 일단은 몸을 많이 움직여야 한다. 특종의 행운을 비교적 빨리 맛보려면 뉴스의 흐름을 정확히 읽으면서 그 길목을 지키는 방법이 있다. 뉴스 생산에 관여하는 사람이나 단체를 뚫으면 다른 기자보다 하루 이틀 먼저 기사를 내보낼 수 있는데, 이 가운데 가만히 기다리기만 하면 발표될 내용을 먼저 내보내는 특종을 이른바 '시간차' 특종이라고 부르기도 한다. 이런 '시간차' 특종보다 오랜 기간 여러 명이 협력해서 다양한 탐사 기법을 이용해 숨겨진 문제를 발굴해 내는 특종이 저널리즘의 본령에 더 가깝다. 특종이라고 다 같은 특종이 아니다.

특종의 기회는 기자 누구에게나 열려 있지만, 유독 특종을 많이 하는 기자가 있다. 어디 가서 누구를 취재해야 할지, 어떤 식으로 보안을 유지하며 취재할지, 어떻게 주제를 잡아서 기사를 돋보이게 할지 등의 노하우가 자연스레 쌓인 결과다. 언론에 막 입문한 시절부터 작은 특종이라도 챙기면서 취재의 노하우를 터득해가면 큰 기사를 쓰고 싶은 포부를 펼칠 수 있다.

2) '단독 보도'의 민낯

'특종'과 '단독'은 '다른 언론사에서 다루지 않은 뉴스'라는 사전적 의미에 '보도의 가치가 큰 뉴스'라는 의미가 결합돼 있다. 과거에는 '특종'이라는 단어가 주로 쓰였고, 다른 언론사들이 같은 내용의 기사를 뒤따라 받아쓸 정도의 무게감 있는 보도에 한정됐다. 뉴 미디어 뉴스 없이 종이 신문만 발간되던 시절에는 낙종한 언론사가 하루 뒤에 같은 내용을 보도해야 했으니 특종이 도드라지기도 했다. 지금은 뉴 미디어 환경으로 인해 시간차가 사실상 없어지고 언론사 사이에 기사 베끼기가 난무하면서 누구의 특종인지 뉴스 소비자는 알기도 어려운 경우가 많다.

그렇다고 저널리즘에서 특종의 가치마저 퇴색한 것은 아니다. 최근에는 '특종'이라는 말 대신에 '단독' 보도라는 말이 많이 쓰인다. 문제는 '특종'이 '단독'으로 표현이 바뀌더니 기사의 무게감마저 크게 떨어지면서 무분별하게 사용되는 양상을 보이고 있다는 점이다. '보도 가치가 큰 뉴스'인지 따지지 않고 다른 언론사에서 다루지 않은 뉴스면 지엽말단적인 보도에 불과하거나 중요성이 크지 않은 기사도 '단독'이라고 표시하는 사례가 나타나고 있다. '단독' 표시가 공해가 되고 있다는 지적도 나온다.

언론 시민단체인 민주언론시민연합(이하 민언련)이 2020년 4월 한 달 동안 방송사 저녁 뉴스에 '단독'이라고 표시된 기사 118건을 분석해 공개한 것을 봐도 이런 문제를 알 수 있다(표 2). 민언련 분석 결과 118건의 단독 보도 가운데 '확실한 단독'은 85건으로 72%였고 '내용이 지엽적'이거나 '사실 여부가 애매'해서 단독이라고 보기 어려운 보도가 각각 22건(19%)과 6건(5%)이었다. 단독 보도가 아니라

표 2　　방송사 단독 보도 분석 결과

분류	KBS	SBS	MBC	YTN	TV조선	MBN	채널A	합계
확실한 단독	15	21	17	1	9	14	8	85
단독 보도한 내용이 지엽적	1	0	2	0	3	6	10	22
사실 여부가 애매함	0	0	1	0	2	1	2	6
단독 보도가 아님	0	1	2	0	1	1	0	5
합계	16	22	22	1	15	22	20	118

출처: 민주언론시민연합, 2020. 7. 7.

고 판정된 보도도 5건이었다. 내용이 지엽적인 단독 보도는 앞선 보도와 내용은 대동소이하지만 비본질적인 부분에서 새로운 내용이 포함된 보도다. 민언련의 분석에 따르면 당시 사회적으로 큰 이슈가 됐던 'n번방 사건'에서 모 방송사가 보도한 "단독/입대 뒤에도 착취 영상 유출하며 '박사방' 유도"의 경우 다른 언론사가 전날 보도한 "단독/조주빈 공범 '이기야' 군 입대 후도 매일 박사방 활동"과 거의 일치했다. 전날 보도와 다른 점은 군 관계자 인터뷰로 조주빈 공범 '이기야'의 신상 정보를 더 이야기해 준 정도라는 게 민언련의 분석이다. 사실 여부가 애매한 단독 보도 6건은 기사의 정확성이 확인되지 않은 경우다.[19]

단독 보도의 품질을 종합적으로 분석한 연구도 있다. 유수정·이건호(2020)의 "방송뉴스의 단독 보도 품질 연구"는 2012년, 2015년, 2018년의 3개년도 KBS, SBS, MBN 단독 보도 1783건의 품질을 측정하기 위해 독창성, 심층성, 정확성을 분석했다. 이 세 가지 요소가 단독 보도의 품질을 결정한다고 봤는데, 연구 결과 품질이 낮은 것으로 평가됐다. 우선, 독창성 분석에서 언론사가 독자적으로 개발한 단독 보도가 11.7%에 불과했다. 단독 보도가 독창성의 노력을 기울이지 않은 채 이미 공개되어 있거나, 얻기 쉬운 자료를 통해 단독으로 소개되고 있다고 분석했다. 단독 보도가 이해관계 복잡한 이슈들을 다루지만 단일 관점에서 이벤트 중심으로 전달하고 있어서 심층성도 확보하지 못한다는 평가가 내려졌다. 정확성도 높지 않았다. 정보의 출처를 확인하기 어려운 불투명 취재원이 투명 취재원보다 많이 활용되고 미확인 정보의 비율도 24%~29%로 적지 않았다. 연구자들은 단독 보도가 시청률과 속보 경쟁의 전략으로써 활용되고 있으며, 단독 보도의 기본 요건들을 충족시키지 못한 채 품질을 저하시키고 있다고 결론 내렸다.[20]

언론의 위기 중심에는 신뢰의 위기가 있고, 신뢰의 위기는 무리한 단독 보도 경쟁이 자초한 측면이 있다. 현장 기자 스스로 과열 경쟁을 끊는 게 쉽지는 않다. 언론사의 신뢰 회복을 위해서는 언론사 차원의 결단이 있어야 한다.

3) '단독' 표기를 없애면 될까?

대안 언론인 뉴스타파는 기사에 '단독' 표시를 없앴다. JTBC도 2018년 2월 '단독 표시 없는 뉴스'를 선언했다. JTBC의 결정은 단독의 함정에 빠지는 우를 범한 뒤에 나왔다. 공교롭게도 뉴스타파와 관련이 있다.

JTBC 〈뉴스룸〉은 2018년 1월 17일 "주사제 한 병 나눠 맞히곤… 의료비는 부풀려 청구"라는 기사를 내보냈다. '단독'이라는 타이틀도 달았다. 이대 목동병원 신생아 사망 관련 단독 보도였다. 하지만 보도 두 시간쯤 전에 이미 뉴스타파에서 "[신생아 참사] 주사제

1병 쓰고 5병 값 계산… 보험급여 부당청구 시도"라는 제목으로 같은 내용의 기사를 내보냈다. JTBC가 뉴스타파 기사를 베낀 건 아니고 별도로 취재했다지만 이미 다른 미디어가 보도를 한 상황에서 '단독'이라고 내세우기는 민망한 상황이었다. 뉴스타파 기자가 SNS에 항의 글을 올렸고 JTBC는 '단독' 표시를 내렸다.

이 일이 있기 7개월여 전인 2017년 5월에는 JTBC 〈뉴스룸〉이 "[단독] 강경화 후보자, 기제에 '기획 부동산' 매입 의혹"을 보도했다. 당시 강경화 외교부 장관 후보자에 대한 인사 검증 보도였는데, 강 후보자의 두 딸이 거제도에 있는 땅을 기획 부동산을 통해 매입했다는 의혹을 단독으로 제기한 것이다. 보도가 나간 뒤 '기획 부동산이라는 표현이 잘못됐다,' '강 후보자 가족이 오히려 피해자다,' '기자가 포털 사이트 사진으로 리포트를 제작한 걸로 보아 현장에 가 보지 않고 이른바 '노 룩no look' 취재했다'는 등의 비판이 쏟아졌다. 외교부도 정정 보도를 요청했다.

이튿날 〈뉴스룸〉 앵커는 보도 경위를 설명하면서 이렇게 사과했다. "이미 지적받은 것처럼 기자가 현장에 있지 않았다는 점은, 모든 기사는 기본적으로 현장에서 출발한다는 원칙에 충실하지 못한 것이었습니다. 등기부 등본과 현지 부동산 등을 상대로 한 확인은 사실에 미흡하거나 왜곡될 가능성도 있기 때문입니다. 또 기획 부동산이라는 용어를 썼는데 부동산 전문가의 조언을 구한 것이기는 하지만 통상적으로 쓰는 의미와 달라서 혼동을 줬다는 지적이 나왔습니다. 이 점에 대해서도 시청자 여러분께 사과드립니다." 사실상 뉴스 소비자의 지적이 맞다고 시인하고 사과한 것이다.

단독의 함정에 빠져 홍역을 치른 JTBC는 '단독' 표시를 없애기로 하면서 이렇게 설명했다. "그간 취재 경쟁에서 '단독'이 가져다준 긍정적 효과가 있었던 반면, 표현의 오남용으로 인한 부정적인 측면도 있었음을 인정한다. 단독 기준을 엄정하게 할 것을 논의해 왔으나 기준 자체가 모호할 수 있다는 판단 아래 결국 아예 사용하지 않는 쪽을 택했다."

여기서 한 가지 생각해야 할 부분이 있는데, '단독'이라는 표기를 버린 언론사조차 여전히 '저희 취재 결과 확인됐습니다,' '○○○(언론사 이름) 취재로 드러났습니다'와 같은 표현을 사용하는 사례를 적지 않게 볼 수 있다는 점이다. 시청자나 독자가 볼 때 이런 표현은 다른 언론이 밝히지 못한 사실을 발굴했다고 밝히는 일종의 '유사 단독' 표기라고 볼 수 있다. 어떤 면에서는 과거 '단독'이라고 표기할 때보다 더 편하게 이런 식으로 자신의 성과를 자랑하는 표현을 쓸 수 있게 된 측면도 있다. 이런 표현을 사용해도 '단독'이라고 표현하는 것과 시청자나 독자에게 주는 인상은 사실상 비슷하다. 다시 말해 그 오남용에 대한 부정적 측면을 똑같이 고려해야 한다는 말이다.

JTBC는 2020년 10월 중순부터 온라인에만 국한하겠다면서 "파급력 있는 기사에 한해 단독 표기를 하겠다"고 밝혔다. '단독'을 버린 지 2년 8개월 만이다. 언론사 사이에서는 여전히 '단독' 표기를 하느냐 마느냐는 매우 어려운 문제인 셈이다.

4) '단독 보도' 검증은 더 철저해야 한다

단독은 단독다워야 한다

비록 표기상 오남용의 문제가 있지만 '단독 보도'는 언론사의 중요한 경쟁력이다. 뉴스의 에너지라고 할 수 있는 취재력이 살아 있다는 뜻이기 때문이다. '단독 없는 뉴스'도 단지 '단독' 표시를 하지 않을 뿐이지 단독 보도를 하지 않겠다는 의미는 아니다. 방송 보도에서 '단독' 표시를 빼는 건 나름 의미 있는 결정이지만 모든 언론사가 따라야 하는 것은 아니다. 다만 '단독' 타이틀이 붙은 기사는 '단독다워야' 한다. 단독이 단독다우려면 무엇보다 취재 과정에서 사실 확인을 반복해 정확한 기사를 만들어야 한다.

'단독'의 유혹은 강하다. 언론사로서는 존재감을 부각시키고, 조회 수를 늘리거나 시청률을 올리는 효과가 분명히 있다. 기자 개인으로서도 이름을 알릴 기회다. 하지만 '단독'이 그 이름에 걸맞게 무게감과 정확성으로 단단히 무장해야 저널리즘도 견고해진다. '단독'일수록 주목도가 높기 때문에 '단독' 보도의 정확도는 언론의 신뢰도로 직결된다. 정확성이 떨어지는 보도나 심지어 오보가 '단독'이라는 모자를 쓰고 보도되면 언론에 대한 불신과 회의가 팽배하게 되고 저널리즘이 설 자리도 사라진다. 단독 보도의 함정이다.

타사 움직임이 기사 판단 기준이 되면 안 된다

보도국에서는 '단독'이나 '특종'을 내세울지를 두고 데스크와 현장 기자가 종종 충돌하는 경우가 있다. 현장 기자들은 특종 유지가 어렵다는 이유로 취재 중인 사안을 서둘러 기사화할 것을 요구한다. '다른 언론사에서 냄새를 맡았다,' '제보자가 빨리 기사를 내지 않으면 다른 언론사에 제보하겠다고 한다,' '추가 검증 취재하면 정보가 샐 우려가 있다,' '핵심 내용은 취재가 안 됐지만 우선 의혹 수준에서 기사를 내고, 반응을 보면서 추가 발제하겠다' 등의 이유를 든다. 특종을 눈앞에서 놓치는 건 데스크인 선배들로서도 부담스러운 일이어서 어느 정도 선에서 타협하는 경우가 많다. 하지만 진짜 의미 있는 '단독' 기사가 아니라 그냥 혼자서 쓰는 '홀로' 기사는 아닌지 냉정하게 판단해 봐야 한다.

특종이 조작으로 판명 나 국제 언론계에 충격을 준 독일 유력 주간지 〈슈피겔*Der Spiegel*〉 사례는 특종에는 함정이 많다는 것을 다시 일깨워 준다. 〈슈피겔〉의 30대 젊은 기자가 쓴 국제 분야 기사들이 언론상을 휩쓸었지만 얼마 지나지 않아 상상력에 기반한 조작으로 드러난 사례다.

〈슈피겔〉이 조직한 외부 전문가로 구성된 진상조사위원회가 2018년 말 발표한 최종 보고서에는 기사 조작이 가능했던 여섯 가지 이유가 들어 있다. ① 기자의 능수능란한 속임수, ② 기자에 대한 데스크의 절대적 신뢰, ③ 완벽한 르포 기사에 대한 유혹, ④ 기자상 수상에 대한 압박, ⑤ 엘리트 부서의 독단과 폐쇄성, ⑥ 작동하지 않은 검증 시스템이다. 특종에 대한 개인적 욕심과 언론사의 게이트키핑 실패가 부른 대참사다. 위 여섯 가지는 국제 언론, 특히 한국 언론에 많은 시사점을 준다. 〈슈피겔〉의 슬로건은 "있는 그대로를 말하라Sagen, was ist"다. 조작이 드러난 후 〈슈피겔〉은 "70년 역사에서 가장 깊은 나락으로 떨어졌다"면서 고개를 숙였다. 슬로건을 만든 전 발행인 루돌프 카를 아우크슈타인Rudolph Karl Augstein의 가족에게도 사과해야 했다.[21]

4. 모든 것에 의문을 가져라

국정원이 간첩단 사건을 발표했다고 가정해 보자. 당장 발표 내용의 사실 여부를 확인할 수 없고 그래도 기사는 써야 한다면 어떻게 해야 할까? 단정적으로 쓰지 말고, 문장 곳곳에 국정원의 발표라는 걸 넣어 주고, 의혹이 있는 부분을 짚어 주면 된다. 제작 완성도를 높이려고 무리하게 특정 방향으로 몰아가거나 단정적으로 쓰면 안 된다. 의심스러운 부분은 시간을 갖고 취재해서 후속 보도를 하면 된다. 이런 발표 기사를 마치 확인이 다 끝난 사안인 것처럼 보도하면 안 된다.

데스크가 발제 단계에서 취재 기자에게 이런 내용으로 지시하면 초고부터 지시 내용이 잘 반영된 기사가 올라온다. 발표 내용에 의문을 제기해야 한다는 데 기자들도 농의하기 때문이다. 간첩단 사건이 훗날 조작으로 판명 난 사례를 과거에 숱하게 목격했기 때문에 생긴 일종의 학습 효과다.

실제로, 국가 기관의 간첩 조작 사건은 오래된 과거의 일만이 아니다. 불과 몇 년 전에도 서울시 공무원 간첩 사건으로 탈북자 유우성 씨가 구속 기소됐지만 대법원에서 간첩 등 국가보안법 위반 혐의에 대해서는 무죄 판결이 나왔다. 당시 언론은 국정원의 발표를 의심 없이 받아쓰면서 유우성 씨를 간첩으로 몰아갔다. 국정원의 발표를 아무 의심 없이 받아 쓴 언론도 간첩 조작 사건의 책임에서 자유로울 수 없다. 국가 안보와 관련된 중대 사안, 최고 정보 기관의 공식 발표, 공무원의 간첩 행위라는 점이 복합적으로 작용하면서 언론이 국정원 발표의 오류 가능성에 대한 의심을 차단해 버린 게 문제였다.

1) 취재원의 정보에 속지 말라

제보자를 포함한 취재원이 이해관계에 따라 사실과 다른 정보를 제공할 수 있다는 점을 잊지 말아야 한다. 기자에게 접근하거나 정보를 흘리는 동기가 순수하지 않을 수 있다. 취재원의 정보는 취재의 단서일 뿐이다. 취재원으로부터 전달받은 말이나 서류, 영상 등을 어디까지 믿을 수 있는지 반드시 교차 검증해야 한다. KBS 법조팀은 2020년 7월 입장문을 발표했다.

> 저희 법조팀은 지난 21일 전체 회의를 열어 해당 기사의 취재와 보도 경위에 대해 되짚어 보았습니다. 충분한 시간을 들여 여러 취재원에게 관련 내용을 취재한 것은 사실이지만, 기사가 출고되기까지 각종 실수와 잘못이 있었다는 점도 다시 한 번 확인하였습니다. 특히 당사자의 반론을 충분히 듣지 않은 점과 녹취록을 확보하지 않은 상태에서의 전언 보도임에도 단정적인 표현을 사용한 점에 대해서는 책임을 통감하며 깊이 반성하고 있습니다. 결과적으로 KBS 뉴스의 신뢰도에 부정적 영향을 미친 데 대한 비판 역시 뼈아프게 받아들이고 있습니다.

입장문 발표 며칠 전 KBS 〈뉴스9〉는 전 채널A 기자와 모 검사장의 대화 녹취록이라며 둘 사이의 대화 내용을 보도했다. 취재원으로부터 전해 들은 정보, 즉 '전언'으로 구성한 기사였다. 그러나 전 채널A 기자 측이 공개한 녹취록에는 KBS가 보도한 대화 내용이 없었다. KBS는 다음 날 곧바로 오보를 인정하고 사과 방송했다. 법조팀 입장문은 그 뒤에 나왔다.

KBS 법조팀이 취재 경위를 자세히 밝히지 않았지만, 당사자의 반론을 충분히 취재하지 못했고 전언을 단정적으로 표현한 점은 시인했다. 다른 근거 자료 없이 기자가 말로만 확보한 전언은 함부로 보도해서는 안 되고, 불가피한 이유로 보도를 할 경우에도 단정적인 표현을 피하고 최대한 복수의 취재원을 취재해 교차 검증해야 한다는 교훈을 재확인시켰다.

'전언'을 보도하는 것도 신중해야 하지만 취재원이 다른 사람으로부터 들은 전언을 기자에게 전할 경우, 즉 '전언의 전언'은 특수한 사정이 없는 한 기사화하지 말아야 한다. '전언의 전언'은 '무슨 일이 있었다고 하더라' 하는 식으로 사안을 직접 경험하거나 보지 않은 사람이 누군가에게서 건너서 들은 내용을 기자에게 전해 주는 말이다. 이런 취재원은 이른바 '2차 취재원'이다. 2차 취재원의 말을 토대로 기사를 썼다가 낭패 본 사례는 꽤 많다. 〈조선일보〉는 2020년 8월 "조민, 세브란스병원 피부과 일방적으로 찾아가 '조국 딸이다, 의사고시 후 여기서 인턴하고 싶다'"는 제목의 기사를 일부 지역에 배달된 신문에 실었다가 추가 인쇄판에서 삭제했다. 다음 날에는 "조민 씨·연세대 의료원에 사과드립니다"라는 제목으로 고개를 숙이고 보도 경위도 설명했다.

〈조선일보〉가 밝힌 경위는 이렇다. 기자가 "연세대 의료원 고위 관계자 포함해 4명이 식사를 하는 자리에서 조민 씨가 세브란스병원을 찾아가 피부과 A교수를 면담했고 그에 따른 의료원 측 고충을 토로하는 대화가 오갔다"는 이야기를 식사 모임에 참석했던 사람으로부터 전해 듣고 기사를 썼다는 것이다. 신문은 "이 기사는 직접 당사자인 조민 씨나 조민 씨가 만났다는 A교수에게 관련 사실 확인을 거치지 않고 작성된 것입니다. 해당 기사는 당사자인 1차 취재원이 아닌, 2차 취재원의 증언만을 토대로 작성됐습니다"라고 설명했다.[22]

〈조선일보〉 스스로 밝혔듯이 2차 취재원의 증언만으로 보도하는 것은 큰 문제가 있다. 조국 전 법무부 장관 관련 기사는 숱한 저널리즘 이슈를 낳았고 주목도나 민감도가 높기 때문에 검증도 매우 엄격했어야 했다. 2차 취재원의 증언, 즉 '전언의 전언'은 뜬소문을 뜻하는 이른바 '카더라 통신'과 같은 수준으로 보고 검증해야 한다.

이런 일은 어디서나 벌어질 수 있다. 단순히 전언을 근거로 바로 기사를 쓴 것이 아니라 기자들이 직접 나름의 확인 절차를 거친 경우에도 이런 문제가 생길 여지는 있다. SBS는 2009년 고 장자연 씨가 생전에 쓴 편지 50여 통, 230장 분량을 단독 입수했다고 보도했다가 사과했다. SBS는 장자연 씨 사건 재판부에 편지가 제출된 사실을 취재하고, 전문 감정 기관에 분석을 의뢰해 장 씨의 필적이 맞을 가능성이 높다는 필적 감정 결과도 받았다.

그렇다고 편지의 신빙성을 입증할 확증을 확보한 것은 아니었다. 보도가 나간 뒤 국립과학수사연구원이 필적 감정에 나섰고 이번에는 가짜라는 판정이 나왔다. 결국은 제보자가 꾸며 낸 것이라고밖에 볼 수 없는 상황이 된 것이다. 사안의 중요성과 복잡성을 생각해 보면 사설 감정 기관 한 곳에서 나온 결과만 갖고 기사를 쓰기로 결정한 것이 잘못이었던 셈이다.

2) 자료에 현혹되면 안 된다

문서로 된 자료는 그 내용을 사실로 믿게 만드는 묘한 힘이 있다. 숫자가 들어가면 더욱 그렇다. 기자들도 주의를 덜 기울이게 된다. 이런 점을 노리고 기사화를 기다리는 괴문서가 인터넷에 많이 유포된다.

세계적인 언론사도 인터넷 자료를 다운받아 기사를 썼다가 망신당하고 거액의 과징금을 물어야 할 처지가 됐다. 2019년 말 프랑스 금융 당국은 블룸버그통신에 500만 유로, 우리 돈 약 65억 원의 과징금을 부과했다. 블룸버그가 프랑스 대형 건설 기업 '빈치'가 배포한 것처럼 보이는 가짜 보도 자료에 속아 잘못된 기사를 내보내 빈치에 거액의 손실을 끼쳤다는 이유다. 가짜 보도 자료에는 빈치의 회계 자료에서 수십억 유로에 달하는 오류가 발견돼 수정했으며, 최고재무

책임자(CFO)를 해고했다는 내용이 담겼다. 블룸버그 보도 이후 빈치는 주가가 급락하고, 회사 이미지도 타격을 받았다. 프랑스 금융 당국은 사실을 확인하는 언론 윤리를 지키지 않았다며 블룸버그에 허위 정보를 퍼뜨린 책임을 물었다.[23]

블룸버그는 자료가 정교해 속을 수밖에 없었고 자신도 피해자라고 주장할 수 있다. 다른 언론사 기자도 같은 상황에서 똑같은 실수를 범할 수도 있다. 하지만 프랑스 금융 당국은 언론이 사실 확인 노력을 게을리하지 않아야 보호받을 수 있다는 점을 명확히 한 것으로 해석된다. 진위를 확인하려는 노력이 충분했다면 비록 블룸버그가 오보를 냈더라도 프랑스 금융 당국의 판단이 달랐을 것이다. 오보라는 결과보다 보도 이전 취재 과정에 주목하는 것은 한국 법원도 마찬가지다. 보도가 사실이라고 믿을 만한 상당한 이유가 있다고 법원이 판단하면 비록 오보였더라도 언론 보도에 책임을 면제해 주는 것이 바로 그것이다. 원래는 사실인 경우만 책임을 면제해 주던 것을 법원이 확장해 준 것이다. 이런 위법성 조각 사유를 인정받으려면 충분히 검증 취재하는 노력을 기울일 수밖에 없다.

누군가 어떤 의도로 조작된 정보를 퍼뜨릴 수 있다. 그것을 확인하는 게 기자다. 기자는 '의심 → 검증' 과정을 끊임없이 반복해야 한다. 이른바 '팩트 체크' 기사만 사실 검증을 하는 것이 아니다. 모든 기사에서 팩트 체크는 기본이다.

5. 보도 자료는 취재의 출발점

1) 보도 자료가 항상 진실을 말하지는 않는다

2015년 11월 14일 서울 도심에서 대규모 시위가 열렸다. 경찰의 시위 진압 과정에서 부상자가 속출했고 농민 한 명이 중태에 빠졌다. 바로 백남기 농민이다. 경찰은 50명을 연행하고 밤중에 보도 자료를 냈다. "불법 폭력 시위를 벌인 집회 주최자 및 폭력 행위자는 물론 배후 세력까지 추적해 엄단하고, 경찰 장비를 손괴한 시위 주도 단체 및 행위자에 대해서도 민사상 손해배상을 적극 추진하겠다"는 내용이었다. 시위 당일부터 불법 폭력 시위로 규정하고 경찰 진압의 문제는 한마디도 언급하지 않았다.

시위에 참가했던 농민이 사경을 헤매는 상황에서 언론은 당연히 불법적이거나 강압적인 진압이 있었는지에 취재 포인트를 맞춰야 한다. 경찰의 보도 자료가 진압의 문제를 덮으려고 불법 폭력 시위를 강조하는 것은 아닌지도 의심해 보아야 한다. 취재할 수 있는 증언과 증거, 특히 현장 동영상이 있었고 주최 측에서도 불법 진압이라는 보도 자료를 내고 기자 회견도 했다.

정당한 진압이었다는 경찰의 주장은 좀처럼 깨지지 않았다. 백남기 농민이 317일 만인 이듬해 9월에 숨지자 서울대학교 병원이 사망 진단서에 사망 원인을 '외인사'가 아닌 '병사'로 기록하면서 의학적으로 경찰 주장에 힘을 실어 주기도 했다.

이때 SBS 조동찬 의학 전문기자가 서울대병원 의무 기록을 입수해 사망 진단서의 문제를 조목조목 제기했다. 공방의 지형이 크게 바뀌었고 의료계의 자성도 이어졌다. 결국 2017년, 최고의 전문가 집단이라고 자부하는 서울대병원이 사망 진단서를 정정해야 했다. 사망의 종류를 '병사'에서 '외인사'로 바꾼 것이다. 사망의 종류를 결정하는 선행 사망 원인도 '경막하 출혈'에서 외부 충격을 뜻하는 '외상성 경막하 출혈'로 바꿨다. 고 백남기 농민이 질병이 아니라 외부 충격으로 숨졌다는 것을 분명히 한 것이다. 여기서 외부 충격은 경찰이 쏜 물대포였다.

서울대병원이 사망 진단서를 바꾼 건 처음이었다. 이어 경찰청 인권 침해 사건 진상조사위원회도 경찰의 과잉 진압으로 사망했다고 결론지었고, 경찰청장이 사과했다. 2020년에는 헌법재판소가 물대포를 직선으로 쏜 경찰의 행위에 대한 헌법소원 사건에서 고 백남기 농민의 생명권과 집회의 자유 등 기본권을 침해했다며 위헌 결정을 내렸다.

상반된 보도 자료가 나오거나 서로 다른 관련자의 주장이 제기된 경우 어느 쪽이 맞는지 알기 어렵다. 특히 권력 기관의 은폐는 매우 조직적이고 강력해서 언론의 취재 접근은 막히기 십상이다. 분명한 것은 상반된 주장이 모두 사실이고 진실일 수는 없다는 점이다. 어느 한쪽은 거짓이다. A는 이렇게 주장하고, B는 이렇게 수상한다고 보도하면 마치 폭행 사건에서 경찰이 정확하게 가해자와 피해자를 밝혀내지 않고 이른바 쌍방 폭행으로 만들어 버리는 것과 같다. 보도 자료에서 출발해 두 당사자 외에도 이해관계자를 취재하면서 사안의 본질로 좁혀 들어가다 보면 어느 보도 자료가 진실을 말하는지 드러나게 된다.

2) 충분히 검증해야 한다

보도 자료와 관련해서 가장 많이 제기되는 문제는 검증 없는 받아쓰기다. 보도 자료는 기본적으로 개인, 단체, 기업, 공공 기관에서 언론에 보도되기를 기대하면서 만든 공적 자료이다.

스스로 잘못을 고백하는 보도 자료는 특수한 경우다. 정부 부처의 과거사 조사 기구에서 과거와 단절하겠다는 의미로 발표하거나, 수사 등으로 드러난 잘못을 시인할 때 등이다. 나머지는 정책의 시행·중간 점검·결과를 알리거나, 업무와 관련한 상황의 발생과 진행 과정을 알리거나, 성과를 홍보하거나, 의견이나 주장을 제시하는 등의 필요가 있을 때 만들어진다. 숨기고 싶을 때 보도 자료를 내는 일은 없고, 알리고 싶은 것을 홍보하는 목적이 대부분이다. 과장이나 거짓이 들어갈 수 있다.

검증이 필요한 것도 이 때문이다. 기자가 보도 자료에 속지 말아야 하고, 뉴스가 홍보 수단으로 이용되지 말아야 한다. 특정 개인이나 집단의 일방적 논리에 빠지지 않도록 주의를 기울여야 한다. 보도 자료의 내용이 어떤 개인이나 집단을 비판하거나 이해관계자가 있을 때에는 상대방이나 이해관계자의 입장을 충분히 취재해서 함께 보도해야 한다.

드물지만 악의적으로 거짓 보도 자료를 내는 경우가 있다. 허위로 유망한 신사업에 진출한다거나, 다른 기업을 인수합병한다고 보도 자료를 낸 뒤 주가를 띄우고 이른바 '먹튀'하는 경제 사범이 종종 적발된다. 이런 사안을 검증 없이 보도하면 오보가 된다. 이런 오보는 선의의 투자자에게 금전적 손해까지 끼칠 수 있다. 자칫하면 언론사가 큰 손해 배상 책임을 져야 할 수도 있다.

문구 자체로는 거짓이 아니지만 내용상 거짓말을 하는 보도 자료도 있다. 2017년 12월, 한 언론사는 금융위원회 고위 간부가 검찰 수사를 받고 있다는 내용을 보도했다. 그러자 금융위는 수사받은 사실이 없다며 부인하는 반박 자료를 뿌렸고, 관련 보도는 삭제됐다. 훗날 문제의 금융위 간부가 당시 검찰 수사는 아니지만 청와대 감찰을 받은 것으로 드러났다. 금융위는 이미 다 알고 있었다. 청와대 감찰이든 검찰 수사든 금융위 고위 간부가 비리 혐의를 받고 있다면 중요한 기사인데도 보도 자료 한 장으로 기사를 막은 것이다.

지엽말단적인 내용으로 본질을 덮으려는 출입처의 대응 방식은 꽤 오래됐다. 8명이 구속된 사안을 '10명 구속'이라고 보도하면, '10명 구속은 오보'라면서 핵심적인 사실 관계에 오류가 있어 오보인 것처럼 대응하는 경우 등이 있다.

3) 보도의 주제를 정하는 것은 기자의 몫

보도 자료를 바탕으로 취재할 때 꼭 자료가 제시하는 주제에 얽매일 필요는 없다. 자료를 제공한 측과 기사 가치에 대한 생각이 다를 수 있다. 취재와 보도는 전적으로 기자의 몫이다.

표 3은 코로나19 사태를 겪은 의료인과 방역 대응팀의 심리 상태를 설문 조사한 뒤에 나온 보도 자료의 일부다. 보도 자료에는 의료인과 방역 대응팀이 트라우마와 스트레스에 노출돼 있다는 근거로 쓰인 설문 조사 결과다. 하지만 의료인이나 방역 대응팀이 아닌 시민들의 설문 조사 결과도 충분히 기사로서의 가치가 있다.

코로나19로 인한 트라우마나 스트레스의 요인이 무엇인지를 묻는 설문에서 시민들의 응답에는 '다른 사람의 안전이 걱정됐다'는

표 3 트라우마 스트레스 구성 문항 중 상위 3개 문항

(단위: 점)

	경기도 코로나19 의료 · 방역 대응팀	일반인(경기도민)
1위	내가 할 수 있는 일이 없다는 무력감을 느꼈다 (2.77)	다른 사람의 안전이 걱정됐다 (2.94)
2위	슬픔과 비애를 느꼈다 (2.15)	내 안전문제로 무서웠다 (2.37)
3위	뭔가를 더 할 수 없어서 좌절과 분노를 느꼈다 (1.82)	슬픔과 비애를 느꼈다 (2.04)

출처: 경기도청 보도자료, "코로나19 의료 현장 대응팀 54.1% 처우 불공정하다 느껴," 2020. 6. 12.

것이 가장 많았다. '내 안전 문제로 무서웠다'는 응답보다 높았는데, 내가 확진되는 것보다 나로 인해 다른 사람이 확진되는 걸 걱정한다는 얘기다. 조사를 진행한 연구진과 다른 전문가를 취재해서 '전염병과의 전쟁을 거치면서 시민 사이에서 공동체가 건강해야 자신도 건강해진다는 공동체 연대 의식이 강해졌다'는 해석이 나온다면 이 또한 취재 포인트가 될 수 있다.

2020년 초에는 통계청이 낸 '2019년 사회 지표'라는 똑같은 보도 자료를 바탕으로 언론사들이 제각각의 주제로 기사를 내보냈다. "합계출산율 0.92명… 2년 연속 역대 최저," "우리나라 10가구 중 3가구 '나 홀로족,'" "국민 10명 중 7명 '결혼하면 자녀 필요,'" "국민 30% '결혼 후 자녀 필요 없다'" 등이다. 같은 보도 자료를 받아도 언론사별로 얼마든지 다른 주제의 기사가 나올 수 있다. 보도 자료가 기자의 손에 들어오는 순간 검증의 책임과 함께 취재와 보도의 선택권도 기자에게 주어지는 것이다.

4장

취재 과정의 법적·윤리적 문제

1. 취재에 대한 법적·윤리적 제한

지금까지 취재 과정에 대한 기초적인 내용을 살펴보았다. 이런 취재 기법이나 유의할 사항 등을 언론사에서 체계적으로 가르쳐 주지는 않는다. 이른바 도제식 교육으로, 선배로부터 어깨너머로 배우는 것이 대부분이다. 그중에는 많은 취재 경험을 바탕으로 다양한 취재 기법을 알고 있는 선배도 있고, 그렇지 못한 선배도 있을 것이다. 기자라고 해서 모두 경력에 걸맞은 취재 경험이나 노하우를 갖고 있는 것은 아니기 때문이다.

더구나 남들에 비해 취재를 잘하는 것만 중요한 것이 아니다. 의욕이 앞서 무리한 취재를 했다가 자신은 물론 소속 언론사 전체에 피해를 주는 일도 생긴다. 한 언론사의 수습기자들이 수사가 진행 중인 장소에 들어가 이동식 저장 장치와 태블릿 PC를 가지고 나왔던 일이 단적인 사례다. 하지만 막상 기자나 PD가 되고 보면 어떤 방법으로 취재를 하면 되고, 또 어떤 방법은 안 되는지 체계적으로 가르쳐 주지 않는다. 취재 과정에서의 다양한 윤리적·법적 문제에 대응하는 방법은 결국 각자가 스스로 공부하고 고민하면서 터득해야 하는 상황이다.

사실 더 큰 문제는 취재를 할 때 어떤 방법은 써도 되고, 어떤 방법은 쓰면 안 되는지, 그리고 그 이유는 각각 무엇인지를 현장의 언론인이 모두 제대로 알고 있지는 못하다는 점이다. 지금까지 별문제 없이 쓰고 있던 취재 방식이 실제로 윤리적·법적으로 문제가 없는 것인지도 장담하기 어렵다. 문제가 없었던 것이 아니라 문제 제기가 없었던 것일 수가 있기 때문이다. 애초에 제대로 된 연구나 교육이 없었으니 아는 것이 있더라도 후배에게 가르쳐 줄 방법도 마땅치 않다.

이제는 확실히 사회적으로 언론을 바라보는 분위기가 바뀌었다. 보도 내용이 사실이어도 취재 과정에 윤리적·법적 문제가 있다면 언론 보도가 존중받지도 못할뿐더러 개인적으로나 회사 차원에서 책임을 져야 하는 상황이 생길 수 있다. 뿐만 아니라 공적 관심사에 대한 정당한 보도라도 취재 과정에서의 윤리적 문제를 거론하며 보도를 비판하는 경우도 늘고 있다. 이 때문에 기자 스스로 취재 방식의 윤리적·법적 한계를 미리 잘 파악하는 것이 매우 중요한 문제가 되었다.[24] 여기서는 취재와 보도 과정에서의 모든 윤리적·법적 문제를 다룰 수는 없으므로 꼭 알아 두어야 할 기본적인 사항 몇 가지만 짚고 넘어가자.

1) 취재에 대한 법적 제한

기본적으로 취재 행위가 실정법에 어긋나면 안 된다. 물론 어떤 경우에 법적으로 문제가 되는지가 명확하지 않은 경우도 많다. 또한 언론이 제 기능을 다하기 위해 어쩔 수 없이 실정법과 충돌하게 되는 경우도 있다. 이런 경우 취재 행위가 이른바 위법성 조각 사유가 인정이 되어서 법적 책임을 면제받을 수 있는지 잘 생각해 보아야 한다.

허락 없이 들어가면 범죄가 될 수 있다

불법 침입의 문제는 최근 언론의 취재와 관련해서 자주 쟁점이 된다. 누군가의 사적 공간에 허락 없이 들어가는 것은 당연히 허용되지 않는다. 문제는 일반인의 출입이 허용되는 곳에 취재를 위해 들어간 경우다. 식당, 병원 등 일반인의 출입이 허용된 공간을 기자가 일반인과 같은 방식으로 이용할 경우에는 특별히 다른 허락을 받을 필요는 없다. 하지만 기자가 이런 공간에 들어가 촬영이나 인터뷰 등을 하는 경우는 사정이 다르다. 그런 목적을 알았다면 그 장소를 관리하는 사람이 취재진의 출입을 허락하지 않을 수 있다.

들어갈 때는 문제가 없었더라도 일단 퇴거 요구를 받으면 새로운 상황이 된다. 정당한 관리권자가 퇴거를 요구할 때 응하지 않으면 역시 불법 침입이 된다. 미디어 전문지 기자가 공영 방송사 보도국장실에 취재를 가서 퇴거 요구에 응하지 않았다가 유죄 판결을 받은 사례도 있다. 해당 회사 출입증이 있다고 해서 개별 사무실에 무제한적으로 출입이 허용되지는 않기 때문이다. 2020년 여름에도 한 신문 기자가 새벽에 서울시청의 한 사무실에 몰래 들어갔다가 고발을 당해 재판에 넘겨졌다. 또 해당 신문사는 1년 동안 서울시청 기자실 출입이 금지되는 제재를 받았다. 이렇게 무모한 시도를 해서 무리한 취재를 하지 않도록 하자.

취재 자료는 합법적으로 입수해야 한다

취재 과정에서 문서를 허락 없이 가지고 나오는 경우 절도라고 볼 수 있다. 해당 문서를 현장에서 복사해서 사본을 가지고 나오는 경우도 절도가 될 수 있다.

컴퓨터에 있던 문서 파일을 출력해서 가지고 나올 경우에도 마찬가지다. 이들 경우에는 원래의 문서나 컴퓨터 파일을 훔치는 것은 아니기 때문에 복사나 출력에 사용한 종이를 훔친 것으로 인정된다. 관련 인물이나 사건에 관한 영상 자료를 확보하기 위해 사진을 허락 없이 가지고 나오는 것도 마찬가지로 절도가 된다.

타인에게 온 우편물을 열어보는 것도 범죄다. 이메일을 열어보는 것도 마찬가지다.

타인의 대화를 도청하면 안 된다

통신비밀보호법은 타인의 대화, 즉 자신이 참여하지 않은 대화를 전자 장비 등을 이용해 몰래 듣는 것을 처벌한다. 녹음 장치나 휴대전화를 숨겨 놓고 대화를 녹음하면 여기에 해당한다. 타인의 대화를 우연히 옆에 서 있다가 듣게 되는 것은 상관이 없다. 식당 같은 곳에서 옆 테이블에서 주고받는 대화를 듣는 것도 마찬가지다.

전화 통화를 끝낸 뒤에 전화가 끊어진 줄 안 상대방이 다른 사람과 회의를 하는 것을 그대로 녹음해서 보도했다가 문제가 된 사례가 있다. 하급심에서 판단이 엇갈렸는데, 결국 전화를 끊지 않고 계속 녹음한 것은 불법이라고 대법원에서 판결했다. '통신의 비밀'을 보호하는 기준이 점점 엄격해지고 있다. 다른 사람의 대화를 함부로 녹음할 경우에도 문제가 될 수 있다. 과거에는 괜찮았더라도 지금은 달라졌다는 점을 명심하자.

다만 국회 본회의장 같은 공개 장소에서 대화를 나누는 것을 녹취하는 것은 비록 정식으로 회의가 열리는 시간이 아니었더라도 문제가 되기 어렵다. 마이크가 꺼진 줄 알고 발언을 한 것이 녹음된 경우, 회의를 앞두고 동료 의원들과 대화를 하는 경우가 여기에 해당한다. 물론 완전히 사적 대화를 하는 상황이라면 판단이 달라질 수도 있다는 점을 주의해야 한다.

공직 사칭은 범죄다

공직을 사칭해서 그 공직에 따르는 직권을 행사하면 범죄가 된다. 기자나 PD가 검사, 수사관, 경찰관 등을 사칭해서 상대방의 답변을 얻어 내거나 자료를 제출받았다가 처벌을 받은 사례가 있다. 구속이 된 경우도 있다. 자신이 경찰 등 공직자라고 얘기했는데 상대방이 믿지 않으면 범죄가 되지 않으니 처벌을 면한다. 하지만 상대가 곧이곧대로 믿고 자신의 요구에 따르면 범죄가 된다.

물론 공직이 아닌 사적 직위를 사칭한 경우에는 그런 행위만으로 범죄가 되지는 않는다. 그러나 뒤에서 언급하겠지만 이런 경우에도 취재원을 속이지 말라는 언론 윤리 기준을 위반한 것이다.

취재원을 협박·강요하면 안 된다

기자나 PD는 취재 과정에서 기본적으로 취재원에게 예의를 지켜야 한다. 하지만 실제 상황에서 취재원을 항상 상냥하게 대하기는 어렵다. 특히 거짓말을 하거나 답변을 회피하는 취재원에게 취재 과정에서 예의를 충분히 지키지 않았다고 법적인 문제로 비화되지는 않는다. 하지만 법이 금지하고 있는 수단을 동원해 취재원을 압박하면 문제가 된다. 협박이나 강요가 여기 해당할 수 있다.

취재에 응하지 않으면 어떤 불이익을 받도록 하겠다고 겁을 주는 경우 협박이고, 역시 위협 등으로 정상적인 의사 결정을 할 수 없도록 해서 의무가 없는 일을 하게 만드는 경우 강요가 된다. 불이익을 주겠다는 것이 애초에 너무 허황된 것이어서 타당성이 없는 내용이라면 죄가 되지 않을 수 있다. 하지만 상대방이 볼 때 그렇게 믿을 수 있다면 위험하다. 조금만 더 압박하면 입을 열 것 같다는 생각에 무리를 하면 자신은 물론 소속 언론사까지 위험에 빠뜨릴 수 있다.

과거에는 '기자가 예의가 없다'거나 '기분 나쁘다' 정도였던 사안이 이제는 형사 문제로까지 비화되고 있다. 취재를 잘해서 성과를 내는 것도 중요하지만 법적 문제가 되지 않을지 항상 유의해야 한다.

남의 기사를 베끼면 안 된다

단순히 사실 관계만 전하는 기사는 저작권 보호 대상이 되지 않을 가능성이 크다. 사진의 경우도 마찬가지다. 하지만 그 자체로 저작물로 인정될 수 있는 칼럼이나 기획 기사를 허락 없이 베낄 경우 저작권법 위반이 될 가능성이 크다. 방송이나 신문 기사도 해당되지만 인터넷 등에 쓴 칼럼, 블로그나 SNS에 올린 글도 마찬가지다. 물론 그 내용을 비평하거나 보도하기 위해 일부를 인용하는 것은 허용된다.

사실 보도에 해당하는 것으로서 저작권 보호 대상이 아닌 경우는 마음대로 베껴도 될까? 이런 경우에도 윤리적 문제를 넘어 부정경쟁방지법 위반이 될 가능성이 있다. 기본적으로 다른 사람의 노력을 훔치는 것이므로 해서는 안 되는 행동이다.

기타 법을 위반한 취재의 문제

위에서 언급한 사안이 아니라도 취재 과정에서 법을 위반하면 안 된다. 예를 들어 취재를 위해서라도 마약류를 구입하면 안 된다는 건 너무나 당연하다. 마약류 구매가 쉽다는 것을 보여 주기 위해 기자가 인터넷으로 마약류를 구매하는 것은 범법 행위다. 마약류 구매가 쉽다는 걸 보여 주기 위해 꼭 구매 행위를 완료해야 하는 것도 아니다. 조금 더 실감 나게 보도하려다 법을 위반하면 곤란하나.

일반적인 방법으로는 알기 어려운 내부 사정을 취재하기 위해 위장 취업을 하는 경우도 있다. 단순히 기자나 PD라는 것을 알리지 않고 취업을 해서 해당 업무를 경험하거나 내부 사정을 관찰하는 정도는 법적으로 문제가 되지는 않는다. 일반인이 취업해서 경험할 수 있는 것을 기자나 PD라고 해서 접근하지 못할 이유는 없기 때문이다. 하지만 그렇게 내부에 들어간 뒤 몰래 내부를 촬영하거나 인터뷰를 하는 행위, 내부 문서 등을 확보하는 행위를 하게 된다면 업무 방해 등 법적인 문제가 될 가능성이 있다는 점을 유의해야 한다.

2) 취재에 대한 윤리적 제한

취재원을 속이면 안 된다

취재 과정에서 보도를 위해 취재를 하고 있다는 사실 자체를 항상 공개해야 한다고 요구하는 것은 비현실적이다. 언론이 어떤 취재를 하고 있다는 것을 미리 공개한다면 취재 대상은 그 보도의 방향을 바꾸거나, 혹은 유리한 보도가 되도록 만들기 위해 미리 대응에 나설 수 있다. 취재를 할 때 신분을 속여서는 안 된다는 원칙을 들어 항상 기자가 신분을 미리 공개해야 한다는 사람도 있다. 하지만 실제 취재 과정에서 이를 요구하는 것은 무리다. 아예 문제가 되는 현장에 접근하는 것 자체가 어려워질 것이기 때문이다.

물론 개별 언론사가 '취재를 할 때는 항상 신분을 공개하도록' 자체적으로 규정할 수도 있으나 이는 해당 언론사의 선택 문제일 뿐 보편적인 언론 윤리 원칙에 따라 당연히 요구되는 사항이라고 보기는 어렵다. 그렇지 않아도 이해관계자가 어떻게든 언론에 영향을 미치려 하는 상황에서 언론이 스스로의 보도 방향을 파악할 수 있도록 미리 무엇을 취재하는지 알리고 다닌다면 제대로 된 탐사 취재는 애초에 불가능할 것이다.

하지만 취재원에게 적극적으로 거짓말을 하는 것은 다른 문제다. 취재원에게 '보도를 위한 것이 아니라 순전히 연구 목적'이라고 거짓말을 해서 자료를 입수하거나, 혹은 자체 교육용으로 촬영하는 것이라고 속여서 인터뷰를 해 놓고 그것을 보도하는 것은 윤리적으로 문제가 있다. 특히 교육용이라고 이야기해서 촬영 허락을 받아낸 뒤 보도해서 명예를 훼손하거나 초상권을 침해했다면 법적으로도 책임져야 할 가능성이 높아진다.

인터뷰할 때 취재를 한다는 사실 외에 어떤 방향으로 기사를 쓰려는지 보도 방향까지 미리 공개해야 하는지는 논란이 있다. 실제로는 고발 보도를 준비하면서 미담 사례를 취재하는 것이라고 거짓말을 하는 경우, 실제 보도 방향이 정해져 있으면서 보도 방향을 정하기 위한 기초 조사 중이라고 거짓말을 하는 경우, 특정한 내용만 보도할 생각을 갖고 있으면서 여러 측면을 골고루 보도할 것처럼 거짓말을 하는 경우 등이 있을 수 있다.

대단히 중요한 공공의 이해에 관한 것이 아니라면 원래 약속한 바와 다른 방향으로 취재 내용을 사용하는 것은 윤리적인 문제가 될 수 있다. 마치 해명 보도를 해 줄 것처럼 설득해서 취재에 응했는데 오히려 고발 보도를 하는 것도 마찬가지다. 과거에는 '속은 사람이 바보'라는 식으로 대충 넘어갔지만 이제는 충분히 취재 상대방에게 설명해서 동의를 받는 것이 안전하다.

하지만 공인의 공적 업무와 관련한 보도로서 사회적인 중요성이 있는 보도를 하기 위해서라면 법적으로 문제가 되는 취재 방법을 동원하지 않는 한 기자는 다양한 방법으로 진실을 밝혀내도록 최선을 다해야 한다. 경우에 따라서는 나중에 취재 방법이 법적인 문제가 되더라도 사실성과 공익성이 인정되는 경우에는 위법성이 조각될 수 있다는 점을 기억할 필요가 있다. 물론 이런 경우에도 사안 자체가 충분히 사회적으로 공적 관심사가 될 만한 것이어야 하고, 취재 방법도 해당 사안을 취재하기 위해 불가피한 것으로서 상대방에게 피해가 가장 적은 방법을 찾기 위해 노력했는지 등을 살피게 될 것이다. 사안이 공적 관심사라고 아무 방법이나 함부로 동원해서는 안 된다는 말이다.

취재 대상의 인권을 존중해야 한다

2013년 언론인권센터는 《언론에 당해 봤어?》라는 도발적인 제목의 책을 발간했다.[25] 언론이 사회적으로 어떤 기여를 하고 있는지와 상관없이, 언론을 자신의 인권이나 이익을 침해하는 것으로 이해하는 사람이 그만큼 많다는 의미로 해석할 수 있다. 그만큼 한국 사회에는 '언론에 당해 봤다'고 생각하는 사람이 많다는 것이다. 물론 언론 보도의 대상이 된 사람은 다들 언론에 어느 정도씩은 당했다고 생각하기 쉽다. 언론인조차 다른 언론의 취재 대상이 될 경우 비슷한 느낌을 갖는 것을 보면 일반인으로서는 더 말할 것도 없다.

흔히 언론의 취재나 보도 행위가 인권을 침해하지 말아야 한다고 한다. 이것만 보면 언론의 취재, 보도 활동, 즉 표현의 자유, 언론의 자유에 기반한 활동이 인권의 대척점에 서 있는 것처럼 보일 수 있다. 하지만 언론 자유, 표현의 자유도 핵심적인 인권의 하나다. 사실 표현의 자유, 언론의 자유가 없다면 우리의 자유로운 사회적, 정치적 의사 형성이 불가능해진다. 이 때문에 표현의 자유, 언론 자유는 다른 자유를 가능하게 하는 자유, 즉 '메타자유'라고 부르기도 한다.

그러므로 마치 '언론이 인권을 침해한다'는 표현을 당연하게 받아들여서는 곤란하다. 언론의 자유라는 인권과 명예권이나 초상권 등 다른 인권이 충돌하는 상황을 두고, 언론을 인권 범주 바깥의 것으로 규정해서는 안 된다. 언론 활동이 다른 인권과 충돌하는 경우 충돌하는 인권들 사이에서 어느 쪽이 더 본질적 가치를 갖는 것인지, 꼭 그러한 충돌이 불가피한 것인지 등을 따져서 구체적인 조정 방향을 찾는 것이 필요하다. 항상 이런 본질적인 개념을 염두에 두고 언론 보도와 다른 인권의 충돌 문제를 볼 필요가 있다.

언론의 취재 활동이 다른 사람의 인권을 침해하는 상황은 발생할 수밖에 없다. 미담 등의 사례를 취재하거나, 홍보를 위해 자발적으로 보도를 요청한 사례가 아니라면, 언론의 취재는 누군가의 명예나 사생활의 비밀을 침해할 가능성이 높다. 이건 언론의 잘못이라기보다는 권력이나 사회적 비리 등에 대한 감시와 고발이라는 언론의 본질적인 기능에서 비롯된 것이므로 어쩔 수 없는 부분이기도 하다. 다만 내용으로나 절차적으로 꼭 생각해 봐야 할 대목이 분명히 있다.

예를 들어서, 언론이 누군가의 이익을 침해할 수 있는 취재가 정당성을 갖는 것은 공적인 관심사를 다룸으로써 시청자와 독자가 공적 사안을 제대로 이해할 수 있도록 하기 때문이다. 별로 사회적 중요성이 없는 사소한 일을 들춰냄으로써 망신을 주거나, 개인의 사적 영역에 불과한 것을 선정적인 화제로 다루기 위해 사생활의 비밀과 자유를 침해하는 것은 정당성을 갖기 어렵다.

현장 기자를 포함해 언론 보도에 관한 의사 결정을 하는 사람은 해당 보도가 인권적 측면에서 어떤 문제를 야기할 수 있는지, 그런데도 꼭 그 보도를 해야 할 공익적 의미가 있는지 항상 따져 물어야 한다. 그냥 관행적으로 보도하던 것이라도 그것이 정말 필요한 것인지, 어떤 이유로 정당성을 갖는 취재인지 스스로에게 물어야 한다.

상대방에게 취재에 응해 줄 것을 반복적으로 요청하는 것이 괴롭힘이 될 수도 있다. 집이나 사무실 앞에서 진을 치고 기다리는 것도 경우에 따라 인권 침해가 될 수 있다. 특히 공적인 인물이거나 공적 관심 대상인 사람에게는 취재의 정당성이 인정되더라도 이웃 등 주변 인물에게 피해를 주는 일이 없도록 주의해야 한다. 이런 경우는 일정한 접근 제한선을 설정하거나, 서로 협의해서 현장 취재 인원을 제한하는 것이 필요하다. 문제는 서로 협의를 하는 것 자체가 쉽지 않은 유튜버 등 개인 미디어가 대거 등장했다는 점이다. 고 박원순 전 서울시장 사망 당시에도 병원 등 현장을 가득 채운 미디어 중에는 유튜버가 적지 않았다. 2020년 12월 아동 성폭행으로 지탄을 받은 조두순이 출소할 때도 마찬가지였다. 언론 윤리 문제가 이른바 전통 미디어에만 적용되어서는 별 의미가 없다는 것을 보여 준다.

취재 대상의 감정을 배려해야 한다

한국 사회에서 사망 사건 취재는 매우 조심스러운 영역에 속한다. 취재만 그런 것이 아니다. 수사를 받던 사람이 극단적 선택을 하게 되면 그 순간 원래의 혐의 내용이 아니라 수사 과정에 문제가 없었는지로 관심의 방향이 돌변한다. 실제로 그 혐의가 무엇이었는지는 관심의 대상에서 사라져 버린다. 일부에서는 우리 사회가 죽은 사람에 대해 너무 온정적 태도를 보이는 것이 자살을 부추긴다고 지적할 정도다. 하지만 이런 문제에 대해 사회적인 공감대가 형성되기 전까지는 취재를 할 때 현실적인 사회 분위기를 감안해야 한다.

이해찬 대표의 버럭과 기자의 질문

빈소 주변을 취재하다 종종 마찰이 빚어지기도 한다. 성추행 혐의 등으로 고소장이 접수된 직후 숨진 박원순 서울시장의 빈소를 다녀가는 이해찬 당시 더불어민주당 대표에게 한 기자가 질문을 했다가 봉변을 당한 일이 있었다. 2020년 7월 10일이었다. 당시 빈소 밖에서 조문을 하고 돌아가는 주요 인사를 취재하던 기자 중의 한 명이 "고인에 대한 의혹이 있는데 당 차원의 대응을 준비하고 있느냐"고 질문했다. 이 대표가 박 시장의 사망에 대한 소회를 묻는 한 기자의 질문에 자신과 박 시장과의 관계, 박 시장 죽음에 대한 애도의 마음 등을 얘기한 직후였다.

이 대표는 이 질문이 나오자 답을 하는 대신 "그건 예의가 아닙니다. 그런 걸 이 자리에서 예의라고 합니까, 그걸! 최소한도 가릴 게 있고"라고 말한 뒤 다른 기자의 질문에도 계속 질문한 기자를 노려보다가 혼잣말처럼 "○○자식 같으니라고"라고 말한 뒤 자리를 떴다. ('○○자식'이라는 말이 '후레자식'이었느냐, '나쁜 자식'이었느냐를 놓고는 이후 계속 논란이 있었다. '후레자식'이 더 심한 말이라고 할 수도 있으나 사실상 공개된 자리에서 제기된 기자의 질문에 대한 집권 여당 대표의 발언으로서 부적절하다는 점에는 어느 쪽이든 이견이 없을 것 같다.) 이 대표의 말은 모두 취재 중인 카메라에 촬영되어 방송되었다.

사망한 사람의 장례식장을 취재하는 과정은 매우 조심스러워야 한다. 유족을 직접 취재할 때는 반드시 유족의 심리적 상태를 미리 파악해야 한다. 가능하면 어느 정도 진정이 된 상태에서 예의를 갖추어 취재 요청을 하고, 꼭 필요한 최소한으로만 취재를 해서 추모 분위기를 해치지 않도록 해야 한다. 빈소 내부 등에서 유족이 아닌

박 시장이나 민주당 지지자 중에서는 이 대표와 마찬가지로 기자가 빈소 앞에서 그런 질문을 한 것은 욕먹을 만했다는 의견이 많았다. 하지만 한국기자협회는 항의 성명을 냈고, 민주당 대변인이 사과를 했다. 과연 그 기자는 잘못된 질문을 한 것일까? 민주당 소속이었던 서울시장의 성추행 의혹에 대한 당 차원의 대응책을 당 대표에게 질문하는 것이 우선일까? 당 대표의 고인에 대한 추모 감정, 장소가 빈소 앞이었다는 점을 감안하는 것이 우선일까? 정말 그곳에서는 추모와 관련한 질문만 하는 것이 맞는 것일까?

이때 기자의 질문에 문제가 있었다고 보기 어렵다. 집권 여당 대표에게 소속 광역단체장의 성추행 의혹에 대한 당 차원의 조치를 물은 것은 전혀 사적인 내용도 아니다. 성추행 의혹에 대해 구체적인 질문을 해서 빈소 주변의 추모 분위기를 흐린 것도 아니고, 공당의 대표에게 당 차원의 대응책 논의 여부를 물은 것에 불과하다. 질문에 답변을 하지 않는 것이야 자유지만, 자신의 추모 감정이 지극하다고 해서 언론까지 성추행 의혹에 대해 질문하지 말라고 요구하는 것은 지나치다. 특히 '예의'를 거론하면서 공개된 자리에서 기자를 노려보거나 다른 사람이 들을 정도로 비속어를 써가며 낮잡아 말하는 것은 해당 기자에 대해서는 물론 결국 그 말을 듣게 될 시청자에 대한 예의라고 볼 수도 없다.

제3자를 취재하고자 할 때에도 이런 점을 각별히 유의해야 한다. 그렇다고 무조건 빈소 내부에서는 취재를 해서는 안 된다거나, 혹은 장례식이 끝날 때까지는 공적인 관심사에 대한 취재를 멈춰야 한다는 것은 아니다. 특히 공적인 관심사가 분명히 존재할 때에는 전반적인 빈소 주변의 추모 분위기를 해치지 않는 선에서 취재를 해야 한다. 조문을 하고 밖으로 나온 공적 인물을 대상으로 한 취재도 전반적인 빈소 주변의 추모 분위기를 해치지 않는 선에서 진행하는 것이 좋다.

취재 과정에서의 품위 유지 의무

취재를 하면서 기자는 취재원과 적절한 거리를 유지할 필요가 있다. 취재원과 일부러 얼굴을 붉힐 이유도 없지만 너무 사적 관계가 깊어져 유착으로 변질되는 것도 문제가 있다. 특히 취재원으로부터 금품을 받거나 특혜, 향응을 받는 것은 안 된다. 무료 여행이나 골프 접대를 받는 것도 마찬가지다. 한국기자협회의 윤리강령과 실천요강도 '품위 유지' 항목에서 이런 규정을 두고 있다. 각 언론사도 이런 행위에 대해 명시적인 금지 규정을 두고 적발이 될 경우 징계를 하고 있다.

출입처에서 이뤄지는 취재를 위한 출장이나 세미나, 워크숍 등의 이름으로 행해지는 단체 여행과 관련해서도 이런 문제가 제기되는 경우도 있다. 과거 관련 업계에서 취재 기자의 해외 여행 경비를 지원하는 등의 문제가 사회적 논란이 된 일도 있다. 지금은 일명 '김영란법'이라고 불리는 청탁금지법에 따라 엄격히 금지되었지만 여전히 사람을 만나는 과정에서 접대 논란이 생길 수 있다.

이제는 이런 문제를 과거처럼 대충 넘어가기 어렵다. 물론 모 신문사 주필의 접대 의혹 사건에서처럼 대가 관계가 엄격하게 입증되지 않거나 정당한 업무 범위에 대한 법적 판단에 따라 형사 재판에서 무죄가 나오는 경우도 있지만 지나친 사적 관계, 여행 경비 지원 등의 특혜나 접대는 적어도 윤리적으로는 이론의 여지없이 문제가 된다는 점을 잊지 말아야 한다.

3) 영상 관련 윤리

방송을 위한 영상 취재나 그래픽 제작과 관련해서 특별히 유의해야 할 윤리적 쟁점이 몇 가지 있다. 기본적으로 처지를 바꿔 놓고 생각해서 당사자가 불편할 부분이나 꼭 필요하지 않은 부적절한 모습은 촬영하지 않아야 한다. 이미 촬영되었다면 이런 모습이 방송되지 않도록 잘 챙기는 것도 중요하다.

특히 영상 기자가 촬영한 영상 외에도 영상을 확보하는 경로가 다양해지고 뉴스 영상이 풍부해지면서 영상 사용에서도 고민이 많아졌다. 한 가지 분명한 것은 영상도 저널리즘 원칙에서 벗어나지 말아야 한다는 점이다. 쟁점 사안에서 어느 한쪽이 제공한 영상은 일방적 주장을 뒷받침하는 것이 아닌지 살펴보아야 하고, CCTV 영상의 경우 사생활이나 초상권 침해는 아닌지 주의를 기울여야 한다. 또 제보된 영상에 대해서는 불법 촬영물이 아닌지도 따져보아야 한다. 참고로 통신비밀보호법을 위반해 촬영된 영상이라면 이를 사용하는 것도 불법이다. 영상과 관련해 주요한 쟁점 몇 가지만 살펴보도록 한다.

비밀 취재가 아니라면 촬영은 공개적으로

먼저 영상 촬영이 갖는 특성을 감안해야 한다. 일반적인 거리 모습이나 공개 행사에 참석한 사람 등 군중을 스케치하는 것은 원칙적으로 초상권이 보호되는 범위에 해당하지 않는다. 하지만 일단 촬영을 하고 있다는 사실을 상대방이 인식할 수 있도록 하는 것이 중요하다. 적어도 사람이 인식하지 못하는 상태에서 촬영하는 것이 아니라면 피사체가 된 사람이 촬영에 대한 최소한의 대비를 할 수 있다. 무방비로 피사체가 된 경우에는 노출되기를 원하지 않는 장면이 촬영될 가능성이 있다. 따라서 초상권 보호 대상이 되는지와 무관하게 촬영 대상의 상태에 대해서는 항상 주의를 기울여야 한다.

실제로 아무도 의도하지 않았지만 불필요한 노출이나 부적절한 장면이 촬영될 수도 있다. 해수욕장에서 수영을 즐기는 피서객을 촬영한 장면 속에 의도하지 않은 짧은 노출 순간이 포함되는 바람에 손해 배상을 해 준 사례도 있다. 방송으로는 인식하기 어려울 정도로 아주 짧게 순간적으로 지나간 장면이라 하더라도 화면 캡처를 통해 정지 이미지로 유포가 되면서 큰 피해를 주는 경우가 있다는 점도 유의해야 한다. 일단 방송이 되는 순간 누군가 화면을 저장해서 인터넷에 올릴 수 있다는 점을 명심해야 한다.

길거리에서 기자의 멘트를 촬영할 경우도 마찬가지다. 가능하면 주변에 있는 사람이 방송을 위한 촬영을 하고 있다는 사실을 쉽게 알 수 있도록 하는 것이 좋다. 무선 마이크를 이용해 원거리 촬영을 할 경우 행인이 이런 사실을 모른 상태에서 기자 주변에 있다가 화면에 노출될 가능성이 있다. 실제로 기자의 스탠딩 부분을 촬영할 때 우연히 배경으로 촬영된 사람이 자신의 사적인 장면이 촬영되었다며 영상을 삭제해 달라고 요구한 사례도 있다. 특별히 비밀 취재를 해야 하는 사안이 아니라면 뉴스를 위한 촬영은 공개적으로 하는 것이 좋다.

인터뷰 섭외 과정을 촬영해 놓자

인터뷰할 때도 가능하면 어떤 방송 프로그램에 어떤 취지로 사용할 것인지를 분명하게 설명해 주는 것이 필요하다. 또 그런 동의와 설명 과정을 영상으로 남겨 놓는 것이 좋다. 정식으로 인터뷰에 응해 놓고도 막상 방송이 나간 뒤에 초상권이나 사생활 침해를 주장하는 경우가 있다. 취재진의 카메라 앞에서 범죄 발생 상황을 설명해 준 사람이 촬영에 대한 서면 동의가 없었다며 초상권 침해를 주장해 승소한 사례도 있다. 또 자동차 폭주족에 대한 취재 과정에서 시연은 물론 취재진을 시승까지 시켜 주고 차량 안에서 인터뷰도 했는데 초상권 침해를 주장하자 그대로 인정된 경우도 있다. 방송할 프로그램을 정확하게 설명해 주지 않았다는 이유에서였다.

인터뷰 대상으로부터 현장에서 촬영에 대한 서면 동의를 받는 것은 쉽지 않다. 따라서 인터뷰를 요청해서 동의받는 전 과정을 영상으로 남겨 놓으면 불필요한 분쟁을 피할 수 있다. 인터뷰한 내용을 사용할 프로그램은 개별 뉴스 프로그램까지 특정해야 하는 것은 아니고 적어도 뉴스 프로그램이라는 정도는 분명히 하는 것이 좋다. 이렇게 뉴스를 위해 인터뷰한 영상을 전혀 성격이 다른 프로그램에 사용하거나, 다른 맥락에서 사용하는 것은 인터뷰 동의를 넘어서는 것으로 인정될 수 있다. 이런 경우에는 별도로 영상 사용에 대한 허락을 받아야 한다.

멀리서 촬영을 하거나, 혹은 스케치를 하는 과정에서 군중의 일부가 아니라 특별히 부각되어 촬영된 사람이 있다면 역시 이렇게 촬영되었다는 사실과 그 영상을 뉴스에 사용할 것이라는 점 등을 현장에서 설명하고 동의를 받아두는 것이 좋다. 촬영하는 것을 보고도 별다른 의사 표시를 하지 않았다가 막상 방송이 나간 뒤에 생각이 바뀌어 초상권 침해를 주장하는 경우도 있기 때문이다.

'정당한 편집'과 '영상 왜곡'의 차이

직접 촬영한 영상이든 제보 등으로 입수한 영상이든 방송 뉴스에 사용하기 위해서는 적절한 편집을 할 수밖에 없다. 하지만 내용을 제대로 전달하기 위한 목적으로 영상의 길이와 순서 등을 배열하는 정당한 편집을 넘어서는 영상 왜곡이 이뤄지는 경우가 생긴다. 특히 영상에서 시간적 순서가 중요한 특정 부분에서 이를 바꾸거나, 혹은 영상에서 오디오와 영상을 분리해 원래와 다른 위치에 오디오를 삽입하거나, 혹은 영상의 속도를 바꿈으로써 그 의미가 다르게 해석될 수 있는 경우는 매우 신중해야 한다.

단순히 사안을 이해하기 쉽게 만들기 위해서라도 원래의 맥락에 영향을 미치거나, 등장인물을 우스꽝스럽게 만들거나, 혹은 사실과 다른 인상을 갖게 만드는 편집은 절대로 해서는 안 된다. 영상이나 오디오를 별도로 편집해 순서를 바꾸는 것도 안 된다. 만약 특별히 그렇게 해야 할 이유가 있다면 순서를 바꿨다는 사실과 이유를 분명히 밝혀야 한다. 그래야 불필요한 오해를 피할 수 있다. 영상 편집 과정에서 순전히 영상적인 흐름에 맞게 편집을 하다 보면 실제 발생 순서와 달라지는 경우가 생긴다. 화면은 그럴듯해 보일 수 있지만 저널리즘적으로는 문제가 된다.

컴퓨터 그래픽 기술을 이용해 영상이나 이미지를 만들 때도 마찬가지다. 내용을 단순화시키는 것이 불가피하지만 어떠한 경우에도 사실을 왜곡할 수 있는 시도는 하면 안 된다. 특히 사실 관계 조사가 제대로 이루어지지 않았는데도 마치 자신이 현장을 목격한 것처럼 사건 사고의 세부 내용을 담은 그래픽을 만드는 것은 매우 위험하다. 단순히 이해를 돕기 위한 목적이라고 하더라도 사고의 경위를 단정 짓는 것 같은 그래픽이 되지 않도록 해야 한다.

조작의 유혹에 빠지지 말아야 한다

방송 뉴스에서 영상의 중요성은 더 이상 강조할 필요도 없다. 영상이 시청자에게 주는 영향력은 매우 크다. 특히 사람은 영상으로 보이는 것을 그대로 믿는 경향이 있다. 그런데 이런 보도 영상은 자칫 왜곡과 조작의 대상이 될 수도 있다는 점을 항상 생각해야 한다. 취재원을 인터뷰할 때 기획 의도에 맞게 발언을 특정한 방향으로 유도하거나, 인터뷰 대상의 직책이나 자격 등을 소개하는 자막을 실제와 다르게 넣는 것도 조작이다. 편집할 때 인터뷰이가 말한 취지와 전혀 다르게 잘라 넣어서 기획 의도에 억지로 짜 맞추는 것도 마찬가지다.

카메라 앵글의 문제도 있다. 과거 권위주의 시대에 야당의 정치 집회 규모를 작게 보이게 만들려고 일부러 전체가 보이는 영상을 쓰지 못하게 한 적도 있었다. 카메라 앵글 조작을 통해 몇 사람밖에 모이지 않았는데도 많은 사람이 모인 것처럼 보이게 할 수도 있고 반대의 경우도 가능하다. 카메라 앵글을 통해 시청자에게 어떤 감정을 유도하는 것도 마찬가지다. 위로 올려다보는 앵글로 찍는 것과 내려다보는 앵글로 찍는 것, 모두 특정한 시선을 강요할 수 있다.

촬영하는 사람은 조작이라는 생각을 전혀 하지 않더라도, 화면 구성 하나, 카메라 움직임 하나도 중립적이지 않을 수 있음을 고려해야 한다. 영상 저널리즘의 원칙을 생각해 보게 하는 글을 소개한다.

[이주형의 사소하게] 대통령의 눈물로 향한 어떤 시선

어제 박근혜 대통령이 세월호 참사에 대한 대국민 담화에서 눈물을 흘렸다. (중략) CNN과 NHK도 곧바로 화면을 받아 방송할 정도로 이 장면은 눈길을 끌었다.

그런데 담화 후반부 박 대통령이 눈물을 흘리는 순간 카메라가 움직였다. 박 대통령의 얼굴로 이른바 '줌인zoom-in'을 한 것이다. 보통 이런 형식의 대통령 담화나 기자 회견에서는 '줌인' 같은 카메라 '조작'(가치 중립적인 의미로)을 하지 않는다. 기껏해야 동시에 찍고 있는 또 다른 카메라로 잡은 다른 각도의 장면을 편집해 내보낼 뿐이다. 그것은 그 사람의 말 이외에 다른 어떤 것에도 주목하지 말라는, 그래서는 안 된다는 영상적 선언인 것이다.

'줌인'이라는 기법은 사람의 눈이 보는 방식이 아니다. 그나마 사람 눈과 닮은 카메라 기법은 고개를 돌려 '팬pan'하거나 고개를 끄덕여 '틸트업/다운tilt-up/down'하는 것이다. 피사체와 카메라 사이의 현실적 거리감을 파괴하여 보는 사람으로 하여금 특정한 정서적 효과를 불러일으키는 '줌인'은 어떤 의미에서는 시각적 강요이고 폭력이다. '대통령의 눈물에 주목해 달라'는 메시지인 동시에 말의 내용보다는 감정에 호소하는 영상 언어인 것이다. (중략)

그동안 이런 형식의 담화에서 대통령을 향한 카메라 '조작'(다시 한 번 말하지만 가치 중립적인 의미로 썼다. 정 뭣하면 '기법'이라고 하자)이 구사된 것은 처음 본 것 같다.[26]

(SBS 취재파일, 2014. 5. 21)

영상 자료 입수는 공식 경로를 통해야 한다

방송에서 이른바 '일베 영상'이라고 불리는 조작 영상이나 이미지가 문제가 된 경우가 많다. 일간베스트저장소라는 극우 사이트에서 특정 세력을 조롱하기 위해 공식 로고나 유명한 그림 등을 조작한 것을 가져다 영상이나 그래픽, 자료 화면 등에 삽입하고 방송 제작에 이용한 사례 때문에 방송계가 한동안 홍역을 앓았다. 의외로 그 원인은 단순했다. 모두 인터넷 포털에서 고화질 영상이나 이미지를 검색해서 방송 제작에 사용했기 때문이다. 정식 경로를 통해서 해당 이미지를 입수했다면 아무 문제가 없었을 것이다.

특정 대학의 로고를 왜 해당 대학의 공식 창구를 통해 입수하지 않고 인터넷에서 검색을 해서 구했을까? 아무리 고화질 이미지를 얻으려 했다고 해도 용납되지 않는다. 신윤복의 그림 영상을 왜 인터넷 검색으로 구하려 했을까? 제작진이 안일했기 때문에 일어난 일이다. 누군가를 함정에 빠뜨리기 위해 화제가 되는 일본 정부의 발표 자료까지 찾아내 미리 부적절한 이미지를 만들어 두었다는 것도 놀라운 일이지만 그런 자료를 공식 경로가 아닌 포털 이미지 검색을 통해 확보한다는 발상도 놀라운 것이다.

아직도 잊을 만하면 부적절한 이미지를 방송에 사용해서 특정 방송사에 일베 직원이 있다는 식의 이야기가 나온다. 어떤 의도이든 그런 낚시 이미지를 유포하는 것도 잘못이지만, 방송사들이 수시로 그런 이미지에 낚이는 실수를 했던 것도 모두 잘못이다. 그러한 모든 영상은 공식적인 경로를 통해 정상적으로 입수해야 한다. 만약 특정 인터넷 홈페이지에서밖에 구할 수 없는 영상이라면 방송에도 그런 사실을 명시해야 한다. 인터넷 검색으로 구한 영상을 마치 공식 자료인 것처럼 사용하는 것은 시청자를 속이는 일이다.

4) 반론 보도의 중요성

기자가 취재하여 파악한 것은 기본적으로 잠정적인 사실일 뿐이다. 반복하지만 언론은 물론 수사 기관조차도 궁극적인 사실 관계를 확인하는 것은 쉬운 일이 아니다. 또한 대부분의 확인된 사실은 점과 점처럼 파편화된 상태로 나타난다. 그 점과 점 사이는 언론이 합리적인 추론을 통해 맥락을 파악해서 연결하게 된다. 이 때문에 상당한 정도로 취재를 했더라도 어떤 기사를 쓰기 위해 필요한 사실 중에는 명확하게 확인된 내용 외에도 향후 추가 검증이 필요한 사안이 포함되어 있기 마련이다.

따라서 취재 대상의 시각에서 쟁점이 되는 사실 관계를 어떻게 보는지 설명을 꼭 들어 보아야 한다. 보도에서 중요한 가치라고 할 수 있는 사안 자체의 진실성, 완전성에 한 걸음 더 가까이 가기 위해서도 그렇다. 의견의 영역은 굳이 반론을 듣지 않아도 큰 문제는 없다. 하지만 이른바 언론중재법이 '사실적 주장'이라고 부르는 '사실 보도'와 관련한 사항은 가능한 한 다양한 시각을 최대한 충실하게 취재해서 보도에 반영해야 한다. 그래야만 조금 더 완전한 진상에 다가갈 수 있기 때문이다.

기자들은 흔히 자신이 갖고 있는 해당 사안에 대한 판단을 중심으로 보도를 한다. 자신이 파악한 얼개에 부합하는 것을 중심으로 취재를 계속한다. 점점 더 자신의 생각이 강화된다. 이렇게 되면 보도의 완전성, 공정성 등 여러 가치에서 점점 멀어지게 될 수 있다. 그래서 반론은 기사를 제대로 쓰기 위해서 꼭 필요한 것이다. 단순히 상대방의 말 한마디를 형식적으로 덧붙이는 것은 안 된다. 오히려 미리 정해 놓은 틀에 짜 맞춘다는 인상을 주기 십상이다.

언론중재법의 입법 취지는 물론 법원의 해석도 반론 보도는 최대한 많이, 적극적으로 해 주라는 것이다. 법원은 원래 지엽말단적인 내용은 반론 청구를 잘 받아 주지 않았지만 이제는 언론 보도에 대한 사회적인 견제 심리가 반영되면서 어지간히 사소한 사실이 아니고는 반론 보도를 인정하는 경우가 많아지고 있다. 법원이 '법적 판단'을 통해 이렇게 반론의 범위를 확대하는 것이 바람직하다고 보지는 않지만 언론은 지금보다 반론을 훨씬 더 확대할 필요가 있다. 형식적인 반론, 맥락에 잘 맞지도 않게 억지로 반론을 끼워 넣는 것은 전체적으로 언론 신뢰도를 높이는 것에도 도움이 되지 않는다.

반론 보도 청구는 간이 재판 절차에 따라 진행되기 때문에 정정 등 본안 사건에 대한 판결이 나오기 훨씬 전에 아주 신속하게 법원 판단이 나온다. 법원은 최근 반론을 훨씬 적극적으로 인용하고 있다. 사실상 거짓일 가능성이 높은 경우까지 반론을 인정하는 경향이 있다. 재판부는 조금만 들여다보아도 사실이 아닐 가능성이 보이는 사안에서조차 신속성이 중요하다며 사실 여부를 따지지 않고 반론을 보도하라고 판결하면서, 판결이 확정되기도 전에 곧바로 반론 보도를 이행하도록 명령하는 사례도 있다.

더구나 법원에서 인용되는 반론 보도의 형식도 자칫 정정 보도로 오해될 우려가 적지 않다. 특히 이렇게 법원 판결로 반론 보도를 해야 할 때는 뉴스 첫머리 등에서 상당한 분량을 반론에 사용해야 하는 경우가 많다. 시청자 등 뉴스 소비자는 반론과 정정을 정확하게 구분하지 못하기 때문에 일단 법원이 반론 보도 청구를 받아들이면 원고 측은 이것이 마치 정정 보도인 것처럼 활용한다. 법원이 내놓는 반론 보도의 분량이나 표현 등도 마치 정정 보도를 하는 것처럼 보일 때가 있다. 길이도 상당히 긴 경우가 많다. 뉴스 프로그램 전체의 신뢰성이 크게 떨어질 수도 있다.

결국 이런 상황을 피하는 방법은 처음부터 충분한 반론을 제대로 보도해 주는 것이다. 기사의 대상이 된 사람의 생각을 파악해서 충실하게 반론을 포함한 보도를 하게 되면 이른바 피해를 주장하는 사람이 반론 보도를 청구할 이유가 없어지고, 설혹 청구를 하더라도 이른바 '반론 보도 청구의 실익이 없는 때'에 해당돼 법원에서 받아들일 가능성이 낮아진다. 사안을 최대한 충실하게 보도하는 것이 원래 저널리즘적으로 바람직한 일이라는 점을 감안하면 언론 중재나 재판을 통해 강제로 반론 보도를 내는 것보다 미리 자발적으로 반론을 취재해서 반영해 주는 것이 좋다.

2. 취재원 보호

1) 취재원을 보호해야 하는 이유

언론이 취재원을 보호해야 한다는 것은 언론인이 아닌 일반인 사이에도 가장 널리 알려진 언론 윤리 원칙이 아닐까 싶다. 한국기자협회 윤리강령은 제7조에서 "우리는 어떠한 경우에도 취재원을 보호한다"고 하여 아무런 유보 없이 취재원 보호를 선언하고 있다. 실천요강에서는 "비밀리에 정보를 취득했을 경우, 취재원을 철저히 보호한다"고 밝히고 있는데 같은 말이다. 공개적으로 정보를 취득한 것이라면 애초에 취재원 보호 문제가 제기될 리도 없기 때문이다. 여러 언론사의 윤리강령에도 이와 비슷한 규정이 있다.

하지만 취재원 보호가 우리 사회에서 일반적으로 인정되고 있다고 보기는 쉽지 않다. 제도적으로 취재원 보호를 위한 수단이 거의 없기도 하고, 걸핏하면 취재원이 누군지 밝히라는 요구가 제기되기도 한다. 취재원을 밝히기 위한 압수 수색 영장도 수시로 발부된다. 법원은 언론사에 대한 압수 수색 영장 발부를 그렇게 심각한 사안으로 보는 것 같지도 않다.

취재원을 보호하는 가장 기본적인 이유는 언론인에게 정보를 제공한 사람이 누구인지 쉽게 공개된다면 아무도 언론인에게 비밀스러운 정보를 제공하지 않으려 할 것이기 때문이다. 언론이 의미 있는 보도를 계속하기 위해서는 언론인이 어떠한 경우에도 취재원을 보호할 것이라는 신뢰가 있어야 한다. 취재원 보호는 언론 활동의 지속성이라는 측면에서 매우 중요하다. 법정모독죄가 엄하게 처벌되는 미국에서 취재원을 공개하라는 판사의 명령을 어기고 수감되는 것을 선택하는 언론인이 종종 나오는 이유이기도 하다.

취재원은 직접 취재한 언론인만 알고 있어야 하는 것일까? 팀장이나 데스크 등 뉴스룸 내의 의사 결정권자에게도 공개하면 안 되는 것일까? 그렇게 볼 수는 없다. 어떤 정보에 대한 가치 판단을 해야 하는데 취재원이 어떤 사람인지 책임자가 알지 못한 상태에서 결정을 한다는 것은 합리적이지 않다. 또한 모든 기사의 취재원이 그렇게 민감한 것도 아니다.

하지만 고위 공직자나 국가 기관 등의 문제에 대한 내부 정보라든지 혹은 기업의 비밀 정보가 보도될 경우 제보자를 찾기 위한 조사가 벌어지는 등 후폭풍이 거셀 것이다. 꼭 이런 경우는 아니라도 누군가의 비위와 관련된 정보는 어떤 경우에도 제보자 보호가 중요하다. 알려질 경우 그 조직에서 쫓겨나거나 법적 책임을 추궁당할 가능성도 크다. 이런 경우에는 뉴스룸 내부에서도 극히 최소한의 책임자만 정확한 정보를 공유하는 수밖에 없다.

수사 기관의 경우도 비슷하지만, 이런 정보의 민감성 때문에 언론사 내에서도 다른 기자가 취재하는 것이 무엇인지, 어떻게 취재한 것인지를 서로 시시콜콜 물어보는 것은 금기에 속한다. 자칫 정보 유출 문제가 생길 수 있기 때문이다. 하지만 의사 결정에 참여하는 사람은 정확한 정보를 근거로 판단을 내려야 한다. 민감한 사안이라고 해서 취재 경위나 근거 등을 면밀하게 따져 보지 않고 보도하는 것은 아예 그 사안을 보도하지 않는 것보다 나쁜 결과를 가져올 수 있기 때문이다.

일부 언론인 가운데는 취재원 보호 원칙에 따라 정확한 취재 내용 등을 사내의 의사 결정권자에게도 공유하면 안 된다고 생각하는 사람이 있는데 이것은 언론의 책임성이라는 측면을 고려하지 않은 것이다. 언론의 의사 결정이 가져올 파장을 생각하면 당연히 저널리즘적 판단은 취재 경위와 내용 전반에 대한 충분한 검토를 거쳐서 내려야 하고, 그에 필요한 정보를 공유하는 것은 불가피하다. 문제는 이런 정보가 의사 결정 라인 밖으로 흘러나가거나, 심지어 언론사 밖으로 유출되는 경우가 발생하는 것이다. 이것은 언론인의 기본적인 직업 윤리에 대한 것이다.

조금 다른 문제인데, 어떤 문제가 있는 보도가 이뤄졌을 경우 일종의 내부 고발 차원에서 그런 경위를 외부에 제보한다면 어떻게 보아야 할까? 소속 언론사로서야 당연히 내부 징계 등 처벌을 하겠지만 언론이 다른 조직에 속한 사람의 내부 고발에 힘입어 매일 보도를 하고 있다는 측면을 생각해야 하지 않을까 싶다. 결국 스스로의 문제에 대해 내부적으로 문제를 제기하면 충분히 바로잡을 수 있다는 확신을 구성원에게 심어 주는 것이 필요해 보인다.

2) 수사·재판·증언과 취재원 보호

1989년 〈한겨레신문〉에 대한 압수 수색을 시작으로 언론사를 상대로 한 압수 수색의 시도는 적지 않다. 2020년에도 채널A 기자가 취재 과정에서 취재원에게 '강요'를 했고, 그 배후가 검찰 고위 간부라는 의혹에 대해 검찰이 압수 수색을 시도하였다. 기자들이 검찰과 대치하면서 채널A에 대한 직접 압수 수색은 제대로 이뤄지지 않았다. 채널A 관계자들이 내부 조사를 위해 담당 기자가 제출한 휴대전화와 노트북을 검찰에 제출했다. 이 과정에서 검찰이 정상적인 압수 수색 절차를 거치지 않았다는 법원 판단이 나오면서 압수 수색이 취소되기도 했다.

이 사건에서도 그랬지만 검찰이나 법원이 언론사를 상대로 취재원이 드러날 수밖에 없는 압수 수색을 남발하는 경향이 있다. 물론 언론이라고 해서 법 앞에서 특별 대우를 해야 할 이유가 없고, 수사상 이유로 법원에서 압수 수색 영장이 발부되면 집행이 필요할 수 있다.

미국의 경우 언론사를 압수 수색하기 위한 영장을 발부받기 위해서는 단순한 수색 영장이 아니라 인신 구속과 같은 수준의 입증을 요구하고, 독일은 취재 자료에 대한 압수 수색은 특별한 경우가 아니면 아예 연방 법률로 금지되어 있다. 한국의 경우에도 이런 문제는 조금 더 원칙적으로 접근해야 한다. 언론에 대한 압수 수색에 신중해야 한다는 주장이 언론인과 언론사를 특별 대우하라는 말이 아니라 취재원 보호를 위한 것이라는 점을 감안해야 한다.

법정에서 종종 재판상 필요에 따라 기자의 증언이나 취재 자료 제출을 요구하기도 한다. 형사 재판의 경우 법원의 출석 요구에 응하지 않을 경우 과태료 처분을 받을 수 있다. 취재원 보호 원칙에 입각해서 취재원과 잘 협의해서 대응해야 한다. 민사 재판의 경우는 "기술 또는 직업의 비밀에 속하는 사항에 대하여 신문을 받을 때" 증언을 거부할 수 있다는 민사소송법 규정이 적용될 수 있다. 재판부에 취재원 관련 정보를 보호해야 하는 취지를 잘 설명하고 취재원 보호라는 중요한 원칙이 지켜질 수 있도록 적극적으로 노력해야 한다. 정부나 국회 차원의 조사위원회 등에서 기자의 증언이나 자료 제출을 요구하는 경우도 마찬가지다.

3) 취재원 보호가 필요 없는 경우

만약 취재원이 제공한 정보가 거짓이라면 어떻게 될까? 이런 경우는 취재원 보호를 할 이유가 없다. 고의로 거짓말을 해 오보를 유도하려고 시도한 사람을 정상적인 취재원으로 볼 수가 없다. 취재원이 다른 언론을 통해 같은 내용을 이미 공개하고 있다면 역시 취재원 보호를 이유로 익명을 유지할 필요가 없다.

취재원이 비윤리적인 행위나 불법적인 행위를 한 당사자이면서 취재원 보호의 방패 뒤에 숨는 것도 원칙적으로 허용되기 어렵다. 취재원을 보호하는 것이 국가 안보나 사람의 생명에 위험을 초래하는 경우에도 예외가 될 수 있다. 이런 경우는 취재 기자 혼자 자의적으로 판단할 것이 아니라 언론사 내부에서 충분히 검토를 하고, 그런 원칙적 측면에 대해 취재원에게도 적절하게 설명해야 한다.

마지막으로 취재원이 어느 시점에서든 자신의 신원을 공개하는 것에 자발적으로 동의하는 경우도 기존의 취재원 보호 의무가 사라진다. 실제로 보도로부터 상당한 시점이 흐른다든지, 보도됐던 사안에 변화가 생겨 취재원을 더 이상 익명으로 처리하지 않아도 되는 상황이 올 수 있다. 가급적 실명으로 보도하는 것이 언론의 책임성, 투명성을 위해서도 좋다. 보도 이후에도 계속 취재원을 보호해야 하는지에 대해 취재원과 충분히 의사소통을 해야 한다.

3. 엠바고와 오프더레코드

1) 엠바고

엠바고embargo는 언론 보도를 일정한 시점까지 유예하는 것이다. 원래 어떤 정보를 발표하는 주체가 해당 사항을 언제까지 보도 유예해 달라는 조건을 붙이는 것이 일반적이다. 이런 약속을 준수하겠다는 언론에 대해서만 정보를 제공한다. 이런 전제하에 배포된 자료를 정해진 유예 시점 이전에 보도하는 경우에는 향후 해당 기관이나 소속 기자클럽 등을 통해 자료를 제공받지 못하는 등의 제재가 뒤따른다.

원칙적으로 엠바고는 기자의 동의 없이 취재원이 일방적으로 정하는 경우에는 성립한다고 보기 어렵다. 또한 자료를 제공하기 전에 엠바고 요청 사실을 분명히 해야 한다. 엠바고에 대한 언급 없이 자료를 제공해 놓고 뒤늦게 요구한다고 해서 자동적으로 엠바고가 성립하는 것은 아니다. 이런 경우도 언론이 사후적으로라도 동의해야 엠바고가 성립한다.

'언론의 동의'라는 것이 성립하려면 취재 기자가 아니라 소속 언론사 보도 책임자의 승인이 필요하다고 보는 것이 타당하다. 하지만 개별적인 취재원이 엠바고를 정하는 것이 아니라 출입처가 등록된 언론사 기자단을 통해 엠바고 시점이 명시된 자료를 배포하는 경우는 이런 자료를 받는 행위 자체가 엠바고에 대한 동의를 의미하는 것으로 볼 수 있다. 이런 것까지 각 언론사의 보도 책임자로부터 일일이 사전에 승인을 받는 것은 현실적으로 쉽지 않기 때문이다. 엠바고를 요청한 기관과는 다른 곳에서 이미 해당 자료나 정보를 입수한 경우는 엠바고가 성립할 수 없다. 물론 인질 구출과 같은 인도적 필요에 따라 해당 언론사가 자발적으로 엠바고를 준수하는 것은 별개의 문제다.

엠바고가 설정된 정보를 해당 기관으로부터 보고를 받는 제3의 기관을 통해 입수한 경우는 논란이 될 수 있다. 해외에서 벌어지는 인질 구출 작전에 대해 국방부가 기자단에 엠바고를 설정했는데 한 지역 언론사가 구출 작전을 보고받은 국회의원을 통해 작전 계획을 취재해서 보도해 문제가 된 사례가 있다. 해당 의원은 엠바고가 걸린 사실을 기자에게 설명하지 않았다. 그럼에도 정부 차원에서 해당 언론사에 대해 제재를 했고 법원도 1심에서 그런 조치가 정당하다고 판결했다. 그 정도로 중요한 사안이라면 원래 담당 정부 부처 차원에서 기자단에 엠바고를 설정했을 가능성을 예상하고 점검해 보았어야 한다는 것이 법원 판단이었다.

사실 군 당국의 엠바고 요청을 무시하고 인질 구출 작전을 미리 공개하는 것은 매우 특별한 사정이 있지 않고서는 정당성을 인정받기 어렵다. 그렇다고 국방부에 등록되지도 않은 언론사에 대해 엠바고 여부를 미리 확인하지 않았다고 법적 책임을 묻는 것은 지나쳐 보인다. 이 경우도 애초에 정보를 국회에 제공한 국방부가 엠바고 사항 등을 명확하게 설명했어야 한다.

엠바고와 관련한 다른 쟁점은 자료 제공 기관이 아니라 기자단이 자체적으로 특정 사안에 대한 보도 유예를 결정하는 것이다. 보도의 과열을 막기 위해서나 피해자 보호 등의 필요에서 기자단 차원의 논의를 통해서도 일정한 조건이 충족될 때까지 보도 유예를 결정할 수 있다. 하지만 이러한 보도 유예가 단순히 기자의 보도 편의 등 정당하지 못한 목적에서 결정되는 것은 담합으로 볼 여지가 있다. 한국기자협회 실천요강도 "출입처 기자단의 단순한 보도 편의만을 위한 엠바고와 불합리한 담합을 삼간다"고 규정하고 있다.

엠바고가 특정 언론사에 의해 깨졌을 경우 후속 조치가 쟁점이 될 수 있다. 이 경우 중요한 점은 처음 엠바고를 설정한 목적이 무엇이었는지, 그리고 특정 언론사가 보도함으로써 그런 목적이 더 이상 무의미해졌느냐는 것이다. 예를 들어 비밀 군사 작전이나 비공개 수사 등을 위해 엠바고가 설정되었는데 특정 언론의 보도 때문에 비밀을 유지할 실익이 없어진 경우가 있다. 하지만 이런 경우에도 궁극적으로는 여전히 엠바고를 유지하는 것이 도움이 된다고 할 경우 한 언론사가 엠바고를 파기했다는 이유만으로 모든 언론이 보도를 강행해도 된다고 보기는 어렵다. 특히 여러 언론사가 참여하는 국제 엠바고 등의 경우는 특정 언론사의 보도로 인해 엠바고가 해제됐다고 보기 어렵다.

2) 오프더레코드

오프더레코드off the record는 언론과 취재원 사이에서 어떤 사항을 보도하지 않기로 하는 합의를 말한다. 이런 오프더레코드 합의 또한 어떤 경우에 성립하는지가 중요하다. 오프더레코드는 ① 취재원이 정보 제공을 하기 전에, ② 해당 사안이 무엇인지를 밝히고 오프더레코드를 요청하고, ③ 이런 요청을 받은 사람이 회사의 승인을 받은 경우 성립한다는 것이 원칙이다. 종종 일단 먼저 말을 해 놓고 뒤늦게 "이거 오프(더레코드)야"라고 얘기하는 경우가 있는데 이런 경우는 원칙적으로 오프더레코드가 성립하지 않는다.

또 현장에서 이 요청을 들은 기자가 동의한다고 소속 언론사가 오프더레코드 약속을 지켜야 하는 것도 아니다. 오프더레코드 약속은 취재 기자 차원이 아니라 해당 언론사가 준수 의무를 부담하는 것이고, 따라서 이런 요청이 있었음을 회사에 보고하고 보도 책임자의 승인을 받아야 비로소 성립하는 것이다. 취재 기자는 지휘 계통을 통해 오프더레코드 요청이 있었다는 점을 보고하고 승인을 받으면 되는데, 구체적으로 어떤 단계까지 승인을 받아야 하는지는 회사 내부 문제일 뿐이다. 사안의 중요도에 따라 언론사 내부에서 어느 단계까지 논의할지가 결정된다고 보는 것이 맞겠다.

한국기자협회의 윤리강령이나 실천요강은 오프더레코드에 대해서는 특별한 언급이 없다. 다만 개별 언론사의 자체 보도 준칙이나 가이드라인 등에서 명시적인 규정을 둔 사례가 있다. 관련 규정을 공개하고 있는 언론사 중에서 〈조선일보〉, 〈한겨레〉, JTBC 등이 모두 엠바고와 오프더레코드(비보도)에 대한 규정을 두고 있다. 모두 요청 내용을 부서장에게 알려서 승인을 받아야만 성립한다는 것을 분명히 하고 있다. 아직도 취재 기자 선에서 너무 쉽게 '보도하지 않겠다'는 약속을 하는 경우가 있는데 이는 유의해야 한다.

정보를 갖고 있는 기관 등이 오프더레코드를 악용할 가능성도 유의해야 한다. 일부 언론에서 취재가 상당히 진행하고 있는데 추가 취재를 봉쇄하기 위해 오프더레코드를 걸고 설명을 하는 경우다. 특히 탐사 보도가 확대되면서 특정 부서를 출입하지 않는 탐사 보도 부서에서 어떤 사안을 비공개로 취재하는 것을 감지한 취재원이 보도를 봉쇄하기 위해 오프더레코드 조건으로 해당 사안을 한꺼번에 설명하는 경우도 있다. 이런 경우 언론사 내부에서 서로 취재하고 있는 사안에 대해 충분한 의사소통이 없을 경우 별생각 없이 비보도에 동의해 버릴 우려가 있다. 오프더레코드 약속을 받아들이기에 앞서 언론사 내부에서 적절한 의사소통이 필요한 이유다.

엠바고의 경우와 마찬가지로 오프더레코드를 전제로 설명을 한 내용이 취재원 자신의 비윤리적인 행위나 불법 행위인 경우에는 원칙적으로 비보도 약속을 지키지 않아도 된다. 비보도를 전제로 설명을 들은 내용에 대해 다른 독립된 제3의 기관이 발표하는 경우도 마찬가지다.

3부

방송 뉴스 제작론

5장

방송 뉴스의 특성

방송 뉴스는 신문 등 텍스트 중심의 뉴스와 어떤 차이가 있는 것일까? 이 장에서는 방송 뉴스, 다시 말해 영상 뉴스의 특성은 어떤 것인지를 살펴본다. 방송 뉴스, 영상 뉴스도 본질적으로 뉴스이기 때문에 기본적인 취재, 보도에 관한 모든 사항이 거의 그대로 적용된다. 하지만 특별히 영상을 주요한 전달 수단으로 사용한다는 점에서 꼭 유념해야 할 것들이 있다. 또 방송 뉴스를 제작하는 구체적인 업무 흐름, 제작에 어떤 요소가 개입되는지도 미리 개괄적으로 알아두면 도움이 된다.

1. 방송 뉴스와 텍스트 뉴스의 차이

1) 텍스트 뉴스 vs. 영상 뉴스

디지털 시대를 맞아 뉴스 콘텐츠의 변화 양상은 전통적인 미디어 분류 기준인 신문과 방송으로 나눠 서로의 특성을 비교하는 것을 무의미하게 만들고 있다. 뉴스 소비의 주요 채널이 기존의 TV 모니터와 종이 신문이던 것에서 다양한 디지털 플랫폼으로 빠르게 이동하고 있기 때문이다.

디지털 플랫폼에서는 텍스트 뉴스와 영상 뉴스라는 두 가지 포맷을 넘나들며 뉴스가 소비되고 있다. 아예 디지털 플랫폼의 특성에 맞춰 언론사들이 생산하는 새로운 유형의 뉴스 콘텐츠도 있다. 디지털 플랫폼 안에서는 특정 뉴스 콘텐츠를 올린 주체가 신문인지 방송인지는 중요하지 않고 그것이 텍스트, 즉 글로 만들어진 콘텐츠인지 아니면 영상으로 만들어진 콘텐츠인지가 중요하다.

이 책에서는 '방송 뉴스'라는 친숙한 용어를 기본으로 사용하고 있다. 하지만 본질적으로는 신문과 방송의 구분보다는 텍스트 뉴스와 영상 뉴스로 구분하는 것이 뉴스 콘텐츠의 성격 차이를 더 정확하게 드러낸다. 뉴스 콘텐츠의 속성을 분석할 때는 신문과 방송이라는 전통적인 미디어를 기준으로 한 구분법을 사용하기보다는 텍스트 뉴스와 영상 뉴스로 나누어서 설명할 것이다.

텍스트 뉴스는 신문은 물론 온라인을 통해 제공되는 글 중심의 기사를 가리킨다. 영상 뉴스에는 방송 뉴스는 물론 신문이나 인터넷 언론사가 만든 시사적인 내용을 다루는 모든 영상 콘텐츠가 포함된다. 신문사에서 만든 영상 콘텐츠도 '영상 뉴스'의 범주에 포

표 4 **텍스트 뉴스와 영상 뉴스의 주요 특성**

<table>
<tr><th></th><th>텍스트 뉴스</th><th>영상 뉴스</th></tr>
<tr><td>정의</td><td>문자로 된 뉴스written news</td><td>시각화된 뉴스visualized news</td></tr>
<tr><td>전달 수단</td><td>글</td><td>말과 영상</td></tr>
<tr><td>기사 문체</td><td>문어체 위주</td><td>구어체 위주</td></tr>
<tr><td rowspan="2">커뮤니케이션 방향</td><td colspan="2">대체로 일방적 특성 강함</td></tr>
<tr><td>(디지털 전용 콘텐츠)
쌍방향 뉴스 서비스 확대 추세</td><td>부분적으로 쌍방향</td></tr>
<tr><td>거뮤니케이션
기술과의 관련성</td><td>커뮤니케이션 기술 발전의
영향을 적게 받음</td><td>커뮤니케이션 기술의 발전과
밀접하게 관련돼 있음</td></tr>
<tr><td rowspan="2">콘텐츠 생산의 제약</td><td>'지면/분량'의 제약</td><td>'시간'의 제약</td></tr>
<tr><td colspan="2">디지털 전용 콘텐츠는 각각의 제약에서 상대적으로 자유로움</td></tr>
</table>

함되고, 방송사에서 만든 텍스트 콘텐츠도 '텍스트 뉴스'에 포함된다. 지금은 방송 기자도 디지털 플랫폼을 겨냥해 상당히 긴 분량의 텍스트 기사를 쓰는 경우가 많다. 이런 것이 영상 뉴스가 아닌 것은 분명하지만 그렇다고 이런 것을 신문 뉴스라고 할 수도 없다. 반대 경우도 마찬가지다. 결국 영상 뉴스 혹은 방송 뉴스를 특징짓는 것은 만드는 사람이 어떤 매체 소속인지가 아니라 실제로 무엇을 재료로 만든 것이냐다. 텍스트 뉴스와 영상 뉴스의 정의부터 주요한 특성을 비교해 보면 표 4와 같다.

2) 방송 뉴스의 기술적 특성

텍스트로 된 기사에 대한 상대적 개념으로 영상을 중심으로 한 영상 뉴스의 경우 비록 인터넷 서비스를 전제로 한 것이라도 아직은 시청자들이 '방송 뉴스'라는 용어에 익숙하다는 점을 앞에서도 언급했다. 기술적 특성의 영향을 많이 받는 점에서는 더욱 그렇다. 이런 측면을 언급할 때는 특별한 설명 없이 방송 뉴스라는 용어를 계속 사용할 것이다. 여기서는 방송 뉴스라는 포맷에서 비롯되는 기술적 특징을 살펴보기로 한다.

실시간성

방송 뉴스에서 기준 시점은 언제일까? 방송 기사를 작성할 때 시간적 기준은 보도가 되는 시점의 상황이다. 내일 아침용 방송 리포트 원고라면 오늘 일어난 일을 '어제'라고 써야 한다. 그 기사를 내일 아침 뉴스에서 방송한다는 것은 기자가 내일 아침에 시청자를 만나서 그 얘기를 한다는 것이다. 따라서 방송이 되는 시점, 즉 내일 아침에 맞춰 모든 상황을 정리해서 기사를 써야 한다. 이는 모든 방송 뉴스는 방송되는 시점에 맞추어 서술해야 한다는 것을 의미한다. 비록 방송 리포트 자체는 대부분이 사전에 제작된 것이지만 그것이 방송되는 시점을 기준으로 '실시간성'을 인정받는다.

　저녁 메인 뉴스에 나간 리포트를 자정을 넘긴 뒤에 방송하는 마감 뉴스•에 낸다면 날짜 변경을 감안해 기사에서 '오늘'이라고 표시된 것을 '어제'로 바꾸고 '내일'이라고 쓴 부분은 '오늘'로 바꿔야 한다. 모든 뉴스는 그것이 방송되는 순간을 기준으로 실시간으로 진

• 하루 방송의 마지막에 해당하는 뉴스를 통칭 마감 뉴스라고 부르는 경우가 많지만 프로그램 제목은 각양각색이다. 그런데 하루를 마감하는 뉴스 프로그램의 제목이 실제로 '마감 뉴스'인 것도 여럿 있었다. 방송계에서 '마감 뉴스'는 일반 명사이기도 하고 고유 명사이기도 한 셈이다.

행되는 것을 전제하기 때문이다. 이렇게 날짜를 조정하는 것을 뉴스룸에서는 '시제를 맞춘다'고 한다. 만약 리포트를 만드는 사람이 일일이 이렇게 시제를 바꿔서 새로 녹음해서 리포트를 사전에 만들어 두지 않았다면 원래 그 뉴스가 방송되던 시점을 기준으로 '오늘,' '내일'과 같이 날짜를 지칭한 표현을 삭제하는 작업을 해야 한다. 만약 문장 구조 때문에 그런 작업이 쉽지 않은 경우라면 아예 날짜에 대한 부분을 조정해서 리포트를 다시 만들어야 한다. 신문에서처럼 날짜를 '3일,' '5일'처럼 쓰지 않기 때문에 생기는 일이다.

물론 신문의 경우도 독자가 기사를 읽는 시점을 기준으로 기사를 쓰기는 한다. 하지만 신문은 지면 제작을 위해 기사를 마감하는 순간까지밖에 담을 수 없다. 내일 아침 신문이 배달된 시점에는 개표가 끝나 당선자가 결정되었겠지만 지금 기사를 마감하는 순간에도 여전히 개표가 진행 중이면 불가피하게 '몇 시 몇 분 현재 개표 상황'이라고 어느 시점을 기준으로 보도하는 수밖에 없다.

하지만 방송은 이런 일이 없다. 실시간성을 갖기 때문이다. 현장 생중계를 많이 이용하는 것도 이런 이유인데, 만약 이런 개표 상황이라면 실시간 방송을 통해 개표 상황을 계속 중계할 것이다. 이런 실시간성을 '즉시성,' '신속성'으로 설명하기도 한다. 과거에는 이런 실시간성은 방송의 전유물이었고 방송의 경쟁력이었다. 하지만 이제는 커뮤니케이션 기술의 발전으로 소셜 미디어를 비롯한 디지털 플랫폼이 실시간으로 정보를 전하는 경우가 늘고 있어서 실시간성에 있어서도 경쟁이 치열해지고 있다.

현장성

방송은 현장의 생생함을 효과적으로 전달함으로써 시청자를 현장으로 안내한다. 현장을 말로 묘사하는 것과, 직접 눈으로 보여 주는 것은 다르다. '백문이 불여일견,' 즉 백 번 얘기하는 것보다 한 번 보여 주는 것이 훨씬 낫다. 대규모 집회 상황을 보도하면서 참석자 숫자나 집회의 양상 등을 글 기사로 설명하는 것과 높은 건물 옥상에서 내려다본 모습이나 헬기나 드론으로 항공 촬영한 영상을 보여 주는 것은 완전히 다르다. 이런 현장성은 텍스트 기사가 아무리 애를 써도 방송 뉴스를 따라잡지 못하는 부분이다.

이런 현장성에 실시간성을 결합한 것이 현장 생중계다. 지금 벌어지는 사건 현장으로 직접 시청자를 안내하는 것이다. 시청자는 자신이 마치 그 현장에 가 있는 것같이 느낄 수 있다. 현장성이란 벌어지는 사건 그 자체를 보여 주는 것만 의미하지는 않는다. 한바탕 소동이 휩쓸고 지나간 현장을 보여 줄 수도 있다.

이런 현장성은 텍스트 뉴스가 넘볼 수 없는 장점이지만 방송 뉴스에 부담이기도 하다. 텍스트 기사의 경우에는 기자가 현장을 직접 가지 않고도 전화 등으로 얼마든지 취재할 수 있다. 사안이 종료된 뒤에 진행 상황을 차분히 취재해서 기사를 써도 그만이다. 하지만 영상을 주요 전달 수단으로 하는 방송 뉴스를 만들려면 반드시 현장에 가야 한다. 취재와 제작에 상대적으로 많은 시간이 걸린다.

현장성 자체가 주는 부담도 있다. 사안의 성격에 따라서는 생생함이 지나쳐 선정적으로 흐르거나 시청자에게 불쾌감을 유발할 수도 있다. 이 때문에 유혈 사태가 벌어진 현장이나 시신 운구 장면 같은 경우는 기사에 꼭 필요한 것이 아니라면 되도록 사용하지 않는 것이 좋다. 쓰레기와 같이 불쾌감을 유발할 수 있는 대상물을 생생하게 보여 주겠다고 자세하게 화면에 비추는 것도 마찬가지다. 이런 장면까지 시청자에게 정말 생생하게 보여 줄 필요가 있는지 잘 판단해야 한다. 취재 대상이 무엇인지를 잘 생각해서 대응해야지 기계적으로 현장성만 강조하다가는 문제가 될 수 있다.

어쨌든 실시간성과 함께 현장성은 방송 뉴스의 가치를 따질 때, 즉 뉴스를 선택할 때 중요한 기준이 된다. 그만큼 이 둘은 방송 뉴스의 핵심적인 특징인 셈이다.

비언어적 메시지 전달

영상이 담고 있는 정보량을 생각해 보자. 사진 한 장을 말로 설명하려면 상당히 긴 글을 써야 한다. 동영상은 더 말할 것도 없다. 실제 영상에는 엄청나게 많은 정보가 담긴다. 기사로 자세하게 설명하지 않아도 영상 자체만으로도 여러 문장 이상의 메시지를 줄 수 있다.

예를 들어 국회 청문회장에 나온 증인의 표정, 태도, 말의 높낮이 등을 보고 시청자는 굳이 기자가 설명하지 않아도 증인이 하는 진술의 신뢰도를 판단할 수 있다. 시청자는 자신만의 평가 포인트가 있을 수도 있다. 시청자에 따라서는 증인의 말 자체에 관심을 두고 지켜보는 사람도 있을 것이고, 입고 있는 복장이나 태도 등에 눈길이 가는 사람도 있을 것이다. 실제로 방송 뉴스에 잠깐 나왔던 사람이 사안과는 전혀 상관이 없는 말투나 복장, 외모 때문에 화제가 되는 경우도 적지 않다. 이처럼 어떤 뉴스의 대상이 된 인물 이미지가 기사의 맥락과는 상관없이 만들어지기도 한다. 기사로 따로 설명하지 않아도 영상 자체가 많은 메시지를 전달하기 때문이다.

이런 비언어적인 메시지와 정보의 전달은 기자가 의도하는 경우도 있고, 의도하지 않은 경우도 있다. 중요한 것은 기자가 자신이 방송 뉴스 제작에 사용하는 영상이 이런 비언어적 메시지와 정보를 전달한다는 사실을 정확하게 이해하고 있어야 한다는 점이다. 인터뷰 대상이 어떤 의상을 입고 있는지, 혹은 말투가 어떠한지에 따라서 그가 하는 말의 신뢰도에 영향이 갈 수도 있다. 영상이 전달하는 다양한 이미지, 분위기를 잘 파악해서 뉴스가 의도한 정보 전달에 도움이 되도록 다양한 영상 요소를 설계하는 것이 중요하다.

마찬가지로 기자가 방송 뉴스에 어떤 태도와 의상, 말투로 등장하는지도 뉴스의 신뢰도에 영향을 줄 수 있다. 누군가의 사망 관련 보도를 하는데 매우 화려한 복장에 환한 표정으로 스탠딩을 촬영한다면 사람들은 최소한 무엇인가 자연스럽지 않다고 생각할 것이고, 심한 경우 기자가 무례하다고 생각할 수 있다. 기자가 화면에 등장할 때는 의상 등을 단순히 취향 문제로 치부해서는 안 된다.

감성적 메시지 전달

영상이 가진 비언어적 메시지의 중요한 속성 중 하나가 감성적인 측면이다. 물론 문장으로도 충분히 감성적 표현을 할 수 있지만 영상은 매우 직접적으로 현장의 감성을 그대로 시청자에게 전달한다. 분노한 현장의 목소리, 희생자에 대한 애도, 경기에 이긴 선수의 들뜬 표정과 관중의 환호를 그대로 전달할 수 있다. 여기에 리포트를 하는 기자의 오디오도 그러한 감성을 표현하는 수단이 된다. 고발 뉴스를 할 때는 다소 단호하고 비판적 음성으로, 사망 사건을 전할 때는 차분하고 절제된 목소리로, 승전보를 전할 때는 가급적 활기찬 음성으로 보도하는 것이 자연스럽다. 이것을 거꾸로 한다면 얼마나 부자연스러울지 생각해 보라.

하지만 이런 감성적 전달은 방송 뉴스의 강점이면서도 주의할 점이기도 하다. 감성에 지나치게 호소하는 것은 저널리즘의 본령에 어긋날 수 있다. 시청자들이 사안을 객관적으로 파악하고 독자적인 판단을 하도록 내버려 두지 않고 기자가 의도한 분위기로 몰고 가버릴 수도 있다. 기자 스스로가 감성에 치우쳐 본질을 놓쳐서도 안 되고, 시청자에게 특정한 감성을 강요해서도 안 된다.

기자는 사안에 따라 분위기에 어긋나지 않는 자연스러운 보도를 하는 선에서 그치고, 가급적 객관적 태도를 유지하면서 시청자가 사안으로부터 우러나오는 자연스러운 느낌을 받을 수 있도록 도와주는 것이 바람직하다. 일부 뉴스 보도를 보면 고발 뉴스라고 해서 마치 유죄 판결문을 읽듯이 지나치게 단호하게 비난을 하는 경우도 있는데, 이는 바람직하지 않다. 또 국가 대항 스포츠 관련 보도에서 국수주의적 태도로 과도하게 감정을 담아 보도하는 것에도 성찰이 필요하다.

의견보다는 사실 보도 중심

방송 뉴스가 비언어적인 메시지를 많이 담고 있고, 또 감성적이라는 것과는 배치되는 측면으로, 방송에서는 보도를 하는 기자가 직접적으로 자신의 의견을 담아서 보도하는 것은 매우 드물다. 반대로 신문의 경우 연치가 낮은 기자도 다양한 형태의 칼럼을 쓸 기회를 부여받는다. 칼럼에는 기자의 감성과 의견이 듬뿍 담겨 있다. 익명으로 논설위원이 쓰는 사설은 아예 언론사 차원의 의견 표명을 목표로 한다. 방송과는 많이 다른 신문의 특징이다.

물론 방송에도 논평이나 해설 등의 이름으로 논설위원이나 해설위원이라는 직함을 가진 중견 언론인이 의견을 드러내는 형태의 보도가 없는 것은 아니다. 하지만 이런 보도는 아침이나 낮 뉴스, 심야 등에 배치되는 경우가 많다. 이른바 메인 뉴스 시간에 그런 내용이 방송되는 경우는 거의 없다. 특히 지상파 방송 중에는 그렇게 의견을 보도하는 코너가 거의 없는 곳도 있다. 국민의 자산인 전파를 이용한다거나, 몇 년마다 정부로부터 재허가를 받아야 한다는 점 등이 복합적으로 작용하기 때문이다. 특정한 방향으로 의견 기사를 냈다가 공정성을 둘러싼 시비에 몰릴 수도 있다. 방송법은 공정성을 방송의 의무로 규정한다. 때문에 방송 뉴스는 아무래도 사안에 대한 해설이나 논평보다는 사안 자체에 대한 사실 보도에 집중한다. 논평에 해당하는 내용은 방송 곳곳에 녹아들어 있다.

그렇다고 방송은 의견 기사를 내서는 안 된다고 단정해서는 안 된다. 근거 없이 일방적인 주장을 하는 것은 안 되지만, 저널리즘적 관점에서 확실한 근거를 바탕으로 논평을 하는 것까지 부정적으로 볼 것은 아니다. 오히려 지나치게 사실 보도에만 집중한다면서 잘잘못에 대해서 침묵하는 일은 자칫 사회적인 문제를 외면하는 것으로 비칠 수도 있다. 다만 이런 경우에도 기자나 앵커가 드러내는 의견이 일방적인 편들기가 되는 일이 없도록 신중을 기해야 한다. 이런 사안일수록 더 철저하게 사실 취재를 해서, 시청자가 문제가 무엇인지를 스스로 판단할 수 있도록 보도하는 것이 중요하다.

2. 방송 뉴스에 대한 오해와 이해

1) 방송 뉴스는 쉽다?

그럴 수도 있고 아닐 수도 있다. 통상적인 방송 뉴스는 여전히 대략 2분 안팎이다. 가끔은 1분 30초 정도의 짧은 것도 있고, 2분 30초에서 3분이 넘어가는 제법 긴 것도 있다. 하지만 인터뷰나 현장음 등을 빼면 본문의 기사 문장은 그렇게 많지 않다. 2분 정도 길이를 생각하면 기자가 직접 읽는 문장은 대략 7~10개에 불과하다. 문장도 가급적 쉬운 일상적 표현으로 구성된다. 그래서 방송 뉴스, 방송 기사는 쉽다고 생각하는 이가 많다. 특히 텍스트의 길이가 길지 않다는 점에서 긴 기사를 많이 쓰는 신문 기자 중에도 방송 기사를 쓰는 것이 쉬울 것이라고 생각하는 경우가 많다.

하지만 만약 방송 뉴스가 쉽게 느껴졌다면 역설적으로 그 뉴스 아이템은 잘 만들어진 것이다. 신문 기자를 하다 방송으로 옮긴 사람들은 대부분 "방송 기사가 어렵다"고 한다. 상대적으로 짧게 쓰는 것이나, 한 번 듣고 이해할 수 있도록 쉽게 쓰는 것이 그만큼 어렵다는 얘기다. 복잡하고 어려운 사안을 쉬운 언어를 사용하면서도 명확하게 핵심을 전달할 수 있도록 제작하는 것은 보기보다 어렵다. 기자가 힘들게, 고생해서 기사를 쓰고 리포트를 제작하면 시청자들은 그 내용을 쉽게 이해한다. 그야말로 중학생도 듣고 바로 이해할 수 있도록 쓴다는 것은 매우 어려운 일이다.

그런데 최근 점점 어려운 기사가 많이 등장한다. 어려운 전문 용어나 주장을 쉽게 이해할 수 있도록 풀어 주지 않고 그대로 전달하는, 어려운 방송 뉴스가 많다. 해당 사안을 잘 모르던 사람이 그 뉴스를 보고 무슨 말인지 이해할 수 있어야 한다. 그 뉴스를 보고 오히려 새로운 궁금증이 생기지 않을지 잘 생각해 보아야 한다. 방송 뉴스의 경우 신문과 달리 시청자가 뉴스를 듣는 속도를 마음대로 조정할 수 없다. 또 VOD를 통해 뉴스를 보고 있지 않다면 곧바로 다시 듣기가 어렵다는 점을 충분히 감안해야 한다. 뉴스를 보던 사람이 '어, 이게 무슨 말이지?'라는 대목이 생기지 않도록 해야 한다.

2) 방송 뉴스는 깊이가 얕다?

사실이 아니다. 방송 뉴스는 깊이가 얕다는 주장은 의외로 많이 퍼져 있다. 아무래도 역사가 더 오래된 신문 중심의 사고가 깊이 박혀 있기 때문일 것이다. 방송 뉴스는 얕게 만들면 얕고, 깊게 만들면 깊다. 이것은 선택의 문제일 뿐이다. 또 방송 뉴스는 개별 리포트로 볼 것이 아니라 전체 뉴스 프로그램으로 보아야 한다. 하나의 사안을 보도할 때, 전체를 길게 하나의 뉴스 리포트로 만들 수도 있고 여러 개로 쪼개서 몇 개의 리포트로 구성된 단락으로 만들 수도 있다. 개별 리포트는 얕은 깊이로 이해하기 쉽게 제작되지만, 전체 보도는 얼마든지 해당 사안을 깊이 있게 파헤치는 방식으로 구성될 수 있다.

더구나 최근 방송 뉴스는 갈수록 '선택과 집중'을 강화하고 있다. 그렇다고 하루에 몇 개의 주요 사안만 집중적으로 다루는 정도까지는 아니지만 주요 이슈나 힘 있는 발굴 이슈는 긴 호흡으로 심층 보도하고, 대신에 단순 발생 기사는 얕게 다루거나 아예 다루지 않는 식이다. 백화점식 나열 보도에 대한 반성의 결과다. 특히 탐사 보도를 강화하는 추세 때문에 어느 방송사나 이런 경향이 더 강해지고 있다. 탐사 보도나 자체 심층 기획 보도를 할 때는 심지어 한 개의 이슈에 20~30분의 시간을 투입하기도 한다.

아직도 방송 뉴스는 1분 30초 안팎의 짧은 뉴스로만 이루어져 있다고 생각하는 사람이 의외로 많은데 방송사 뉴스 홈페이지에 들어가서 메인 뉴스 아이템의 길이를 확인해 보면 된다. 그때그때 달라지기는 하지만 방송사마다 매우 다양한 길이의 아이템이 있다는 것을 알 수 있다. 물론 방송사에 따라 뉴스에서 깊이를 추구하는 정도는 다를 수 있다. 또 특별히 취재된 내용이 없어서 깊이 있는 뉴스 보도가 없는, 뉴스가 다소 부실한 날도 있을 것이다.

3) 방송 뉴스는 메시지가 단순하다?

방송 뉴스는 메시지가 단순하다는 건 오해가 아니라 맞는 말이다. 방송 뉴스의 강점일 수도 있고, 방송 뉴스의 본질적 속성에서 오는 특징이기도 하다. 신문과 같은 텍스트 기사는 잘 모르겠으면 두 번 세 번 읽으면서 곰곰이 생각할 수 있지만 방송 뉴스는 기본적으로 시청자가 뉴스를 보면서 한 번에 직관적으로 이해할 수 있어야 한다. 시청 환경에 따라서는 방송 뉴스를 몰입해서 시청하기 어려운 상황에서 볼 수 있다는 점도 감안해야 한다. 예를 들어 가벼운 운동을 하거나 대중 교통 등을 이용해 이동하면서 뉴스를 볼 수도 있는데, 그런 시청 환경에서도 내용을 이해하는 데 큰 어려움이 없도록 개별 기사에 담기는 메시지가 단순해야 한다는 것이다.

만약 메시지가 단순하지 않고 너무 복합적이라면 집중해서 시청하는 사람이 아니고서는 잘 이해하기 어렵게 된다. 개별 방송 뉴스 아이템의 메시지가 단순해야 한다는 점은 이처럼 효율적으로 시청자에게 메시지를 전달하려는 목적에서 나온 것이다. 다만 앞에서도 언급했지만 방송 뉴스는 중요한 사안의 경우 메시지를 기준으로 여러 개의 리포트로 나누어서 보도하는 전략을 취한다. 개별 리포트의 메시지는 시청자가 이해하기 쉽도록 단순하게 만들면서 종합적으로 여러 리포트로 구성된 보도 전체에서 다양하고 깊이 있는 메시지를 담는 방식인 것이다.

4) 방송은 일회성이다?

주요 관공서의 공보 부서는 해당 기관에 관련된 언론 보도를 정리해서 매일 아침 기관장과 주요 간부 등에게 보고한다. 언론에 보도될 일이 많지 않은 작은 기관에서도 인쇄된 신문에 실리는 기사는 1단짜리까지 열심히 찾아서 보고하지만 방송 뉴스는 어지간히 크게 보도하지 않는 한 아예 보고하지 않고 넘어가기도 했었다. 크게 이슈가 되지 않으면 방송 뉴스는 지나가면 그만이라고 생각한 것이다. 방송은 보도 내용이 심각하거나 문제가 될 것 같으면 비로소 보도 내용을 정리해서 보고했다. 물론 언론에 보도되는 내용이 많은 주요 기관에서는 보고를 위해 방송 뉴스 시간에 녹화를 했다. 모두 방송의 일회성 때문에 나타난 현상이다.

하지만 지금은 방송을 어느 누구도 일회적으로 지나가면 그만이라고 생각하지 않는다. 뉴 미디어 덕분이다. 디지털 시대가 되면서 방송 뉴스는 거의 실시간으로 온라인 공간에 저장된다. 언론사 홈페이지만이 아니라 유튜브 등에서는 방송 뉴스를 보다가 멈출 수도 있고 방금 지나간 내용을 바로 다시 볼 수도 있다. 무슨 말인지 잘 모르겠으면 두세 번 다시 들을 수도 있다. 여전히 영상 뉴스로서의 속성을 갖고 있지만, 과거에는 크지 않던 이런 기록성은 방송 뉴스의 성격에 적지 않은 영향을 미치고 있다.

일회성이라는 특성이 사라지면서 방송 뉴스에서 잘못된 부분이 그대로 기록으로 남기도 한다. 이는 방송 뉴스 제작자에게 부담이 되는 부분이다. 잘못된 기록이 남아서 반복적으로 재생되지 않도록 해야 한다. 그래서 방송사들은 잘못된 내용이 포함된 뉴스 아이템은 홈페이지 등의 재생 목록에서 삭제하고, 고칠 수 있는 것은 최대한 빨리 다시 제작해서 디지털 플랫폼에 올리고 있다. 심지어 앵커가 멘트를 실수한 경우나 자막에 문제가 있는 경우, 모자이크 처리 등이 잘못된 경우 등등의 이유로 방송 뉴스가 끝난 뒤에 다시 앵커 멘트부터 새로 온라인용으로 녹화하는 일이 수시로 벌어진다. 모두 기술 발전이 가져온 방송 뉴스의 변화다.

3. 방송 뉴스 제작 과정

1) 취재에서 발제까지

어떤 기사가 만들어지기 위해서 제일 먼저 정보 수집 단계가 있다. 기자는 사람을 만나서 특정 분야에서 화제가 되는 사항을 듣기도 하고 다른 언론의 보도를 꼼꼼히 모니터하면서 정보를 수집하기도 한다. 또 책이나 논문, 각종 자료, 통계 등 데이터베이스도 중요한 자료의 출처가 된다. 머릿속에 미리 어떤 방향성을 갖고 사람을 만나거나 자료를 수집하기도 하지만 특별한 의도를 형성하지 않은 채 폭넓게 정보를 수집할 수도 있다.

이런 정보 수집의 결과로 일단 어떤 의미 있는 주제를 발견하면 그때부터 취재를 어떻게 할 것인지 계획을 세우고 본격적인 취재를 하게 된다. 취재 결과를 바탕으로 데스크와 협의해 기사 방향을 정하면 편집 회의에 제출할 기사 발제안을 작성한다. 기사 발제를 하는 방식은 언론사에 따라 다양하지만 핵심적인 부분은 비슷하다. 기사를 발제하는 문서를 흔히 '기획서'라고 부르는데 그 안에는 자신이 쓰려고 하는 기사가 다룰 핵심 내용이 무엇인지를 설명하는

'기획 의도,' 그리고 기사의 구체적인 내용이 어떤 것인지를 설명하는 '기사 내용' 등이 담긴다. 여기에 방송 기사의 핵심 가운데 하나인 영상에 관한 사항을 알려 주는 '영상 구성' 부분이 추가된다. 다시 말해 기사의 의도, 세부 내용, 영상에 관한 사항이 방송 뉴스 기획서의 핵심이다.

물론 긴급한 사안일 경우에는 별도의 기획서를 작성하지 않을 수도 있다. 워낙 단순한 사안일 경우에는 기획서를 쓸 필요 없이 바로 기사 작성에 들어가기도 한다. 하지만 절대로 빠질 수 없는 것이 하나 있다. 바로 기사 제목이다. 기사 제목을 잡는다는 것은 바로 기사의 핵심 포인트를 정하는 것이기 때문이다. 방송 뉴스로 내보낼 기사 목록을 '큐시트cue sheet' 또는 '런다운rundown' 등으로 부르는데, 다른 것은 몰라도 그 큐시트에 올릴 제목이 있어야 한다는 뜻이다. 물론 정확한 기사 제목을 정하기 전에 '가제'라고 불리는 임시 제목을 올려 놓기도 한다.

하지만 기사가 완성되려면 반드시 기사 제목이 나와야 한다. 기사 제목을 잡지 못한다는 것은 무엇을 기사에 담을 것인지가 아직 정확히 정해지지 않았다는 뜻이기 때문이다. 원칙적으로 발제 단계에서 기사의 핵심 취지를 담은 제목이 제출된다. 물론 기사 제목은 이후 취재를 반영해 기사를 작성하는 과정에서, 그리고 편집부의 방송 준비 과정 등 편집적 필요에 의해서 여러 차례 수정이 이루어진다.

이런 전체 과정은 취재 기자와 팀장, 부장과의 긴밀한 협의를 통해 이루어진다. 흔히 데스크라고 부르는 출고부서의 팀장과 부장은 취재 기자가 제출한 기획서를 검토해 수정을 지시하기도 하고 직접 보완할 수도 있다. 부장 또는 팀장은 편집 회의에 직접 들어가서 해당 사안을 설명하고 기사가 채택되면 취재 기자에게 필요한 보완 취재와 함께 기사를 작성하도록 지시한다. 취재에 시간이 많이 필요한 사안의 경우 미리 전체 뉴스의 기획을 총괄하는 보도국장과 사안에 대한 개략적인 보도 계획을 협의한 뒤 취재를 진행한다. 이 과정을 생략했다가는 자칫 부서 차원에서 상당한 노력을 투입했지만 최종적으로 헛수고가 될 위험이 있기 때문이다.

취재 과정은 하나의 모델로 설명하기가 어려운데 핵심적인 것 하나만 언급한다면 취재도 계획을 세워서 해야 한다는 것이나. 해당 사안에서 이미 취재가 된 내용과 취재해야 할 사항 등을 잘 정리하는 것은 물론, 관련 전문가에 대한 취재를 어떻게 진행할지, 그중에서 직접 인터뷰를 할 사람은 누구로 할지를 정하는 것도 중요하다.

인터뷰를 하거나 현장 취재를 할 경우에는 동선을 설계하는 것이 매우 중요하다. 동선 설계를 미리 고민하지 않을 경우 이곳저곳 이동을 하는 데만 상당한 시간을 빼앗기는 경우가 생기게 된다. 또 필요한 경우에는 빨리 팀장 등에게 보고해서 팀이나 부서 차원의 지원을 받는 것도 중요하다. 혼자서 모든 일을 처리해 보겠다고 끙끙대다 방송 시간이 코앞으로 닥쳐오면 호미로 막을 일을 가래로도 막기 힘든 상황이 생길 수 있다.

방송사 보도국의 회의와 의사 결정 방식

방송 뉴스 제작을 위해서는 지속적인 내부 커뮤니케이션과 자잘한 의사 결정이 필요하다. 이를 위해 쉼 없는 회의가 진행된다. 먼저 1차적인 기사 발제는 하루 전에 이루어진다. 취재 기자는 기사가 될 만한 사안의 취재가 마무리되면 전날 퇴근 전에 다음 날 보도할 기획안을 제출한다. 이 과정에서 데스크와 협의를 거친다. 또 다음 날 발생이 예정된 사안, 즉 예정된 행사, 회의, 수사 발표, 판결 선고 등의 기사 보도 계획도 역시 기획서와 일정으로 보고한다. 일정은 취재 정보를 공유하는 게시판에, 기획서는 보도 정보 시스템의 기획서란에 작성한다. 주요 일정과 관련해 짤막하게라도 다음 날 새벽부터 방송될 수 있는 예고 기사를 미리 써서 넘기는 것이 정말 중요하다. 일정은 그 자체로 중요한 기사가 된다.

당일 아침에는 밤새 들어온 새로운 정보를 바탕으로 추가 발제가 이루어진다. 주로 해외에서의 주요 발생 사안이 추가되지만 그 밖에도 조간신문 보도 내용이나 각 취재원의 일정 변경 등을 반영해서 발제된 내용을 수정하거나 취소하기도 하고 새로운 발제를 하기도 한다. 이렇게 작성된 각 부서의 기획서를 편집부가 큐시트로 끌어가서 부서별로, 또는 주요 이슈별로 정리해 놓고 보도국장 이하 모든 부서장이 모여서 하루의 첫 편집 회의를 진행한다.

편집 회의 운영 방식은 회사마다 조금씩 다르지만 대체로 각 부서장이 돌아가면서 자기 부서에서 발제한 뉴스 아이템을 설명하고 논의한 뒤 채택 여부를 결정하는 방식으로 진행된다. 아침 편집 회의 때는 당일 뉴스 아이템을 논의하기에 앞서 전날 뉴스에 대한 반응이나 후속 취재 여부 등을 논의한다. 이렇게 보도국 지도부가 편집 회의를 하는 동안 회의에 들어가지 않는 팀장이나 현장 취재 기자는 회의 결과를 기다리며 자료 검토를 하거나 스트레이트 기사를 처리하는 등의 업무를 진행한다. 현장 취재가 필요한 사항은 회의와 무관하게 미리 취재를 진행해야 하고 출장을 가기도 한다. 또 낮 뉴스를 위한 기사 작성과 리포트 제작도 진행한다. 편집 회의 중이라고 해서 업무가 중단되는 것이 아니다. 특히 주 52시간 근무제가 도입되면서 각자가 시간을 얼마나 효율적으로 사용하느냐에 따라 전체 뉴스의 취재와 제작 완성도가 큰 영향을 받게 되었다.

오전 편집 회의가 끝나면 부서장들은 산하 팀장들과 현장 기자에게 회의 내용을 전달하고, 국장이나 편집부의 요청 사항 등을 설명하고 제작 방향을 지시한다. 우리나라의 경우 워낙 갑작스레 진행되는 사안이 많아 오전 편집 회의 시간에 하루의 뉴스를 완전히 설계하기는 어렵다. 아침에 너무 뉴스 시간을 꽉 채워 놓으면 오후에 발생하는 사안 때문에 헛수고를 하는 경우도 많다.

그렇다고 뉴스를 비워 놓았다가 오후에 발생 사안이 없을 경우는 문제가 되기도 한다. 어떤 경우에는 오전 회의에서는 당일에 진행될 큰 사안에 대한 점검만 하고 구체적인 아이템에 대한 회의는 하지 않기도 한다. 기사가 좀 더 융통성 있게 제작될 수 있도록, 선택과 집중이 이뤄지기 위해서는 이 방법이 바람직하다는 의견이 많다. 하지만 뉴스 책임자로서는 오전에 큐시트가 너무 엉성하게 짜여 있으면 불안하다. 현장의 시각을 다양하게 반영한 뉴스를 만들기 위해서는 뉴스 책임자가 이런 심리적 불안감을 극복하는 것이 중요한 셈이다. 현장이 아니라 편집 회의 중심의 뉴스가 만들어지면 자칫 차별성 없는, 판에 박힌 죽은 뉴스가 되기 십상이기 때문이다.

오후 편집 회의는 낮 상황을 반영한 추가 발제나 수정이 이루어지고, 개략적으로 큐시트가 완성되는 단계다. 리포트 담당자도 거의 확정되고 개별 아이템에 대한 제작 방향도 확실하게 잡힌다. 큰 문제가 없으면 오후 편집 회의가 그날의 실질적인 뉴스 내용을 정하는 회의라고 할 수 있다. 그 이후에는 최종적인 점검을 하면서 제목을 정하는 소규모 회의를 하기도 하고, 보도본부 차원의 점검 회의를 하는 곳도 있다. 하지만 오전과 오후의 본격적인 편집 회의가 뉴스를 제작하기 위한 기본적인 논의 체계라고 할 수 있다.

이런 회의는 모두 메인 뉴스를 제작하기 위한 것이고, 그 사이 사이에 낮 뉴스나 아침 뉴스 등을 위한 회의는 별도로, 해당 뉴스 프로그램을 제작하는 부서 주도하에 이루어진다. 각 부서를 돌아다니며 아이템을 협의하기도 하고 전화로 필요한 사항을 논의할 수도 있다. 편집 회의에 프로그램 책임자가 참석해서 취재 부서에 필요한 주문을 하는 경우도 있다. 이런 뉴스는 아무래도 발생 사안을 주로 다루기 때문에 논의도 간단하게 마무리된다. 요즘은 각 방송사들이 낮에 별도의 시사 토론 프로그램 등을 제작하는데, 이런 프로그램을 위한 협의는 해당 팀 차원에서 별도로 이루어지고, 취재 부서 등의 협조가 필요한 부분은 바로 관련 부서와 직접 협의하는 방식으로 논의가 이루어진다.

2) 기사 작성과 데스크 작업

기자가 발제한 특정 기획안이 채택되면 본격적인 취재를 거쳐 기사를 작성하게 된다. 기사 작성에 이르기 전에 관련 자료 수집, 현장 촬영, 관련 전문가 인터뷰 등이 모두 이루어졌어야 한다. 이 과정에서 매우 중요한 것이 영상 취재 기자, 카메라 기자 등으로도 불리는 영상 기자와의 협업이다.

방송 뉴스는 영상을 확보하는 것이 중요하기 때문에 본격적인 취재 과정에서는 취재 기자, 영상 기자, 장비 관리 등을 도와주는 오디오맨, 운전기사까지 기본적으로 4명이 한 팀으로 움직인다. 주로 취재 기자 혼자서 움직이는 신문과 작업 방식이 다른 부분이다. 오디오맨 없이 영상 기자가 장비 관리까지 책임지는 방송사도 있어서, 이런 경우는 3명이 한 팀이 된다. 이 3명 혹은 4명 사이의 팀워크가 중요한데 당연히 핵심은 취재 기자와 영상 기자의 팀워크다. 한국의 경우 기자 경력이 언론사 조직 내에서 중요하게 취급되는데, 그런 문제로 서로 대화가 불편해지면 취재가 제대로 이루어지기 어렵다. 기사 내용은 취재 기자가, 영상 부분은 영상 기자가 책임을 진다는 자세로 전문인답게 오로지 업무 중심으로 사고하는 것이 중요하다.

취재가 마무리되고, 기사 작성이 완료되면 초고가 팀장이나 부장 등 데스크에게 넘어간다. 데스크를 보는 방식은 방송사에 따라 다르다. 제작성이 특히 많이 강조되는 현장 중심의 코너물이라는지, 일부 특별한 경우에는 현장 기자에게 최대한의 재량권을 주고 기획서만 통과하면 제목이나 앵커 멘트 등만 협의할 뿐 기사 작성부터 리포트 제작까지 일체를 기자에게 맡기는 경우도 있다. 하지만 이런 예외적인 경우를 제외하고는 거의 모든 기사를 데스크가 꼼꼼하게 점검한다고 보는 것이 맞다. 이런 과정을 게이트키핑이라고 한다. 취재 부서장이 데스크를 보지 않고 기자에게 제작을 통째로 맡기는 경우에도 편집 회의가 아이템 채택 여부나 방향 등을 몇 차례에 걸쳐 논의한 내용이 반영되는 것은 기본이다. 또 뉴스를 진행하는 편집부에서 제작물에 대한 최종 점검을 하는 것을 통해 기본적인 게이트키핑이 이루어진다고 볼 수 있다.

게이트키핑은 이렇게 최종적으로 기사를 점검하는 것뿐만 아니라 애초에 아이템을 선정하는 과정에서의 협의, 취재 상황에 대한 점검이나 관리, 제작 진행 상황에 대한 점검 등의 과정 전체를 가리키는 것으로 보아야 한다. 이를 통해 해당 아이템이 뉴스에서 다루기에 적절한 사안인지, 공적 관심사에 관한 것인지, 보도할 만한 정도의 취재가 이루어졌는지, 균형 잡힌 취재가 되었는지, 당사자의 반론을 충분히 반영했는지, 의문이 남지 않도록 충실하게 기사가 작성되었는지 등을 살피는 것이다.

언론사의 모든 작업이 구성원 사이의 신뢰를 기반으로 하지만 데스크 작업은 특히 그렇다. 가령 데스크가 특정 사안에 대한 취재가 부족한 것은 아닌지 문제를 제기할 경우를 생각해 보자. 데스크와 취재 기자 사이에 신뢰가 없다면 기자는 데스크가 해당 기사를 내보내지 않으려고 취재 완성도를 문제 삼는다고 생각할 수도 있다. 특정한 표현 하나, 장면 하나에 대한 선택 문제도 마찬가지다. 기자와 데스크 사이에 신뢰가 부족하면 서로 생각을 편하게 제시하지 못하게 되고, 그렇게 의사소통이 제대로 이루어지지 않다 보면 엉뚱한 사고가 나는 경우가 있다. 데스크는 의심받을 걱정 없이 기사로서의 의미가 있는 것인지, 취재 정도는 충분한지, 표현 방식은 적정한지 등에 대해 문제를 제기하고 수정이나 보완을 지시할 수 있어야 하고, 취재 기자도 마찬가지로 자기 의견을 편하게 얘기할 수 있어야 한다.

데스크 작업은 경우에 따라서는 여러 단계에 걸쳐서 이루어지기도 한다. 특정 분야에 대해 지식이 부족한 신입 기자나 해당 분야에 처음 온 기자의 기사는 현장의 선배 기자가 손을 봐주기도 한다. 팀장의 데스크로 끝나는 경우가 있는가 하면 팀장과 부장의 2단 데스크를 거치기도 한다. 대체로 데스크 단계가 복잡하면 설명하고 논의하는 데 너무 많은 에너지가 소비되고, 자칫 원래 기사를 쓴 기자의 개성 있는 표현이나 논리 전개가 사라지고 팀장이나 부장 스타일의 기사로 바뀌어 버릴 가능성이 있다. 처음 훈련 단계에서는 몰라도 이런 방식은 바람직하지 않다. 무엇보다도 기자들의 개성이 사라져 버린 기사는 경쟁력을 갖기 어렵다. 그 부서에 기자가 10명, 20명이 있어도 모든 기사를 팀장이나 부장이 자기 입맛대로 고쳐 버린다면 다양성이라는 경쟁력의 원천이 파괴되고 말 것이기 때문이다.

그래서 방송사에 따라서는 가급적 기사 데스크를 보는 단계를 줄이고, 데스크 과정에서도 직접 표현을 고치는 것보다는 당사자에게 부족한 지점을 알려 주고 스스로 고치게 하는 것을 권장한다. 업무 효율성을 높이면서도 개성이 살아 있는 기사를 위해서다.

3) 뉴스 제작과 프로그램 진행

취재와 발제, 기사 작성까지의 단계는 비록 보도국 차원의 회의라는 것이 있기는 하지만 주로 취재 기자와 담당 팀장, 부서장까지 해당 부서 내에서 대부분의 업무가 이루어진다. 기사 데스크 작업이 끝나면 본격적인 리포트 제작 단계로 넘어간다. 하나의 동영상 제작물인 뉴스 리포트의 제작과 프로그램 진행, 송출 과정에는 다양한 업무를 맡은 사람과의 협업이 필요하다. 차례로 살펴보자.

영상 편집 기자와 CG 디자이너

리포트 제작을 위해서 기자는 녹음실에서 직접 기사를 읽고 녹음 파일을 시스템에 저장한다. 이후 영상 편집 기자와 함께 편집을 하게 되는데 미리 취재해 온 영상과 자료 화면, 기사가 미리 제작을 의뢰해 둔 컴퓨터 그래픽 화면, 기자의 음성 파일이 재료가 된다. 필요할 경우 다양한 효과를 사용해서 리포트를 편집하게 된다.

영상 편집 기자의 역량에 따라 리포트의 완성도가 마지막에 큰 차이를 보이게 된다. 영상 편집이 단순히 영상만 적절히 이어붙이는 것이어서는 안 된다. 기사의 흐름을 명확하게 이해한 뒤 기사 내용을 제대로 전할 수 있는 영상을 찾는 것이 중요하다. 이를 위해서는 영상 편집 기자가 자기가 맡은 사안에 대해 미리 취재된 영상을 전체적으로 살펴보고, 적절한 현장음이 있는지, 영상의 흐름을 어떻게 하면 좋을지 등을 미리 파악하고 있는 것이 중요하다. 시간이 부족할 때는 대략적인 기사 흐름에 따라 필요한 영상을 따로 모아 놓는 경우도 있다. 이런 영상 편집 기자와 일을 하면 그 리포트 제작은 순조롭게 진행될 것이다.

이를 위해서는 영상 편집 기자에게도 해당 사안의 내용과 기획 의도 등을 미리 설명해 주는 것이 좋다. 특히 자신이 어떤 식으로 기사를 쓸 것인지를 사전에 알려 주면 영상 편집 기자가 그에 맞는 영상을 찾고 편집 아이디어를 생각해 놓을 수도 있다. 리포트를 편집하면서도 자신이 몰랐던 좋은 현장음이나 인터뷰를 발견하면 데스크와 협의해서 기사를 수정하는 것이 좋다. 데스크 작업이 완료된 것이라고 해서 꼭 그대로 제작을 진행해야 한다는 관념을 버려야 한다. 사소한 현장음 정도를 추가하는 경우는 기자가 알아서 처리하는 경우도 있는데, 인터뷰 조정과 같이 기사 내용을 수정해야 하는 것이라면 데스크와 반드시 협의하는 것이 좋다.

컴퓨터 그래픽 화면을 만드는 CG 디자이너의 역할도 매우 중요하다. 취재 기자가 아직 밖에서 취재를 하는 중이라도 기사의 구상이 이루어지면 미리 CG 제작을 의뢰하는 것이 좋다. 그래픽의 완성도는 기본적으로 투입된 시간에 비례하기 때문이다. 물론 도중에 변경해야 할 상황이 생기면 빨리 의사소통해서 헛수고를 방지해야 한다. 디자이너에게 자신의 의도를 설명하고 아이디어를 요청하는 것도 좋다. 참고할 사례를 공유하는 것도 필요하다.

사안에 따라서는 컴퓨터 그래픽을 어떻게 만들지가 리포트의 완성도에 결정적인 영향을 미칠 수 있다. CG 한 컷이 그 리포트의 핵심이 될 수도 있다. 그래서 CG 제작은 디자이너는 물론 데스크와도 충분히 협의해야 한다. 가끔 오탈자가 난 것을 편집 도중에 뒤늦게 발견해서 기껏 열심히 만든 그래픽을 쓰지 못하는 경우도 생긴다. 어쨌든 제작이 끝난 그래픽은 마지막까지 꼼꼼하게 검수를 잘해야 한다. 이른바 '일베 이미지'라고 불리는 조작 이미지 문제는 아무리 강조해도 지나치지 않다. CG의 소재는 무조건 제대로 검증된, 공인된 자료만 사용하는 습관을 들여야 한다.

생중계와 '캐처'

만약 사전 제작물로 만드는 리포트가 아니라 현장에서 생중계로 연결하는 아이템이라면 취재 기자는 데스킹이 완료된 기사로 현장에서 방송 준비를 하고, 대신 보도국에 있는 동료 기자가 생중계 화면에 밑그림으로 사용할 영상물과 인터뷰 등의 소재를 준비한다. 이렇게 생중계를 보도국 내에서 도와주는 기자를 '캐처catcher'라고 부른다. 이 캐처를 맡은 기자는 마치 자기가 해당 아이템의 프로듀서가 된 것처럼 밑그림이나 생중계 연결 상황을 챙기게 된다. 전화 연결의 경우에는 미리 부조정실sub-control room로 가서 엔지니어와 함께 전화 연결 상태에 대한 기술적 점검을 하는 등 모든 준비를 담당하게 된다. 기사에 수정할 사항이 있을 경우 방송을 맡은 기자와 영상 편집 기자, 편집부 등 제작에 관련된 사람과 연락을 담당한다.

신입 기자나 신문에서 방송으로 갓 옮긴 기자에게 별 설명도 없이 캐처를 맡겼다가 여러 사람이 낭패를 보는 경우가 있다. 방송 뉴스 제작 과정을 제대로 이해하지 못하고는 캐처를 할 수 없다. 기본적으로 그 생중계가 이루어지기 위해 무엇이 필요한지도 잘 모른다. 그냥 데스크가 중계 라인이나 전화 연결 여부를 잘 챙기라고 당부를 했더라도 그것을 어디서 어떻게 챙겨야 하는지 알기 어렵다. 당장 밑그림 편집을 어떻게 하는지도 모를 수 있다. 기본적인 방송 뉴스 제작 시스템을 알지 못하는 사람에게 이런 일을 맡기는 것은 실제로 큰 사고 요인이 될 수 있다. 여건이 허락한다면 보도국 내에 전문적으로 이런 업무를 담당하는 사람을 따로 두는 것이 더 효율적이다. 방송 뉴스에서 최근 생방송이 강조되는 경향을 감안하면 더욱 그렇다.

앵커와 편집부의 역할

앵커는 주로 오후 편집 회의부터 참여한다. 앵커는 당일 진행될 뉴스의 전체적인 흐름을 파악하고, 필요한 경우 의견을 밝히기도 한다. 각 부서를 대표하는 취재 부서장과 달리 가장 앞에서 시청자를 만나는 얼굴인 앵커로서는 아무래도 시청자의 시각에서 뉴스를 생각할 여지가 크다. 이 때문에 자주 있는 일은 아니지만 앵커의 의견에 따라 뉴스 방향을 일부 수정하기도 한다.

앵커는 기사들이 올라오기 전까지 다른 언론의 보도를 모니터하거나 주요 사안에 대한 자료를 보는 등 시사 현안을 꼼꼼하게 파악해야 한다. 그런 배경지식이 있어야 여러 분야의 기사를 읽고 제대로 이해할 수 있기 때문이다. 앵커가 기사를 제대로 이해하지 못하면 사안의 핵심이 되는 멘트를 할 수도 없다. 취재 기자가 기사를 쓰면서 앵커 멘트 초고를 쓰지만 대부분의 경우 앵커가 자신에게 맞게 다시 고쳐 쓴다. 이때 앵커 멘트를 잘못 고쳐 오보가 되기도 하는데, 앵커가 사안을 제대로 파악하지 못한 상태에서 멘트를 고쳐서 생기는 사고인 경우가 많다. 앵커가 멘트의 취지 자체를 고칠 때에는 담당 기자나 부서장 등과 협의하는 것이 바람직하다.

요즘은 뉴스의 제작성을 강화하기 위해 앵커가 직접 긴 프레젠테이션을 하는 경우가 있다. 이를 '앵커 PT'라고 부르는데 이런 원고도 초고는 해당 사안을 담당한 기자가 쓰는 것이 일반적이다. 하지만 취재 부서에서 넘어온 원고를 앵커가 자신에게 맞는 표현으로 수정하고 길이를 조정하는 과정을 거친다. 편집부에서 제작을 맡은 기자가 편집부의 뉴스 제작 전략에 맞게 이런 원고를 다듬는 일을 맡는 경우도 있다. 방송사에 따라서는 앵커에게 전담 작가를 배정해서 앵커가 하는 모든 멘트 작성 과정을 보조하는 경우도 있다. 관련된 자료를 조사하고 적절한 멘트 초고를 써 주는 등의 역할을 한다. 기자 출신 앵커는 주로 작가의 도움 없이 혼자서 멘트를 정리한다. 기자가 아닌 앵커는 편집부의 기자나 데스크, 기자 출신인 동료 앵커가 멘트 수정을 도와주는 경우도 많다. 물론 어느 정도 경험이 쌓이면 자신에게 맞는 표현으로 알아서 수정할 수 있게 된다. 특히 앵커가 기자 출신이든 아니든, 앵커 멘트도 기사의 일부이기 때문에 편집부의 데스크, 부장, 경우에 따라서는 국장까지 멘트에 무리가 있는 부분은 없는지 살펴보고 필요한 조언을 하거나 수정을 요구하는 일도 생긴다.

보도국 편집부에는 부장과 데스크 외에도 여러 명의 기자가 근무한다. 이들은 앵커 멘트가 제대로 작성되었는지를 점검하는 것은 물론 앵커가 등장할 때 배경이 되는 화면을 제작하거나 뉴스의 제목을 뽑는 등 뉴스의 전반적인 준비 과정을 맡는다. 어떤 아이템을 앵커 PT로 진행하기로 한 경우에는 PT에 사용할 그래픽 제작을 의뢰하는 것도 편집부 기자의 업무다. 또 뉴스 중간에 고정 코너 등을 알리기 위해 사용하는 '필러filler'라고 불리는 짧은 영상물을 만들거나 뉴스 전체의 이미지 관리를 위한 '스폿spot'이라는 이미지 영상물을 제작하는 일도 한다. 만약 앵커가 중요 현장에 직접 나가서 뉴스를 진행할 경우에는 뒤에서 언급할 중계 PD와 세트 제작 부서에 의뢰해 현장 세트를 준비하는 등의 작업도 편집부에 있는 기자가 해야 하는 일이다.

방송 뉴스 아이템이 준비되고 방송 시간이 되면 편집부원은 통상 뉴스센터라고 부르는 부조정실로 이동해서 생방송으로 뉴스 진행을 준비한다. 전화 연결 상태를 점검하거나 중계차에서 송출하는 영상이 제대로 들어오고 있는지, 자막 등 영상 소스는 준비되어 있는지 등을 확인해야 한다. 이제는 취재 기자나 영상 편집 기자가 편집이 완료된 리포트가 녹화된 테이프를 들고 뉴스센터로 뛰어와야 하는 일은 없다. 모든 영상물은 파일 형태로 주고받는다. 하지만 컴퓨터는 작동 과정에서 종종 생각하지 못한 오류를 일으키기도 한다. 편집이나 파일 전송, 방송 진행 등에 사용하는 컴퓨터가 제대로 동작하지 않고 멈춰 버리는 등 다양한 장애가 발생하기 때문에 이를 감안해 항상 여유를 두고 움직여야 한다.

방송 기술: 생방송 연결에서 송출까지

방송 뉴스의 중요한 속성 가운데 현장성과 실시간성을 앞에서 언급했다. 이 가운데 현장성을 위해 중요한 일은 뉴스의 현장을 생중계로 연결하는 것이다. 기자가 국회, 검찰청, 청와대 같은 주요 뉴스의 현장에서 직접 그날의 소식을 전하는 경우가 그것이다. 큰 사고가 발생한 현장, 태풍과 같은 재난 현장을 연결하기도 한다.

생중계를 위해서는 미리 현장과 방송사를 연결하는 네트워크를 구성해야 한다. 현장을 연결하기 위한 가장 고전적인 방법은 마이크로웨이브 방식의 중계차를 사용하는 방식이고, 그다음이 SNG(Satellite News Gathering)라고 부르는 위성 통신을 이용한 중계차를 내보내는 것이다. SNG 중에는 배낭처럼 메고 다닐 수 있는

'포터블 SNG(Portable SNG)'도 있다. 또 이동통신망이나 광케이블을 이용하는 방식도 있다. 청와대와 같이 수시로 생방송이 이루어질 수 있는 곳에는 아예 중계에 필요한 설비를 고정 배치해 놓고 필요할 경우 영상 기자가 연결하거나 기술 담당자가 현장으로 출동하기도 한다. 이런 고정적인 송출 포인트에는 광케이블이 설치되어서 상시 연결이 가능하다. 해외 재난 지역과 같이 통상적인 연결 수단이 안 통하는 곳에서는 대양을 떠도는 선박의 통신을 위해 만든 국제해사위성기구(Iternational Maritime Satellite Organization: 줄여서 '인말샛 INMARSAT'이라고도 한다)의 위성을 이용해 연결할 수도 있다.

이런 여러 가지 중계 방식 중에 아직 지상파 방송사들이 가장 많이 사용하는 것은 마이크로웨이브 전파를 이용한 전통적인 중계차나 SNG다. 중계차 중에는 중계카메라도 없이 송출용으로 사용하는 밴 차량부터 중계카메라를 7, 8대 이상 갖춰 행사 중계까지 가능한 대형 중계차까지 다양한 체급의 중계차가 있다.

송출용 밴은 현장에서 취재한 영상을 방송사로 바로 송출해 주는 기능이 기본인데 긴급한 상황에서는 영상 기자가 사용하는 ENG 카메라를 연결해 제한적이지만 현장 생중계도 할 수 있다. 취재한 영상을 방송사나 고정된 송출 시설로 가져가야 하는 시간을 줄여 준다. 기자를 연결할 수는 있지만 취재용 ENG를 연결하는 것밖에 할 수 없어서 다양한 화면을 제공할 수는 없다.

그래서 일반적인 뉴스 생중계를 위해서는 카메라 서너 대를 갖춘 뉴스밴이 현장에 출동한다. 대형 중계차가 나갈 때는 안정적인 전원 공급을 위한 발전용 차량과 함께 중계 기술진이 짬짬이 쉴 수 있는 승합차량이 가기도 한다. 중계차의 장비 운용 방식은 좀 독특한데 카메라를 비롯한 중계 장비는 기술 부문에서 담당하지만 카메라 운용은 영상 제작 부서 소속인 카메라 감독이 맡는다.

실제로 중계 포인트를 정하거나 필요한 장비를 요청하고 담당자에게 연락을 하는 등 중계 관련 업무를 총괄하는 담당을 두는 경우가 많은데, 이들을 중계 PD라고 한다. 중계가 결정되면 취재 부서에서 빨리 중계 PD에게 연락해서 필요한 사항을 얘기하고 중계 포인트를 어디로 할 것인지 등을 협의해야 한다. 요즘은 중계차에 휴대용 프롬프터를 구비한 경우가 많은데 프롬프터 사용 여부도 미리 얘기하는 것이 좋다.

기자가 방송 기술을 알아야 하는 이유

기본적으로 생중계 연결은 중계 PD가 총괄하기 때문에 믿고 맡겨도 되는데, 아주 가끔 기본적인 사항을 챙기지 못해 사고가 나기도 한다. 2008년 숭례문이 불탔을 때 생중계를 위해 달려간 한 방송사가 중계를 위한 네트워크 구성을 제때 하지 못하는 사고가 있었다. 마이크로웨이브 전파는 직진하기 때문에 송수신 장치 사이에 장애물이 있으면 연결이 안 된다. 숭례문 주변에는 고층 건물이 많아 남산에 있는 중계탑까지 장애물이 많을 것으로 예상해 위성 중계차를 배치했는데 위성 중계차가 자리를 잡은 곳이 하필이면 고층 건물에 가려서 위성을 바로 볼 수 없는 곳이었다. 위성도 위치에 따라서는 건물에 가려질 수 있는데, 그냥 하늘만 보이면 연결이 될 거라고 안이하게 생각하고 위치를 잡은 것이 문제였다. 결국 위성이 보이는 곳으로 차량을 이동하느라 다른 방송사에 비해 현장 생방송이 지연되는 사고가 났다.

이처럼 서울 한복판에서도 생방송 연결이 아무 데나 가능한 것은 아니다. 높은 건물이 있는 곳에서는 특히 다양한 문제가 생길 수 있다. 도심에서 벗어난 외진 곳에서는 다른 측면에서 연결 문제가 생길 수 있다. 경우에 따라서는 중계차들을 간격을 두고 세워서 릴레이 중계를 하기도 하고, 아주 특별한 경우에는 헬기를 띄워 중계를 하기도 한다. 하지만 아무래도 헬기 릴레이 중계는 안정성이 취약하다.

요즘은 MNG(Mobile News Gathering)라고 이동통신망을 이용해 중계를 하는 경우가 많다. 장비도 휴대하고 다닐 수 있어서 기동성이 좋다. 이 장비가 들어오면서 기자에 대한 생중계 요구도 늘었다. 초고속 인터넷 통신망을 별도 회선으로 설치해 중계차 없이 간이 장비를 연결해 중계할 수도 있다. 유선이든 무선이든 인터넷을 이용한 연결이 많아졌다. 해외에서도 이런 인터넷망을 이용한 중계를 많이 한다. 인터넷망은 무선이든 유선이든, 경우에 따라 연결이 잘 안 되거나 품질이 떨어지기도 하고, 통신 지연이 생각보다 많이 발생할 수 있다.

국내의 경우는 물론 해외에서도 통신 사정만 나쁘지 않으면 이동통신망을 이용한 MNG로도 기자와의 쌍방향 대화가 얼마든지 가능하다. 과거처럼 생중계 연결이라면 무조건 대형 중계차가 현장으로 출동해야 하는 것은 아니다. 하지만 MNG를 이용한 연결은 편리한 만큼 단점도 미리 파악하고 있어야 한다. 현장에 간 영상 기자와 오디오맨이 중계까지 책임져야 하므로 업무 부담이나 연결의 전문성 부족으로 인해 사고가 발생할 가능성이 높다. 시스템적으로 점차 보완될 것이다.

외국의 경우 취재 기자 휴대전화의 연결 앱을 이용해 혼자서 생중계하기도 한다. 연결 품질보다 연결 자체가 중요하다면 국내에서도 충분히 사용할 수 있을 것이다. 국내 기자들도 해외에서 휴대전화로만 간편하게 연결해서 방송하는 경우도 있고, 일부러 중계차가 배치된 가운데서도 이른바 셀카봉을 동원한 사례도 있다. 다양한 기술 변화를 뉴스 제작에 반영하려는 시도다.

방송 장비나, 방송 연결 같은 기술적 측면의 변화는 방송 뉴스에 큰 영향을 미친다. 터치스크린 활용이나, 가상 현실 기술을 방송 뉴스에 적용하는 것도 마찬가지다. 유튜브를 활용하는 등 디지털 기술을 방송에 접목하는 것도 필요하다. 다시 말하지만 방송 뉴스는 기술의 영향을 많이 받는다. 따라서 기자가 방송이 이루어지는 기술적 메커니즘을 잘 알고 있으면 새로운 시도를 해 볼 수 있고, 방송 사고를 미연에 방지하는 데도 도움이 된다.

마지막으로, 실무적으로 기자들이 꼭 알고 있어야 하는 것으로 중계를 할 때 생기는 '지연' 현상이 있다. 기자는 앵커가 한 말을 듣고 대답을 하게 되는데 이때 앵커의 질문이 도달하는 데 시간이 걸린다. 이 지연은 연결 방식에 따라 다르다. SNG의 경우 전파가 기지국을 거쳐 정지 궤도에 떠 있는 통신 위성까지 갔다가 다시 내려오기 때문에 오고 가는 데 그만큼 시차가 생긴다. 그래서 앵커 질문과 기자의 답 사이의 시간으로 연결 방식을 알 수 있다. 이런 지연은 차이는 있지만 모든 중계 방식에서 발생한다.

가끔 이런 지연으로 인한 공백을 줄이려고 앵커의 질문을 미리 예측하고 답을 빨리 시작하기도 하는데 앵커가 생각했던 질문을 하지 않거나 질문을 길게 하면 서로 말이 엉키는 수가 있다. 확실하게 사전에 약속된 것이 아니면 질문을 제대로 듣고 답을 하는 것이 안전하다. 또 기자가 앵커가 하는 말을 들을 수 있는 것처럼 자신이 한 말도 이어폰을 통해 몇 초 뒤에 듣게 되는데 경험이 부족한 기자 중에는 당황해서 말이 꼬이는 경우가 있다. 기자가 멘트를 하는 도중에는 이어폰의 볼륨을 줄여 주는 중계 PD나 기술 감독도 있는데, 모두가 그렇게 세심하게 배려를 해 주지 않는다는 점도 기억해 두자.

6장

기사 쓰기의 기초

1. 기사의 종류

1) 일반적 기사 유형

신문 편집은 대개 앞에는 일어난 일을 다룬 글을 싣고 뒤에는 의견이나 시각을 담은 글을 배치한다. 발생 사실의 요소가 가장 강한 기사가 스트레이트이고, 의견의 요소가 가장 강한 기사가 사설과 칼럼이다. 그 사이에 해설, 르포, 피처, 스케치 등의 기사가 있다. 우선 스트레이트는 벌어진 일에 대한 사실 전달에 충실한 기사다. 사실 전달이 뉴스의 1차적인 목적이기 때문에 모든 언론 글쓰기의 기본이고 기자 생활을 시작해서 마감할 때까지 결코 스트레이트에서 자유로울 수 없다. 모든 유형의 기사가 스트레이트에서 출발한다고 보면 된다.

이슈가 커지면 벌어지는 일도 많아지고 스트레이트 기사의 몸집도 커지는데, 이렇게 만들어진 기사를 '종합 스트레이트'라고 부른다. 종합 스트레이트를 쓸 정도로 중요하거나 복잡한 이슈일 경우 대부분 스트레이트를 보완해 추가적으로 설명하는 기사가 실리는데, 그것이 해설 기사다. 이슈의 의미를 충분히 설명해 주거나, 이슈의 배경을 분석하거나, 앞으로 어떻게 전개될지 전망하는 게 해설 기사의 역할이다.

르포 기사는 현장에서 벌어진 상황이나 분위기를 뉴스의 맥락에서 전달하는 기사다. '뉴스의 맥락'이라는 말은 스트레이트로 다뤄지는 뉴스의 현장에 초점을 맞추고, 뉴스의 의미를 생생한 현장 취재를 바탕으로 전달한다는 의미다. 전쟁터, 대형 재난 현장 등 접근이 어려운 현장에서 올라오는 르포 기사가 단순히 사실을 전달하는 스트레이트 기사보다 영향력이 강한 경우도 있다. 공식 발표와 다른 정보가 나오거나, 스트레이트 기사에서 전달하지 못하는 생생한 현장 상황이 르포 기사를 통해 전달되기 때문이다.

피처 기사는 인물이나 현장의 작은 이야기를 흥미 있게 소개하거나, 평범함 속에서 생각할 거리를 세상에 던지는 기사다. 흥미 있는 이야기가 있는 사건, 미담, 인물 탐구 기사 등이 이에 해당한다. 스케치는 현장의 상황 또는 모습을 그림 그리듯 묘사하는 기사다. 신문에 스케치 기사가 없는 것은 아니지만 미디어 특성상 방송 뉴스에서 많이 나타난다(스케치 기사는 7장에서 좀 더 구체적으로 살펴본다).

르포, 피처, 스케치 기사 가운데 르포 기사는 스트레이트 기사를 대체할 수 있을 정도로 연계성이 강하고 나머지는 연계성이 약하다. 기자의 개입 정도로 보면 르포 기사에서는 기자가 적극적으로 등장하고, 피처와 스케치에서는 관찰자에 머문다. 이들 유형의 기사는 공통점도 많다. '현장에 가 보니 어떻다'거나 '누구를 만나 보니 어떻다'는 구조를 띠고 있고, 서로 영역이 겹치기도 한다. 르포 기사에 스케치가 들어가거나, 스케치 기사에 피처가 들어가기도 하는 식이다. 물론 큰 사건이 발생하면 사실을 전하는 데 집중하는 기사 외에 현장 분위기 등을 담은 스케치 기사가 함께 배치된다. 이런 스케치 기사는 스트레이트 기사와 연관성이 높다.

의견의 요소가 강한 기사로는 인터뷰 대상의 발언 자체를 비중있게 전달하는 인터뷰 기사, 언론사의 의견을 담은 사설, 언론사 내부나 외부 필자가 쓰는 칼럼이 있다. 칼럼은 방송에는 잘 등장하지 않지만 종종 시각을 담은 보도를 위해 사용하기도 한다.

기사를 단순하게 스트레이트와 기획 기사로 나눌 수도 있다. 기획 기사는 다른 언론사 뉴스에 없는 차별화된 뉴스 콘텐츠다. 기획 기사는 다시 세 가지로 나눌 수 있다.

첫째, 특정 뉴스 흐름의 연장선에서 문제의 본질을 추적하거나 해당 뉴스에서 파생되는 문제를 파헤치는 기사다. 스트레이트 기사의 연장이라는 점에서 '발생성 기획 기사'라고 부르기도 한다. 반인륜적 흉악 범죄로 세상이 떠들썩하면 그런 범죄가 발생하는 과정에 어떤 구조적 문제가 있는 것은 아닌지, 그동안 관련 범죄자에 대해 법원의 처벌 수위가 약했던 것은 아닌지, 수사 기관의 대응에 부실한 점은 없는지, 그동안 사회적으로 이런 문제를 방치했던 건 아닌지 등등 다양한 측면을 진단하는 기사가 나올 수 있다. 또 비슷한 범죄가 얼마나 더 있는지, 범죄 사각 지대는 없는지 등을 집중 취재해서 추가 범죄를 차단할 수 있는 대책을 촉구하는 기사도 가능하다. 언론이 사전에 감시 기능을 제대로 수행해서 미리 경고음을 내는 게 바람직하지만, 일이 터졌다면 기계적인 일회성 보도에 그치지 말고 같은 문제가 되풀이되지 않도록 사회적으로 여론을 환기하는 일도 중요하다. 그런 의미에서 발생성 기획 기사의 역할이 중요하다.

둘째, 발생과 상관없이 새로운 이슈를 던지는 기획 기사다. 이른바 '독자 이슈 기획 기사'라고 할 수 있다. 독자 이슈 기획 기사 가운데 가장 힘이 있는 것이 탐사 보도 기사다. 강력한 고발이 생명인 탐사 보도는 사회에 대한 감시 역할, 즉 공공의 이익을 지키는 감시견의 역할에 충실한 저널리즘이다. 독자 이슈 기획 기사를 통해 발굴한 문제가 파급력이 큰 경우에는 해당 기사로부터 스트레이트 기사가 쏟아지고, 처음 보도를 한 언론사는 사회적인 이슈를 선도적으로 제기했다는 평가를 받게 된다.

셋째, 사회 변화의 어젠다를 제시하는 기획 기사다. '어젠다성 기획 기사'라 할 수 있다. "음주 문화를 바꾸자," "작은 결혼식으로 바꾸자," "주폭(음주 폭력)을 근절하자," "출산율을 높이자" 등의 주제로 보도한 시리즈물이 대표적 사례다. 하지만 이런 종류의 시리즈 기획 기사는 캠페인이나 계몽적 분위기로 흐를 수 있어 과거보다 줄어들고 있다. 어젠다성 기획 기사를 내더라도 식상한 캠페인 색채의 주제에서 탈피하는 추세다.

이 밖에도 분야를 기준으로 정치 기사, 경제 기사, 사회 기사 등의 분류도 가능하고, 시청자나 독자의 수용 심리를 기준으로 사회성 높은 딱딱한 소재를 다루는 경성 뉴스와 그야말로 생활과 관련된 말랑말랑한 내용의 연성 뉴스로 분류하기도 한다. 어떤 이슈를 기사화할 때에는 어떤 유형의 기사로 보도해야 한다는 식의 원칙은 없다. 뉴스의 소재나 주제에 따라 가장 효과적인 유형을 고르면 된다.

위에서 살펴본 기사의 여러 유형 가운데 저널리즘을 떠받치는 양대 기둥은 역시 스트레이트 기사와 기획 기사다. 특히 이 가운데서도 기획 기사의 역할과 비중은 갈수록 커지고 있다. 어떤 사건이 일어나면 순식간에 실시간으로 관련 정보가 전파되는 미디어 환경에서 언론사 사이에서 벌어지는 속보 경쟁은 점점 의미가 퇴색하고 있기 때문이다. 차별화된 뉴스 콘텐츠는 경쟁력 있는 기획 기사에서 나오고, 경쟁력 있는 기획 기사를 생산하려면 상상력을 바탕으로 한 기획력이 뛰어나야 한다.

2) 방송 뉴스의 기사 분류

방송 기사도 신문 기사의 분류와 큰 차이가 없지만, 신문의 사설과 칼럼에 해당하는 기사는 거의 없다. 방송 뉴스에는 해당 언론사의 시각과 의견을 밝히는 공간이 거의 없다는 의미이기도 하다. 그것이 있다면 뉴스 앵커의 코멘트, 논설위원의 논평, 기자가 뉴 미디어 부문 콘텐츠로 쓰는 칼럼 형식의 글 정도로, 신문과는 차이가 크다.

여기에는 방송이라는 미디어의 성격이 큰 영향을 미친다. 지상파 방송의 경우 소유 구조와 상관없이 국민의 재산인 전파를 쓴다는 점과 공적 허가 사업자라는 점을 근거로 다른 어느 미디어보다 뉴스 제작에서의 공정성을 중요하게 생각하고 있다. 종합 편성 채널이나 뉴스 전문 채널 등도 정부의 승인을 받고 방송통신심의위원회의 심의 대상이 된다는 점에서 지상파와 정도의 차이는 있지만 방송 내용의 공정성, 객관성을 요구받는다. 물론 방송 제도는 나라마다 차이가 크고, 방송 뉴스의 이런 특성도 국가별 차이가 적지 않다.

이렇게 언론사의 의견을 적극적으로 드러내는 기사를 제외하면 신문의 기사 분류나 방송 기사의 분류나 크게 다를 바가 없다. 하지만 방송의 경우는 미디어 성격상 신문만큼 기사의 분류가 분명하지는 않다. 방송 뉴스를 형식에 따라 가장 확실하게 구분한다면 스트레이트 기사와 리포트 기사로 나눌 수 있다.

스트레이트 기사

방송 기사에서 '스트레이트'는 두 가지 의미로 쓰인다. 하나는 아래에서 설명할 '리포트'에 대비되는 단신이라는 의미다. 과거에는 TV나 라디오 뉴스에서 기자가 아니라 앵커나 아나운서가 읽는 단신만 스트레이트라고 했는데, 뉴 미디어 시대가 되면서 뉴 미디어 독자를 위해 쓰는 긴 텍스트 기사도 여기에 해당한다. 기자가 읽지 않는 기사이기 때문이다.

방송사 메인 뉴스에서 이런 의미의 스트레이트 기사는 거의 찾아보기 힘들다. 하지만 아침이나 낮, 심야 뉴스에서는 여전히 스트레이트 기사가 사용되고, 라디오 뉴스는 여전히 상당 부분이 스트레이트 기사로 채워진다. 뉴 미디어 플랫폼에서는 실시간으로 벌어지는 소식을 전하는 목적으로 스트레이트 기사가 많이 사용되고 있다.

두 번째는 신문과 마찬가지로 벌어진 일을 객관적으로 쓴 발생 기사라는 의미다. 이런 의미에서는 리포트 기사 중에도 스트레이트 기사가 있다. 기획 기사에 대비되는 개념이다. 방송 뉴스에서 스트레이트 기사라고 할 때는 형식을 기준으로 말하는 것인지, 내용을 기준으로 한 것인지 먼저 파악해야 한다.

리포트 기사

리포트 기사는 기자의 음성을 기본으로 뉴스를 전달하는 형식의 기사다. 기자의 음성이 등장하지 않는 것은 리포트라고 하지 않는다. 기자의 음성 위에 영상을 덮고, 인터뷰나 현장음 등이 들어간다. 미국에서는 우리의 일반 기자 리포트를 '뉴스 패키지News Package'라고 한다. 기자 오디오, 스탠딩, CG 등이 하나로 편집돼 묶여 있다는 의미다. 국내에서도 현장에 나가 있는 기자를 연결하는 것과 사전에 편집된 기자의 리포트는 구분해서 다루는 것이 일반적이다.

리포트는 다시 일반적 기사 분류 방식에 따라 스트레이트, 해설, 르포, 스케치, 피처 등으로 세분화할 수 있다. 방송 뉴스를 제작할 때는 스트레이트인지, 해설인지, 르포인지, 스케치인지 등 리포트별 임무가 부여된다. 하지만 방송 뉴스의 특성상 시청자가 볼 때는 신문보다 그 기사 유형에 대한 분류가 명확하게 느껴지지는 않을 수 있다. 방송 기사 유형으로 이 밖에도 출연, 프레젠테이션 같은 것이 있고, 점차 출연이나 프레젠테이션과 리포트의 결합 등 새로운 실험적인 방식이 다양하게 시도되고 있다.

2. 스트레이트 기사가 기본

1) 그래도 스트레이트

기사는 시대 변화상을 반영해 진화한다. 고정불변의 기사 틀은 없다. 방송 뉴스 리포트 기사의 경우 1980년대까지만 해도 신문과 별 차이가 없는 문어체 문장에 어미만 '~습니다'로 바꾼 모습을 탈피하지 못했지만 지금 그런 식으로 기사 초고를 쓰면 데스크를 통과할 수 없다. 하지만 신문과 방송 뉴스에서 공통적으로 변화가 더딘 기사 유형이 있다. 스트레이트 기사다. 여기서 스트레이트는 방송 기사로는 스트레이트 리포트가 아니라 통상 '단신'이라고 부르는, 그냥 글로만 된 기사를 가리키는 것이다.

방송이나 신문이나 스트레이트 기사의 전개 방식은 비슷하다. 한국에 지금과 같은 현대 언론의 역사가 시작된 이후 선배들이 계속 고치고 다듬으면서 지금 우리가 보는 것처럼 거의 정형화된 형태에 이르렀다. 벌어진 일을 전달하는 스트레이트 기사라는 밑천이 없으면 해설도, 르포도, 칼럼도 쓸 수 없다. 방송 리포트 기사도 쓸 수 없다. 그야말로 언론 글쓰기의 기본이다. 발생한 것을 잘 전달하기만 하는 것이라 쉬울 것 같지만 스트레이트 기사라는 기본기를 다지는 것은 생각처럼 쉽지 않다.

스트레이트 기사는 ① 취재를 바탕으로, ② 핵심을 파악해, ③ 일목요연하게 정리해야 한다. 그러려면 취재력, 핵심을 파악하는 능력, 재빨리 기사가 되는 포인트를 판단해 기사를 쓰는 순발력이 있어야 한다. 반복적인 훈련으로 기사가 몸에 배게 하는 게 중요하다. 수습기자에게는 화재, 교통사고, 각종 범죄 등 기초 스트레이트 기사를 매일 교육하고 몇 가지 유형은 통째로 달달 외우도록 한다. 스트레이트 기사의 유용성은 무궁무진하다.

첫째, 스트레이트 기사의 틀에는 무엇을 취재하라는 취재 지시가 들어 있다. 정형화된 스트레이트 기사의 틀에 맞게 정보를 채우려면 무엇을 취재해야 하는지가 명확하다. 화재라면 ① 언제 ② 어디서 불이 나 ③ 어느 정도의 인적 물적 피해를 내고 ④ 언제 꺼지고 ⑤ 화재 원인은 무엇이라는 내용이 기본적으로 들어가는데 취재를 통해 밑줄 친 부분을 채우면 된다. 취재가 곧 밑줄 친 부분을 채우는 작업인 셈이다.

둘째, 스트레이트 기사를 잘 쓰게 되면 1분 1초를 다투는 다급한 상황에서 빛을 발한다. 뉴스 진행 도중 다리가 무너져 전화를 연결해 생방송을 해야 하는 상황을 가정해 보자. 핵심적인 내용으로 딱 두 문장의 스트레이트 기사를 쓰는 것이 몸에 배어 있다면 여기에 들어가는 정보만 재빨리 취재해도 생방송을 위한 기초 기사를 만들 수 있다. 두 문장짜리 스트레이트 기사를 구성하는 정보 하나 하나가 다 별도의 문장으로 분화할 수 있다. 반드시 들어가야 하는 정보 가운데 취재되지 않은 것이 있으면 '이 부분은 아직 확인이 안 되고 있다'는 식으로 풀어가면 된다.

> 단신 기사
>
> 오늘 저녁 7시쯤
>
> 서울 ○○대교의 가운데 상판 □ □ 미터가량이 무너져 내렸습니다.
>
> 이 사고로
>
> ○○대교 양방향을 오가던 차량 수십 대가 강물에 빠졌습니다.
>
> 사고 현장에서는
>
> 119구조대와 한강 수난구조대가 구조 작업을 벌이고 있지만
>
> 정확한 인명 피해 규모는 아직 파악하지 못하고 있습니다.

급하게 이 정도 단신 기사를 쓸 수 있다면 생방송 기사도 얼마든 시 쓸 수 있다. 다급한 상황에서 생방송 기사를 쓸 수 있느냐 없느냐는 스트레이트 기사를 쓰는 훈련이 얼마나 되어 있느냐에 달렸다.

셋째, 무엇이 뉴스인지 가르쳐 준다. 취재 단계에서 두서없이 정보는 챙겼는데 무엇을 더 파고 들어가야 할지, 리포트 기사를 쓸 때 무엇을 핵심으로 해야 할지 잘 모를 때 스트레이트 기사부터 써 보면 기사 포인트가 확연해진다. 육하원칙에 해당하는 사실들 가운데 사람에 초점을 맞춰야 할지, 장소에 초점을 맞춰야 할지, 사고 원인에 초점을 맞춰야 할지를 가르쳐 주는 게 스트레이트 기사다.

생방송 기사

(사고 개요)

사고는 퇴근하는 차들로 붐비던 저녁 7시쯤 일어났습니다.
서울 ○○동과 ○○동을 잇는 ◌◌대교의
가운데 상판 ㅁㅁ미터가량이
갑자기 무너졌습니다.

(목격자 취재되면) 목격자는 어찌어찌하다 상판이 끊어져 무너져 내렸다고 말했습니다.

(피해 규모)

다리 붕괴로 ○○명이 숨졌습니다. → (아직 취재가 안 되면) 아직까지 정확한 인명 피해는 확인되지 않고 있습니다. 하지만 목격자들은 차량 수십 대가 강물에 빠졌다고 말하고 있어서 적지 않은 인명 피해가
우려되고 있습니다.

(구조 상황)

사고 현장에서는 119 구조대와 한강 수난 구조대 ○○○명이 구조 작업을 벌이고 있습니다. 경찰은 대교 양방향 교통을 통제하고 있습니다.

(사고 원인)

경찰은 곧 수사본부를 마련하고 사고 원인 파악에 나서겠다고 밝혔습니다.

(기본 정보)

◌◌대교는 왕복 ○차선에 길이 ◇◇미터로, ○○건설사가 ○○년에 착공해 ○○년에 완공됐습니다.

2) 스트레이트 기사를 잘 쓰려면

핵심을 바로 분명히 드러내라

왜 이것이 뉴스이고 중요한지 첫 문장에 분명히 드러내야 한다. 스트레이트에서 첫 문장 또는 도입부를 '리드'라 부르고 이하 문장은 '본문'이라고 한다. 리드를 잘 뽑으면 기사의 절반 이상이 완성된 것이다. 사실 관계가 복잡할 때나 뉴스 철학이 들어가야 할 때 더욱 그렇다.

예를 들어 외교부가 30년 지난 외교 문서의 비밀을 해제하고 공개했는데, 그 주요 내용이 ① 동유럽 국가와 수교 시 차관 제공, ② 일왕 방한 추진, ③ ILO 가입 논의 등이었다고 해 보자. 이때 어느 내용을 리드에 넣을 것인가? 모두 가능하지만 하나를 정해야 한다. 뉴스에 대한 가치 판단은 서로 다를 수 있기 때문에 데스크와 조율해서 결정해야 한다.

역피라미드 구조로 쓰라

이처럼 스트레이트 기사는 도입부, 즉 리드에서 핵심을 드러내고 뒤 문장에서 관련 사실을 추가하는 방식으로 전개되기 때문에 흔히 역피라미드 또는 역삼각형 구조라고 한다. 역피라미드의 위에서부터 '핵심 내용,' '관련 설명,' '부가적 정보' 순으로 내려온다고 볼 수 있다. 편집 담당 부서에서는 시간이나 지면이 부족하면 기사를 뒤에서부터 자른다. 덜 중요한 정보부터 '꼬리 자르기'로 사라지는 것이다.

역피라미드는 스트레이트 기사에 적합한 구조이지만 기사 전개 방식을 다양화하면서 이 구조에서 탈피하려는 시도가 다방면에서 이뤄지고 있다. 특히 방송 뉴스의 주요 형식인 리포트는 역피라미드 구조로 설명할 수 없다. 앵커 멘트가 리드 역할을 하는 경우도 있지만 역피라미드 방식이라고 하지는 않는다. 특히 아무리 짧아도 처음부터 길이를 정해 놓고 쓸 때는 굳이 역피라미드 형식에 집착할 필요가 없다. 주어진 시간 안에서 가장 효율적인 전달 방식을 생각하면 된다.

기교를 부리지 말라

스트레이트 기사는 기교를 부리지 못하게 만들어졌기 때문에 기교를 부리면 당장 티가 난다. '주가가 무려 4% 뛰었습니다,' '취업률이 놀랍도록 올랐습니다,' '고통스럽게 숨졌습니다,' '싸늘한 주검으로 돌아왔습니다'와 같은 표현을 보자. 밑줄 친 부분은 스트레이트 기사에 어울리지 않는 표현이다. '누가 싸늘한 주검으로 돌아왔습니다'라는 문장 자체가 스트레이트 문장이 아니다. 건조하고 냉정한 어휘에서 나오는 힘, 그게 스트레이트의 매력이다. 스트레이트 기사의 표현과 관련해서는 다음과 같은 점을 감안하는 것이 좋다.

- 한 문장에 한 가지 정보: 너무 많은 정보를 담지 말라.
- 정확한 표현: 정확하게 표현해야 스트레이트에 힘이 생긴다.
- 육하원칙이 빠지지 않게: 짧은 스트레이트에도 궁금증이 남지 않아야 한다. 기사를 보고 더 궁금증이 생기면 곤란하다.
- 군살 빼기: 불필요하거나 지엽적인 정보는 걷어내야 한다.

3. 기사의 품질을 높이려면

1) 시청자·독자 입장에서

> 인천에서 30대 여성이 차량을 몰다가 중앙선을 넘어 마주 오던 오토바이를 들이받아 1명이 숨졌습니다.

기사에서 중앙선을 침범한 건 차인가, 오토바이인가? 끊어 읽기에 따라 중앙선 침범 주체가 다르게 해석될 수 있다. 실제 사고 상황을 보면 중앙선을 침범한 건 차였다. 기자가 사고 상황을 정확히 파악해도 기사로 쓰고 나면 상황이 제대로 전달되지 않는 경우가 있다. 취재한 내용을 기사화하는 과정에서 정확하게 표현하지 못했기 때문이다.

그런데 정작 기자 자신은 이런 문제를 잘 알아채지 못한다. 위 기사에서도 기사를 쓴 기자는 애매하게 해석될 여지가 없다고 생각할지 모른다. 자신은 실제 상황을 알고 있지만 시청자나 독자는 기사를 통해서만 상황을 알 수 있기 때문에 기사 이해에 차이가 있다. 이런 오류를 없애려면 뉴스 소비자의 입장에서 기사를 쓰고, 기사를 쓴 뒤에도 소비자의 위치에서 읽어 보아야 한다. 기사 쓰기는 물론이고 모든 뉴스 제작을 공급자인 언론사나 기자가 아니라 소비자인 시청자와 독자의 입장에서 해야 한다는 점을 일깨워 주는 작은 사례다.

물론 실제로 방송 기자는 기사를 쓸 때 자기가 끊어서 읽을 부분을 아예 줄바꾸기를 하는 경우가 많다. 그래서 위의 경우 기사 입력기에는 이런 식으로 쓰여 있을 것이다.

인천에서 30대 여성이
차량을 몰다가 중앙선을 넘어
마주 오던 오토바이를 들이받아
1명이 숨졌습니다.

이렇게 줄바꿈을 해 놓은 것은 '여성이 운전하던 차량이 중앙선을 넘었다'는 의미라고 기사를 직접 읽을 아나운서에게 표시를 해 준 셈이다. 하지만 뉴스 홈페이지 등으로 넘어가는 기사는 위에서 본 첫 번째 상자에 있는 것처럼 표시된다는 점을 생각해야 한다. 시청자나 독자는 저런 줄바꿈을 볼 수 없다. 더구나 이 줄바꿈 표시가 그것을 읽는 모든 사람에게 같은 의미로 전달된다는 보장도 없다.

언론사마다 주된 시청자와 독자가 어떤 사람일 것이라고 상정하고 뉴스를 만든다. 하지만 실제로는 시청자와 독자보다 기자를 위한 기사, 나아가 기사를 위한 기사가 너무 많다. 시청자와 독자의 눈높이에 맞춰서 기사를 써야 한다고 아무리 말을 해도 무슨 얘기인지 알아들을 수 없는 공급자 위주의 기사가 왜 나오는 것일까? 다음의 몇 가지 이유를 들 수 있다.

첫째, 공급자 위주의 뉴스 제작 패러다임을 탈피하지 못하고 있기 때문이다. 공급자인 언론사가 시청자와 독자가 원하는 뉴스가 무엇인지, 시청자와 독자에게 필요한 뉴스가 무엇인지에 대한 고민이 부족하다.

둘째, 출입처 중심으로 취재가 이뤄지다 보니 출입처에 있는 취재원이나 출입처 동료 기자를 의식해 (자기도 모르게) 그들을 시청자나 독자로 생각하고 기사를 쓰는 경우도 있다. 이런 기사는 출입처 커뮤니티에 보여 주는 기사가 돼 버린다. 출입처 취재 경쟁의 부작용이다.

셋째, 기자 스스로도 기사 내용을 숙지하지 못하는 경우다. 시청자와 독자에게 전달력 높은 기사를 쓰려면 취재를 한 기자가 해당 사안을 훤하게 꿰고 있어야 한다. 하지만 취재에 대한 제약, 과도한 업무량, 쫓기는 마감 시간 등의 이유로 부실한 기사를 내놓는 경우가 생긴다.

넷째, 새로운 것을 찾는 게 뉴스라는 생각이 지나친 경우다. 하루만 지난 내용도 이른바 '구문,' 즉 지나간 이야기로 취급해 기사에서 빼버리면 시청자와 독자는 뉴스를 따라가기 힘들어진다. 맥락적인 설명이 부족하다 보니 매일 뉴스를 면밀하게 챙겨야만 겨우 알아들을 수 있는 불친절한 뉴스가 많이 나온다.

다섯째, 관급 기사, 즉 관공서가 제공하는 발표 기사를 그대로 받아쓰는 관행이 아직도 적잖이 남아 있다. 관공서의 발표가 시청자와 독자에게 실제로 어떤 영향이 있는지, 그 발표에 문제는 없는지 등을 살펴보고 기사를 쓰는 관점의 전환이 몸에 배지 않았기 때문이다. 관공서 보도 자료는 용어부터 어렵다.

여섯째, 사안 자체가 주는 현실적인 제약도 있다. 취재원의 민감한 말이나 구속 영장 같은 문서의 표현은 왜곡하지 않고 있는 그대로 인용해야 하는데, 이때 난해한 기사 문장이 등장하게 된다. 이를 기자가 '그건 이겁니다'라고 쉽게 풀어서 설명하면 이해하기는 쉬워지는데, 실제로는 해석을 함부로 할 수 없는 경우가 많다. 설명을 위한 자세한 취재가 어려운 경우도 많기 때문이다. 예를 들어 구속 영장의 범죄 사실을 보고 어떤 증거가 확보됐는지 등을 확인하기 위해 수사 기관에 추가 취재를 하려고 해도 수사 기관은 피의 사실 공표 등을 이유로 취재 접근을 막는다. 불친절한 기사가 나올 수밖에 없는 상황이 만들어지는 것이다.

이렇게 여러 이유가 있지만 기사의 소비자인 시청자와 독자에게 제대로 전달되지 않는다면 기사로서의 생명력이 없다. 디지털 기술이 발전하고, 취재 방식이나 취재 과정도 기사가 되는 시대가 되었다. 시청자와 독자에게 다가서는, 시청자·독자와 소통하는 뉴스를 만드는 환경은 조성돼 있다는 얘기다. 이제 어떻게 할 것인지 방법을 고민할 때다.

2) 짧게, 쉽게, 말하듯

언론의 글쓰기는 문학 작품이나 학술 논문을 쓰는 것과는 판이하다. 문학처럼 글재주를 뽐내거나 여러 해석을 낳아서도 안 되고, 논문처럼 학문적 논증에 빠져 지루해져도 안 된다. '소설 같은 기사,' '논문 같은 기사'는 실패한 기사다. 사실을 일목요연하게 전달하려면 문장을 짧게, 쉽게, 말하듯이 써야 한다.

단문 중심으로 짧게

우선 짧게, 단문 중심으로 써야 한다. 단문을 짜임새 있게 전개하면 방송에서는 몰입도가 높아지고, 신문에서는 가독성이 높아진다. 주어나 서술어가 복잡하면 사실 관계가 복잡해지고, 두세 문장 지나면 무슨 말인지 모르게 된다. 특히 방송 뉴스에서는 시청자가 도중에 내용을 놓치면 기사를 따라가는 길을 잃게 된다. 무조건 단문만 쓸 필요는 없고, 복문을 쓰더라도 문장을 짧고 간결하게 써야 한다.

중학생도 이해할 수 있게

깊이가 얕고 가벼운 기사를 쓰라는 얘기가 아니다. 그만큼 시청자나 독자가 잘 이해할 수 있도록 어휘 선택이나 표현을 고민하라는 의미다. 어려운 용어나 한자어부터 친절하게 풀어 쓰는 것이 첫걸음이다.

일본은 물론 미국과도 쟁점이 되었던 '한일군사정보보호협정(General Security of Military Information Agreement)'의 영문 앞 글자를 딴 'GSOMIA'를 설명 없이 쓰거나 실제로 별 설명도 없이 글자 그대로 '지소미아'라고 읽으면 시청자는 알아들을 수가 없다. 또 청와대 '수석비서관 및 보좌관 회의'를 줄인 '수보' 또는 '수보회의' 같이 청와대 관계자와 출입 기자들이 쓰는 언어를 그대로 기사에 옮기는 것도 피해야 한다.

기자는 기사에서 반복적으로 등장하는 단어의 글자를 줄여서 언어의 경제성을 추구하는 것이 좋다고 생각했을 수 있다. 그런데 시청자 입장에서 생각해 보아야 한다. 듣고 이해할 수가 없으면 경제성을 추구하려던 노력이 오히려 기사를 쓴 것 자체를 무의미하게 만들어 버릴 수도 있기 때문이다. 특히 처음부터 '지소미아,' '수보회의'라고 쓰는 경우도 있는데 상당수 시청자들에게는 이런 말이 서의 암호처럼 들릴 수밖에 없다.

말하듯 구어체로

방송 뉴스에서 중요한 기사 작성 원칙이 '말하듯 쓰라'는 것이다. 문어체가 아닌 구어체로 쓰라는 원칙이다. 사람들은 신문이 으레 문어체로 기사를 쓸 것이라고 생각하지만, 독자 중심으로 생각하는 신문은 가급적 고답적인 문어체 대신 구어체를 쓰려고 노력한다. 하물며 방송에서는 더 강조할 필요가 없다.

방송 뉴스에서 구어체를 쓰라는 이유는 무엇일까? 기본적으로 방송 기사는 시청자에게 말로 전달하기 전 단계의 글이다. 말하기 위한 글이니 구어체로 써야 하는 건 당연하다. 말할 때 '어제'를 '지난 10일'이라고 하지 않고, '~함으로써'와 같은 문어체를 쓰지 않는 것을 생각해 보라. 여러 번 강조했지만 방송 뉴스는 듣고 바로 이해할 수 있는 것이 중요하다. 가장 자연스럽게 듣고 이해할 수 있으려면 평소 말하듯이 구어체로 뉴스를 전해 주는 것이다.

한 가지 유의할 점이 있다. 구어체로, 말하듯 뉴스를 전해 줘야 한다는 것이 지나친 경우가 있기 때문이다. 세대나 교양에 따라 말을 할 때 사용하는 언어에는 적지 않은 차이가 있다. 만약 특정 세대나 집단이 사용하는 언어를 기준으로 '말하듯' 뉴스를 작성하게 되면 다른 세대나 집단에게는 오히려 생경하게 들릴 수 있다. 표준말로, 시청자 대부분이 정확하게 이해할 수 있는 표현을 사용하는 것이 중요하다.

3) 현장을 담아서

취재의 보물이 현장에 있듯 기사에 생명력을 불어넣는 것도 현장이다. 무너지고, 불타고, 충돌한 사건 사고의 현장은 그 자체로 기사다. 그러나 이른바 '뉴스의 현장'에 그런 사건 사고만 있는 건 아니다. 서로 다른 주장과 요구가 대립하는 갈등의 현장도 있고, 각종 사회 현상을 보여 주는 현장도 있고, 정부 정책의 대상이 되는 현장도 있다.

모든 현장은 뉴스가 전하고자 하는 문제의 실체를 드러내고 시청자나 독자에게 문제를 체감할 수 있게 해 준다. 실업자 통계가 발표될 때 "실업자가 몇 명 늘었다"거나 "실업률이 몇 퍼센트로 올랐다"는 식으로 통계에 의존한 기사를 쓰면 숫자는 이해하지만 그 숫자의 의미까지 이해하기는 어렵다. 실업 급여 신청을 받는 현장, 벼랑 끝에 몰린 실직자들이 찾는 인력 시장 등의 현장과 그 현장에서 만나는 실직자를 취재하면 실업 문제를 입체적으로 조망할 수 있다. 출입처에서 받은 보도 자료를 기사화할 때에도 자료에만 의존해 발표 내용만 전달하는 기사와 현장을 추가 취재해 쓴 기사에는 큰 차이가 있다.

현장에서 취재된 것을 제대로 기사로 살리는 것도 중요하다. 이때 관찰력이 발휘되어서 현장에서 발견한 세부적인 사항에 대한 묘사가 들어가면 기사가 돋보이게 된다. 2019년 당시 트럼프 미국 대통령이 판문점에서 김정은 북한 국무위원장을 만나 미국 대통령으로는 처음으로 북한 땅을 밟는 순간을 전한 방송사 리포트 기사를 보자.

> 김정은 위원장이 지난해 4월 남북정상회담 때처럼 군사분계선 북쪽을 가리키며 트럼프 대통령을 이끌자, 트럼프 대통령이 김 위원장의 어깨를 두드리며 망설임 없이 군사분계선을 넘어섰습니다.
>
> 두 정상은 스무 걸음쯤 더 걸어가 판문각 계단 앞에서 또 한 번 손을 맞잡았습니다.
>
> 미국 대통령으론 처음으로 북한 땅을 밟는 순간입니다.
>
> 더구나 수행원들은 따라갈 수 없는 곳, 미국 대통령 혼자 북으로 성큼성큼 올라간 돌발 상황에 현장은 술렁였습니다.
>
> 두 정상은 다시 군사분계선으로 내려와 기념 촬영을 한 뒤 남측으로 넘어왔습니다.

이 리포트에는 '두 정상이 스무 걸음쯤 더 걸어갔다'는 묘사와 함께 걸음 수를 나타내는 영상이 나오는데, 같은 내용을 다룬 다른 언론사 기사에는 없다. 군사분계선에서 판문각 앞까지 스무 걸음의 거리라는 점, 미국 대통령이 북한 땅을 한 걸음 살짝 밟은 게 아니라 스무 걸음 성큼성큼 걸었다는 점이 짧은 세부 묘사에 들어 있다.

돌발 상황에 현장이 술렁이는 모습도 표현됐다. 리포트 제목을 "트럼프, 북한 땅 성큼성큼 스무 걸음"으로 뽑아도 좋다. 세부 묘사는 촬영 방식으로 치면 '줌인'에 해당한다. 줌인 장면은 전체 사건을 함축적으로 보여 주는 힘이 있다.

좋은 묘사는 현장을 포착하는 관찰력에서 나온다. 관찰력을 키우는 훈련과 관찰한 것을 메모하는 습관을 들여야 한다. 막상 취재를 할 때는 나중에도 모두 기억할 것 같지만 취재를 기억에 의존하는 것은 위험하다. 시간이 지나서도 기사로 쓰기 위해서는 분명하게 기록을 해 놓아야 한다. 스마트폰 시대에도 메모의 중요성은 여전하다.

4) 언어는 경제적으로

> 앵커: 추위가 매서운데요, 서울 광화문에 나가 있는 중계차를 연결해 퇴근길 표정 알아보겠습니다. ○○○기자?
>
> 기자: 네. 광화문에 나와 있습니다. 이곳 광화문 주변에는~

중계 연결 기사의 짧은 문장 안에 광화문이 여러 번 나온다. 게다가 실제 방송이 나갈 때는 자막으로 광화문이 또 나온다. 기자의 현장 멘트 도입부의 밑줄 친 부분은 불필요하다. 과거에 매우 큰 사건 사고가 발생하거나 명절처럼 계기가 있을 때에만 중계차를 연결하던 시절에 현장에 나와 있다는 걸 과시하던 문장이다. 기술 발전으로 지구촌 어디서나 라이브 연결이 가능한 시대가 된 만큼 전쟁터에 나가 있다면 모를까 문답을 할 때 장소를 불필요하게 반복하는 관행을 대물림하면 안 된다. 무엇보다 문장이 비경제적이다.

> ○○시는 현재까지 파악된 접촉자 32명에 대해 자가 격리 조치하는 한편 방문 시설에 대해 방역 소독을 실시하고 있다고 밝혔습니다.

위 기사에도 밑줄 친 부분은 있으나 없으나 의미 변화가 없는 군더더기들이다. "고발 조치했다 / 압류 처분했다 / 중징계 처리했다"에서 밑줄 부분도 마찬가지다. '하는 한편'은 '~하고'로 바꾸는 게 자연스럽다. 가령 '3명을 구속하는 한편 나머지 일당을 쫓고 있습니다'는 '3명을 구속하고 다른 용의자를 쫓고 있습니다'로 쓰면 충분하다.

'한편'은 '그리고,' '그래서,' '그런데'와 같은 접속사로도 쓰이는데 이들 접속사도 대부분 불필요하다. 접속사를 걷어내도 의미 전달에 아무런 문제가 없다. 단지 글을 쓰는 습관이 그렇게 들었기 때문일 뿐이다. 접속사를 걷어내면 처음에는 어색해 보일 수 있지만 소리 내어 읽어 보면 의미 전달에 문제가 없다는 것을 알 수 있을 것이다.

리포트 기사를 쓸 때 궁금증을 유발하거나 더 깊이 들어간다는 걸 알려 주려고 '왜 그럴까요?' 또는 '다른 곳은 사정이 어떨까요?' 등의 연결 문장을 쓸 필요도 없다. 심층 리포트나 다큐멘터리에서는 주의 환기 효과가 있지만, 2분 안팎의 짧은 리포트에서는 비경제적이다. 이런 표현 대신 바로 '이유는 무엇 때문입니다,' '어디 어디도 사정은 마찬가집니다'라고 치고 들어가는 게 속도감이 있다. 연결 문장 하나를 짧게 넣고 싶으면 '다 이유가 있었습니다'거나 '여기만 그런 게 아니었습니다' 정도면 된다. 불필요한 정보도 군살일 뿐이다.

표 5의 사례를 보면 수정 전의 첫 문장에는 오전 10시, 영등포 4가, 61세 강 모 씨, 62세 정 모 씨 등 숫자가 네 번이나 나온다. 버스와 화물차의 운전자가 몇 살의 누구인지와 같이 시청자가 궁금하지 않은 내용을 늘어놓으면 기사 흐름을 방해한다. 취재는 하되 기사에서는 빼야 깔끔하다. 다만 운전자가 70세 이상의 노인이라면 고령 운전의 문제로 주제를 잡아서 기사를 키울 수 있다.

방송 뉴스 아이템은 편집 회의에서 중요하다고 판단한 것이다. 짧은 시간에 효과적으로 전달하려면 사안의 본질을 충실하게 취재하고 기사도 사안의 본질에 초점을 맞춰서 군더더기를 걸러내고 밀도 있게 써야 한다.

표 5 **불필요한 정보를 덜어내는 기사 수정 사례**

수정 전	수정 후
오늘 오전 10시쯤 서울 영등포4가 영등포시장 사거리에서 61세 강 모 씨가 몰던 버스와 62세 정 모 씨가 운전하던 화물차가 충돌했습니다. 이 사고로 버스 승객 57세 이 모 씨 등 7명이 차 안에서 넘어져 다쳐 인근 병원으로 옮겨졌습니다 경찰은 사거리에서 정 씨가 몰던 화물차가 신호를 어기고 출발해 버스와 부딪쳤다는 목격자들의 진술을 토대로 정확한 사고 원인을 조사하고 있습니다.	오늘 오전 10시쯤 서울 영등포시장 사거리에서 버스와 화물차가 충돌해 버스 승객 57세 이 모 씨 등 7명이 다쳤습니다. 경찰은 화물차가 신호를 위반했다는 목격자들의 말을 토대로 사고 원인을 조사하고 있습니다.

여기서 한 가지 주의할 점은 언어의 경제성도 좋지만 지나치게 조사를 생략하는 것이다. 정치 분야 기사에서 특히 자주 등장하는데 기자가 필수적인 조사를 생략한 채 약간 호흡을 조절해서 띄어 읽는 것이다. 얼핏 보면 불필요한 조사를 생략해서 속도감 있게 기사를 쓴 것 같지만 실제로는 그렇지도 않다. 어쩌다 한 번 그런 표현을 쓰는 것은 몰라도 기사를 쓸 때마다 그런 부자연스러운 표현을 고수하는 것은 바람직하지 않다. 기사를 텍스트로만 놓고 다른 사람이 어떻게 읽을지를 생각해 보면 문제가 무엇인지 발견할 수 있다.

5) 뻔하지 않게

뻔하지 않은 표현으로

표 6의 사례를 보자. 처음 이런 표현을 쓴 기사는 참신했을 것이다. 하지만 너도나도 따라 하고 남발하면서 케케묵은 표현이 됐다. 모방의 악순환이다. 상투적 표현은 대개 실제보다 과장돼 있다. 규모가 큰 사건 사고를 표현할 때 쓰면 그나마 참고 볼 만하다. 작은 사건 사

표 6 **진부하고 상투적인 표현 사례**

상황	상투적 표현
화재	시커먼 연기가 뿜어져 나옵니다
교통사고	형체를 알아볼 수 없을 정도로 구겨졌습니다
교통 상황	주차장을 방불케 합니다
붕괴 사고	폭격을 맞은 듯합니다
폭우	물폭탄을 맞은 듯~ 하늘에 구멍이라도 난 듯~
미세먼지, 안개 등	한치 앞을 내다보기 힘듭니다

고에도 남발해 기사의 신뢰마저 떨어트리는 게 큰 문제다. 과도하게 불안을 부추기기도 한다.

수시로 일어나는 교통사고를 전하는 기사를 보면 차량이 조금만 크게 찌그러져도 '형체를 알아볼 수 없을 정도'라고 과장하면서 심지어 그 차량 옆에서 기자가 스탠딩을 하는 경우도 종종 볼 수 있다. 차량의 파손 정도가 뻔히 보이는데 '형체를 알아볼 수 없을 정도'라고 과장하면 시청자가 그 뉴스 전반을 어떻게 볼까 걱정이 된다. 실제 상황에 부합하는 절제된 표현을 사용해야 한다.

심지어 하나의 뉴스 프로그램에서 상투적 표현이 반복적으로 나오기도 한다. 서울의 사건 사고 기사에 등장하고, 지역의 사건 사고 기사에도 등장하는 식이다. 여러 번 같은 표현을 들어야 하는 시청자는 고역이다. 상투적 표현을 쓰는 순간, 다른 기자의 기사와 겹칠 가능성에 노출되는 것이다. 상투적 표현의 유혹에서 벗어나는 수밖에 없다.

뻔하지 않은 내용으로

비슷한 기사가 돌고 돈다. '기사 윤회설'이나 '하늘 아래 새로운 기사 없다'는 말은 비슷한 기사가 반복 생산되는 현상을 빗댄 기자들 사이의 우스갯소리다. 세상이 갑자기 크게 변하지 않기 때문에 비슷한 일이 반복해서 일어난다. 사소한 사건 사고도 그렇지만 정치적 상황의 변화도 시차를 두고 반복되는 일이 정말 많다.

비슷한 상황이 반복된다고 해서 기사마저 그대로 똑같은 것을 반복해서 쓸 수는 없다. 비슷한 상황이 있을 경우라도 이전의 기사와 판박이가 되면 안 된다. 뻔하게 쓰면 안 된다. 주로 결론에 해당하는 마지막 문장이 뻔하게 끝나 기사 전체의 김을 빼는 경우가 많다.

• 출산율을 올리기 위한 종합적인 대책이 필요합니다.
• 복지 사각지대에 있는 이웃을 위한 근본적인 대책이 필요합니다.
• 혼자 사는 여성의 주거 안전을 위해 근본적인 대책을 마련해야 한다는 목소리가 커지고 있습니다.

이런 문제에 도대체 어떤 근본적인 대책이 있을까? 출산율 제고, 복지 사각지대 해소, 여성 주거 안전 등은 우리 사회의 주요한 이슈로 각 분야의 전문가들이 장기간에 걸쳐 머리를 싸매고 종합 대책을 내놓아도 해결되지 않고 있다. 기자가 대책을 내놓을 수도 없고, 누군가에게 막연하게 대책을 촉구하는 것도 무의미하다. 이런 이슈에 대해서는 자기가 어떤 근본적인 언급을 하면서 기사를 멋있게 마무리해야 한다는 강박에서 벗어나야 한다.

범죄 검거 기사에서도 하나 마나 한 클로징 멘트가 난무한다. '경찰은 ○명을 구속하고 수사를 확대하고 있습니다,' '경찰은 A씨 등 일당 ○명을 구속하고 추가 범행에 대한 수사를 계속하고 있습니다' 같은 식의 클로징을 기자들이 열심히 읽어 댄다. 그 사건이 정말 큰 사건이고, 그래서 경찰이 실제로 수사를 확대하고 있는 상황이어서 곧 속보가 나올 것으로 보인다면 이렇게 쓸 수 있다. 하지만 경찰이 통상 '……한 부분에 대해서도 수사를 확대할 방침임,' '여죄를 수사할 방침임'처럼 보도 자료에 한 줄 넣어 놓은 것을 마치 대단한 후속 수사가 계속될 것처럼 기사를 쓰는 것은 시청자를 오도하는 것이다.

클로징은 결론에 해당하는 문장이기 때문에 기사마다 차별화된 메시지가 녹아 있어야 한다. 이 뉴스를 통해 하려 했던 이야기를 핵심 주제를 다시 정리해 보고 그 주제를 부각할 수 있는 내용이 나와야 한다. 천편일률적인 클로징은 귀중한 시간을 낭비하는 일이다.

6) 핵심 내용에서 궁금증이 남지 않게

경찰 수사망을 벗어나기 위해 치밀한 계획을 세우고 저지른 범행이 보도될 때가 있다. 보통 "완전 범죄 노렸다" 정도의 제목을 달고 나올 수 있는 기사다. CCTV를 가리거나, 신분을 위장하거나, 차량 번호를 바꿔서 범행하는 등의 범행 은폐 시도가 기사의 주요 내용이 된다. 이런 기사 가운데 간혹 검거 경위가 빠진 기사가 있다. '경찰을 따돌렸으면 어떻게 잡혔지?' 하는 궁금증이 자연스럽게 생기게 되는데, 기사가 궁금증을 해소해 주지 못하는 것이다. 일반적인 범인 검거 기사는 구태여 검거 과정을 쓸 필요가 없지만, 범행 은폐 수법이 주제인 기사는 검거 과정을 써 줘야 궁금증이 풀린다.

궁금증을 남기지 않는 기사를 쓰려면 궁금증을 남기지 않는 취재가 선행돼야 한다. 단순히 육하원칙이 요구하는 사항을 모았다고 해서 취재를 끝내서는 안 된다. 어떤 부분에 궁금증이 생기면 더 파고들어야 한다. 오래된 일이지만 영화 〈1987〉의 모티브가 된 박종철 고문치사사건 당시 경찰은 "책상을 '탁' 치니 '억' 하고 죽었다"고 사망 원인을 발표했다. 이 발표를 곧이곧대로 믿을 사람이 누가 있겠는가? 기자라면 발표 내용이 진실을 은폐하기 위한 거짓일 수 있다는 의심을 품고 시청자와 독자의 궁금증을 집요하게 취재해야 한다. 당시 일부 언론이 사망 원인의 단면을 파헤치면서 권력이 은폐하려 했던 진상이 세상에 드러났다. 30년도 더 지난 2018년 법무부 산하 검찰 과거사위원회는 당시 검찰이 청와대의 압력에 굴복해 졸속·늑장·부실 수사를 했다고 결론 내렸다.

요즘에도 온갖 주장과 해명과 발표에 의혹이 남는 경우가 허다하다. 해명을 하다가 오히려 의혹이 더 커지기도 한다. 시청자와 독자는 의혹이 아니라 진실을 궁금해한다. 시간이 걸리더라도 그 궁금증을 해소하는 것이 기자에게 주어진 임무다.

7) 표현은 정확하게

① 코로나19 확진자가 10만 명을 돌파했습니다.
② 태풍이 지나간 마을은 초토화됐습니다.
③ 약의 효능과 부작용은 양날의 칼입니다.
④ 배춧값이 지난해보다 세 배로 떨어졌습니다.
⑤ 장애인은 일반인과 틀립니다.
⑥ 대통령이 미 국무장관을 예방했습니다.
⑦ 숨진 채 구조됐습니다.
⑧ 백여 명이 넘었습니다.
⑨ 부모와 어린 자녀 등 일가족 4명이 동반자살했습니다.
⑩ 교통사고로 3명이 부상당했습니다.

먼저 ① '돌파했다'는 긍정적 의미로 '무역액이 1조 달러를 돌파했나'와 같은 경우에 쓰인다. 세계적 감염병 위기 상황에서 쓸 수 없다.

② '초토'는 불에 타서 검게 그을린 땅을 말한다. '초토화'는 큰 불로 황폐해진 상태로 비유적으로는 경제가 초토화됐다거나 하는 식으로 쓸 수 있다. 하지만 원래 단어의 뜻으로 보아 태풍이나 홍수 피해 기사에 쓰는 것은 자연스럽지 않다.

③ '양날의 칼'은 두 가지 상반된 결과를 가져올 수 있는 상황을 말한다. 하나의 사물이나 상황에 동시에 존재하면서 상반되는 두 가지 성질을 말할 때는 '동전의 양면'이라는 말이 더 적당하다.

④ '세 배로 떨어졌다'는 '3분의 1로 떨어졌다'가 맞다.

⑤ 장애인이 아닌 사람은 '비장애인'이다. '일반인'이라고 쓰면 장애인은 일반인이 아니라는 의미가 되기 때문에 차별적이고 비하하는 표현이 된다. 또, 장애인과 비장애인은 맞고 틀림으로 나눌 수 없고 다를 뿐이다. '틀리다'는 '다르다'로 고쳐야 한다. 안타깝게도 다른 것을 '틀리다'라고 하는 경우가 점점 많아지고 있다.

⑥ '예방했다'는 낮은 사람이 예의를 갖춰 높은 사람을 만날 때 쓰는 말이면서 특별한 현안에 대한 논의 없이 인사차 짧게 방문하는 것을 뜻하는 외교 용어다. 종종 '예방을 받는다'는 식의 어색한 표현이 등장한다. 그냥 '만났다'는 우리말로 쓰면 된다.

⑦ 재난 현장의 구조 작업에서 사람의 목숨을 구하기도 하고, 사망자의 시신을 수습하기도 한다. 구조 대상이 숨진 경우에는 당연히 구조대가 시신을 수습한다. 하지만 엄격하게 말해 시신을 수습한 것이 구조를 한 것은 아니다. '숨진 채 구조됐다'는 말 자체가 모순일 뿐 아니라 자칫 큰 오보가 될 수 있다.

⑧ '백여 명'에서 '여'는 한자어로 우리말 '남짓'의 의미다. '백여 명입니다'라고 하거나 '백 명이 넘습니다'고 해야 맞다. '여'는 수량을 나타내는 단어 뒤에 붙는데 수량사가 한자어일 때 자연스럽다. 우리말 수량사인 '마흔'에 '여'를 붙인 '마흔여'는 언어 규칙에 어긋나지 않지만 어색하다. 이 경우 '남짓'을 쓰되, 단위를 나타내는 명사 뒤에 써야 한다. 즉 '마흔 명 남짓' '마흔 건 남짓'과 같이 활용된다.

⑨ 어린 자녀가 스스로 자살을 선택하지는 않는다. 엄밀하게는 부모가 자녀를 살해한 뒤 목숨을 끊은 사건이다. 분명하게 부모가 저지른 범죄라는 것을 인식할 수 있게 기사를 써야 자살 예방에도 도움이 된다.

⑩ 한자어 '부상'은 '상처를 입음'으로 이미 피동의 의미가 포함돼 있다. '3명이 부상했다,' 또는 '3명이 다쳤다'로 써야 한다. '피해당했다'도 마찬가지 이유로 '피해를 봤다'고 써야 한다.

어휘의 기본적인 의미와 용법을 정확히 이해하지 못하는 것은 국어 실력의 문제다. 하지만 '동반 자살'처럼 사안의 본질을 반영하지 못하거나 '일반인'처럼 언어에 담긴 사회적 의미를 인식하지 못한 표현이 기사에 등장하는 것은 단순히 국어 실력이 모자라서가 아니다. 어렴풋이 아는 어휘를 쓸 때는 정확한 의미와 쓰임을 찾아보는 습관부터 들여야 한다. 또 언어 규범에 맞는 표현도 다른 기준에 어긋나면 부정확하거나 잘못된 표현이 될 수 있다는 점도 염두에 두어야 한다. 사실이 정확할 뿐만 아니라 맥락도 정확하게 기사를 쓰려면 정확한 언어 사용 훈련부터 해야 한다.

4. 기사 쓰기 전에 구성부터

1) 구성에 따라 기사는 달라진다

프로그램으로서의 뉴스는 물론이고, 뉴스의 개별 아이템에도 구성이 있어야 한다. 구성은 기사를 쓰기 전에 취재된 내용을 엮는 작업이다. 취재된 정보와 영상 가운데 기사에 담을 것과 버릴 것을 정하고 기사에 담을 재료는 어떤 순서로 담을지, 재료의 분량은 어느 정도로 할지 등 기사의 밑그림을 그리는 작업이다. 밑그림에 따라 뉴스의 색깔과 품질이 달라진다.

이런 구성의 결과가 기사다. 여러 언론사가 하나의 현장을 함께 취재해도 언론사별로 관점이나 강조점이 다른 기사가 나오는 것은 취재된 구슬을 꿰는 작업, 즉 구성이 다르기 때문이다. 구성 단계에서는 가치 판단이 들어가고 기사의 방향도 정해지는 만큼 데스크와 상의하는 게 중요하다. 민감한 이슈를 다루는 기사일수록, 단순 발생이 아닌 호흡이 긴 기획 기사일수록 더욱 그렇다.

뉴스가 임박한 시간에 데스크가 생각했던 방향과 전혀 다른 기사가 들어오면, 뉴스가 나가기 전까지 뒤죽박죽 난장판이 벌어질 수 있다. 구성이 필요한 것은 신문 기사나 방송 기사나 마찬가지다. 하지만 방송 기사 구성에는 기사 외에도 촬영 영상, 인터뷰, CG 등 다른 제작 요소의 구성까지 포함돼야 한다는 점이 신문 기사와 다르다. 따라서 비디오와 오디오 요소를 염두에 두고 이를 효과적으로 살릴 수 있도록 구성하고 기사를 쓰는 일, 이것이 방송 뉴스 제작의 기본이다.

2) 어떻게 구성할 것인가

방송 리포트 기사는 정답이 없기 때문에 틀에 얽매이지 말고 참신하게 구성하는 게 중요하다. 리포트의 성격에 따라서, 또는 취재한 내용에 따라서 구성은 달라져야 한다. 모든 리포트가 창작물이어서 같은 하늘 아래 똑같은 방송 리포트는 없다. 이때 가장 중요한 원칙은 ① 주제가 무엇인지 명확히 하고, ② 시청자가 알아듣게 주제를 전달해야 한다는 것이다. 아무리 취재를 많이 하고 기사가 텍스트로 논리를 갖춰도 막상 방송이 나갈 때 시청자에게 제대로 전달되지 않으면 그 리포트는 낙제점이다.

우선, 주제를 명확히 하려면 제목을 뽑는 훈련부터 해야 한다. 제목이 잘 나오면 주제는 선명해지고 기사 쓰기도 수월해진다. 함축적이고 핵심적인 키워드가 제목에 들어 있으면 기사 방향이 이미 정해진 것이나 마찬가지다. 기껏 취재하고 회사로 돌아온 기자에게 '그 기사, 제목을 어떻게 뽑는 게 좋을까?'하고 물으면 머뭇거리는 경우가 있다. 자신이 얘기하려는 주제에 대한 확신이 없기 때문인데, 이 상태로는 기사 구성도 흐리멍덩하게 된다.

4단계 구성 방법

말하고자 하는 주제가 명확해지면, 주제를 효과적으로 전달할 수 있도록 리포트 본문을 고민해야 한다. 본문 구성은 네 가지 구성 요소로 된 4단계 구성법을 기본으로 제시한다. '현상(실태)－원인－문제점－해법(전망)"이다.

기사의 4단계 구성법

① 현상(실태): 어떤 일이 벌어진 상황

② 원인: 현상(실태)을 발생시킨 1차적인 요인

③ 문제점: 원인의 원인. '근본 원인,' '구조적 원인'이라고 할 수 있음. 하나의 현상이 아니라 일반적 현상에 대한 원인을 말함

④ 해법: 문제를 해소할 수 있는 방안

4단계 구성은 매우 자연스러운 논리 전개 방식이기도 하다. 어떤 일이 벌어졌을 때, '무슨 일이 벌어졌지? → 왜 벌어졌지? → 이렇게 된 근본적인 원인은 뭐지? → 그럼 어떻게 해결하지?'라는 순서로 궁금증이 제기되는데, 순서대로 답을 한다고 생각하면 그에 맞는 구성이 되는 것이다.

38명의 목숨을 앗아간 2020년 4월 이천 물류 창고 화재를 예로

들어 보자, '현상'(실태)은 화재로 38명 사망, 원인은 용접 불꽃으로 발화, 문제점은 안전 관리 소홀, 해법은 공사 관행과 제도 개선으로 나눌 수 있다. 물론 대형 참사는 하나의 리포트에 이런 모든 사항을 담을 수 없고, 참사 초기에 각 구성 요소에 해당하는 내용이 잘 드러나지도 않는다. 하나의 리포트에 이런 네 가지 단계 모두를 담을 수 있는 작은 사안을 갖고 4단계 구성을 훈련해야 한다.

부실시공으로 판명 난 도로에서 발생한 교통사고를 리포트한다고 가정해 보자. '현상(실태)은 교통사고로 1명 부상, 원인은 뒤차가 앞차 추돌, 문제점은 도로 부실시공, 해법은 재시공' 정도의 구성이라면 하나의 리포트에서 4단계 구성을 모두 담는 것이 가능하다. 4단계 구성을 익히면 취재 단계에서 포인트를 잡는 데도 도움이 된다. 이런 4단계 구성 방식은 사실 창의적인 기사 구성 방식이 아니라 일반적인 방송 리포트의 전개 방식을 귀납적으로 정리한 것이라고 할 수 있다.[27]

4단계 구성의 해체와 결합

하나의 리포트에서 네 가지의 구성 요소가 모두 들어갈 수도 있고 어느 하나만 들어갈 수도 있다. 네 가지 중에 몇 가지만 조합할 수도 있다. 다음과 같은 여러 가지 구성이 가능하다는 의미다. 해당 리포트에 부여된 역할이나 취재된 내용에 따라 조합을 선택해 구성하면 된다.

- 현상(실태)
- 현상(실태) – 원인
- 현상(실태) – 문제점
- 현상(실태) – 원인 – 문제점

- 현상(실태)–원인–문제점–해법(전망)
- 원인–문제점
- 원인–문제점–해법(전망)

화재 리포트를 생각해 보자. 단순 발생 사건을 전하는 게 리포트의 임무라면 '현상(실태)–원인'의 구성이면 족하다. 구조적 문제가 있는 대형 화재를 집중 보도하는 리포트라면 네 가지 요소가 모두 들어갈 수 있다. 이 경우 여러 개별 리포트로 구성되는 경우도 많다. 개별 리포트는 '현상(실태) 리포트,' '원인 리포트,' '문제점 리포트,' '해법(전망) 리포트'로 역할이 주어진다. 이들 각각의 리포트에서도 네 가지 구성 요소를 적절히 조합할 수 있다. '문제점 리포트'를 맡았다면 '현상(실태)'을 몇 가지 보여 주고 공통적으로 발견되는 '(구조적) 문제점'을 부각하는 방식이 얼마든지 가능하다.

일반적인 리포트에서는 '해법'에 집착할 필요가 없다. 문제가 충분하고 선명하게 드러나면 '해법'을 쓰는 게 자연스럽지만 "근본적인 해법이 필요합니다"는 식의 공허한 해법은 결코 문제 해결에 도움이 되지 않는다. 언론은 정보를 전달하고 의미를 재창출하는 역할을 하는 데 전문가일 뿐이다. 각각의 문제를 해결하는 전문가는 따로 있다.

3) 도입부에서 판가름 난다

4단계 구성 요소를 조합하는 큰 구성을 마치면 작은 구성으로 들어가야 하는데 가장 중요한 게 도입부다. 도입부가 리포트 전체의 운명을 결정한다 해도 지나친 말이 아니다. 시작부터 시청자를 붙잡을 수 있는 흡인력이 필요하다는 의미다.

인터뷰, 현장음, 영상 구성, CG, 음악, 기자 오디오 같은 여러 방송 요소 가운데 가장 효과적인 것을 활용해 시작해야 한다. 달리 효과적인 요소가 없다면 어쩔 수 없지만, 가능하면 평범한 기자 오디오보다는 다른 요소로 시작하는 것이 훨씬 몰입도를 높이는 효과가 있다. 가령 어떤 법안이 국회에서 통과됐다는 내용의 리포트 도입부를 생각해 보자. 우선 표 7의 1안과 같은 도입부가 가능할 것이다. 하지만 이 순서를 바꿔서 2안으로 도입부를 구성하면 리포트의 맛이 달라진다.

제보자가 제공한 문서와 동영상을 토대로 취재한 상황을 가정해서 리포트를 구성해 보자. "제보자 인터뷰 + 문서 + 동영상" 순으로 구성하면 죽은 구성이다. 제보자의 문서나 동영상 중에서 주목도가 큰 부분을 도입으로 올리고 얘기를 풀어가야 한다. 제보자 인터뷰는 그 문서나 동영상의 내용을 설명하는 내용으로 뒷부분에 들어가면 된다. 시사 프로그램이라면 호기심을 유도하면서 "제보자 인터뷰 + 문서 + 동영상" 순으로 구성해도 되지만, 뉴스에서는 그럴 여유가 없다. 물론 제보자가 중요 인물이고 제보자가 증언 이외에 다른 자료를 제시하지 않았다면 구성이 달라질 수는 있다. 표 8의 리포트 구성안은 가상의 상황을 토대로 만들어 본 것이다.

표 7 **도입부 구성 방법의 수정 사례**

1안	2안
(기자 오디오) 국회에서 ○○법률안이 통과됐습니다. + (국회의장 사운드 바이트) "통과됐습니다. 땅땅땅."	(국회의장 사운드 바이트) "통과됐습니다. 땅땅땅" + (기자 오디오) ○○법안이 국회 문턱을 넘었습니다.

표 8　　리포트 구성안 수정 예시

비디오 요소	오디오 요소
# 제보자 (선수 어머니) 만남 스케치	고등학교 축구부 A군의 어머니는 아들이 선수 생활 포기를 고민하고 있다고 말했습니다.
# 제보자 인터뷰	"프로선수 꿈꾸던 아이인데, 학교에 가지 않으려고 해요."
# 스마트폰 조작하는 제보자	A군의 어머니는 축구부 감독의 폭행 때문이라며 스마트폰에 저장된 동영상을 보여줬습니다.
# 스마트폰 동영상	스마트폰에는 2년 전 감독이 축구부 학생들을 폭행하는 장면이 들어 있었습니다.

⬇

비디오 요소	오디오 요소
# 스마트폰 동영상	(현장음) 2년 전 ○○고등학교 축구부 훈련 영상입니다. 감독이 학생 한 명을 불러내더니 사정없이 주먹질을 합니다.
# 제보자 (선수 어머니) 만남 스케치	이 학생은 폭행 후유증에 시달리다 선수 생활 포기를 고민하고 있다고 어머니가 말했습니다.
# 제보자 인터뷰	"프로선수 꿈꾸던 아이인데, 학교에 가지 않으려고 해요."

표 8의 예시처럼 구성할 때 A4 용지를 좌우로 나눠서, 왼쪽에는 영상 등 비디오 요소, 오른쪽에는 오디오 요소를 어떻게 구성할지 사전에 구상하면서 정리해 보는 것도 좋은 훈련 방법이다. 기사도 나중에 기자 오디오가 되기 때문에 오디오 요소로 분류하면 된다. 도입부 이후에도 클로징까지 다양한 방송 요소가 조화를 이루면서 주제가 잘 드러나게 구성해야 한다.

5. 올바른 언어 사용

1) 이슈의 이름 짓기부터 제대로

저널리즘의 언어는 어떤 현상을 규정하고, 그 규정의 틀에 시청자와 독자의 사고를 제약할 수 있어서 언어 사용에 매우 신중해야 한다. 이슈에 대한 '명명,' 즉 이름 짓기부터 매우 중요하다.

코로나19가 처음 발병했을 때 언론과 정부는 '우한 폐렴'이라는 이름을 썼다. 얼마 뒤 세계보건기구(WHO)가 지역명 '우한'을 뺀 '신종 코로나바이러스 감염증' 또는 '신종 코로나'라는 질병명을 권고했고 우리 정부도 WHO 권고대로 이름을 바꾸면서 보도 자료를 통해 언론사에서도 명칭을 바꿔 달라고 요청했다. 대다수 언론은 정부의 요청을 수용했지만, 일부 보수 언론은 '중국 눈치 보기'라면서 '우한 폐렴' 또는 '우한 코로나'라는 명칭을 고수했다. 질병 이름을 놓고 정치권에서도 공방이 치열했다. 어떤 질병 이름을 쓰는지에 따라 그 사람의 정치 성향까지 알 수 있게 됐다. 명명은 그만큼 정치적인 작업이기도 하다.•

질병의 경우 WHO가 2015년에 정한 가이드라인이 있다. 지리적 위치, 사람 이름, 동물·식품 종류, 문화, 국가와 국민, 산업, 직업군이 포함된 병명을 사용하지 말자는 것이다. 지역, 인종 등에 대한 부정적 인식을 심어 줄 수 있기 때문이다. 게다가 바이러스는 우한 시민이나 서울 시민을 구분하지 못한다. '우한'을 넣으면 질병에 대한 오

• WHO는 COVID-19로 정했고, 우리말 정식 명칭은 '코로나19'다.

해를 부르기 쉽고, 이미 폭넓게 확산된 상태에서 특정 지역을 언급한다고 해서 예방에 대한 정보를 주는 것도 아니고, 방역에 도움이 되지도 않는다. 여러모로 '우한'을 빼는 게 맞다.

이런 질병과 달리 대부분의 이슈에는 이름을 어떻게 정할 것인지 가이드라인이 없다. 이슈를 어떤 관점에서 보는지에 따라 명칭이나 용어가 달라질 수 있다. 한때 큰 뉴스였던 '리벤지 포르노'를 어떻게 명명하는 것이 옳을지 생각해 보자. 우선 '리벤지 포르노'를 그대로 쓰는 건 여러 문제가 있다. '리벤지 포르노'는 사귀던 연인과 헤어진 뒤 두 사람의 매우 사적인 영상이나 사진을 상대방의 동의 없이 인터넷 등에 공개하는 행위다.

'리벤지'는 우리말로 '보복'이다. 따라서 '리벤지 포르노'라는 말에는 피해자가 보복당할 만한 잘못된 행동을 하거나, 보복당할 만한 빌미를 줬다는 의미가 내포돼 있다. 설령 가해자가 앙갚음할 만한 이유가 있더라도 내밀한 사생활을 유포하는 건 범죄다. '리벤지'를 그대로 쓰면 가해자의 보복 행위가 어느 정도라도 정당화되는 문제가 있다. '포르노'라는 말은 그 자체로 이 상황에 쓰기에 부적절하다. '포르노그래피'를 줄인 '포르노'는 불특정 다수에게 보여 줄 목적으로 촬영된 상업적 음란물이다. 연인끼리 촬영한 동영상과는 근본적으로 다르다. 단어가 선정적이기도 하다. 피해자가 대부분 여성이라는 점을 함께 고려하면 '리벤지 포르노'라는 용어는 가해자인 남성이 정당성을 주장하기 위해 만든 조어로밖에 볼 수 없다.

그러면 어떻게 재명명을 해야 하는가? '보복성 음란물'은 영어를 우리말로 단순히 옮긴 것에 불과해 문제가 해결되지 않는다. '디지털 성범죄'로 하자는 의견도 있는데, 이건 너무 광범위해서 어떤 사건인지 모호해진다. 가해 행위의 심각성이 희석된다. '동영상 협박'도 마찬가지다. '사생활 동영상 (유포) 협박,' '사이버 성 착취' 등 범죄라는 점이 분명히 적시된 이름으로 바뀌야 한다. 촬영에 불법성이 있다면 '불법 촬영 뒤 (유포) 협박'과 같은 명칭도 가능할 것이다. 가해자가 공인이라면 '○○○ 씨 동영상 협박 사건'으로 명명할 수도 있을 것이다.

쇼트트랙 국가대표 선수가 코치로부터 폭행뿐 아니라 성폭행까지 당했다며 고소한 사실이 2019년 1월 SBS 보도를 통해 알려지면서 언론사들이 관련 보도를 쏟아냈다. 이를 보도한 언론사 가운데는 '○○○(피해자 이름) 성폭행'이라고 피해자 이름을 사건 명칭에 붙인 곳도 있었다. 성범죄 사건을 보도하면서 피해자에 초점을 맞춘 2차 가해를 한 것이다. 이 선수가 가해자인 코치보다 인지도가 높고 유명하다고 해도 피해자에 주목하면 가해자는 대중의 관심에서 사라지게 된다. '○○○(피해자 이름) 성폭행 사건'이 아니라 '△△△(가해자 이름) 성폭행 (초기에는 의혹) 사건'이라고 해야 맞다.

2008년 12월 교회 화장실에서 8세 여아를 성폭행한 사건이 초기에는 '나영이 사건'이었다가 나중에 '조두순 사건'으로 바뀐 것도 같은 이유다. 나영이라는 이름이 가명이긴 했지만, 가해자를 감추고 피해자를 부각하면 사건의 본질을 흐리고 엉뚱한 2차 피해를 초래하게 된다.

2018년 한국기자협회와 여성가족부가 만든 "성폭력·성희롱 사건 보도 공감 기준"에는 이렇게 적혀 있다. "피해자를 중심으로 사건을 부르는 것은 피해자를 주목하게 만들어 결과적으로 2차 피해를 입힐 소지가 있으므로 피해자를 전면에 내세워 사건에 이름을 붙이는 등 피해자 중심으로 사건을 보도하지 말아야 한다." 이런 문제에 항상 경각심을 갖지 않으면 언제든 실수를 할 수 있다.

재난이나 사고에 이름을 붙일 때에도 고민해야 한다. 2020년 4월 경기도 이천의 물류 창고에서 발생한 화재에 대해 대부분의 언론은 '이천 물류 창고 화재,' '이천 화재 참사'로 불렀다. 〈경향신문〉은 몇 건의 기사에서 '이천 한익스프레스 화재'라고 명명했다. 건축주에게 사고의 책임을 묻는 이름 짓기다. 이처럼 이름을 어떻게 붙이느냐에 따라 해당 사안을 보는 관점이 달라질 수 있기 때문에 언론사 내부 논의를 통해 신중하게 조율하고, 정리가 되면 뉴스를 통해 시청자에게 그런 이름을 붙인 이유를 설명해 주는 것이 좋다.

2) 혐오와 차별은 언론의 언어가 아니다

혐오 표현이 우리 사회에서 이슈화된 건 2010년대 들어서다. 2012년 '일간베스트'(일베)라는 인터넷 커뮤니티 사이트가 등장하면서 문제가 크게 부각되었다. 혐오 표현은 증오의 언어다. 여성, 장애인, 난민, 성소수자 등 사회적 소수자나 약자에게 사회 문제의 책임을 돌리고 분풀이하듯 공격하는 표현이 혐오 표현이다. 요즘은 굳이 사회적 소수자나 약자까지는 아니라도 상대방을 향해서 무차별적인 공격을 가하는 언어가 난무하는데, 이런 혐오 표현도 문제가 되는 것은 마찬가지다.

정부 기관이 정의한 개념도 있다. 국가인권위원회가 2019년 10월 발간한 〈혐오 표현 리포트〉에서는 혐오 표현을 '성별, 장애, 종교, 나이, 출신 지역, 인종, 성적 지향 등을 이유로 어떤 개인·집단에게 ① 모욕, 비하, 멸시, 위협 또는 ② 차별·폭력의 선전과 선동을 함으로써 차별을 정당화·조장·강화하는 효과를 갖는 표현'이라고 정의하고 있다. 혐오 표현의 해악으로는 ① 인간 존엄성 부정과 개인의 인권 침

표 9　혐오와 차별 표현 사례

문제 표현	문제가 되는 이유
미망인	'남편 따라 목숨을 끊어야 마땅하지만 그렇지 못한 여성'이라는 뜻으로, 봉건적이고 가부장적인 이데올로기 내포. 여성 차별적 표현
과부	'부족한 여성'이라는 뜻으로, 남편을 잃으면 부족하다는 의미여서 여성 차별적 표현
처녀작	처녀라는 의미를 작품과 연관시킨 여성 차별적 표현
여대생/여군/여배우	불필요하게 여성을 드러내는 여성 차별적 표현
김치녀/된장녀 등	여성 혐오 표현
블랙 아프리카/ 검은 대륙	흑인 차별 표현
불법 체류자	이주민 혐오 조장 표현. '미등록 외국인'으로 대체(논란 있음)
안사람/ 바깥양반	성 역할 고정관념이 반영된 표현
벙어리/귀머거리/ 절름발이/장님	장애인 비하 표현. '벙어리 냉가슴' 등 관용어도 주의
장애를 앓다	장애를 질환으로 보는 비하 표현. '장애를 갖다'로 대체
얼짱/몸짱	외모지상주의 표현
대머리	외모 비하 표현

해, ② 민주주의 왜곡과 사회 통합 저해를 들고 있다.[28] 혐오 표현의 대상이 차별을 받아온 소수 집단이라는 점, 혐오 표현이 차별을 공고히 한다는 점에서 혐오 표현은 차별의 문제와 함께 살펴봐야 한다.

언론은 혐오 표현과 관련해 어떤 책임이 있는가? 국가인권위원회가 '혐오 표현 리포트'를 발간하기 전에 실시한 '혐오 차별 국민인식 조사'에서 응답자 49.1%는 언론이 혐오 표현을 조장하는 부정적 역할을 했다고 답했다. 또 '언론에서 혐오를 부추길 수 있는 표현이나 보도를 자제할 필요가 있다'에 87.2%의 응답자가 찬성했다. 혐오 표현으로 인한 문제를 해결하는 데 언론이 역할을 하라고 요구하는 것이다.[29]

〈국민일보〉는 2020년 5월 "[단독] 이태원 게이클럽에 코로나19 확진자 다녀갔다"는 제목의 기사를 내보냈다.• 확진자가 다녀간 곳이 '게이클럽'이었다는 점을 강조하면서 확진자의 성적 지향으로 관심이 쏠리게 만들었다. 보도 이후 신문과 방송 가리지 않고 성소수자에 대한 혐오와 차별을 부추기는 기사가 쏟아졌다. 블랙수면방이라는 성소수자가 많이 찾는 숙박업소에서 확진자가 나오자 '게이클럽'보다 혐오와 차별 수위가 높은 보도가 이어졌다. 블랙수면방의 실태를 설명하면서 '집단 난교'와 같은 선정적인 혐오 표현도 등장했다. 안 그래도 성소수자에 대한 편견이 심각한 사회에서 성소수자와 코로나19를 연결시킨 보도가 나오다 보니 혐오는 증폭됐다.

한국기자협회는 혐오를 조장하는 보도를 중단하라는 호소문을 발표했다.

> 일부 언론의 이런 보도 행태 이후 SNS상에서는 이태원 클럽 확진자와 접촉자로 추정되는 사람의 실명과 얼굴 사진 등이 담긴 글이 급속도로 퍼지고 있습니다. 이런 보도는 성소수자에 대한 혐오와 차별을 조장할 뿐만 아니라 심적으로 위축된 확진자와 접촉자들이 음지로 숨어 방역을 더욱 어렵게 만들 뿐입니다.[30]

〈국민일보〉 노동조합과 기자들도 성명을 내고 게이클럽과 동성애 보도에 대해 비판했다. 중견 기자라고 할 수 있는 차장급 기자들은 "어떤 언론도 사회적 논쟁거리를 바라볼 때 한쪽의 목소리만 보

• 그 뒤로 제목이 "[단독] 이태원 유명 클럽에 코로나19 확진자 다녀갔다"로 바뀌었다.

도하지 않는다. 동시에 그 대상자가 잘못하고 틀렸다고 해서 그 대상에 대한 혐오와 조롱을 기사에 담지 않는다"고 지적했다. 10년차 이하 평기자도 성명을 통해 "혐오는 언론사의 언어가 될 수 없다"며 비판 대열에 합류했다.

감염 경로가 분명하지 않은 코로나19 확진자를 일컫는 '깜깜이 환자,' '깜깜이 감염자'라는 말도 시각 장애인을 차별하는 표현이다. 질병관리청은 장애인들의 지적을 받고 이들 표현을 사용하지 않기로 했다. 대신 '감염 경로 불명'이나 '감염 경로를 알 수 없는 확진 환자'로 바꿨다. 지나치게 엄격하다는 목소리도 있지만 대체할 수 있는 용어가 있고 대체된 용어로도 의미가 분명하게 전달되기 때문에 굳이 장애인 비하의 의미가 있는 표현을 고집할 필요는 없다.

혐오와 차별 표현의 심각성에 대한 문제의식과 인권 감수성이 높아지고 있지만 언론의 보도 문장에는 혐오와 차별 표현이 여전하다. 무의식적으로 쓰는 관용어에 혐오와 차별의 의미가 담겨 있는 경우도 있다. 한 가지 유의할 점은 이전에는 아무런 혐오와 차별의 의미 없이 쓰이던 용어라 하더라도 사회 변화에 따라 사람들이 혐오와 차별의 의미로 해석하는 흐름이 생길 수 있다. 사회문화적 흐름 속에서 부정적 의미가 생긴 용어가 있으면 다른 용어로 대체해야 한다.

3) "분석됩니다," "전망됩니다"…… 주체는 누구?

방송 뉴스의 문장 서술어를 살펴보면 '분석됩니다,' '풀이됩니다,' '전망입니다,' '지적입니다'가 많이 등장한다. 주로 의견에 해당하는 문장이다. 주어가 숨어 있는데 기자인지, 취재원인지 불확실하다. 기자인 경우와 취재원인 경우가 다 있을 수 있다.

기자가 주어라면 '분석합니다/분석할 수 있습니다,' '풀이합니다/풀이할 수 있습니다,' '전망합니다/전망할 수 있습니다' 등 능동형으로 바꾸는 게 정확하다. 그런데 이렇게 고치면 기자 개인의 의견이나 주관을 드러낸 문장이 된다. 사실 전달의 기사에서 기자가 과도하게 의견을 드러내는 것은 아무래도 부담스럽다. 능동형으로 쓰는 것을 피하려다 보니 주어가 기자라는 것을 드러내지 않고 불특정 다수의 의견인 것처럼 피동형 서술어를 쓰는 잘못된 관행이 남아 있는 것이다. 이렇게 되면 문장의 형식과 달리 실제로는 기자의 의견과 주관을 과도하게 일반화할 소지가 있다. 기자가 주어라면, 명확하게 취재를 바탕으로 해서 과도하지 않은 범위 내에서 능동형으로 책임 있게 쓰는 것이 맞다.

주어가 취재원이라면 어떨까? '누가(개인이나 단체) 어떻게 분석하고 있습니다' 또는 '어떠하다는 것이 누구의 분석입니다'는 식으로 주어를 밝혀 줘야 뉴스 소비자가 취재원의 의견을 정확히 판단할 수 있다.

> 유동성, 즉 돈의 힘으로 지수를 끌어올리는 금융장세인 만큼, 기업 실적이 뚜렷이 회복되지 않는다면 언제든 조정받을 수 있다는 지적이 나옵니다.
>
> (문제점: 지적의 주체는 전문가인가? 전문가라면 어떤 전문가인가?)

위 기사에서 지적의 주체가 전문가라고 생각할 수 있다. 하지만 그냥 전문가라고 하면 무책임하다. 증권 전문가라고 해도 증권사 관계자, 경제 시민단체 관계자, 경제 연구소 연구원, 경제학 교수, 금융 당국자 등으로 전문가의 소속이 다양하고 의견도 다를 수밖에 없다. 적어도 어떤 부류의 전문가인지라도 밝혀야 객관적인 정보가 된다. 이때도 서술어는 능동형이 자연스럽다.

'분석됩니다,' '풀이됩니다,' '전망됩니다' 같은 서술어는 숨어 있는 주어가 기자일 때는 꼭 필요한 경우가 아니면 쓰지 않는 것이 좋고, 꼭 써야 한다면 확실하게 취재해서 기자를 밝히고 능동형으로 쓰는 것이 좋다. 숨어 있는 주어가 취재원일 경우에는 그 취재원을 가급적 분명하게 밝히면서 능동형으로 쓰는 게 바람직하다. 결론적으로 어느 쪽이든 피동형 서술어를 쓸 필요가 없어진다.

언론인 출신인 김지영 교수는《피동형 기자들》에서 피동형 문장과 주어 없는 익명 표현이 객관 보도의 적이라고 지적했다. 이런 언론 보도 관행은 1980년 신군부가 언론을 탄압하던 시절에 생겨났다고 봤다.

> 1980년에는 의견과 판단의 주체가 누구인지 숨기고 싶은 기자의 심리가 '무주체 피동형 표현'으로 나타났던 것이다. 군부 권위주의 정권의 체제에 언론이 적응하는 과정에서 집중적으로 살아났던 문제다. 자기검열의 문제라고도 하겠다. (……) 1980년 당시 기자들은 주로 정치권력의 '사실'에 대해 정확성과 공정성, 객관성이 떨어지는 기사를 쓸 때면 자주 피동형 표현을 차용했다. 그런데 2011년 현재 기자들은 독재정치권력을 미화할 일이 없음에도 당시보다 훨씬 더 광범위하고 습관적으로 피동형 표현을 사용하고 있다. 피동형 문장은 오늘날 사설이나 해설·칼럼뿐 아니라 사실을 직접적으로 전달해야 하는 스트레이트 기사에도 광범위하게 퍼졌다.[31]

4) 군사 언어의 남용

언론은 어떤 현상을 가능하면 강한 언어로 전달하려는 속성이 있다. 자극적, 선정적, 흥미 위주의 어휘가 선택되는 것도 이런 이유다. 갈등 상황을 보도할 때는 툭하면 전쟁에 비유하려 한다. 매우 선명하고 강한 전달력이 있기 때문이다. 전달의 효율성이 높다고 할 수 있다. 그러다 보니 뉴스가 일반적인 사회 갈등을 모조리 전쟁의 승부 차원에서 다루는 양상이 나타난다.

표 10 **군사 언어 남용 사례**

문제 표현	문제 이유
총력전을 펼치다	'total war' 개념을 번역한 전쟁 용어
첩보를 입수하고	군이나 정보 당국에서 쓰던 용어. '정보(제보/신고)를 입수하고'로 순화
주식을 사려는데 총알이 부족하다	'자금,' '여윳돈' 정도로 순화
수사팀 전진 배치	'근접 배치,' '수사망 좁혀' 정도로 순화
교두보를 마련하다	'거점,' '발판' 정도로 순화
융단폭격/세금 폭탄	지나치게 과장되거나 자극적
중원의 사령관 기성용	'중원을 장악하다'는 전쟁 표현과 군 사령부의 수장인 '사령관'을 조합한 표현
고지탈환/난공불락/격침/침몰	전투의 승패에 대한 표현
축구 대표팀이 한일전 열리는 도쿄에 입성했다	'입성'은 전투에서 이겨 점령지에 진주한다는 의미. 경기하는 도시에 도착했다는 의미로는 부적절
전차군단/삼바군단/벤투사단/무적함대	국가 대표팀을 전투 조직화한 표현

전달의 효율성에는 해악이 숨어 있다. 군사 용어는 세상을 이분법으로 나눠 단순화한다. 싸움의 당사자가 아닌 제3의 집단은 소외된다. 군사 용어는 또 승부에 집착하고 승리를 찬양하는 결과주의 세계관을 심어 줄 위험이 있다. '약육강식,' '승자독식,' '적자생존' 등 승자의 논리가 정당화될 수 있다. 과정과 절차를 중시하는 민주주의 원리에 어긋나는 것이다. 갈등을 부추기거나 극대화해 사회통합에도 방해가 될 수 있다. 군사 언어는 스포츠 기사에 특히 많이 쓰이는데, 경쟁적으로 군사 용어가 들어가는 신조어를 만들어 내고 있다. 강한 어감의 신조어를 만드는 데 창의력을 발휘할 게 아니라 순화하는 데 창의력을 발휘해야 한다.

5) 맞춤법부터 올바르게

2019년 4월 국회에서 난장판이 벌어졌다. 법안을 신속처리 안건으로 지정하는 이른바 '패스트트랙 처리'를 놓고 여야가 대치하는 과정에서 공사장에서 쓰는 연장이 동원됐다. 이 연장의 표준어는 '노루발못뽑이'다. 표준어가 오히려 생소해서 '빠루' 혹은 '빠루(노루발못뽑이)'라고 쓴 언론이 많았다. '빠루'는 일본어에서 유래했다. 일본어 잔재를 언론의 언어로 쓰는 건 곤란하다. 그렇다고 '노루발못뽑이'라고 쓰면 시청자나 독자가 알아듣기 어렵다. 이럴 때는 '공사장에서 쓰는 쇠 지렛대인 노루발못뽑이' 정도로 순화하면 어떨까?

언론은 국어 교과서 역할도 한다. 우리가 영어권 언론 기사를 영어 공부에 사용하듯, 외국인들도 우리 언론을 보고 우리말을 배운다. 언론은 사실성, 독립성, 공익성이라는 저널리즘 원칙에 부합하는 기사를 쓰는 것과 함께 국어를 제대로 지키고 발전시켜야 할 책무가 있다. 언론이 바른말을 쓰고 활용을 풍성하게 하면 이른바 언중의 사고도 깊이와 넓이가 확장된다. 그러려면 언론이 쓰는 어휘를 늘려야 한다. 너무 판에 박힌 어휘만 쓰는 경향이 강해지고 있다.

바른말을 쓰려면 국어사전을 자주 찾아봐야 한다. 과거에는 보도국의 책상 이곳저곳에 국어사전이 꽂혀 있었다. 지금은 포털 사이트에서 검색하면 쉽고 빠른데, 인터넷 이용자가 만든 국어사전을 참조하면 안 된다. 국립국어원이 만든 표준국어대사전을 이용하는 것이 바람직하다. 포털 사이트에서 제공하는 국어사전들에는 표준어가 아닌 단어들이 버젓이 표준어처럼 올라 있다. 이를테면, '역대급'이라는 단어는 표준어가 아니지만 인터넷 이용자들이 만든 개방형 사전에 올라 있고 기사에도 자주 등장한다. '역대급 태풍,' '역대급 한파,' '역대급 신인'과 같은 식으로 사용된다. '역대'는 '대대로 이어 내려온 여러 대. 또는 그동안'을 뜻하고 '급'은 '그에 준하는'이라는 뜻이다. '급'은 '사장급,' '국보급'처럼 쓰일 수는 있어도 '역대급'은 어색한 조합이다. 원래 '국가대표급'이라는 표현을 줄여서 '국대급'이라고 하던 일부 스포츠 게시판의 글을 함부로 이곳저곳에 가져다 쓴 것이 문제의 발단이었다. 물론, 언어는 시대를 반영하기 때문에 언중이 두루 많이 쓰면 나중에 표준어가 될 수도 있다. 하지만 일부가 잘못 사용하고 있는 말을 언론이 틀린 말인 줄도 모르고 앞장서서 확산시키는 것은 잘못된 일이다.

표 11 **기사에서 자주 틀리는 맞춤법**

• 기본형의 잘못된 활용	
담배를 피는 흡연자	기본형은 '피우다,' '피우는'이 바른 표기
바램/설레임	기본형 '바라다' '설레다'의 명사형은 '바람' '설렘'
정답을 맞춰보세요	'맞다'의 사동사는 '맞히다'. '맞혀보세요'가 바른 표기
시험을 치룬 뒤	기본형은 '치르다' '시험을 치른 뒤'가 바른 표기
서슴치 말고	기본형 '서슴다'에서 '서슴지'로 활용
인간을 본따 만든 로봇	'본뜨다'는 '본떠'로 활용
이 자리를 빌어	기본형은 '빌다'가 아닌 '빌리다.' '빌려'가 바른 표기
• 품사의 혼동으로 인해 틀리기 쉬운 표현	
제 잘못이 아니예요	'~예요'는 받침 없는 체언 (명사 등) 뒤에 붙음. '아니다'는 형용사이고 '아니'는 형용사의 어간으로 뒤에 '~에요'가 붙음. '아니에요'가 바른 표현
지위에 걸맞는 행동	기본형은 '걸맞다'. 동사면 '걸맞는'으로 활용할 수 있지만 형용사이기 때문에 '걸맞은'으로만 활용할 수 있음
나름 잘 안다고 생각한다	'나름'은 의존 명사. '나름대로' '나름의'와 같이 사용할 수 있어도 그 자체로 부사처럼 쓸 수 없음
• 자주 쓰지 않아 틀리기 쉬운 표현	
진실공방에 불을 당기다	불이 옮아 붙거나 옮겨 붙이는 행동은 '댕기다'
술 마셔 불카하다	'불콰하다'가 표준어
송년회에서 권커니 자커니	'권커니 잣거니'와 '권커니 잡거니'가 바른말
• 용법 등이 헷갈려서 틀리기 쉬운 표현	
비질/빗질	비로 쓰는 일은 '비질.' 빗으로 빗는 일은 '빗질'. '마당에서 비질하다,' '빗질도 안 한 머리'

일절/일체	일절은 부사로 '전혀' 등의 의미. 일체는 '모든 것,' '모든 것을 다'라는 의미로 명사와 부사로 쓰임. '일절 함구했다,' '일체의 책임을 지다'가 맞음
결재/결제	결재는 상관의 허락, 결제는 거래의 완료. '부장님 결재,' '카드 결제'
~던지/~든지	'~던지'는 과거 회상 의미의 연결어미, '~든지'는 선택 의미의 연결 어미. '얼마나 울었던지,' '공부하든지 놀든지'
• '사이시옷' 표기	
'사이시옷' 있는 표기	등굣길, 죗값, 골칫거리, 시빗거리, 최댓값, 만둣국
'사이시옷' 없는 표기	머리말, 인사말, 화병, 초점, 나라님
'사이시옷'이 들어가는 조건	① 두 단어가 합해져서 하나의 단어가 된 합성어 ② 합해진 두 단어 중 하나나 둘이 반드시 고유어일 것, 즉 '한자어 + 한자어'로 이뤄진 합성어에는 '사이시옷' 들어가지 않음. 단, 6가지 합성어에는 예외적으로 '사이시옷' 들어감 (숫자, 셋방, 횟수, 찻간, 곳간, 툇간) ③ 원래에는 없었던 된소리 또는 'ㄴ'소리 추가
• 한자어 잘못 사용	
임원의 역활	'역할'의 잘못된 표기
교통 흐름 원할	'원활'의 잘못된 표기
뇌졸증 환자가 늘고 있다	질병으로 '뇌졸중'만 있고 '뇌졸증'은 없음
조직이 환골탈퇴했다	'환골탈태'의 잘못된 표기
• 외래어 잘못 사용	
스마트폰 어플	'application'의 한글 표기는 '앱,' '애플리케이션'
보이코트/본네트(보네트)	외래어 표기법에 따라 '보이콧,' '보닛'
노블리스 오블리제	외래어 표기법에 따라 '노블레스 오블리주'
세레머니/ 미스테리/알콜/알러지	외래어 표기법에 따라 각각 세리머니/미스터리/알코올/알레르기

6) 바른말과 언론의 책임

기사에서 바른 우리말을 사용하는 것과 함께 바른말 사용에 대한 의제를 꾸준히 제기하는 것도 언론의 임무다. 국어 체계에 맞지 않는 언어 현상의 문제로 '~같아요' 식의 모호한 표현, 사물 존칭, 외국어 남용을 생각해 볼 수 있다.

너무 애매한 "저는 이렇게 생각하는 것 같아요"

방송에서는 편집돼서 나가지 않은 스포츠 선수의 인터뷰 내용이다.

> "운도 많이 좋았던 것 같고, 또 어떻게 보면 타이밍도 잘 맞아 줬던 것 같은데 뭐가 안 풀리는 상황에서도 제가 그걸 잘 인정을 하고 그걸 너무 좀 부인하기보다는 그걸 인정하면서 그거에 맞춰서 하다 보니까 우승도 나왔던 것 같고, 여러 가지로 타이밍이 잘 맞았던 것 같아요."

좀 긴 문장이기는 하지만 한 문장 안에 '~같다'는 표현이 네 번이나 나온다.

인터뷰 촬영 원본을 보면 이 문장 외에도 "열심히 해야 할 것 같아요," "생각이 드는 것 같아요," "징크스 같은 건 없는 것 같아요"처럼 거의 모든 문장이 '같아요'로 끝난다. 애매하고 유보적인 표현을 두고 자기 확신이 부족한 신세대의 언어 현상이라는 분석도 있다. 하지만 자기 생각이나 확실한 상황도 모두 "~같아요"로 희석해 버리면 언어 체계가 문란해진다. 인터뷰 대상이 이런 언어를 구사하면 유명인의 언어가 시청자에게 미치는 영향을 설명하고 바른 언어를 구사해 달라고 요구해야 한다.

사물에 깍듯이 높임말…… "커피 나오셨습니다"

"커피 나오셨습니다," "그 상품은 없으세요," "바르고 주무시는 '슬리핑 팩'이시고요" 같은 표현을 들어보았을 것이다. 고객을 직접 대하는 유통업계 종사자들이 최근 자주 쓰는 사물 존칭이다. 동사나 형용사에 붙는 '시'는 사람을 높일 때 쓰이는데 손님에 대한 친절이 지나쳐서 물건까지 높인다. 높임말 문법을 파괴하는 표현이다.

유통업계 종사자들도 모르는 게 아니다. 업계의 고객 서비스 경쟁, '손님은 왕'이라는 업주와 소비자의 비뚤어진 인식, 손님의 항의 방지 차원에서 어색하더라도 사물 존칭을 쓰는 것이 속 편하다는 종사자 생각 등이 복합적으로 작용해 희한한 높임말이 만연돼 있다. 감정 노동 종사자에게 바른말을 쓰라고 강요해서는 해결되지 않는다. 유통업계와 소비자가 함께 바꿔 나갈 수 있도록 언론이 뒷받침해야 한다.

관련해서 사람을 높여 부를 때 붙이는 말인 '분'의 남용도 생각해 보아야 한다. 방송을 들으면 일반 출연자들은 물론 기자들도 아무 말에나 분을 붙여서 쓰는 경향이 있다. '제보자'라고 하면 그만인데 '제보자분'이라고 한다거나, '주민이'를 '주민분이,' '기사'를 '기사분,' '노동자'를 '노동자분'이라고 하는 경우도 있다. 데스크를 촘촘하게 보는 리포트 기사에서는 잘 나타나지 않는데 기자가 출연이나 현장 중계를 할 때 자주 나타난다.

공공 언어의 외국어 남용…… '팬데믹' '코호트 격리'?•

외국어 남용은 아무리 지적해도 개선되지 않고 있다. 심지어 정부나 공공 기관 등 공적 영역에서도 외국어 남용이 심각하다. 불특정 다수를 대상으로 하는 공공 언어는 사적인 대화보다 언어생활에 미치는 영향력이 강하다. 공공 언어의 외국어 남용은 우리말이 설 자리를 크게 잠식한다. 여기서 그치지 않고 알 권리의 불평등·정보의 불평등을 초래한다는 점이 더 큰 문제다.

코로나19 발생 초기부터 영어로 된 낯선 용어가 난무했다. '팬데믹pandemic,' '코호트cohort 격리,' '풀링pooling 검사,' '글로브 월glove wall' 같이 의료진이 아니고는 알아듣기 힘든 용어가 제대로 된 설명도 없이 마구 사용되었다. 특히 코로나가 계속되면서 일부 용어는 아무런 순화 노력도 없이 반복적으로 사용되고 있다.

'팬데믹'은 세계적으로 전염병이 대유행하는 상태를 말하는 것으로 그냥 감염병의 '세계적 유행' 정도로 순화할 수 있다. '코호트 격리'는 특정 질병 환자와 의료진을 동일 집단으로 묶어서 건물 등을 통째로 봉쇄하는 격리로 (동일) '집단 격리' 같은 용어로 바꿔 쓰는 것이 이해에 도움이 될 것이다. '풀링 검사'는 한 번에 10명 안팎의 검체를 채취한 후 모두 섞어 한꺼번에 검사하고, 그 결과가 양성이 나오면 검사 대상자를 개별적으로 검사하는 방법으로 우리말로는 '취합 (선별) 검사'라고 한다. '글로브 월'은 의료진과 검사자 사이에 투명 아크

• 원칙적으로 '외래어外來語'는 '외국에서 들어와 우리말처럼 쓰이는 말,' '외국어外國語'는 '외국에서 들어와 우리말로 인정받지 못한 말'로 구분하지만 외래어와 외국어 구분 기준은 아직도 명확하지 않으며 학자마다 다른 견해를 보이고 있다. 여기서는 외국어와 외래어를 구분하지 않고 외국어로 통일해 사용한다.

릴 벽을 세우고 의료진이 비닐장갑이 달린 구멍을 통해 검체를 채취하는 방식으로 '의료용 분리벽'으로 순화하도록 하고 있다. 이 밖에도 차량에 탄 채 검사를 받는 것을 '드라이브 스루drvier through 검사'라고 하는 것처럼 굳이 영어를 쓰지 않아도 되는 것까지 영어를 사용하는 것에 아무런 문제의식을 느끼지 않게 되었다.

보건 당국의 브리핑이나 보도 자료에 이런 용어가 등장하면서 뉴스 시청자는 평소 언어생활에서 접하지 못한 개념을 접하게 됐다. 중간에 있는 언론이 개념 설명을 해도 의미가 전달되기 어렵다. 국민의 안전과 생명에 대한 정보를 일반 국민이 이해하지 못하는 모순적인 상황이 벌어지는 것이다.

코로나19는 재난이다. 재난에 취약한 계층이 정보에 소외되면 큰 위험에 빠질 수 있다. 평등하게 정보를 전달하는 역할은 공공 언어가 해야 한다. 공공 언어가 전문 용어, 어려운 외국어로 돼 있으면 이해하는 사람과 이해하지 못하는 사람 사이에 커다란 정보의 격차가 생긴다. 보건 당국과 언론이 '코호트 격리를 했다'고 그냥 전달할 때와 '건물을 통째로 격리했다'거나 '동일 집단 격리를 했다'는 식으로 풀어서 전달할 때 시청자의 이해도는 확연히 차이가 날 수밖에 없다. 공공 언어의 역할은 재난 상황에서 더 부각되지만 재난이 아니어도 마찬가지다. 언론은 정보와 공공 언어를 함께 다루는 만큼 정보 전달 언어에 대해서도 고민을 더해야 한다.

6. 방송 기사의 특수성

1) 세분화된 시간 표현

육하원칙 가운데 '언제'에 해당하는 날짜와 시간을 표현할 때 신문은 특별한 사유가 없으면 날짜만 쓰고, 뉴스 통신사는 날짜와 오전, 오후를 나눈다. 하지만 방송에서는 시간 표현이 매우 세분화돼 있다.

- 0시~6시: 새벽
- 6시~9시: 아침
- 9시~12시: 오전
- 12시~14시: 낮
- 14시~18시: 오후
- 18시~20시: 저녁
- 20시~24시: 밤

방송 기사에서 시간 표현이 세분화돼 있는 이유는 뉴스의 실시간성 때문이다. 어떤 일이 바로바로 전달되는 방송 기사에서 날짜는 대부분 오늘이기 때문에 중요한 정보가 되지 못한다. '언제'에 대한 궁금증이 해결되지 않는다. 즉, 방송 기사에서 '언제'는 시간이다. '오늘 아침 7시'처럼 써야 지금부터 몇 시간 전에 벌어진 일이라는 시간의 정보가 제대로 전달된다.

분 단위로 내려가면 '쯤'을 사용한다. '쯤'이 대략의 시간을 말하기 때문에 아침 8시 17분에 발생한 사고 기사를 쓰면서 '오늘 아침 8시 17분쯤'이라고 쓰면 어색하고 '오늘 아침 8시 20분쯤'이라고 쓴다. 대부분 몇 분까지 정확한 정보를 전달할 필요는 없기 때문이다. 하지만 몇 초까지 시간의 정보를 정확히 써야 하는 경우도 있다. 기사에 따라 판단하면 된다.

신문이 '며칠'이라는 날짜를 쓰는 반면에 방송은 오늘과 근접한 날짜는 '어제,' '오늘,' '내일,' '모레'로 표현한다. 어제 이전의 날짜는 '지난 ○일,' 모레 이후의 날짜는 '오는 ○일'로 신문과 동일하게 표현한다.

2) 따옴표는 없다

방송 기사에서 직접 화법은 불가능하다. 신문은 따옴표를 사용해 취재원의 말을 그대로 옮길 수 있지만 방송은 '누가 뭐라고 얘기했다'는 식의 간접 화법만 가능하다. 기사에 따옴표를 써 봤자 읽으면서 사라진다. ["……할 것입니다"라고 말했습니다]처럼 쓰면 안 되고 [……할 것이라고 말했습니다]라고 써야 한다.

말을 그대로 기사에 옮겨야 하지만 약간 바꿔야 할 때도 있다. 이를테면 [원내 대표는 "의원님 한 분 한 분이 최선을 다해 주실 것으로 믿습니다"라고 말했다]는 신문 문장을 방송 기사로 쓴다면 [원내대표는 의원 한 명 한 명이 최선을 다해 줄 것으로 믿는다고 말했습니다]가 돼야 한다. 원내 대표가 의원들 앞에서 높임말로 얘기했지만, 방송에서는 시청자가 가장 높기 때문에 기사에서 의원을 높이면 존대법에 어긋난다. 기사나 기자 오디오로 직접 화법을 표현할 수 없는 대신 CG를 활용하면 신문과 똑같은 직접 화법 효과를 낼 수 있다. 물론 CG를 만들 때에도 발언을 토씨 하나까지 똑같이 인용해야 하는 것은 아니고, 기본적인 취지를 중심으로 정리해서 보여 주는 것이 효율적이다.

3) 인터뷰를 품은 문장

하나의 문장 안에 인터뷰를 넣는 기법이 요즘 자주 시도되고 있다. 문장 밖에만 있던 인터뷰가 문장 안으로 들어간 것이다.

> 노영민 청와대 비서실장에 대한 여당 내부의 불만은 오늘도 부글부글 끓어올랐습니다.
>
> 초선 김남국 의원은 지역 주민들에게 미안해야 하는 매우 부적절한 행위라고 공개적으로 비판했고 중진 의원들 사이에서도 당과 정부에 부담을 줬다, 일명 '내로남불'이 됐다, 욕먹을 만하다 같은 쓴소리가 쏟아졌습니다.
>
> 그제 김태년 원내 대표에 이어,
>
> [김태년/더불어민주당 원내 대표 (그제, SBS 8뉴스 인터뷰) : 국민 눈높이에서 보면 여러 가지 비판을 받을 소지는 있다고 생각합니다.]
>
> 오늘은 유력 대선 주자인 이낙연 의원도 악화한 여론을 의식한 듯 우려 섞인 언급을 했습니다.
>
> [이낙연/더불어민주당 의원 : '좀 아쉽다' 이런 생각이 듭니다. 합당한 처신, 합당한 조치가 있기를 기대합니다.]

기사를 텍스트로 보면 문법 파괴지만, 영상으로 보면 거슬리지 않게 넘어간다. 신문과 다른 방송 뉴스의 효과다. 다만, 문장 안에 들어가는 인터뷰가 길거나 내용이 어려운데도 이런 기법을 쓰면 곤란하다. 시청자는 인터뷰 앞에 토막 난 문장을 기억하면서 인터뷰를 들어야 하는데, 인터뷰가 길거나 어려우면 무슨 맥락의 인터뷰인지 잊어버리게 된다. 짧게 치고 빠지는 느낌의 인터뷰라야 이런 기법의 맛을 살릴 수 있다. 방송 뉴스에서 누군가 새로운 기법으로 제작하면 전염병처럼 퍼지는 경향이 있는데, 시도를 위한 시도는 금물이다. 시청자에게 제대로 전달되지 않으면 역효과가 발생한다.

7장

분야별 기사 쓰기

1. 사건 기사

사건은 '역사적 사건'처럼 사회의 관심을 끄는 큰 이슈라는 의미도 있지만, 여기서는 형사 사건의 대상이 되는 사건과 사고, 자연재해 등을 포괄하는 개념으로 사용한다. 사건 사고를 처리하는 가장 일선의 국가 기관은 경찰이다. 언론사마다 경찰 담당 기자를 다수 배치하고 이 기자들을 '경찰 기자' 또는 '사건 기자'라고 부른다. 갓 입사한 기자의 필수 코스처럼 돼 있다. 사회 현상의 표출로 볼 수 있는 사건 사고 현장을 지키면서 사회의 바닥을 훑고 취재와 보도의 기초도 다질 수 있기 때문이다. 사건 기자라고 해서 늘 경찰만 담당하는 것도 아니고, 또 경찰만 수사를 하는 것이 아니기 때문에 '경찰 기자'라는 표현보다는 '사건 기자'라는 말이 더 실질에 부합하는 용어다.

기사 구성에서 언급한 '4단계 구성'은 모든 방송 뉴스에 적용할 수 있지만, 가장 잘 들어맞는 기사 유형이 사건 기사다. 리포트 구성을 '현상(실태)-원인-문제점-해법(전망)'의 4단계로 볼 때, 단순 사건 사고 리포트는 대개 '현상-원인'으로 구성된다. 단순 범죄나 단순 사고는 구조적 문제보다는 개인의 일탈이나 단순 부주의가 원인인 경우가 많기 때문이다. 예컨대 단순 범죄 기사의 경우 범행 개요, 범행 동기, 경찰의 조치가 기사의 요소가 된다.•

하지만 대형 사건 사고는 현상, 원인, 문제점, 해법을 모두 분리해서 각각의 리포트를 만들 수 있다. 심지어 각각의 요소에 해당하는 리포트를 여러 개 만들 수 있다. 대형 화재의 경우 현상 리포트만으로도 종합 스트레이트, 화재 현장 중계, 피해 상황, 피해자 사연 등을 모두 생각해 볼 수 있다. 사건 사고가 발생한 당일 모든 상황을 파악하기 어렵다. 시간이 지나면서 새로운 사실이 추가로 취재되기 때문에 속보를 이어 가면서 사건 사고의 제 모습이 드러나고, 네 가지 구성 요소도 이렇게 시간이 흐르면서 완결되는 것이다. 속보를 이어 갈 경우에는 관련된 기획 기사가 가세하는데, 이런 기사가 6장에서 언급한 발생성 기획 기사다.

2018년 12월 비정규직 청년 노동자 김용균 씨가 컨베이어벨트에 끼여 숨진 사망 사고를 잠깐 돌아보자. 이 사고는 '위험의 외주화'라는 화두를 사회에 던졌다. 사망 17일 만에 국회에서 낮은 수준

• 수사권 조정에도 불구하고 검찰이 수사를 담당하는 부분이 여전히 크고, 경찰 수사에서 혐의가 인정된 경우는 모두 검찰로 송치되어 기소를 위한 보완 수사가 이뤄지기 때문에 수사 기사는 다음 절에서 조금 더 구체적으로 다룬다. 이른바 사건 기자가 담당하는 취재 범위에는 대검찰청과 서울중앙지검을 제외한 서울 시내의 4개 지검을 비롯한 전국의 지방 검찰청이 있다. 따라서 법조팀이 담당하지 않는 모든 검찰청의 수사 기사는 특별한 사정이 없는 한 사건 기자의 몫이다. 물론 법조팀이 서울 시내 지검을 담당하기도 하는 등 업무 분장은 얼마든지 달라질 수 있다.

표 12 SBS의 김용균 씨 사망 연속 보도(2018. 12. 12~12. 28)

12월 12일 (수)	- 위험의 외주화… 숨진 뒤 5시간이나 방치 - 정규직 꿈꾸며 위험 감수했다가… - 앵커 코멘트
12월 13일 (목)	- "죽어도 돌아가는 벨트"… 119 통화 내역 입수 - 11명 숨졌는데… 사망 책임 과태료는 '0'원 - 구의역 사고 2년… 말뿐인 '위험의 외주화 방지' - "더 이상 위험 떠안고 죽지 않게 해 달라"
12월 14일 (금)	- 중단 지시 받고도…"80분 동안 벨트는 돌았다" - '불법 해고'도 가능한 '갑질 근로계약서' - "엉터리 사고 조사에 은폐 급급" - 유가족+동료 인터뷰 구성 - 김용균 씨 어머니 출연
12월 15일 (토)	- 구의역 사고처럼 '유품 속 컵라면'… 생전 모습 공개
12월 16일 (일)	- 사망 사고 92% 태안화력… "사망자 4명 고의 누락" - 시신 옆에서 '80분 작동 벨트'… 점검 대상이었다 - 앵커 코멘트
12월 17일 (월)	- 시신 발견했는데… 경찰보다 벨트 정비 먼저 불렀다" - 위험한 일 시켜 놓고… "안전 교육 시간도 안 지켜" - '2인 1조' 의무화… "위험 외주화 대책 없다" - 앵커 코멘트
12월 18일 (화)	- 사고 더 있었다… 휴대 전화 속 '위험한 작업'
12월 19일 (수)	- 위험한 작업 환경 고스란히 담긴 '휴대전화 영상' - 재계 반발에 후퇴한 '위험 외주화 방지' 법안
12월 20일 (목)	- [단독] 마지막 모습 담긴 CCTV…"원인 파악 중요 자료" - 느슨했던 '비상 정지 장치'… 누가 왜 그랬나?
12월 21일 (금)	- 푹푹 빠졌던 석탄 바닥… 여 대표 온다니까 '물청소' - '생명줄' 비상 멈춤 장치…"안전 검사도 엉터리" - '위험 외주화 방지' 답할 국회… 각론 '제각각' - 대통령 면담 요구 촛불… "제2의 김용균 막아야"
12월 22일 (토)	- 추모 촛불… "정치권 왜 '위험 외주화' 방치하나" - 드러난 '불법 파견 정황'… 업무 지시 공문과 메신저 - 커지는 '부실 점검' 의혹… "안전 점검 받은 적 없다"
12월 23일 (일)	- 불법 파견 정황 수사… 서부발전 임직원 곧 소환 - 앵커 코멘트
12월 24일 (월)	- "제2의 희생 막아달라"… 눈물로 법안 처리 호소 - '위험의 외주화 방지 법안' 합의 무산… 처리 '불투명'
12월 25일 (화)	- '눈물 호소'에도 고비 남은 위험의 외주화 방지법 - 국회 중계차 연결
12월 26일 (수)	- 위험 외주화 방지 · 유치원 3법 다시 '먹구름' - "폭발할 것 같은 분노"… 위험 외주화 이대로?
12월 27일 (목)	- 간절함이 이끌어 낸 위험 외주화 방지 법안 - "지시 받고 안전 철망 제거" 진술… 형사 입건 방침
12월 28일 (금)	- 28년 만의 법 개정, 그날 고 김용균 어머니는… - 앵커 코멘트

이지만 위험의 외주화를 방지하는 내용으로 이른바 '김용균법'이라고 불린 산업안전보건법 개정안이 통과됐다. 이런 전체 상황의 전개를 구성의 4단계로 보면 김용균 씨 사망은 '현상,' 컨베이어벨트에 끼인 것이 '원인,' 위험한 작업을 하청 노동자에게 떠넘기는 이른바 '위험의 외주화'가 '문제점,' 위험의 외주화 방지 법안이 '해법'이라고 할 수 있다.

기사의 큰 흐름은 이런 구성대로 전개됐지만, 김 씨 사망을 둘러싸고 새로운 일이 벌어지면서 수많은 '현상,' '원인,' '문제점,' '해법'에 대한 기사가 이어졌다. 17일간 이어진 SBS의 김용균 씨 사망 연속 보도를 보면 대형 사건 사고 기사에서 '현상-원인-문제점-해법'의 구성 요소들이 어떤 식으로 전개되는지, 스트레이트 기사 외에 어떤 기획 기사가 어떤 역할을 하는지 이해할 수 있다.

더불어 이 모든 기사가 김용균 씨 사망 사고로 시작했다는 점도 잊어서는 안 된다. 누군가를 죽음에 이르게 한 사건 사고는 사망 원인과 이면을 꼭 살펴봐야 한다. 사소한 죽음이란 없다.

1) 무엇이, 왜 기사가 되는지 명확하게

스트레이트나 리포트 모두 기사의 핵심이 선명해야 한다. 길거리에서 두 사람이 말싸움하다 살인 사건이 발생한 경우를 가정해 보자.

① 유명인이 끼어 있다면 '누가'가 기사의 핵심이 된다. 가령 '인기 가수 ○○○씨가 길 가던 사람을 말싸움 끝에 살해했다'는 기사에서는 인기 가수가 기사의 핵심이다. 유명 인사는 흥미를 유발하는 걸 떠나 사회에 큰 영향을 끼치는 공인이기 때문이다.

② 살해 수법이 기사의 핵심일 수 있다. 시신을 훼손하거나 암매

장했다면 잔혹한 범죄가 사회에 던지는 메시지가 있기 때문이다. '시신을 훼손해 한강에 버린 혐의를 받고 있다,' '집 근처 야산에 암매장한 혐의를 받고 있다'는 기사는 살해 수법을 강조한 기사다.

③ 말싸움의 동기가 중요할 수도 있다. 남성이 여성을 상대로 여성 혐오 발언을 하면서 말싸움이 나고 살인까지 이어졌다면 혐오 발언이 기사의 핵심이다. 이 경우 살인 사건이 젠더 이슈로 비화하거나 사회적 논쟁의 소재가 된다.

④ 지나가던 사람들이 구경만 하고 방관했다면 '실종된 시민 의식'이 기사의 핵심이 되어야 한다.

2) '짧은 스케치 + 스트레이트 문체'의 구조에서 탈피하라

앵커 멘트 뒤 본문에서 한두 문장 화면을 설명하고 나서 스트레이트성 문장을 붙이는 방식이 언제부터인가 사건 사고 리포트의 전형처럼 돼 버렸다. 잘못된 혼합형 기사다.

표 13의 기사 1에서는 불이 난 화면을 보여 주면서 상황을 묘사하다가 '어젯밤 8시 반쯤 충북 신천의 한 연구 시실에서 불이 났습니다'라는 스트레이트 문장이 연결되면서 스토리텔링의 흐름이 어색해진다. 화면 설명으로 시작하는 방송체 문장도 두 문장 다음부터는 신문체 문장으로 바뀌었다. 이미 불이 난 상황을 설명해 놓고 다시 '불이 났습니다'라고 이야기 하는 것도 순서에 맞지 않다.

기사 2도 비슷한 구조인데, '불이 난 건 오늘 새벽 4시 5분쯤'으로 문장도 명사형으로 종결한다. '불이 난 건 언제'라는 식으로 도입부를 시작해 명사형으로 맺는 문장은 그것이 발생한 시간을 강조하는 것이다. 하지만 이 기사에서 시간이 그렇게 중요한 사실은 아니다.

표 13 **신문체·방송체 혼합형 기사 예시**

기사 1	기사 2
시뻘건 불길이 치솟습니다. 시커먼 연기가 하늘을 뒤덮고, 소방대원들은 연신 물을 뿌려 댑니다. 어젯밤 8시 반쯤 충북 진천의 한 연구 시설에서 불이 났습니다. 이 화재로 연구원 3명이 연기를 흡입해 병원으로 옮겨졌고, 불은 2시간 만에 진화됐습니다. (이하 생략)	아파트 베란다 밖으로 시뻘건 불길이 솟구칩니다. 울산 동구의 한 아파트 13층에서 불이 난 건 오늘 새벽 4시 5분쯤. 이 불로 집에서 자고 있던 9살 동생과 동생을 구하려던 18살 형이 숨졌습니다. 또 아파트 주민 8명이 연기를 마셔 병원으로 이송됐고, 100여 명은 대피했습니다. (이하 생략)

표 14 **혼합형 기사의 재구성 예시**

수정 전	수정 후
아파트 베란다 밖으로 시뻘건 불길이 솟구칩니다. 울산 동구의 한 아파트 13층에서 불이 난 건 오늘 새벽 4시 5분쯤. 이 불로 집에서 자고 있던 9살 동생과 동생을 구하려던 18살 형이 숨졌습니다.	새벽 시간 아파트 베란다 밖으로 불길이 솟구칩니다. 화면 속 아파트에는 9살과 18살의 형제가 있었습니다. 깨어 있던 형이 잠자던 동생을 구하려했지만 불길을 피하지 못해 모두 숨졌다고 출동했던 소방관이 전했습니다.

습관적인 구성일 뿐이다. 앞부분 화면 설명도 그렇게 신선하지 않다.

도입부 뒤를 툭 끊어서 스트레이트 기사를 붙이는 방식은 사실을 넣는 그릇으로 스트레이트 문장 구조가 익숙하고 편하기 때문이다. 화면을 살리면서 사실을 재조합하는 문장을 만드는 건 얼마든지 가능하다. 기사 2의 경우 도입부를 표 14와 같이 바꿀 수 있을 것이다.

3) 사건 기사에서 유의할 점

첫째, 흥미 위주로 흐르지 않도록 해야 한다. 사건 사고 기사에는 선정성이 도사리고 있다. 자극적인 기사를 클릭하는 시청자와 독자가 많지만 이런 유혹에 빠지면 안 된다. 특히 성폭력 사건을 선정적이거나 호기심을 자극하는 이야깃거리로 다루거나 피해 내용을 자세히 묘사해서는 안 된다.

둘째, 피해자의 상황에 공감하는 감수성이 필요하다. 피해자와 피해자 가족이 겪는 심적 고통을 헤아리고 기사를 통해 2차 가해가 발생하지 않도록 유의해야 한다.

셋째, 개인의 일탈보다는 구조적 문제에 주목해야 한다. 사건 사고의 이면에 도사리고 있는 사회적 문제를 포착하는 게 사건 보도의 주목적이다. 범죄 보도가 공익성을 가지려면 단순히 사람들의 호기심에 영합하는 것이 아니라 사건 해결이나 예방, 추가 피해 방지 쪽에 초점을 맞추어야 한다. 기획 기사를 찾을 때에도 이런 방향성을 염두를 둬야 한다.

넷째, 범죄 보도에서 범죄 수법을 자세히 알려 주는 것은 곤란하다. 모방 범죄를 부추김으로써 범죄 예방이라는 공익적 목적과는 완전히 다른 결과를 가져올 수 있기 때문이다.

4) 사건 기사에서 주의할 표현

사건 사고 기사에서 자칫 범행이나 상황을 너무 자세히 묘사하게 되면 선정성 등의 문제를 불러일으킬 수 있다. 범행에 동원된 수단, 범행 수법 등을 자세히 언급하는 것도 마찬가지다. 특별히 주의해야 할 단어들을 정리했다.

- 칼 → 흉기: 식칼, 과도, 회칼, 면도칼은 모두 '흉기'로 통일하는 것이 좋다. 면도칼이나 커터칼을 강조하고 싶을 때에도 '예리한 흉기'로 쓰면 충분하다.
- 망치 → 둔기: 몽둥이나 벽돌, 망치 등은 '둔기'로 통일한다.
- 죽었다 → 숨졌다: 사람은 '숨졌다,' 동물은 '죽었다'로 표현한다.
- 시체 → 시신: 사람은 '시신,' 동물은 '사체'로 표현한다.
- 강간 → 성폭행: 형법 조문에는 '강간'이라고 나오지만 기사에서는 순화해야 한다.
- (지진) 규모 vs. 진도: '규모'로 통일한다. '규모'는 절대적인 강도, '진도'는 상대적인 강도로 지진이 잦은 일본에서는 '진도'를 많이 사용한다.
- 자살 → 극단적 선택: 자살 방지를 위해 직접적인 표현을 쓰지 않는다.
- 아리랑치기 → 부축빼기: 아리랑 이미지 훼손에 대한 지적에 따라 경찰이 공식 용어를 '부축빼기'로 바꿨다.
- ~명의 사람이 → ~명이 : '명'은 사람을 셀 때만 쓰이는 의존 명사로 뒤의 '사람'은 필요 없다. 다만 '~명의 관광객' '~명의 시청자' '~명의 탑승객'처럼 쓸 수 있다.

김민표의 현장 #4: 수습기자 교육

오래전 수습기자 교육할 때 '때·땀·깡'을 '수습기자의 3대 요소'라고 가르친 적이 있다. 물론 저널리즘 교과서에는 없는 내용이다. 당시에 수습기자들은 집에는 물론이고 목욕탕에도 제대로 못 가니 때와 땀을 피부의 일부라고 생각하며 살아야 하고, 깡이 없으면 수습 기간을 버틸 수 없다는 농담 섞인 얘기였다. 부지런하고 끈질기고, 근성이 있어야 한다는 걸 가르치고 싶었던 것이다. 독종 기자로 성장할 것으로 기대하면서.

언론계에 주 52시간 근무제가 도입되기 전까지는 대표적인 수습기자 교육이 '하리꼬미(경찰서 등에서 철야 취재하는 것을 뜻하는 은어)'와 '마와리(출입처를 이곳저곳 돌아다니는 취재를 뜻하는 은어)'였다. 대부분 경찰서 구경도 못 해 본 수습기자들이 낯선 환경에서 잠을 못 자면서 취재하는 극한 상황을 경험했다. 교육 담당자는 몇 년 일찍 입사한 선배다. 악명 높은 호랑이 선배를 만나면 교육은 더 혹독했다. 교육을 견디지 못해 기자가 되는 것을 중도에 포기하는 낙오자도 있었다. 이런 언론사 특유의 도제식 교육의 목적은 단기간에 취재와 기사 작성의 기본기를 익혀 기자로 환골탈태시키는 효과를 보기 위해서다. 하지만 상명하복의 군대식 문화 형성, 인격 모독과 같은 반인권적 행태, 교육 체계 부족 등의 문제가 꾸준히 제기돼 왔다.

몇몇 언론사에서 시작된 수습기자 교육의 변화가 모든 언론사로 확산된 건 주 52시간 근무제 때문이다. '철야 취재'를 없애거나 기간과 시간을 축소하는 등의 근본적인 변화가 불가피해졌다. 언론사들은 대신 다양한 사내 교육 프로그램이나 기획 취재 참여 등으로 교육 방식을 바꾸고 있다. 기자 교육으로는 아직도 수습기자 때 받는 교육이 거의 유일한 만큼, 교육에 대한 투자를 늘려야 한다는 의견도 꾸준히 제기되고 있다.

2. 수사와 재판 기사

수사와 재판 보도는 사건 사고 보도와 함께 시청자의 관심이 매우 큰 분야다. 수사와 재판은 법률 절차가 중요하므로 사실 관계에 대한 취재 못지않게 법률적 측면을 잘 파악하는 것이 중요하다. 특히 수사와 재판 관련 제도가 계속 변화하기 때문에 새로 도입되는 제도도 꾸준히 관심을 가져야 한다. 앞에서 사건 기사를 살펴보면서도 수사에 대해 간략하게 언급했지만 본격적인 수사와 재판 기사는 일반적인 사건 기사와는 다른 면이 있으므로 좀 더 자세히 살펴본다. 이들 기사는 주로 법조 담당 기자들이 맡는 것으로 알려져 있지만 의외로 적지 않은 수사와 재판 기사는 사건 기자의 몫이다.

1) 수사 기사

수사 기사의 종류

범죄에 대해 공권력이 발동되는 과정이 수사다. 범죄는 사회 구성원과 나아가 사회 자체의 안전과 안정에 대한 위협이다. 따라서 언론이 당연히 취재해서 보도할 만한 공적인 관심사가 된다. 특히 사람의 안전을 직접적으로 위협하는 잔인한 범죄나 사회의 정상적인 운영을 위협할 수 있는 고위 공직자의 범죄는 어느 사회에서나 대단히 중요한 보도 대상이다.

수사 보도가 시작되는 것은 범죄 사실이 드러난 경우, 혹은 수사 기관이 일련의 수사 상황이나 결과를 발표하는 경우로 나누어 생각해 볼 수 있다. 먼저 범죄가 발생한 것으로부터 시작되는 수사 보도는 앞 절에서 살펴본 사건 기사의 다음 단계에 해당한다. 많은 수사 보도는 기자가 적극적으로 범죄 피해자나 용의자, 이들의 주변 관련자, 수사 관계자나 전문가 등을 직접 취재해서 보도하는 것이다. 기자는 스스로의 책임 하에 범죄와 관련된 사실을 취재하고, 의심이 가는 대목을 검증해서 보도한다.

기자는 강제 수사권이 없으므로 잘 드러나지 않은 사실을 확인하는 것은 매우 어렵다. 이 때문에 이런 취재는 누군가의 말에 의존할 수밖에 없는데, 한 사람의 말을 그대로 기사에 담는 것은 위험하다는 것을 명심해야 한다. 또 기사의 상당한 내용이 추정에 기대고 있다면 뭔가 길을 잘못 들었을 것이다. 기사 자체에서 보도 내용에 대한 근거를 제대로 제시하지 못한다면 아직 기사를 쓸 정도로 취재가 되지 않은 상태일 것이다. 검증되지 않은 부분을 적당히 넘겨짚거나, 자신의 생각을 사실인 것처럼 써서는 안 된다. 철저하게, 명확한 근거를 중심으로 기사를 써야 한다.

다음으로 경찰이나 검찰 등 수사 기관이 공식적으로 수사 착수나 영장 청구, 특정인의 소환 등 수사 상황을 발표하거나 수사 결과를 발표하는 상황을 생각해 볼 수 있다. 기자가 해당 사건에 대해서 이미 기초 취재를 하고 있었으면 전체적인 맥락을 잘 반영해서, 만약 그렇지 않다면 해당 사안의 단계에 맞게 사건의 의미를 설명하고 수사 기관의 발표를 기사에 담으면 된다. 다만 수사 기관의 발표 내용을 마치 범죄 관련 혐의가 검증된 것처럼 단정적으로 쓰면 안 된다. 범죄 혐의에 대한 수사 기관의 발표도 근본적으로는 수사 기관의 주장에 불과하며 장차 재판을 통해 검증되어야 한다는 점을 기억해야 한다.

수사 기관의 발표가 있을 경우, 기자는 반드시 혐의를 받는 대상, 즉 피의자에 대한 반론 취재를 해야 한다. 그런 반론을 담아야 제대로 된 기사가 되는 것이다. 수사 기관의 발표를 기사로 쓰면서 발표 내용을 마치 기자가 취재해서 확인한 것처럼 쓰거나, 마치 자신이 직접 목격한 것처럼 각색하는 바람에 문제가 되는 경우가 있다. 이런 식으로 기사를 쓰면 그 자체로 윤리적으로 거짓말을 하는 것이고, 내용에 문제가 있으면 수사 기관의 발표를 그대로 옮긴 것이라고 해도 면책을 받기 어렵다. 더구나 발표 내용을 과장해서 보도해서는 안 된다.

수사 기사와 법률에 대한 이해

수사 기사는 사건 발생 기사와 달리 사안에 대한 법률적 평가와 그에 대한 책임 문제가 중점적으로 다뤄지기 마련이다. 따라서 수사 기사를 쓰기 위해서는 해당 사안에 어떤 법적 규범이 적용되는지 잘 따져 보아야 한다.

법률은 매우 전문적인 영역이다. 특히 형사 처벌에 관한 규정은 매우 광범위한 법률에 흩어져서 존재한다. 이런 법률을 기자가 다 알고 있는 것은 불가능하다. 심지어 수사를 하는 사람도 잘 알지 못하는 법률 조항이 있을 수 있다. 따라서 수사 보도를 위해서는 관련된 법률이 무엇인지 파악하고, 그에 대한 전문가의 조언을 들어야 한다. 특히 그런 조언을 특정 전문가 한두 명에게 의존하면 안 된다. 전문가도 사람이기 때문에 착각이나 오해를 할 수도 있고, 편견을 갖고 있는 경우도 있다.

전문가의 의견을 듣는 것과 함께 중요한 것은 취재를 하는 사람이 직접 해당 규범을 찾아서 읽어 보고 이해하는 것이다. 법률이 전문적 영역이라고 지레 겁을 먹고 다른 사람의 해석에만 의존해서는 안 된다. 도무지 이해할 수 없는 법이 있다면 기자가 읽어도 이해할 수 없는 법을 고치라는 기사라도 써야 한다. 법률은 제대로 교육받은 사회 성원이라면 누구라도 이해할 수 있어야 하기 때문이다.

관련 법률 조항에 대한 설명도 기사에 적절하게 포함해야 한다. 다만 기자가 법을 이해했다고 법률 용어를 기사에 잔뜩 늘어놓아서는 안 된다. 기자가 법을 이해한 뒤 시청자와 독자를 위해서는 쉬운 일상 언어로 풀어서 써야 한다. 법률 명칭이나 죄명 같은 경우도 마찬가지다. 형법과 같은 기본법이 아니면 법률명도 길고 죄명도 복잡하다. 오해를 초래하지 않을 정도로 법률 명칭이나 죄명 등을 순화시켜서 쓰는 것이 좋다. 굳이 법률명을 자세하게 쓰지 않아도 내용 이해에 문제가 없다면 과감하게 생략을 하는 것이 나을 때도 있다.

예를 들어 '청탁과 함께 거액의 뇌물을 받은 혐의로'라고 쓰는 것이 '특정범죄가중처벌법상의 뇌물 수수 혐의로' 또는 '특가법상의 뇌물 수수 혐의로'라고 하는 것보다 더 친절한 표현이다. 법률가에게는 일반 형법의 특별법인 '특가법,' '특경가법' 같은 것의 구분이 중요하겠지만 뉴스 소비자에게는 문제가 된 행위가 무엇인지가 의미 있을 뿐이다. 물론 범행의 규모에 따라 일반법과 특별법으로 적용 법률이 달라지는 점 등을 설명하기 위해 법률명을 간단하게 써주는 것은 얼마든지 가능하다.

수사 절차에 대한 기초적 이해

수사에 대한 기존의 검찰과 경찰의 권한이 많이 조정되고 있다. 수사를 하는 경찰을 '사법 경찰관'이라고 하고 그를 보조하는 경찰을 '사법 경찰리'라고 한다. 관세청이나 국세청, 노동청 등에도 특별히 수사를 할 수 있는 사람이 있고, 시청이나 도청 같은 행정 기관에도 수사와 단속을 담당하는 사람이 있는데 이들은 '특별 사법 경찰관(리),' 줄여서 '특사경'이라고 한다. 이들을 포함해서 모든 사법 경찰관이 수사 결과를 검찰로 넘기는 것을 '송치'라고 한다.

수사는 강제력의 동원 없이 임의로 이루어지는 '임의 수사'와 강제력을 수반하는 '강제 수사'로 나뉜다. 수사 과정에서 압수 수색을 하거나 누군가를 체포하거나 구속하는 것처럼 강제력을 동원하기 위해서는 검사가 청구하고 법원이 발부하는 영장이 필요하다. 수사권 조정에 따르더라도 이런 강제 수사를 위해서는 사법 경찰관의 '신청'에 따라 검사가 법원에 영장을 '청구'하는 과정은 그대로 유지가 된다. 헌법에 그렇게 규정돼 있기 때문이다. 가끔 경찰이 영장을 '청구'했다고 쓰거나 검사가 영장을 '신청'했다고 쓰는 경우가 있는데 잘못된 표현이다.

검찰은 범죄 혐의가 확실하다고 판단되면 법원에 넘겨 재판을 받게 하는데 이를 기소라고 한다. 피의자가 구속된 상태로 기소하면 구속 기소, 그렇지 않으면 불구속 기소다. 다만 처음부터 검사가 벌금을 부과하는 것으로 충분하다는 판단이 들면 정식 재판 대신에 벌금 부과를 요청하는 '약식 기소'를 할 수도 있다. 약식 기소가 되면 정식으로 법정에 출석하는 재판 절차 없이 벌금형이 내려지게 되는데, 당사자가 억울하다고 생각하면 정식 재판을 청구할 수 있다. 물론 법원도 단순히 벌금만 부과하고 끝낼 일이 아니거나 유무죄를 따져 볼 필요가 있다고 생각하면 정식 재판으로 넘길 수 있다.

누군가를 구속하는 것은 중요한 기사가 된다. 일정한 요건에 해당할 경우에는 바로 수사 기관이 피의자를 '긴급 체포'한 뒤 48시간 안에 영장을 청구할 수 있는데 이것이 이른바 '사후 영장'이다. 하지만 일반적으로는 어느 정도 수사가 진행된 뒤에 구속 사유가 있다고 판단되면 사전 구속 영장을 청구한다. 이 경우에는 특정 날짜를 지정해서 구속의 필요성을 심사하는데 이것이 이른바 '구속 영장 실질 심사'다. 정식 명칭은 '구속 전 피의자 신문'인데 통상 영장 실질 심사라고 부른다. 이 경우는 영장 심사가 끝난 뒤 발부 여부가 결정될 때까지 경찰서 유치장이나 검찰청, 구치소 등 지정된 장소에서 대기를 하게 된다. 수사 기사를 쓰며 엉뚱한 실수를 하지 않기 위해서는 이런 일반적인 절차를 잘 이해하고 있어야 한다.

무죄 추정 원칙

수사나 재판 기사와 관련해서는 '무죄 추정 원칙'에 대해서 생각해 보아야 한다. 유죄 판결이 확정되기 전까지는 무죄로 보고 형사사법 절차를 진행해야 한다는 것이다. 무죄 추정 원칙은 헌법에서 재판에 관한 권리를 규정한 제27조에 명시되어 있다. 형사 재판 과정에서 판사가 피고인에 대해 유죄라는 편견을 갖지 말고 공정하게 재판해야 한다는 원칙으로 이해하면 된다.

수사 대상이 된 피의자가 무혐의 판단을 받을 가능성도 있고, 재판에 넘겨진 피고인이 무죄 판결을 받을 가능성도 있다. 수사 기관이 수사를 벌인다고 해서, 또는 체포나 구속이 됐거나, 혹은 재판에 넘겨졌다고 해서 범행이 다 확인된 것처럼 기사를 쓰면 안 된다. 어디까지나 수사는 수사고 재판은 재판이다. 유죄인지 판단이 확정되기 전까지는 그 사람이 무죄일 가능성을 염두에 두고 기사를 써야 한다.

하지만 헷갈리지 말아야 할 부분이 있다. 일부에서 헌법상의 무죄 추정 원칙이 언론 보도에도 적용되어야 한다면서 언론이 고위 공직자 등의 비리를 보도하는 것 자체를 비판하기도 한다. 하지만 언론은 자신의 책임하에, 신중한 취재를 거쳐서 공직자는 물론 사회의 각종 문제를 고발하는 보도를 해야 한다. 그런 보도를 성실히 수행하는 것이 언론의 사명이다.

무죄 추정 원칙이 기본적으로 국가의 형벌권 발동과 관련한 것이기는 하지만 언론도 비리 의혹이 있는 사람이나 이미 수사나 재판을 받고 있는 사람에 대해 호칭이나 표현 등에서 명예와 인격을 존중하는 것이 바람직하다. 한국신문협회와 한국신문방송편집인협회, 한국기자협회가 공동으로 채택한 신문윤리실천요강은 피의자나 피고인 등에게 경칭을 사용하는 등 명예와 인격을 존중해야 한다고 규정하고 있다. 다만 피의자나 피고인에 대해 경칭을 사용할 것인지는 개별 언론사의 편집 정책에 맡겨 놓고 있다.

당사자의 이야기를 꼭 취재하자

언론은 수사 상황을 취재하는 과정에서 꼭 수사 대상이 된 사람의 말을 들어 보아야 한다. 수사 기관이 나름의 근거를 갖고 수사를 하고 있다 하더라도 그 대상자로서는 나름의 사연이 있을 수도 있고, 그에 따라 법적 평가가 달라질 수도 있기 때문이다. 수사 기관은 아무래도 범죄 혐의에 대해 어느 정도 선입견을 갖고 있을 수 있다. 하지만 언론까지 거기에 동참하면 안 된다.

수사를 취재할 때 제일 조심해야 하는 것은 수사 관계자에게서 들은 내용에 지나친 무게를 두는 일이다. 아무리 확실하다 싶은 내용이 있어도 당사자의 반론을 들어 보아야 한다. 자백을 한 경우에도 마찬가지다. 자백에 의존했던 수사가 재판에서 무죄로 끝나는 경우도 종종 있다. 자백의 경우에도 그 진술의 타당성을 다른 사람의 말을 통해 검증해 보는 게 좋다. 가급적 당사자의 말을 듣는 게 좋겠지만 그것이 용이하지 않을 경우 변호인, 가족, 직장 동료 등 해당 사안이나 당사자를 잘 아는 사람의 말, 기타 증거가 될 만한 다른 것을 확인해 봐야 한다.

이런 확인을 거치지 않은 상태에서 우선 수사 기관의 발표나 수사 상황 등을 보도할 경우에는 철저하게 그것이 발표나 수사 상황에 불과하다는 것을 감안해서 기사를 써야 한다. 가급적 기사에서 그런 취지를 명확하게 알려 주는 것이 좋다. 과거에는 수사 기관이 수사 결과를 발표하는 경우 그것을 마치 사실로 확정된 것처럼 아예 생중계하는 경우도 많았다. 수사 기관 스스로도 과거에는 자신의 조사 내용을 마치 판결을 선고하는 것처럼 단정적으로 발표하는 경우가 많았는데 지금은 인적 사항도 거의 공개하지 않고, 수사팀의 잠정적 결론이라는 점을 전제하고 발표하는 경우가 많다.

언론중재위원회를 통한 반론 보도 청구가 증가하면서 대부분의 기자들이 수사 기사에서 반론을 실으려고 노력하고 있다. 하지만 여전히 형식적인 반론 보도가 많다. 마지못해 한마디 형식적으로 반론을 실어 줬다는 모양에 그치는 것이다. 이것은 기사의 품질과 신뢰도를 위해서도 바람직하지 않다. 제대로 사안을 보도하기 위해서는 충분한 반론을 통해서 기사의 균형을 잡아야 한다. 기자들 중에는 아직도 반론을 많이 쓰면 기사가 힘이 빠진다는 식의 말을 하는 사람이 있다. 만약 한두 마디 반론을 더 쓴다고 그것으로 기사가 반박되거나 힘을 잃어버린다면, 그것은 애초에 취재가 허술했거나 기삿거리가 되지 못한다는 고백이나 마찬가지다.

수사 기사가 피해야 할 것

수사는 기본적으로 범죄라고 하는 사회적인 문제를 밝혀내 처벌하기 위한 공권력 작용이므로 언론으로서는 매우 중요한 취재와 보도 대상이다. 특히 고위 공직자 등 공인에 대한 수사는 그 자체로 권력 감시의 일부가 된다. 하지만 수사 대상의 처지에서 보면 공권력에 의

한 기본권의 제한이 발생하는 것이므로 수사권이 제대로 행사되는지도 감시해야 한다. 공인이라고 하더라도 무리하게 기본권을 침해하는 수사 방식이 동원되는 것은 바람직하지 않다. 사회 정의의 이름으로 공권력의 남용이 이루어져서는 안 되기 때문이다.

따라서 고위 공직자나 공인에 대한 수사라고 해서 핵심적인 혐의와 관련 없는 주변적 사실을 과도하게 파헤치거나, 망신 주기식 수사가 이루어지는 것을 그대로 중계해서는 안 된다. 언론이 자체 취재를 한 경우도 마찬가지다. 권력 감시라고 해서 무엇이든 들춰내도 된다는 식으로 보도가 이루어지면 자칫 수사 기관의 무리한 인권 침해를 언론이 도와줄 수도 있다.

형법은 수사 관계자가 피의 사실을 기소 전에 공표하는 것을 처벌하는 독특한 규정을 두고 있다. 피의 사실 공표죄다. 다른 나라에서는 잘 찾아보기 어려운 조항이다. 이 조항은 오랫동안 사문화되어 있었지만 수년 전부터 수사 과정에서의 인권 보호 수단으로 받아들여지고 있다. 수사 관계자가 피의 사실을 공표하는 것은 불법이라는 점을 언론도 분명히 인식하고 취재와 보도에 임해야 한다.

신문윤리실천요강은 수사 기관이 제공하는 피의 사실은 진실 여부를 확인하도록 노력해야 하며 피의자나 피고인 측에게 해명의 기회를 주기 위해 최선을 다해야 한다고 규정하고 있다. 이 실천요강이 피의 사실은 절대로 보도해서는 안 된다고 규정하지 않고 있다는 점을 유의하자. 피의 사실 공표 금지는 기본적으로 수사 관계자에 대해 적용되는 것이기 때문이다. 언론은 피의 사실을 취재하게 되더라도 엄정한 사실 확인 작업을 거친 뒤 공익적 필요성을 살펴 보도할지 말지를 결정해야 한다.

수사 기관이나 수사 관계자가 공표한 사항이라도 당연히 언론의 자체 확인 작업을 거쳐야 한다. 그런데도 기자가 사건 관계자의 증언 등을 통해 간접적으로 확인한 내용을 단정적으로 보도하는 것은 큰 문제가 될 수 있다. 특히 중요한 비위 첩보를 단독으로 입수했을 때는 더욱 엄정하게 확인하고 반론 취재 등을 통해 충분히 사실 관계의 전모를 파악한 뒤 보도해야 한다. 특정인의 주장을 따옴표 안에 넣어서 마치 사실로 확인된 것처럼 보도하는 것은 절대로 안 된다.

당사자의 반론을 아예 받지 않거나, 혹은 반론을 받더라도 형식적으로 '당사자는 부인했다'는 식의 반론을 덧붙여 떳떳하지 못하거나 뭔가 숨기려 한다는 인상을 주는 경우가 종종 있는데, 이는 반론을 받는 취지를 무색하게 한다. 여유를 갖고 접촉하지 않고 뉴스 마감 시간에 임박해서 연락을 취한 다음에 마침 전화를 안 받으면 '연락이 닿지 않았다'고 쓰는 것도 마찬가지다.

단정적으로 표현하면 안 된다는 생각에서 '혐의'라는 표현을 썼는데도 사실상 단정적으로 표현하는 경우가 있다. 특히 신문 투의 기사에서 문제가 된 혐의를 법률 이름으로 쓰는 경우가 그렇다. 예를 들어 "부정한 청탁과 함께 ○억 원을 받은 A의원을 뇌물 수수 혐의로 구속했습니다"와 같은 표현이 여기에 해당한다. 비록 뒤에 '뇌물 수수 혐의'라고 썼지만 앞부분에서는 '부정한 청탁과 함께 ○억 원을 받은'이라고 단정적으로 쓴 것이다. 지금도 신문이나 통신의 경우 이런 기사를 많이 쓰고, 일부 방송 기사에서도 이런 표현을 따라 쓰는 경우가 있다. 원래 방송에 맞는 구어체 문장도 아닐뿐더러 불필요하게 단정적인 표현이므로 사용하지 않는 것이 좋다. 또한 제목이나 자막을 뽑을 때에도 각별히 주의해야 한다.

〈한겨레〉 사과의 교훈

〈한겨레〉는 2019년 10월, 1면 톱으로 "'윤석열도 별장에서 수차례 접대' 검찰, '윤중천 진술' 덮었다"는 제목의 기사를 내보냈다. 온라인 뉴스에는 '[단독]'을 달았다. 윤석열 검찰총장이 김학의 전 법무부 차관의 '스폰서'였던 건설업자 윤중천의 별장에 들러 접대를 받았다는 윤 씨의 진술이 나왔으나 추가 조사 없이 마무리했다는 내용이었다. 파장이 컸지만, 윤 총장이 〈한겨레〉를 상대로 고소하면서 진실 공방이 벌어졌고 〈한겨레〉는 2020년 4월에 이르러 자체적으로 진상 조사를 위한 TF를 구성해 기사의 정확성 등을 검증했다.

TF 결론이 나오자 1면 단독 보도의 운명은 비참하게 추락했다. 〈한겨레〉는 부정확한 보도였다며 2020년 5월, 1면에 사과문을 실어야 했다. 이미지 손상을 걱정해 사과에 인색한 언론 관행에 비추어 보면 솔직하고 용기 있는 사과라는 평가가 많았다. 특히 실제 취재와 보도된 기사의 차이를 투명하게 공개한 점도 이례적이었다. 취재한 내용이 언론에서 의혹을 제기할 정도로 충분했는지, 취재 내용을 기사화하면서 사실과 다른 내용을 넣거나 과장하지 않았는지까지 과감하게 공개한 것이다. 언론 관련 소송의 판결문이 아니면 이런 취재의 내막이 거의 드러나지 않고 묻힌다.

〈한겨레〉의 용기를 높게 평가하면서, 이를 통해 취재와 보도 과정에 대한 한국 언론의 민낯을 냉정하게 돌아보자. 사과문과 1보 기사를 비교하면 다음과 같은 저널리즘의 교훈을 확인할 수 있다. 우선, 사실 확인의 중요성이다. 첫 보도에서 밝힌 취재의 출발점은 '김학의 성접대 사건' 재수사 과정을 잘 아는 핵심 관계자의 말이다. 3명 이상의 취재원으로부터 전해 들은 말을 종합한 기사의 개요는 이렇다. ① 대검찰청

검찰과거사진상조사단이 6년 전 1차 수사 기록에 포함된 윤중천 씨의 전화번호부, 압수된 명함, 다이어리 등을 재검토하면서 '윤석열'이란 이름을 확인했다. ② 이에 조사단은 윤 씨를 불러 과거 윤 총장과 친분이 있었다는 진술을 확보했다. ③ 조사단은 또한 강원도 원주 소재 윤 씨 별장에서 윤 총장이 수차례 접대를 받았다는 진술도 받아냈다. ④ 조사단은 이런 내용을 진술 보고서에 담고 검찰 수사팀에 넘겼지만 검찰 수사팀은 윤 총장과 윤 씨의 관계, 접대 사실 여부 등에 대한 기초적인 사실 확인 노력조차 하지 않은 채 김학의 사건 재수사를 매듭지었다. 기사는 윤석열 총장이 건설업자 윤중천으로부터 수차례 접대를 받았다는 내용 위주로 구성돼 있다.

하지만 〈한겨레〉 TF에서는 윤중천 씨 조사 과정에서 윤석열 총장 관련 발언이 있었고, 이를 담은 과거사위 보고서가 있었다는 것만 사실로 확인했다. 기사의 핵심 부분(위 ③번 내용)이 사실과 다른 것이다. 〈한겨레〉 스스로 지적했듯이 언론은 취재원이 어떤 말을 했다는 사실뿐 아니라 말의 내용도 최선을 다해 확인해야 한다. 제보자를 포함한 취재원은 거짓말, 근거 없는 의견, 사실과 사실이 아닌 것을 섞은 교묘한 주장 등으로 함정을 파놓고 기자에게 접근할 수 있다. 항상 의심하고 사실 확인이 안 되면 기사를 미루거나 심지어 포기할 줄 알아야 한다. 취재원의 말이 사실과 다른 것으로 판명나면, 그 말을 옮긴 따옴표 기사도 오보의 비판에서 자유롭지 않다. 익명의 취재원은 오보에 아무런 책임을 지지 않는다.

둘째, 표현을 자의적으로 하면 안 된다. 취재원에게 간접적으로 전해 들은 내용인데도 윤중천 씨에게 들은 것처럼 "윤석열도 별장에서 수차례 접대"와 같은 인용 형식으로 표현한 것도 문제라고 〈한겨레〉 스스로 고백했다. 조사단 보고서에 담긴 윤중천 씨의 발언도 "윤석열 검사장을 알고 지냈는데, 원주 별장에 온 적이 있는 것도 같다"뿐이었다. 〈한겨레〉가 제목과 기사에서 쓴 '수차례,' '접대' 같은 단어가 없었고, "왔다"가 아니라 "온 적이 있는 것도 같다"고 모호하게 기술돼 있었다고 〈한겨레〉가 밝혔다. 윤중천은 애매하게 말했는데, 제목은 윤중천이 단정적으로 얘기한 것처럼 돼 있다. 기사 본문에서도 "강원도 원주 소재 윤 씨 별장에서 윤 총장이 수차례 접대를 받았다는 진술도 받아 냈다"며 마치 조사단을 직접 취재한 것처럼 표현돼 있다. 사실과 다른 내용에 인용 잘못까지 겹치면서 오보와 과장 보도 논란에 휘말린 것이다.

셋째, 의혹 보도는 합리적이고 엄격해야 한다. 〈한겨레〉는 "보도 뒤 여러 달이 지났지만 윤석열 총장의 별장 접대 의혹에 대해 증거나 증언에 토대를 둔 후속 보도를 하지 못했습니다"라고 고백했다. 윤 총장이 강력 부인하고, 윤중천 씨마저 "윤석열 총장을 안다고 한 적이 없다"고 부인하는 상황에서 반박 기사를 내보내지 못한 것이다. 한마디로 부정되는 기사의 운명은 비참하다.

언론은 날마다 숱한 의혹을 제기하지만 곧바로 부정되는 기사가 상당수이고 의혹이 사실로 드러나는 경우는 많지 않다. 의혹 제기도 사실로 볼 만한 충분하고 합리적인 근거가 뒷받침돼야 한다. 언론은 수사기관이 아니어서 취재에 한계도 있지만 당사자의 반론, 해명을 반박할 증언이나 자료를 최대한 확보하고 보도해야 한다. 그래야 의혹이 사실과 다른 것으로 판명 나더라도 방어할 수 있고 '언론으로서 의혹 제기할 만했다'는 지지도 얻을 수 있다.

2) 재판 기사

재판 기사의 종류

과거에는 수사 과정에서 세상을 떠들썩하게 했던 사건이라도 일단 재판으로 넘어가면 별로 관심을 끌지 못하는 일이 많았다. 하지만 점점 보도의 중심이 재판 쪽으로 이동하는 움직임을 보이고 있다. 당연히 아직도 수사 과정에서 보도량이 집중되는 건 어쩔 수 없지만, 수사 보도에 대한 논란이 잦고, 수사 상황을 취재하는 데 제한이 점점 많아지면서 재판 보도의 비중이 상대적으로 커지고 있는 것이다. 가장 관심을 끄는 재판 보도는 역시 이런 큰 사건에 대한 기소에서 판결에 이르기까지 과정을 따라가는 보도다.

큰 사회적 이목을 끈 사건이 법원으로 넘어가면 당연히 언론은 해당 사건에 대한 법정 공방을 지속적으로 다루게 된다. 하지만 재판은 상당히 긴 간격을 두고 열리고, 아무리 수사 단계에서 관심이 컸던 사안이고 언론 보도가 이뤄지더라도 시청자나 독자의 관심이 현격하게 떨어지는 것이 현실이다. 수사 단계에서 폭발적인 관심을 끌었던 조국 전 법무부 장관 관련 사건의 경우에도 재판 단계에서는 훨씬 관심도가 떨어져 버렸다. 물론 장관 지명 직후에서 현직 장관일 때 수사가 진행되었고, 재판이 열릴 때는 현직이 아니었다는 점을 감안해서 볼 필요가 있다.

일단 재판이 열리면 법정에서의 공방만이 아니라 재판 과정에서 제기되는 여러 쟁점에 대해 직접 언론이 확인 취재를 하기도 한다. 법정에서 주목을 끄는 발언을 한 사람에 대해 법정 밖에서 추가 보완 취재를 통해 해당 사건의 새로운 쟁점을 밝혀 낼 수도 있다. 이렇게 재판이 진행 중일 때에는 검찰과 변호인의 공방이라는 대결 구도가 형성되기 때문에 기본적으로는 공개 재판에서 제기되는 이들의 공식 주장, 그리고 이에 대한 재판부의 판단이나 재판 진행이 기사가 된다.

이렇게 큰 사건이 수사를 거쳐 재판으로 이어지는 것 외에 여러 생활상의 의미 있는 문제를 다루는 판결에 대한 보도도 중요하다. 이런 판결은 민사나 형사, 행정 소송 등 여러 분야에서 나올 수 있다. 예를 들어 겨울을 앞두고 빙판길 사고와 관련한 판결 기사를 취재하거나, 부동산 임대차나 보험 등에 대한 중요한 생활 정보를 판결 기사로 다룰 수 있다. 이 때문에 법원을 담당한 기자는 법원의 다양한 판결 동향에 귀를 열고 있어야 한다. 이런 판결 동향은 각종 소송의 제기 상황을 파악한 뒤 꾸준히 재판 진행 상황을 확인하는 등 법원 내부 취재도 필요하지만 변호사 사회에 대한 광범위한 취재를 통해 폭넓은 정보를 파악해야 한다.

재판 기사는 재판의 종류별로 나누어 생각해 볼 수도 있다. 수사 기사가 범죄에 대한 것으로 국한되는 것에 비해 재판 기사는 형사나 민사, 행정, 가사, 특허, 조세, 노동 사건 등으로 나눌 수 있다. 이런 여러 종류의 재판 중에서 특히 가사 재판의 경우에는 사생활 보호의 문제가 직접적으로 관련되어 있으므로 재판 내용도 잘 공개되지 않을 뿐만 아니라 당사자나 주변 인사를 통해 공개가 되더라도 기사로 다루는 데는 매우 신중해야 한다.

재판 기사에는 헌법재판소에서 이루어지는 다양한 재판에 대한 기사도 있다. 특히 헌재에서 다루어지는 사건 가운데는 불기소 처분 등에 대한 헌법 소원 사건을 제외하고도 탄핵 심판, 권한쟁의 심판, 위헌 법률 심판과 같이 하나같이 사회적으로 큰 쟁점이 될 사건이 많기 때문에 다양한 경로로 헌재의 심리 과정을 취재해야 한다.

재판의 종류와 심급 구조에 대한 이해

재판 관련 기사를 잘 쓰려면 재판이 어떻게 진행되는지를 잘 이해하고 있어야 한다. 수사와 관련해서는 사실 관계만 따라가면 그런대로 기사를 쓸 수 있지만 재판은 절차를 잘 이해하지 못할 경우 그날 재판에서 진행된 절차가 어떤 의미가 있는지 아예 파악하지 못할 수도 있다. 따라서 재판부나 변호인 등 재판에 관련된 사람에게 당일 진행되는 절차의 의미 등을 미리 물어서 숙지하는 것이 중요하다.

먼저 형사 사건을 생각해 보자. 형사 사건에서 기소가 이뤄질 때까지의 보도가 수사 보도라면 공판 준비 기일부터가 본격적인 재판 기사라고 할 수 있다. 증거 채택의 문제, 증인에 대한 사항 등 당사자들이 재판에 임하는 전략도 취재 대상이 된다. 이후 공판 기일이 진행되면서 여러 사건 관계자들이 법정에 증인으로 나서게 되는데, 검찰 측 증인인지 피고인 측 증인인지, 입증하고자 하는 취지가 무엇인지 등을 잘 파악해야 한다. 증인 신문은 먼저 증인을 신청한 쪽에서 이른바 '주신문主訊問'을 하면서 자신의 주장을 입증하기 위해 노력하게 된다. 주신문이 끝나면 상대방이 '반대 신문'을 통해 증인을 신청한 쪽에서 입증하려고 한 내용을 반박하게 된다.

재판부가 한쪽에서 신청한 증인을 채택하거나 거부하는 것과 같은 소송 진행 과정도 취재 대상이 된다. 재판이 진행되면 재판부가 사건을 바라보는 시각이 드러나는 경우도 있다. 그렇다고 해서 명시적인 언급이 아니라면 재판부의 심증을 유추해서 기사로 쓰는 것은 위험한 일이다. 만약 재판부가 심증을 명시적으로 드러낸다면 그야말로 무죄 추정 원칙에 입각해서 공정하게 재판을 진행해야 한다는 점에서 문제가 될 수 있고 그것만으로도 충분히 기사가 될 수 있다.

형사 재판은 합리적 의심의 여지없이 기소된 혐의가 입증되어야 유죄 판결을 선고할 수 있다. "의심스러울 때는 피고인의 이익으로"라는 법언法諺이 얘기하는 것처럼 유죄에 대해 합리적 의심이 들 경우에는 무죄를 선고해야 하는 것이다. 따라서 형사 재판에서 무죄가 선고되었다고 해서 피고인이 100% 무고한 사람이 아닐 수 있다. 무죄 선고의 이유를 잘 살펴서 기사를 써야 하는 이유다. 물론 모든 무죄 판결은 유죄를 입증할 증거가 불충분하다는 것이 판결 이유로 제시된다. 하지만 구체적으로 유죄로 볼 증거가 현저히 부족한 경우와 유죄 심증이 가지만 합리적 의심을 넘어설 정도로 입증이 되지 않은 경우인지를 잘 살펴야 한다.

민사 사건은 통상 소송 제기 단계에서는 잘 파악이 되지 않는다. 법원과 변호사에 대한 취재를 통해 보도할 만한 의미가 있는 소송이 제기된 사실을 파악하는 것이 중요하다. 소송 제기 사실을 알면 각종 서면의 제출이나 증인 신문 등 재판 진행 상황을 잘 취재해야 한다. 형사 재판을 제외하고는 법정에서의 공방보다도 서면을 통한 공방이 중요하다. 그래서 관련 당사자에 대한 취재가 중요하다.

민사 재판은 기본적으로 시작부터 쟁점에 대한 입증까지 당사자의 주장을 바탕으로 진행된다. 아무리 중요한 사실이 있다고 하더라도 당사자가 재판에서 적극적으로 주장하지 않으면 고려 대상이 되지 않는다. 형사 재판은 국가의 공권력이 개입해서 실체적 진실을 밝히는 것을 목표로 하지만 민사 재판은 원칙적으로 당사자 사이의 분쟁을 법원이 조정해 주는 것이 핵심이기 때문이다. 민사 재판의 판단 기준도 형사 재판과는 다르다. 합리적 의심의 여지없이 입증할 것을 요구하는 형사 재판과는 달리 민사 재판의 경우는 양측의 주장이 입증된 정도가 어느 쪽이 더 우세한지를 따져서 판결을 내리게 된다.

재판 보도에서 특히 잘 생각해야 하는 것은 기본적으로 3심으로 된 심급 구조다. 재판은 작은 사건의 경우에는 지방법원 단독 재판부 → 지방법원 항소부 → 대법원, 큰 사건의 경우에는 지방법원 합의부 → 고등법원 → 대법원의 3심으로 진행된다. 판결에서 핵심이 되는 내용을 '주문主文'이라고 하는데, 심급에 따라 판결의 주문이 바뀌는 경우가 제법 있다. 따라서 확정 판결이 나기 전까지, 하급심에서 내려진 판결이 마치 확정 판결인 것처럼 흥분하면 안 된다. 여기서 1심과 2심은 사실 관계를 따지기 때문에 사실심이라고 하고, 대법원은 하급심이 법리 적용을 제대로 했는지, 즉 법률 해석의 잘잘못을 따지기 때문에 법률심이라고 한다.

2심 판결이 1심과 달라지면 그대로 바뀐 판결을 선고하는 것으로 끝난다. 하지만 대법원은 특별한 사유가 없는 한 원심과 판단이 다를 경우에는 원심 판결을 파기하고 해당 판결을 내린 법원으로 사건을 돌려보낸다. 이른바 '파기 환송'이다. 파기 환송된 사건을 다루는 재판부는 원칙적으로 대법원의 판결 취지를 따라야 한다. 아주 가끔 대법원이 법리 적용을 잘못해서 하급심이 다시 대법원 판결에 배치되는 판결을 내리기도 한다.

3심제로 진행되지 않는 재판도 있다. 선거의 유무효를 다투는 선거 소송의 경우에는 대법원에 바로 제기해서 단심으로 이뤄지게 된다. 또 특허 재판의 경우에는 특허심판원에서 진행되는 특허 심판으로 1심을 대체하고 특허법원과 대법원의 2심제로 진행한다. 헌법재판소의 모든 심판 절차는 단심으로 진행된다. 군사 재판은 1심과 2심은 군사 법원에서 진행되지만 3심은 대법원이 맡는다.

참고로 민주주의 체제에서 3심이 절대적인 기준인 것으로 생각하는 사람도 있는데 꼭 그렇지는 않다. 미국의 경우 주 법원을 보면 주의 규모에 따라 2심제를 운영하는 주도 있고, 주와 연방 재판이 이어지면서 3심 이상의 재판이 이루어지기도 하고, 단심으로 끝나는 재판도 있다.

재판 기사에서 주의할 점

재판 기사에서 제일 중요한 것은 시청자가 이해할 수 있도록 기사를 쓰는 것이다. 복잡하게 전개되는 법리 공방을 전하면서 전문적인 법률 용어를 남발하거나, 소송 관계자들이 아니고는 이해하기 어려운 내용을 그대로 기사로 쓰는 것을 피해야 한다. 직접 취재를 하고 있는 기자는 대충 설명을 해도 알아들을 것이라고 생각한다. 하지만 시청자로서는 기사만 봐서는 구체적으로 무슨 뜻인지 이해하지 못하는 경우가 많다. 따라서 사안을 계속 지켜보지 않은 사람도 이해할 수 있도록 충분히 풀어서 설명하는 것이 중요하다. 특히 법률 용어는 그 취지가 전달될 수 있다면 일상 용어로 풀어서 쓰는 것이 좋다. 판결 기사에는 법률 용어를 써야 한다는 강박을 버려야 한다. 기자의 법률 지식을 자랑하기 위해서 기사를 쓰는 것은 아니기 때문이다.

다음으로 중요한 것은 재판의 당사자들이 재판을 둘러싼 환경을 유리하게 만들기 위해 적극적으로 언론을 이용하려는 시도에 말려들지 않는 것이다. 재판 자체가 재판부를 상대로 한 설득 과정이기 때문에 법정에서는 조금이라도 더 유리한 고지를 차지하기 위한 공방이 치열하다. 이런 공방이 재판 보도에서 중요한 취재와 보도 대상이 된다. 하지만 양측에서 제기하는 각종 주장을 무비판적으로 중계하는 것으로 재판 보도가 끝나면 안 된다.

양측의 주장에 대해서는 법정 밖에서도 취재를 계속해서 사실 여부를 분명히 가리기 위해 노력해야 한다. 검찰이든 변호인이든, 여론을 유리하게 조성하기 위해 검증되지 않은 주장을 할 수도 있기 때문에 단순히 이들의 주장을 받아쓰면 언론이 부당하게 이용당할 수 있다. 민사를 비롯한 다른 주요 재판도 마찬가지다. 헌법 재판과 관련해서도 이런 장외 여론전이 치열하다.

언론 보도가 자칫 재판에 부당한 영향을 미치지 않도록 하는 것도 중요하다. 그런데 종종 적극적으로 재판에 영향을 미치려는 것으로 보이는 보도가 나온다. 재판부의 정치적 성향 등을 공격하는 보도가 대표적이다. 주로 신문 기사들이기는 하지만 이런 보도는 매우 조심해야 한다. 판결 자체에 대한 분석이나 비판이야 얼마든지 가능하지만 판사의 과거 경력이나 외부 활동 등을 들어 재판 진행이나 판결의 의미를 몰아가는 것은 위험하다. 이런 보도는 법원의 독립성에 대한 공격으로 비칠 수 있고, 재판에 부당한 영향을 미치려는 것으로 보일 수도 있다. 신문윤리실천요강도 언론인이 재판에 부당한 영향을 끼치는 취재나 보도, 평론을 하지 말도록 규정하고 있다.

관련해서 신문윤리실천요강은 판결이 선고되기 전에 판결문이나 결정문을 사전에 입수해 보도하는 것도 금지하고 있다. 판결이나 결정은 선고됨으로써 효력을 갖는데 선고 이전에 그 내용이 공개될 경우 예기치 못한 혼란을 초래할 수 있다. 해당 판결이나 결정의 대상에 변화가 생길 수도 있고, 관련자의 반발을 예상할 수도 있다.

다만 신문윤리실천요강은 관련 취재원이 그런 사법적 문서에 포함된 내용을 적극적으로 제공했을 때에는 예외로 한다고 규정하고 있다. 판사 등 재판 관련자가 직접 해당 사항을 언론에 제공한 경우에도 무조건 보도를 금지하는 것은 아니라는 얘기다. 이런 경우도 개별적인 이해관계가 첨예하게 맞서고 있는 경우에는 보도를 하지 않는 것이 바람직할 것이다. 사법 절차를 통한 분쟁 해결 과정에서 언론 보도가 오히려 방해가 될 수 있기 때문이다.

3. 정치 기사

1) 모든 기사는 정치 기사가 될 수 있다

어떤 유형의 뉴스든 세간의 관심을 끌게 되면 정치권으로 이슈가 번진다. 사건 사고 뉴스도 마찬가지다. 큰 사건 사고가 나면 며칠 뒤 국회 상임위에서 경위를 따지며 책임 있는 당국자들을 추궁하는 모습을 볼 수 있다. 정당에서 논평을 내기도 하고 청와대가 나서기도 한다. 정치의 영역이 따로 없고 모든 세상사가 정치의 소재가 되는 것이다. 정치에서 세상사가 어떻게 다뤄지는지도 뉴스를 통해 세상에 알려진다. 유권자와 정치권의 연결 고리가 언론이다. 알랭 드 보통 Alain de Botton의 《뉴스의 시대*The News*》의 한 부분을 보자.

> 현대 정치의 핵심에는 모든 시민이 (작지만 지극히 중요한) 국가의 통치자라는 장엄하고도 아름다운 사상이 있다. 뉴스는 이 약속을 충족시키는 핵심적인 역할을 맡는다. 왜냐하면 뉴스는 우리가 우리의 지도자들을 만나 그들이 국가를 이끄는 데 적합한지, 작금의 가장 시급한 경제적 사회적 난관을 뚫고 우리의 처지를 개선할 수 있는지 평가하는 데 통로 역할을 하기 때문이다. 언론은 결코 민주주의의 부수적 존재가 아니다. 언론은 민주주의의 보증인이다.[32]

한국에서도 인기를 끌었던 미국 드라마 〈뉴스룸*The Newsroom*〉은 좋은 뉴스를 만들기 위해 등장 인물들이 고군분투하는 내용이 흥미롭게 그려져 있다. 드라마 속 뉴스 PD는 뉴스를 선정하는 가장 중요한 기준으로 '이 정보가 투표할 때 도움이 되는 정보인가?'를 꼽았다. 극중 앵커는 "민주주의에서 가장 중요한 것은 정보를 잘 알고 있는 유권자라는 단순한 사실을 기준으로 방송할 것입니다"라는 멋있는 말도 한다. 당장 투표권을 가진 협의의 유권자와 잠재적인 투표권자를 포함하는 광의의 유권자가 참정권을 올바르게 행사하도록 제대로 된 정보를 제공하고, 선거를 통해 민주주의가 꽃피도록 이끄는 게 뉴스의 책무라는 것이다.

알랭 드 보통의 책이나 드라마 〈뉴스룸〉의 내용이 언론의 정치적 역할에 대한 일반론을 언급하는 것으로, 정치 기사에 국한된 건 아니다. 앞서 언론의 기능을 설명하면서 언급한 것처럼 언론은 사람들이 공적인 의사 결정에 참여할 수 있도록 제대로 된 공적 정보를 제공해야 한다는 것과 같은 맥락이다. 그런데 저널리즘 현실의 정치 기사가 이런 역할을 잘 수행하느냐에 대해서는 회의적인 평가가 많다.

2) 성명과 뉴스는 다르다

정치권은 매일같이 여러 이슈에 대한 입장을 내놓는다. 성명이나 논평처럼 정당의 공식적 입장도 있고 정치인이 개인적인 입장을 말하기도 한다. 최근에는 특히 정치인 스스로 SNS 채널을 운영하는 경우가 많아 언론이 보도하지 않더라도 정치인의 말은 이미 넘쳐흐른다.

뉴스를 사실과 의견으로 구분할 때 정치인의 말은 주로 의견에 해당한다. 냉정하게 보면 소속 정당과 지지층을 위한 한쪽의 주장이다. 정치적 상대에 대해서는 호전적이기까지 하다. 의견만으로도 뉴스가 되기는 하지만, 어떤 실체에 접근한 뉴스거리는 되지 못한다.

뉴스의 대상이 특정 정파가 아니기 때문에 사실 관계나 근거, 주장의 타당성 등을 따져 소비자의 궁금증을 풀고 판단을 도와야 한다.

1보 처리가 중요한 현실에서 어떤 정치적 의견이 제기되었다는 것을 기사로 처리하는 것까지는 어쩔 수 없다고 치자. 하지만 곧바로 추가 취재를 통해 주장의 배경이나 사실 여부를 파악해서 입체적인 기사를 내놓아야 한다. 그렇지 않으면 정치 기사가 '받아쓰기 언론,' '기계적 중립 언론'이라는 비난에서 자유로울 수 없다. 정치권 소식을 전한다면서 "~말했다," "~주장했다"처럼 정치인의 말이나 성명을 중계하는 수준에 머물러서는 제대로 된 정치 기사라고 할 수 없다.

3) 본질과 맥락이 중요하다

정치 기사는 구조적으로 정치인의 '말'이 주된 재료가 된다. 그렇다고 정치 기사가 정치인의 '말'에만 집중하다 보면 본질을 놓치는 우를 범하기 쉽다. 말싸움은 대개 상대의 감정을 건드리게 되고 종국에는 '너 몇 살이야?'는 식으로 흘러 본질은 온데간데없이 사라진다. 기사는 말싸움 현장과 말싸움으로 벌어진 현상, 이를테면 회의 파행 등 흥미 위주로 흐르게 된다. 말싸움의 원인이 된 문제, 이를테면 부동산 대책, 노동자 생존 문제, 전염병 대책 등 국민 삶에 매우 큰 영향을 미치는 문제는 뉴스에서 외면받는다. 자칫 싸움의 원인을 제공한 것이 무엇인지는 사라지고 싸움만 남게 되는 것이다. 이런 정치 기사를 통해서 시청자는 제대로 된 공적 정보를 얻는 것이 아니라 정치에 대한 혐오감만 갖게 될 수 있다.

이런 현상의 이면에는 정치 기사의 연성화도 한몫하고 있다. 정치인이 싸워야 메인 뉴스에서 다뤄지기 때문이다. 정치인도 이를 잘 알고, 영상 기자가 있으면 싸우다가 영상 기자가 철수하면 싸움을 멈춘다. 카메라가 있으면 싸우는 것이 아니라, 싸워야 카메라가 온다고 할 수도 있다. 언론이 정치의 본질이 아니라 정치인의 싸움에 카메라를 들이대면서 정치를 싸움판으로 만들고 있는 것은 아닌지 성찰해야 한다.

4) 정파성에 갇히는 정치 기사

정파성이 전혀 들어 있지 않은, 순수하게 객관적인 기사가 존재할 수 있을까? 아마 불가능할 것이다. 기본적으로 모든 사람은 정치적인 의견이나 성향이 있고 언론인도 예외일 수 없기 때문이다. 뉴스는 현실을 재구성하기 때문에 정파성이 불가피한 측면이 있다. 어떤 사안을 보도하거나 보도하지 않기로 결정하는 것부터가 어느 정도는 정치적 판단이다. 보도할 경우에도 많은 내용 가운데 무엇을 어떻게 취사 선택하느냐에 따라 뉴스는 다르게 재구성된다. 어쨌든 언론은 무엇을 기사로 쓸지 선택해야 한다. 알랭 드 보통의 말을 좀 더 인용해 보자.

> 수없이 많은 버전의 '현실'이 존재한다. 결단력 있는 언론 기관들이 포착할 수 있는 현실이란 매일 딱 한 가지밖에 없는 것처럼 굴면서 국가를 논하는 건 불가능하다. 뉴스는 스스로를 현실을 그려내는 권위 있는 초상화가라고 제시할지도 모른다. 뉴스는 실제로 무슨 일이 벌어지고 있는가 하는 대단히 난감한 질문에 답을 갖고 있다고 주장할지 몰라도, 현실을 있는 그대로 옮겨놓는 빼어난 능력은 없다. 뉴스는 어떤 이야기를 조명하고 어떤 이야기를 빼버릴지 선택하면서 단지 현실을 선택적으로 빚어낼 뿐이다.[33]

모든 정파성이 저널리즘의 규범에 배치되는 것도 아니다. 다양하고 다원화되는 사회에서 언론사별로 여러 정치적 의견이 분출되는 건 자연스럽고 공론의 장을 형성하는 순기능이 있다. 독자나 시청자에게 정치적 이슈에 대한 찬반 논리를 충분히 제공해 다양한 목소리가 나오면 민주주의 발전을 위해서도 바람직하다.

그렇다고 정파성이 기사보다 앞서면 안 된다. 기자 자신의 정파적 판단을 먼저 내려놓고, 그쪽에 유리한 사실만 선택하고 불리한 사실은 의도적으로 배제하는 식으로 취재나 보도가 이뤄져서는 안 된다는 말이다. 더 나아가 혐오와 조롱의 표현을 동원해 가며 노골적으로 편향성을 드러내는 경우도 있다. 이쯤 되면 기사라기보다 정당의 성명서가 되고 만다. 언론 스스로 정파성에 앞장서는 선수로 나서는 것은 저널리즘 위기를 자초하는 일이다. 결론을 미리 내고, 이 결론을 도출하기 위해 끼워 맞추는 보도에는 편향성의 위험과 함께 오보의 위험도 도사리고 있다. 정파성이 기사의 본질, 특히 사회 전체에 대한 공익적 가치에 앞서게 되면 이미 언론이 아니라 정치가 되는 것이다.

4. 경제 기사

인간의 일상생활이 경제 활동이어서 경제 기사도 분야가 매우 넓다. 분야를 넘나드는 통섭적인 이해가 필요하기도 하고, 전문적인 지식이 필요할 때도 있다. 어려워서 술술 읽히지 않는 기사 중 상당수가 경제 기사다. 방송 뉴스의 경제 기사에 대한 고민도 여기에 있다. 신문 독자도 두 번, 세 번 읽으면서 이해해야 하는 내용을 일회성 뉴스에서 어떻게 시청자에게 전달할 것인가? 경제 담당 기자는 기사를 쓸 때마다 이 숙제를 고통스럽게 풀어야 한다. 하지만 안타깝게도 뾰족한 답은 없다. 경제 뉴스가 방송 친화적이지 않지만, 방송 제작 요소를 동원해 끊임없이 화학적 결합을 시도할 수밖에 없다.

1) 경제 기사는 더 시청각적으로

시청각적으로 정보를 전달하는 건 방송 뉴스의 기본이지만, 경제 기사는 더욱 시청각적 스토리텔링에 신경 써야 한다. 어렵고 추상적인 용어와 개념, 정보가 난무하기 때문이다. 잠재 성장률이 낮아지는 게 우리 경제의 문제라는 진단을 기사로 쓸 때 나왔던 표현이다. "우리 경제를 마라토너에 비유하면 오버 페이스하지 않고 꾸준히 달릴 수 있는 속도, 즉 경제에 부작용을 낳지 않고 달성 가능한 잠재 성장률이 추세적으로 낮아지는 게 문제입니다." 경제를 마라토너에 비유하면서 잠재 성장률을 너무 무리해서 속도를 내지 않고 꾸준히 달릴 수 있는 속도로 설명했다. 경제를 잘 모르는 사람도 알아들을 만하다. 여기서 끝내지 말고, 마라토너를 CG로 만들어 화면을 구성한다면 기자가 전하고자 하는 주제가 시청자에게 더 분명히 전달될 수 있다.

경제 전문가가 만든 시각적인 경제 용어도 있다. 미국 경제학자 밀턴 프리드먼Milton Friedman은 '헬리콥터 머니'라는 용어를 만들었다. 중앙은행이 돈을 찍어 뿌리는 경기 부양책을 뜻하는데, 헬리콥터가 산불을 잡기 위해 물을 뿌리는 것을 빗댄 조어다. 정부의 돈 풀기 기사를 쓰면서 '헬리콥터 머니'라는 용어와 함께 화면으로는 돈 뿌리는 헬리콥터를 CG로 만들어 설명하면 시각적인 스토리텔링이 된다. 경제의 대외 위협 요인 세 가지를 얘기할 때 '삼각 파고'라는 용어도 자주 등장하는데, 이때도 영상 요소로 파도 CG를 그려서 위협 요인을 대비시키면 더 친절한 설명이 된다. '삼각 파고'의 대책은 '방파제'로 비유해 시각화할 수도 있다.

취재 단계부터 시각적 설명을 준비하면 기사는 더욱 쉬워진다. 오징어가 잡히지 않아 가격이 지난해보다 배로 급등했다는 내용을 취재한다고 가정해 보자. 시장에 가서 수산물 가게를 스케치하고, 상인을 인터뷰하고, 가격을 CG로 처리하는 게 일반적인 접근이다. 하지만 다른 접근을 생각해 볼 수 있다. 예를 들어, 1만 원을 내고 상인에게 몇 마리 살 수 있는지 물어본다. 상인이 세 마리를 담아 준다고 치자. 그러면 기자가 다시 지난해 1만 원어치를 담아 달라고 해 본다. 그러면 상인은 여섯 마리를 담아 준다. 부탁을 한 번 더 해 보자. 10년 전의 1만 원어치를 담아달라고. 그러면 상인은 스무 마리 정도 담아 줄 것이다. 이 과정을 영상 기자와 함께 모두 촬영해 보여 주면 기사 쓰기도 쉬워지고 시청자도 오징어 가격 오름세를 쉽게 이해하게 된다.

면적을 얘기할 때는 '축구장의 몇 배 넓이'라는 식으로, 데이터 저장 용량을 얘기할 때 '몇 시간짜리 영화 몇 편을 저장한다'는 식으로 단순히 숫자가 아니라 시청자가 직관적으로 떠올릴 수 있는 표현을 쓰는 것도 시청각적 스토리텔링의 방법이다. 이런 식으로 경제 기사를 쓰면 숫자나 어려운 용어를 줄여나갈 수 있다.

2) 통계는 거짓말을 모른다?

통계는 설득력이 있다. 어떤 주장을 숫자로 뒷받침하면 그 주장이 훨씬 더 사실처럼 여겨지고, 기사도 숫자가 있으면 더 탄탄해지는 느낌을 준다. 눈에 보이지 않는 경제 현상을 진단하고 대안을 제시하는 데 통계만 한 게 없다. 통계에는 앞으로 상황에 대한 방향성까지 나타나 있다. 다만 이 모든 것은 통계가 정확해야 한다는 게 전제돼야 한다. 하지만 통계의 세계는 그리 단순하지 않다.

2019년 정치권에서는 정부가 추진하는 이른바 소득 주도 성장 정책의 효과를 놓고 공방이 벌어졌다. 서로 통계도 제시했는데 양측이 제시하는 통계는 완전히 정반대의 결론을 보여 주었다. 야당 국회의원은 소득이 낮은 20%인 1분위의 근로 소득이 감소세를 보이고 있다는 통계를 제시했다. 이 통계를 바탕으로 KBS 뉴 미디어 콘텐츠 〈여심야심〉이 제작한 그래프를 보면 소득 주도 성장이 실패했다는 야당 주장에 이의를 달기 어렵다. 하지만 한 여당 국회의원은 가장 소득이 낮은 1분위 가구의 근로 소득이 완만한 상승세를 이어 간다는 통계를 제시하면서 소득 주도 성장 정책이 효과적이었다고 반박했다.

여당과 야당이 각자 제시한 통계를 만들 때 사용한 기초 데이터는 모두 통계청의 '가계 동향 조사'였다. 그렇다고 기초 데이터를 왜

총 가구 분기별 근로소득 증감률(%)

*전년 동기 대비

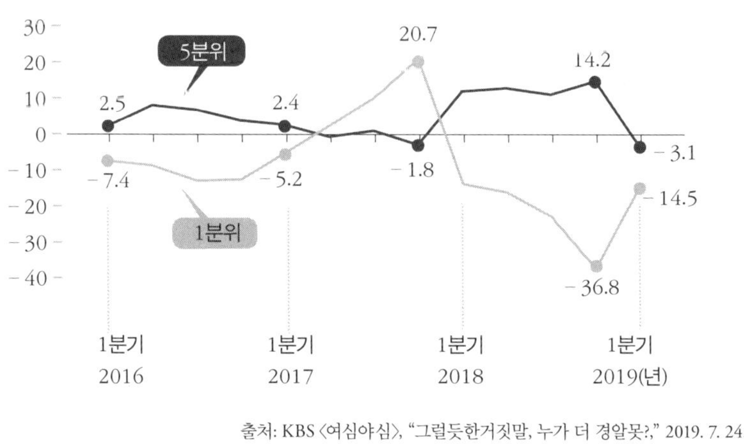

출처: KBS 〈여심야심〉, "그럴듯한거짓말, 누가 더 경알못?," 2019. 7. 24.
자료: 야당 소속 국회의원실.

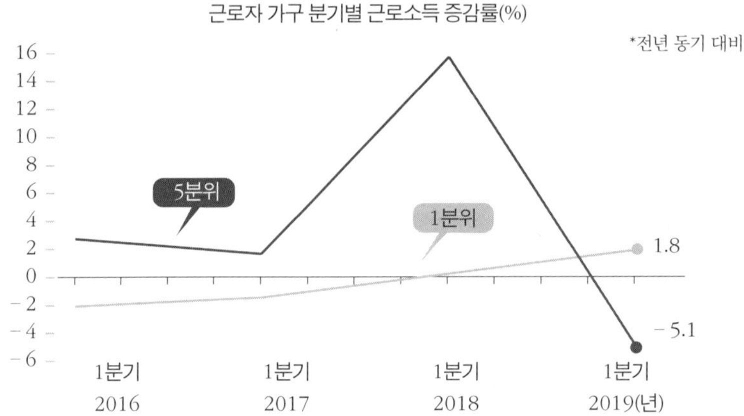

출처: KBS 〈여심야심〉, "그럴듯한거짓말, 누가 더 경알못?," 2019. 7. 24.
자료: 여당 소속 국회의원실.

곡한 것도 아니었다. 그런데도 서로 완전히 다른 결과가 나온 건 정치인이 자신의 정치적 입장을 뒷받침하는 데 유리한 결과가 나오도록 내용을 설계했기 때문이다. 야당은 통계청 조사 표본 가구 전체의 근로 소득을 따졌고 여당은 전체 가구가 아니라 일자리가 있는 근로자 가구의 근로 소득을 따진 것이다. 통계는 같은 기초 데이터를 써도 보여 주려는 내용을 어떻게 설계하느냐에 따라 전혀 다른 결과가 나오는 것이다.[34]

하나의 경제 현상에 대해 여러 통계가 존재하기도 한다. 주택 가격 동향과 관련해서도 통계 작성 기관인 한국감정원과 국민은행의 통계가 다르고, 전국 평균 통계와 수도권 평균 통계가 다르고, 모든 주택 유형의 평균 통계와 아파트의 평균 통계가 다르다. 인용의 주체와 목적에 따라 유리한 통계를 선택하게 된다. 정부가 부동산 가격 규제 정책의 효과를 홍보할 때에 의도적으로 상승률이 낮은 통계를 인용한다는 논란이 일었는데, 시민단체까지 나서서 정부 통계를 비판하기도 했다. 누군가 통계 자료를 분석해서 제시한다고 해서 섣불리 믿으면 안 된다는 것이다.

사례를 인용할 때도 마찬가지다. 2020년 9월 정부는 부동산 가격 안정화 정책이 효과를 보고 있다는 요지의 보도 자료를 발표하면서 서울에서 아파트 실거래가가 하락한 사례를 다음과 같이 제시했다.

최근 서울 주요 지역 아파트 실거래가 하락 거래 사례

❶ 서초구 반포 자이(84.94㎡): 7월 초 28.5억(25층) → 8월 중 24.4억(18억)

❷ 송파구 리센츠(27.68㎡): 7월 초 11.5억(5층) → 8월 중 8.95억(19층)

❸ 마포구 마포래미안푸르지오4단지(59.92㎡): 7월 중 14억(4층) → 8월 초 11억(7층)

❹ 노원구 불암현대(84.9㎡): 7월 초 6.8억(19층) → 8월 초 5.9억(17층)

출처: 기획재정부 보도 자료, "부동산 시장 점검 관계 장관 회의 개최," 2020. 9. 8.

SBS 뉴 미디어 콘텐츠 〈취재파일〉을 보면 기자가 해당 지역의 아파트 실거래 가격을 확인했더니 가장 낮은 가격에 거래된 사례만 보도 자료에 열거됐던 것으로 나타났다. 시장이 그렇게 움직이고 있는 것은 아닌데 이 보도 자료를 보면 실제로 집값이 하락한 것처럼 착시를 일으킬 수 있다는 것이다. 해당 〈취재파일〉을 작성한 기자는 "'정부가 입맛에 맞는 통계만 골라서 보여 준다'라는 생각이 드는 순간, 신뢰는 무너질 수밖에 없습니다. 참을 수 없는 통계의 가벼움이 생기는 것"이라고 평가했다.[35]

교묘하게 데이터를 분석해서 통계를 조작하는 일까지 종종 발생한다. 미국의 경제학자이자 언론인인 진 엡스타인Gene Epstein은 파벌 정치, 경제에 대한 언론의 폭발적인 관심, 활발한 블로그 활동

등을 조작의 원인으로 봤다.

> 파벌 정치도 경제 조작의 중요한 동기가 될 수 있다. 가령 〈월 스트리트 저널*The Wall Street Journal*〉 편집부는 공화당 집권이라는 뚜렷한 목적을 위해 경제 조작을 한다. 반면 〈뉴욕 타임스〉의 폴 크루그먼Paul Krugman은 공화당 집권을 막기 위해 고군분투한다. (중략) 내가 생각하는 것처럼 과거에 비해 경제 조작 행위가 더욱 빈번하게 나타나고 있다면 그 원인을 찾는 것은 그리 어렵지 않을 터였다. 그 원인으로는 지나치게 파벌적인 성향이 강한 정치 환경과 경제에 대한 언론의 폭발적인 관심 등을 꼽을 수 있으며, 활발한 블로그 활동도 경제 조작을 더욱 부추겼다. 사람들은 경제에 대한 보도가 늘어나면 경제에 대해 더 많은 지식을 얻을 수 있을 거라고 기대하게 된다. 하지만 정보의 양이 지나치게 많으면 판단이 흐려질 수밖에 없다. 게다가 전통적으로 언론이라고 여겨지는 사람만 경제 조작에 참여하는 것은 아니다. 미디어라 함은 기자, 교수, 정책 분석가, 정치인, 지식인 등 직업을 막론하고 대중에게 경제에 대한 의견을 얘기하는 사람을 모두 포함한다.[36]

통계와 관련된 유명한 격언 두 가지가 있다. 하나는 “세상에는 세 가지 거짓말이 있다. 그럴듯한 거짓말, 새빨간 거짓말, 그리고 통계.” 19세기 영국 정치가 벤저민 디즈레일리Benjamin Disraeli가 한 말이다. 19세기 정치에서도 통계를 이용해 대중을 속였다는 걸 시인하는 말이다. 또 하나의 격언은 “통계는 거짓말을 하지 않는다. 거짓말쟁이들이 통계를 이용할 뿐이다.” 두 격언 모두 통계가 조작될 수 있다는 점을 지적하고 있다.

미국 언론인 대럴 허프Darrell Huff는 저서 《새빨간 거짓말, 통계

How to Lie with Statistics》에서 통계의 속임수를 피하는 다섯 가지 방법을 다음과 같이 제시했다.[37]

> ① 누가 발표했는가? 출처를 캐 봐야 한다, ② 어떤 방법으로 알게 되었는지 조사 방법에 주의해야 한다, ③ 빠진 데이터는 없는지 숨겨진 자료를 찾아보아야 한다, ④ 내용이 뒤바뀐 것은 아닌지 쟁점 바꿔치기에 주의해야 한다, ⑤ 상식적으로 말이 되는 이야기인가 살펴봐야 한다. 석연치 않은 부분은 조사하라.

3) 숫자를 대하는 기자의 자세

경제부 기자들은 통계를 포함한 숫자에 파묻혀 산다. 경제 뉴스에 나오는 숫자는 그 종류를 일일이 열거할 수 없을 정도다. 국가든 기업이든 가계든 경제 주체의 경제 사정이 이 숫자를 통해 설명되기 때문이다.

하지만 숫자로 경제 현상을 일반화하는 것은 위험할 때도 많다. 서울 강남의 A아파트 단지에서 한두 채의 거래 가격이 올랐다고 해서 A아파트 단지의 평균 가격이 그만큼 올랐다고 해석할 수 없다. 아파트는 동과 층, 방향, 내부 인테리어, 급매 여부 등에 따라 같은 단지 안에서도 가격 편차가 매우 심하다. 방송 뉴스는 어떤 현상을 설명하기 위해 극단적인 사례를 보여 주는 제작 방식을 자주 동원하는데, 극단적인 사례가 자칫 일반적인 사례처럼 시청자에게 오해를 줄 수 있다. 세금 폭탄, 전기요금 폭탄 같은 주제의 경우 극단적으로 세금이나 요금이 많이 나온 가정을 찾게 되고 실제 상황에 비해 부풀려 보도할 가능성이 있다.

정부가 발표하는 숫자는 물론이고 특정한 이해관계로 모인 단체가 내놓는 통계나 여론 조사도 의심해야 한다. 자신의 이익에 맞도록 통계나 여론 조사가 조작됐을 가능성이 있다. 한국수력원자력에 우호적인 한국원자력학회가 설문 조사를 바탕으로 "국민 71%가 '원전 찬성'"이라는 보도 자료를 낸 적이 있다. 하지만 설문 조사의 문항과 설문 조사 시점 등이 원전 찬성 응답이 많이 나오게 돼 있다는 지적이 여론 조사 전문가 사이에서 나왔다. 이럴 때는 여론을 왜곡할 수 있기 때문에 기사화하면 안 된다. 특정한 활동 목적을 가진 단체나 기관이 여론 조사 결과를 내놓을 때는 구체적인 설문을 입수해서 조사가 제대로 된 것인지를 꼼꼼히 따져 봐야 한다. 자칫하면 객관적 조사를 가장해 일방적 주장을 전파하려는 시도에 이용당할 수 있기 때문이다.

4) 언론과 기업

1인 저널리스트도 있지만 대부분의 언론사는 기업 형태로 운영되고 있다. 기업으로서의 언론사는 생존을 하려면 수익을 올려야 한다. 언론사는 방송 시간이나 지면을 광고를 하려는 기업 등에 판매하거나 자신이 만든 콘텐츠를 팔아서 매출을 올린다. 언론사들은 또 각종 행사를 개최하거나 프로그램 제작을 하면서 협찬을 받기도 한다. 여기에 협찬을 하는 곳도 다른 기업이다. 결론적으로 언론사의 경영이 다른 기업의 광고나 협찬에 큰 영향을 받는 것이다.

광고와 상관없이 일반 회원의 후원금으로만 운영되거나 공적 재원으로 운영되는 언론사를 제외하고는 경제 기사, 그중에서도 기업과 관련한 기사에서 돈줄을 쥔 기업의 영향을 받을 가능성이 상존한다.

신제품 출시와 같은 기업의 동향 관련 기사를 쓰면서 광고주인 기업에 우호적인 기사를 쓸 가능성이 있다. 특히 그 광고주가 재벌 대기업인 경우에는 그 가능성이 커질 수밖에 없다. 한국언론진흥재단이 현직 기자들을 대상으로 조사한 자료를 봐도 언론 자유를 제한하는 요인 가운데 부동의 1위가 광고주로 나타났다. 다행히 2019년 조사에서는 언론 자유를 제한하는 요인으로 광고주를 꼽은 비율이 68.4%로 2017년 조사 때의 74.2%에 비해 줄어들었는데(복수 응답), 그렇다고 광고주를 신경 쓰는 것이 줄었다고 보기는 어렵다.[38]

실제로 광고주의 영향력이 미친다는 의심을 받는 것은 기업 활동에 관한 기사만이 아니다. 기업의 대주주 등이 불법 행위로 수사를 받을 경우 갑자기 기업의 이미지 광고가 급증하는 일이 종종 발생한다. 2020년에는 삼성전자 이재용 부회장에 대한 경영권 불법 승계 혐의 공소장을 통해 삼성이 광고나 협찬을 언론을 움직이는 수단으로 활용했다는 수사 결과가 공개되기도 했다.

물론 공소장에서 거론된 대부분의 언론은 신문이었다. 지상파 방송의 경우 미디어렙이라는 광고 대행사를 통해서만 광고 수주를 할 수 있도록 되어 있는 등 광고주의 영향력이 직접 방송에 미치는 것을 조금이라도 완화하는 장치를 누었지만 신문은 직접 광고 수주 활동을 할 수 있다. 하지만 방송이라고 해서 광고주로부터 아무런 영향을 받지 않은 것은 아니다. 자신에 대한 부정적 기사를 취재하는 움직임이 드러나자 광고 대행사에 연락해 청약해 둔 광고까지 철회하겠다고 노골적으로 협박하는 대기업도 있었다.

미디어의 성격에 따라 이런 영향에는 차이가 있다. 위에서 본 한국언론진흥재단 조사에서도 신문 기자들이 광고주를 언론 자유를 제한하는 요인으로 꼽은 비율은 74.7%, 인터넷 언론사 기자

74.6%, 통신사 기자 64.6%였는데 방송사의 경우는 46.8%, 그중에서도 지상파 3사의 경우는 29.6%로 나타났다. 신문 중에서도 경제 일간지 기자의 경우는 무려 90%나 되었다.

방송기자연합회 저널리즘특별위원회가 꼽은 "방송 저널리즘의 7가지 문제 유형" 가운데 하나가 '광고주 편향'인 것은 이런 현실 때문이다. 정치권력도 자신에게 유리하게 보도가 나가도록 언론에 영향력을 행사한다. 특히 방송의 경우 광고 정책 등 정치권력이 직접 방송사 경영에 영향을 미칠 수 있고, 심지어 재허가나 재승인을 통해 방송사의 생존 자체에 영향력을 행사할 수 있다. 하지만 정치권력의 언론 통제는 아무래도 자본 권력의 언론에 대한 영향력 행사보다는 더 잘 드러난다.

자본 권력의 언론에 대한 영향력은 매우 은밀하고 간접적으로 이뤄진다. 적자와 흑자의 경계선상에서 노심초사하는 대부분의 언론사가 자본의 압력을 무시하기는 매우 어렵다. 언론인도 구체적인 사안을 마주하면 판단이 어려울 수 있다. 하지만 답은 명확하게 저널리즘의 품질이다. 결국 언론의 장기적인 생존을 보장하는 것은 특정 광고주 하나가 아니라 시청자, 독자이기 때문이다.

언론이 보도 과정에서 기업의 부당한 영향을 받지 않는다는 신뢰가 형성되는 것은 언론은 물론 기업에게도 도움이 된다. 광고주의 영향을 받은 것 아니냐는 의심의 눈길 때문에 정상적인 기업 활동에 대한 보도나 신제품, 새로운 서비스에 관한 보도가 위축되는 것을 피할 수 있기 때문이다. 가끔은 외국 기업 보도에 비해 국내 기업 보도가 역차별을 받는다는 말도 나온다. 광고주에 편향된 것 아니냐는 의심의 눈길 때문에 제대로 된 보도가 위축되지 않도록 하기 위해서도 언론이 경제 기사를 보도함에 있어서 저널리즘 원칙을 더욱 명확히 할 필요가 있다. 시청자, 독자의 생활에 경제가 미치는 영향이 점점 커지고 있는 상황에서, 더 유용하고 정확한 경제 기사가 많이 나와야 하기 때문이다.

5. 재난 기사

재난 기사는 사건 사고 기사에 포함되지만 별도로 분류해 다루는 건 재난의 형태가 다양해지고 빈도도 잦아지고 있어 이를 대하는 뉴스 종사자의 자세에 근본적인 변화가 필요하기 때문이다. 실제로 대형 산불이나 홍수, 태풍 등 방송이 집중 보도할 수밖에 없는 대형 재난이 최근 빈발하고 있다.

한국 언론은 세월호 참사에서 저널리즘의 추락을 뼈아프게 경험한 뒤 반성과 성찰의 분위기에서 한국기자협회 등 여러 언론 단체가 참여해 '재난보도준칙'을 만들었다. 메르스 사태에 이어 코로나19 사태가 일어나자 '감염병보도준칙'도 만들었다. 사후에야 대책을 논의하는 아쉬움은 있지만, 그래도 언론의 문제를 스스로 개선하려는 움직임을 보이는 것은 평가할 만하다.

하지만 준칙이 있어도 현장에서 잘 지켜지지 않는다. 가장 근본적인 문제는 인간의 생명과 안전, 공동체의 위기를 다루는 재난 기사의 무게를 한국 언론이 아직도 가볍게 여기는 경향이 있다는 점이다. 언론에 대한 시청자, 독자의 기대 수준이 올라간 점도 있지만 언론도 재난 보도 전반을 되돌아볼 필요가 있다.

독일의 사회학자 울리히 벡Ulrich Beck은 《위험사회*Risikogesellschaft*》에서 산업화와 근대화가 위험 사회를 낳는다고 경고했다. 과학 기술의 발전으로 현대인이 풍요로움을 누리는 반면에 끊임없는 재난에 노출되면서 위험 사회로 변하고 있다는 얘기다. 현대적 위험은 한두 명이 아니라 공동체 전체를 대상으로 한다는 점에 심각성이 있다. 자연 현상으로 인한 재해도 피해 양상이나 규모가 과거와는 판이하게 다르다. 특히 압축 성장해 온 한국은 여러 가지 위험을 안고 살아갈 수밖에 없다. 그 위험이 언제 우리에게 닥칠지 모른다는 점도 위험 사회의 특징이다.

재난은 크게 자연 재난과 사회 재난으로 나눌 수 있다. 자연 재난은 태풍, 홍수, 대설, 지진 등이다. 사회적 재난은 감염병, 폭발 사고, 국가 기반 시스템 마비 사고, 테러 등이다. 우리의 경우는 남북이 대치하고 있는 특수성 때문에 연평도 포사격 사건 때처럼 안보 상황과 관련한 재난 보도를 해야 하는 경우도 있다. 모두 방송에서는 뉴스 특보 체제를 가동해야 하는 긴급하고 중대한 상황이다. 재난보도준칙은 전쟁이나 국방 분야를 제외하고 재난을 다음과 같이 분류하고 있다.

'재난보도준칙'의 재난 분류

① 태풍, 홍수, 호우, 산사태, 강풍, 풍랑, 해일, 대설, 낙뢰, 가뭄, 지진 등과 이에 준하는 자연 재난, ② 화재, 붕괴, 폭발, 육상과 해상의 교통사고 및 항공 사고, 화생방 사고, 환경 오염, 원전 사고 등과 이에 준하는 인적 재난, ③ 전기, 가스, 통신, 교통, 금융, 의료, 식수 등 국가 기반 체계의 마비나 이에 대한 테러, ④ 급성 감염병, 인수공통전염병, 신종인플루엔자, 조류인플루엔자(AI)의 창궐 등 질병 재난, ⑤ 위에 준하는 대형 사건 사고 등 사회적 재난

1) 재난 보도는 왜 하는가

재난 보도에 대해서는 다양한 법률이 관련 규정을 두고 있다. 방송통신발전기본법, 자연재해대책법, 재난 및 안전관리기본법, 민방위기본법 등이 모두 재난 방송이나 민방위경보 방송 등에 대한 규정을 두고 있다. 일정한 경우에는 경보를 내보내거나 자막으로 재난 방송도 실시해야 한다. 하지만 이런 내용은 일선 기자보다는 방송을 운영 관리하는 분야에서 담당하는 것이기 때문에 여기서는 기자의 취재와 보도에 관련된 부분만 다루기로 한다.

'방송심의에 관한 규정'은 "방송은 재해 또는 재난에 관한 사실을 신속하고 정확하며 객관적인 방법으로 다루어 국민의 생명과 재산을 보호하는 데 이바지하여야 한다"고 재난 보도의 목적을 규정하고 있다. '재난보도준칙'은 전문에서 더 구체적으로 재난 보도의 목적을 다음과 같이 밝히고 있다.

> 재난이 발생했을 때 정확하고 신속하게 재난 정보를 제공해 국민의 생명과 재산을 지키는 것도 언론의 기본 사명 중 하나이다. 언론의 재난 보도에는 방재와 복구 기능도 있음을 유념해 피해의 확산을 방지하고 피해자와 피해 지역이 어려움을 극복하고 하루빨리 일상으로 돌아갈 수 있도록 기능해야 한다. 재난 보도는 사회적 혼란이나 불안을 야기하지 않도록 노력해야 하며, 재난 수습에 지장을 주거나 피해자의 명예나 사생활 등 개인의 인권을 침해하는 일이 없도록 각별히 유의해야 한다.

정리해 보면 재난 보도의 목적은 '국민의 생명과 재산 보호,' '피해 확산 방지,' '복구 촉진,' '혼란과 불안 방지' 같은 것이다. 재난이 발생하지 않도록 예방하고, 발생하면 사람의 목숨을 구하고 재산 피해도 최소화하고, 재난 상황에서 혼란과 불안을 막고, 피해 복구를 돕는 것이다. 물론 언론이 방재 책임을 지고 있는 국가 기관은 아니다. 하지만 공익에 기여해야 하는 언론의 사명을 생각하면 재난 상황에서 보도가 최선을 다해 이런 역할을 해야 하는 것은 당연하다. 특히 방송은 앞에서 살펴본 일부 법령에 따라 국가적 재난 방재 기능의 일부를 수행해야 한다는 점도 기억할 필요가 있다. 방송의 공적 책무의 일환이다.

다만 재난의 유형에 따라 언론이 어떤 기여를 할 수 있는지는 조금씩 다를 수밖에 없다. 해마다 피해를 주는 태풍의 경우 피해 예방에 도움이 되는 정보를 알려 주거나 위험에 노출돼 있는 현장을 고발하는 뉴스로 예방적 역할을 할 수 있다. 하지만 코로나19와 같은 초유의 재난은 사전 예방보다는 추가 확산 방지와 대응, 일상 회복 중심의 접근이 이뤄질 수밖에 없다.

2) 신속성보다 정확성

재난 보도의 목적을 달성하기 위해 가장 중요한 보도의 원칙이 정확성이다. 재난 상황의 부정확한 보도는 사회적 혼란을 불러오거나 사람들에게 큰 상처를 줄 수도 있기 때문이다. 게다가 재난 현장에 있는 이들에게는 뉴스의 정보가 안전을 위한 행동 지침이 되기도 하는데, 뉴스가 부정확하다면 이들이 위험에 빠질 수도 있다.

공식 채널을 통한 발표 내용을 바탕으로 기사를 쓰되 발표 내용도 진위를 확인해야 한다. 긴급 상황에서 피해를 최소화하려면 조금이라도 일찍 정보를 제공하는 것도 중요하지만 속보성 때문에 정확성이 무너져서는 안 된다. 속보 경쟁은 소모적이다.

재난보도준칙은 '정확한 보도'라는 항목에서 "언론은 재난 발생 사실과 피해 및 구조 상황 등 재난 관련 정보를 국민에게 최대한 정확하고 신속하게 보도해야 한다"며 정확성을 강조하고 있다. 준칙에는 '공적 정보의 취급,' '무리한 보도 경쟁 자제,' '취재원에 대한 검증,' '유언비어 방지,' '선정적 보도 지양,' '감정적 표현 자제' 등 정확성과 관련된 조항도 들어 있다. 기자라면 이런 준칙을 평소에 꼭 읽어서 그 내용을 숙지해야 한다. 항상 원칙대로 일을 처리할 수 있는 것은 아니지만, 원칙을 알고 실제 상황을 대하는 것과 그렇지 않은 것은 큰 차이가 있다.

3) 막연한 공포·불안을 부추기지 말아야 한다

큰 재난은 사회 구성원의 공포와 불안 심리를 자극한다. 위험에 대한 잘못된 정보는 물론 위험을 과장하는 정보가 퍼지면 공포와 불안이 커지고 사회는 급속하게 혼란에 빠진다. 언론은 전문성을 바탕으로 정확하게 정보를 전달하는 일과 함께 막연한 공포와 불안을 부추기지 않도록 재난 보도에 신중을 기해야 한다.

'재난보도준칙'과 '감염병보도준칙'에 이와 관련한 내용이 포함돼 있다. 먼저 '재난보도준칙'에는 과거의 자료 영상이나 사진을 사용하는 것을 자제하라고 권고하고 있는데 두 가지 이유가 있다. 먼저 현재 재난 상황에 있는 사람에게 과거의 유사하거나 더 참혹한 재난 상황을 보여 주는 것은 공포심을 불러일으키는 요소가 될 수 있다. 자신들도 저런 피해를 당하는 것이라는 점을 더 생생하게 느끼게 해 주기 때문이다. 또 자신이 겪은 재난 상황이 이후에 방송되는 것을 보게 되면 과거의 고통을 다시 상기하게 될 수 있다. 공익적인 필요가 있더라도 과거의 재난 영상을 사용하는 것은 최대한 자제해야 한다.

'감염병보도준칙'은 언론이 피해야 할 표현을 구체적으로 제시하고 있다. 먼저, 기사 제목에 패닉, 대혼란, 대란, 공포, 창궐 등 과장된 표현을 사용하는 것이다. "국내 첫 환자 발생한 메르스 '치사율 40%'…… 중동의 공포 465명 사망!" 같은 제목이다. 둘째는 "지난 2013년 한국 사회를 혼란에 빠트렸던 '살인 진드기' 공포가 또다시 수면 위로 떠올랐다"는 것처럼 기사 본문에 자극적인 수식어를 사용하는 것이다. 마지막으로 "야생 진드기 에이즈보다 무섭네…… 물리면 사망 위험 커"와 같이 오인이 우려되는 다른 감염병과 비교하는 것이다. 적어도 이런 세 가지 유형의 표현은 막연한 공포를 조장할 우려가 있으므로 자제해야 한다는 것이다. 코로나19 상황에서 언론이 동원했던 제목들을 기억해 보면 무엇이 문제인지 잘 이해할 것이다.

4) 재난 취약 계층 배려

장애인, 노인, 환자, 다문화 가정 등 재난 약자들이 있다. 이 가운데 장애인은 재난에 대처할 신체적 능력이 부족한데 정보 접근권마저 보장되지 않는 경우가 많다. 재난 정보가 차단되면 큰 위험에 빠질 수 있으므로 재난 정보는 대상의 제한 없이 모두에게 전달돼야 한다.

뉴스는 물론이고 관련 정보를 발표하는 현장을 생중계할 때도 장애인을 위한 수어 통역이 반드시 필요하다. 코로나19 국면에서 장애인 단체가 정부 브리핑에 수어 통역이 제공되지 않는다며 국가인권위원회에 차별을 바로잡아 달라는 진정을 냈다. 이후 정부 브리핑에 수어 통역사가 발표자와 나란히 등장했다.

국가인권위원회가 "수어 통역이 발표자와 동등하게 화면에 잡히도록 촬영과 편집 관행을 개선하는 일이 즉각적으로 이뤄질 필요가 있다"는 성명을 발표하자 방송 화면에도 수어 통역사가 등장했다. 다문화 가정이나 외국인을 위한 외국어 서비스도 최대한 확대해야 한다. 제한적이기는 하나 재난 주관 방송인 KBS의 재난 보도 화면에 외국어 자막 뉴스가 시작된 것은 이런 요구에 응답한 것으로 보인다.

5) 정보 제공 수단의 확대: 디지털 플랫폼

재난 정보는 실질적이고 유용해야 한다. 폭우로 주민 대피령이 내려졌다면 정확히 어느 지역인지, 어디로 어떻게 대피해야 하는지를 알려줘야 한다.

방송 정보는 일회성의 한계가 있고 반복적으로 정보를 제공해도 시청자가 원하는 순간에 정보를 얻기는 힘들다. 재난 정보 전달의 미디어를 디지털 플랫폼으로 확대하면 이런 문제를 해결할 수 있다. 시청자가 모바일 등으로 접근할 수 있는 다양한 콘텐츠를 생산하는 데 노력해야 한다. 디지털 플랫폼을 통하면 최신 정보가 실시간으로 유통되고 현장의 정보를 받아 방송에 활용할 수도 있다. 이런 디지털 정보는 방송보다 실질적으로 유용성을 갖는다. 또 현장 정보를 받아 방송에 활용할 수 있다는 점도 의미가 있다.

6) 서울 중심에서 탈피

2020년 7월 부산에 시간당 80mm 넘는 기록적인 폭우가 쏟아졌다. 심야 시간에 도로가 물바다가 되고 지하차도가 침수돼 차 안에 고립됐던 3명이 숨지는 등 인명과 재산 피해가 속출했다. 재난 주관 방송사인 KBS는 정규 편성됐던 프로그램을 그대로 방영했다. 별도의 재난 방송은 편성하지 않고, 심야 뉴스 프로그램에서 부산 비 피해 상황을 톱으로 20분 가까이 보도하고 기상 특보 자막을 내보냈다.

하지만 시청자들은 방송으로부터 재난 정보를 얻을 수 없었다며 불만을 토로했다. '서울공화국'이라는 표현처럼 재난 정보에도 지역 격차가 있다는 것이다. 서울에서 비슷한 수해가 났으면 재난 방송을 긴급 편성해 훨씬 많은 정보를 제공하지 않았겠느냐는 것이다. 부산에서는 수신료를 걷지 말라는 청와대 국민청원까지 등장했다. 당시 KBS는 강화된 재난 방송 매뉴얼에 따라 방송한 것이라고 해명했지만 시청자 불만을 잠재우지 못했다.[39]

2016년 9월 경주에서 기상청 관측 이래 가장 규모가 큰 지진이 발생했을 때도 방송사들의 대응은 늦었다. 진앙 가까이에 원전이 있기도 했다. 그때도 정규 프로그램을 이어갔던 방송사들은 재난 보도가 서울 중심이라는 비판을 받았다.

서울 중심의 재난 보도는 직접적으로는 서울에서 뉴스의 의사 결정이 이뤄지기 때문이다. 의사 결정권자들이 직접 목격한 재난과 회의 석상에서 간접적으로 보고를 받고 알게 되는 지역 재난 상황은 체감도가 다를 수밖에 없다. 인구의 절반이 사는 수도권에서 발생한 피해는 규모가 다른 지역보다 커질 수밖에 없으므로 수도권 재난에 더 신경을 쓰는 것도 사실이다.

죽음을 어떻게 보도할 것인가?

자연사가 아닌 죽음에는 분명 이유가 있고, 사회에 숙제를 던진다. 한 명의 죽음에도 많은 사연이 있고 두 명, 세 명이 비슷한 이유로 생을 마감한다면 개인의 이야기가 아니라 사회의 구조적인 이야기로 풀어낼 수 있다. 몇 명이 숨졌다는 단순한 통계나 누가 숨졌다는 이름 석 자만 나열하는 보도는 피상적이다. 문제의 실체에 접근하고 비슷한 죽음이 반복되지 않도록 여론을 환기하는 것이 죽음을 보도하는 언론의 역할이다. 언론사마다 수습기자에게 죽음을 가벼이 보지 말라고 교육한다. 하지만 죽음을 많이 접하다 보면 무감각해지는 것이 현실이다.

2020년 5월 24일자 〈뉴욕 타임스〉 1면에는 코로나19 사망자 명단이 깨알처럼 적혀 있다. 아래와 같이 사망자 한 명 한 명의 이름과 함께 간단한 소개도 실었다. 그렇게 1면을 채운 희생자가 1000명이었다.

프레디 로드리게즈 (87) 덴버의 가장 오래된 재즈클럽에서 40년 동안 색소폰을 연주했다

앨런 메릴 (69) 'I Love Rock'n Roll' 작곡가

더글러스 히콕 (57) 군 내 첫 바이러스 희생자

칼 레드 (62) 하나뿐인 손자를 위해 최대한 시간을 내줬다

클러스 켈리 (48) 코로나바이러스와 싸운 간호사

수전 맥퍼슨 갓세건 (74) 많은 이에게 충실하고 너그러운 친구

토머스 F. 앵린 (85) 가족을 위해 멋진 추억을 많이 만들었다

프랭크 개브리아 (60) 남편의 품에서 숨진 응급실 의사

돈 웬 (67) 퍼듀대학을 사랑한 스포츠팬

도리스 브라운 (79) 남편과 같은 날 세상을 떠난 아내

신문 1면 제목은 "미국 사망자 10만 명 육박, 막대한 손실"이었고 "그들은 단순히 명단 속 이름이 아니었다. 그들은 우리였다"는 작은 제목이 달렸다. 사진이나 기사는 없다. 기사는 없지만 사망자들이 우리와 다르지 않은 이웃이고, 이웃이 너무 많이 희생당하고 있다는 경고를 그 어떤 기사보다 실감 나게 전하고 있다.

〈뉴욕 타임스〉의 제작 의도와 관련해 그래픽 에디터 시몬 랜던Simone Landon은 "10만 명이란 단순한 숫자가 아니라 잃어버린 광대한 삶과 다양한 삶을 하나하나 전달하고 싶었다. 10만 개의 점이나 막대기 그림으로만 사망자를 표현하면 각각의 사람이 누구였는지, 또 그들이 살았던 삶, 국가로서 우리에게 어떤 의미가 있는지는 알 수 없다. 그래서 일일이 전국의 크고 작은 신문에 나온 코로나19로 인한 희생자의 부고 기사를 찾아냈다"고 설명했다. 확진자가 몇 명 늘었고 어느 지역이 많았다는 데이터 위주로 코로나19를 이해하던 사회에 큰 경종을 울린 것이다.

하지만 재난이 닥치면 서울 시청자건 지역 시청자건 모두 재난 정보를 충분히 제공받아야 한다. 지역에 따라 정보의 격차가 생기면 지역 불균형이 심화되고 사회 통합에도 부정적인 영향을 미친다. 국민의 생명과 안전을 보호하는 데 기여하는 것이 재난 보도의 중요한 목적이라는 점을 상기하면 서울 시청자와 지역 시청자를 다르게 생각할 이유가 없다.

6. 스케치 기사

1) 스케치는 어렵다

스케치 기사는 묘사 위주로 기술한다. 어떠한 풍경, 어떠한 표정, 어떠한 모습을 그림 그려 보여 주듯 기술하는 방식이다. 시청각에 호소하는 기사이기 때문에 방송에 알맞고 방송이 잘할 수 있는 기사 유형이다. 영상이 주인이 되는 기사가 전형적인 스케치 기사인 셈이다. 압도적인 영상이 있다면 아무리 좋은 기사도 영상에 묻히게 돼 있다.

하지만 영상미 자체가 뉴스는 아니다. 영상을 내보내는 뉴스적인 이유가 있어야 하고 영상에 뉴스로서의 메시지가 있어야 한다. 스케치도 기사이기 때문에 더위 스케치를 맡으면 무엇이 기사가 되는지 먼저 생각해야 하는 것이다. 물놀이만 떠올릴 게 아니라 더위에 힘든 쪽방촌 이웃과 같이 조금이라도 더 시사적인 현장을 떠올려 봐야 한다. 노사 갈등 이슈가 있다면 고공 농성과 같은 시위 현장, 감염병 이슈가 있다면 방역 현장, 수해가 있다면 복구 현장, 전력난이 있다면 피해 현장이나 에너지 낭비 현장이 더위 스케치의 대상이 될 수 있다. 더위를 표현하기 위해 열화상 카메라와 같은 장비도 챙겨야 한다.

스케치 기사는 쓰는 방식부터 다른 기사와는 차별성이 있어야 한다. 영상만 단순 설명해도 안 되고 영상과 따로 놀아도 안 된다. 알쏭달쏭한 시를 써도 안 되고 너무 무미건조해도 안 된다. 유치해도 안 되고 너무 무게를 잡아도 안 된다.

스케치 뉴스는 따라가기 쉬워 시청자들이 보기에는 편하다. 하지만 기자에게는 가장 고통스러운 게 스케치 리포트를 만드는 것이다. 고통스러워도 방송이 잘할 수 있는 형식이기 때문에 방송 기자는 스케치에 능해야 한다.

2) 스케치는 왜 하는가

휴일 표정, 명절 표정, 교통 상황, 계절의 변화, 폭우나 폭설 같은 기상 상황, 각종 발표나 행사에 스케치가 필요하다. 방송에서 휴일마다 스케치 기사를 내보낼 때가 있었다. 명절 연휴 기간에 비슷한 스케치 기사가 매일 반복된 적도 있다. 소재와 주제가 거기서 거기였다. 스케치가 과잉이던 시절이다.

과잉은 문제였지만 그만큼 스케치 기사가 매력적이라는 뜻도 된다. 우선 스케치 기사를 보면 사람 냄새 나는 삶의 현장이 그려진다. 휴일 표정이나 계절의 바뀜, 각종 행사에 등장하는 사람의 삶을 보며 시청자들은 자신의 삶을 돌아보게 된다. 소소한 삶의 이야기를 통해 시청자들은 사회상을 볼 수도 있다.

스케치를 하는 또 다른 이유는 이런 형식이 작은 이야기로 큰 이야기를 풀어 내는 설명력이 있기 때문이다. 스트레이트, 해설, 기획 기사에 들어가는 스케치도 마찬가지다. 이들 기사의 핵심을 설명하는 데 스케치가 효과적인 경우가 많다. 하고 싶은 이야기에 들어맞는 현장 스케치가 잘 되면 기사의 절반 이상은 성공한 것이다. 스케치 이후의 기사는 술술 풀리기 마련이다. 작은 이야기가 큰 이야기를 풀어 내는 실마리가 되는 것이다.

스케치 기사가 스트레이트 기사 이상의 힘을 발휘할 때도 있다. 꽉 막힌 도로 상황을 보여 주거나, 무릎까지 푹푹 빠지며 눈길을 걷는 모습을 보여 주는 것이 서울에서 부산까지 몇 시간 걸렸다거나 눈이 몇 센티미터 쌓였다는 사실보다 더 실감 나고 생생한 뉴스가 된다. 스케치 기사가 피부로 느낄 수 있는 뉴스를 만들어 주는 것이다.

뉴스 프로그램은 딱딱한 뉴스부터 현장 연결, 해외 소식 등 다양한 아이템이 모인 집합체다. 긴 시간 동안 심각한 이야기만 할 수는 없다. 스케치는 딱딱한 내용이 대부분인 뉴스 프로그램을 보는 시청자가 조금 긴장을 누그러뜨리고 숨을 쉴 수 있는 여지를 준다. 한 프로그램으로서 뉴스의 완급을 조절하는 역할을 스케치 기사가 맡을 수 있다. 뉴스 프로그램을 제작하는 사람으로서는 일반적인 시청자를 고려해 프로그램 전체의 완급을 적절히 조절해야 한다. 간혹 일부 학자들이나 언론 모니터를 하는 시민단체들은 방송의 이런 측면을 잘 이해하지 못하고 스케치 기사를 비판하는 경우가 있다. 하지만 순전히 시청자의 관점에서 긴 뉴스 프로그램을 보면 이런 프로그램적 구성이 갖는 의미를 파악할 수 있다.

3) 스케치 기사에는 진짜 왕도가 없다

스케치 기사야말로 왕도가 없다. 스트레이트 기사와 달리 누가 가르쳐 주기도 어렵다. 자주 써 보고 동료 기사를 모니터하면서 스스로 체득하는 수밖에 없다. 모니터를 해서 다른 사람의 스케치를 모방하는 수준에 머무르지 말고 스스로 문체와 제작 방식을 실험적으로 시도해 보는 노력이 필요하다.

영상을 살려서

영상이 좋으면 영상을 더 돋보이게, 영상이 부족하면 영상을 보완하는 기사 쓰기를 해야 한다. 영상이 주인공이기 때문에 취재할 때는 영상 기자와, 취재 뒤에는 편집 기자와 의견을 많이 나눠야 한다. 영상의 어떤 부분을 어떻게 살릴지 먼저 결정해야 좋은 기사가 나온다.

PD가 만드는 프로그램은 영상 위주의 제작 방식을 택한다. 영상 편집을 먼저 하고 편집된 영상에 맞춰 원고를 쓰는 식으로 제작되는데 스케치 기사는 실제 그런 과정으로 편집하기는 어려워도 영상 편집을 먼저 한 것처럼 머릿속으로 구성을 해서 기사를 쓰면 영상이 살아난다. 다른 기사도 그렇지만 스케치 기사는 촬영된 원본 영상을 먼저 보고 구성이나 표현을 구상하는 것이 원칙이다. 현실적으로 일반 뉴스 아이템은 화면보다 내용 중심의 편집이 될 수밖에 없다. 기사 작성과 오디오 편집을 먼저 하고 화면을 붙이는 식으로 편집한다. 하지만 이 경우에도 촬영된 영상을 먼저 확인하고 기사를 쓰면 리포트의 완성도가 훨씬 올라가게 된다.

스케치 기사의 텍스트가 영상보다 과해서는 안 된다. 설악산 단풍을 헬기로 스케치하면서 단풍이 산 아래로 제대로 물들지 않았는데도 '산 전체를 빨갛게 물들였습니다'라고 하거나 고속 도로 교통 상황 스케치에서 차들이 느린 속도로 움직이고 있데도 '차들이 오도가도 못 하고 있다'거나 '거대한 주차장이 됐습니다'라는 식으로 과하게 표현해서 기사 멘트와 영상이 따로 놀아서는 안 된다. 장황하거나 어려운 표현으로 영상의 흐름을 방해해서도 안 된다.

다른 기사와 다르게

스케치 기사는 일반적인 기사 문체에서 벗어나는 훈련이 필요하다. '단풍이 시작됐습니다'를 '가을 단장이 시작됐습니다,' '단풍길이 열렸습니다' 식으로 같은 의미라도 다르게 표현해 보는 것이다. 다른 기사와 달리 형용사와 부사가 살짝 들어가야 맛이 살아나기도 한다.

'한 줄기 작은 바람,' '고운 단풍,' '억새가 솜털처럼 살포시 피어났습니다' 같은 표현이 가능할 텐데 그렇다고 수식이 과해서는 안 된다.

어순을 바꿔 형용사와 부사를 뒤로 돌리면 느낌이 달라진다. '가족들이 묘를 정성스럽게 손질합니다'를 '묘를 손질하는 가족들의 손길이 정성스럽습니다'로, '가족들이 정겨운 얘기를 나눕니다'를 '가족들이 둘러앉아 얘기하는 모습이 정겹습니다'로, '논 한가운데 선명하게 농자천하지대본이라는 글자가 보입니다'를 '논 한가운데 농자천하지대본이라는 글자가 선명합니다'로 하면 바꾸기 전보다 스케치다운 문장이 될 수도 있다. 하지만 이런 것 또한 반복하면 식상해지는 것이 스케치 기사다.

해석은 과하지 않게

스케치 기사에서는 기자가 감정 이입하거나 해석을 붙여야 할 때가 있다. 위에서 예로 든 '가족들이 정겨운 얘기를 나눕니다'에서 정겨운지 아닌지 정확히 모르는 상황에서 기자가 주관적인 해석을 붙였다. 이 정도는 표정으로 미뤄 가능한 표현이다. 새해 해돋이 스케치에서 '첫 태양이 힘차게 떠올랐습니다'에서 '힘차게'도 첫 해돋이의 의미를 강조하기 위해 쓰는 것으로 자연스럽게 받아들일 수 있다.

하지만 감정이입이나 해석이 과도하면 안 된다. 코로나19 국면에서 확진자가 줄어 사회적 거리 두기 단계가 하향 조정된 뒤에 음식점들을 스케치한다고 가정해 보자. '거리 두기 단계가 내려가면서 모처럼 음식점 사장님들의 얼굴에 웃음꽃이 피었습니다'라고 표현한다면 어떨까? 실제로 즐거운 표정의 가게 주인을 촬영했더라도, 기자가 만난 업주 몇 명의 취재만으로 해석을 과도하게 한 것은 아닌지 짚어 봐야 한다. 화면에서는 업주들이 웃고 있어도 예년보다 매출이 줄었다면? 기자가 만난 몇몇 업주만 매출이 올랐다면? 서울과 지역의 자영업 경기 편차가 크다면? 거리 두기 단계가 낮아져도 웃지 못하는 음식점 업주들이 더 많을 수 있다. 전체 음식점 분위기를 제대로 묘사했다고 보기 어려운 것이다. 스케치도 지나치게 촬영 화면 묘사에 매달리다가 전체적인 사실을 벗어나면 왜곡이 된다. 이 경우에는 코로나 이전과 이후의 매출 변화, 사회적 거리 두기 단계 조정 이전과 이후의 매출 변화, 지역별 음식점 매출 차이 등을 따져보고 정확한 내용을 기사에도 반영할 필요가 있다.

'덩그러니 남은 굴삭기가 산사태 현장을 지켜보고 있다'는 식으로 사물이나 동물을 의인화해서 기자의 감정을 이입하는 것도 피해야 한다. 스케치 기사가 스트레이트와 같은 엄밀한 기사 문체에서 일탈하는 걸 허용한다고 해서 상상의 글쓰기까지 허용하는 건 아니다. 그렇게 되면 그것은 더 이상 기사 문장이 아니다.

진부하지 않게: 소재의 상투성을 탈피해야 한다

스케치 기사는 묘사 대상인 현장이 같으면 기사를 차별화하기가 쉽지 않다. 발생 현장에서는 방송사들이 같이 취재해도 다른 기사를 만들 수 있지만, 더위 스케치를 주제로 방송사들이 하나의 현장에서 취재한다면 서로 차별성이 크지 않다. 스케치 기사에서 중요한 부분을 차지하는 영상부터 비슷할 수밖에 없기 때문이다.

스케치를 다른 방송사와 차별화하거나 같은 방송사에서도 어제와 다르게 제작하려면 스케치의 소재인 현장부터 달라야 한다. 단풍철의 설악산, 휴일의 놀이공원, 한여름의 해운대 해수욕장 등이 스케치의 단골 소재가 되는 건 인파가 몰리고 대표적인 현장이어서 불가피한 측면이 있지만 모든 방송사가 주말마다 이들 현장을 스케치하는 건 시간 낭비일 뿐 아니라 시청자에 대한 배려 부족을 드러내는 것이다.

차별화 포인트로 작은 현장을 찾는 것도 얼마든지 가능하다. 작은 현장을 스케치의 소재로 하면 현장과 더 밀착된 영상과 기사 쓰기를 할 수 있는 장점도 있다. 특히 폭염이 계속될 때와 같이 별다른 상황 변화 없이 비슷한 스케치 기사를 자주 만들어야 하는 경우에 이런 접근이 더 유용하다.

진부하지 않게: 기사의 상투성을 탈피해야 한다

다른 기사보다 스케치 기사의 상투적 표현은 티가 많이 난다. 상투적 표현은 시청자에게 식상함을 느끼게 하고 영상에 몰입하는 것을 방해한다. 다른 기사와 달리 스케치 기사는 철저히 묘사로 이뤄지는데 묘사의 어휘가 빈곤하면 상투적이 된다. 야외에서 먹는 도시락이나 새참은 항상 '꿀맛'이어야 하고 밤하늘 불꽃놀이의 불꽃은 항상 '형형색색'이어야 하는가? 나들이객이 사진을 촬영할 때 '연신 사진기 셔터를 누릅니다'는 표현이 있는 그대로 묘사했다고 하지만 다르게 표현할 방법은 없는가? 수해 지역 앞에 붙는 '수마가 할퀴고 간'이라는 수식어는 너무 자주 반복되는 것은 아닐까?

상투적 표현은 단순히 자주 쓰는 표현이 아니다. '안녕하세요,' '감사합니다'를 늘 쓰지만 상투적 표현이라고 하지 않는다. 다른 어휘로 대체할 수 있지만 대체하지 않고 반복적으로 쓰는 표현 가운데 시청자가 식상하다고 느끼는 표현이 상투적 표현이다. 묘사를 할 때는 같은 의미도 다른 어휘로 표현하는 노력이 필요하다.

예컨대 죽음을 말하는 데에도 수많은 표현이 있다. '숨지다, 숨을 거두다, 생을 마감하다, 돌아가시다, 별세하다, 타계하다, 운명하다, 영면에 들다, 서거하다, 유명을 달리하다, 저세상으로 가다, 하늘나라로 가다, 황천길로 떠나다, 불귀의 객이 되다, 선종하다(천주교), 열반하다(불교), 돌아올 수 없는 길을 떠나다, 고통 없는 세상으로 가다, 질병 없는 세상으로 가다, (숨진 누구의) 곁으로 가다' 등 문학적 표현까지 하면 헤아릴 수 없다. 기사에 맞는 표현을 새로 만들 수도 있다.

스케치는 묘사가 생명이다. 현장이나 상황에 맞는 어휘로 묘사해야 한다. 여러 현장이나 상황에 두루 자주 쓰이는 표현으로는 제대로 묘사할 수 없다. 살아 있는 생생한 현장에 죽은 표현을 쓰면 리포트 자체가 생명력을 잃게 된다.

7. 전문 영역 기사

기자는 전문직인가? 전문직은 통상 전문적인 지식이나 기술이 필요한 직업이다. 면허증이나 자격증이 요구되고, 직업 윤리가 높아 직종 내 자율적인 제재 규정도 있다. 변호사, 의사, 교수를 생각해 보면 된다. 기자는 어정쩡하다. 면허증이나 자격증이 아니라 언론사별 채용 시험을 통과하면 기자가 되고, 높은 언론 윤리가 필요하지만 기자 단체에서 윤리 규정 위반으로 제재하는 경우도 없다. 더욱이 1인 미디어 시대가 되면서 기자가 되는 데 입사 시험마저 필요없는 경우도 있다. '내가 기자'라고 선언하면 기자가 될 수 있는 세상이다.

전반적으로 직업적인 기자와 그렇지 않은 기자 사이의 경계가 허물어지는 것은 어쩔 수 없는 현실이다. 일각에서는 그동안 유지되던 기자의 전문직주의가 사라지고 있다는 주장도 한다. 하지만 여전히 전문적으로 훈련받은 기자들의 역할은 중요하다. 그런 역할을 제대로 수행하려면 기자로서의 전문성을 포기할 수 없다. 누구나 정보에 접근할 수 있는 정보 민주화 시대에 넘치는 정보를 검증하고 선별해서 의미를 재창출하는 언론의 기능을 다하기 위해서는 상당한 수준의 전문성이 요구된다. 이런 요구에 부응하려면 가장 중요한 게 기사의 전문성을 높이는 일이다. 사회가 고도화되면서 1차적인 발생 뉴스로는 독자와 시청자의 눈높이를 충족시킬 수 없다.

특히 1인 미디어처럼 정보를 생산하고 유통하는 무대에 오른 뉴스 생산사가 늘어나면서 기사의 전문성은 더욱 중요해지고 있다. 발생 기사는 속보성의 측면에서 SNS를 포함한 디지털 플랫폼을 따라가기 어려워졌다. 단순한 사실 관계를 전하는 뉴스는 꼭 방송에서 볼 필요가 없어진 것이다. 속보성에서 밀리면 전문성으로 만회해야 하는데 전문성도 위협받고 있다. 웬만한 수준의 기사로는 디지털 공간에 있는 전문가의 콘텐츠를 넘어서기 어렵다. 기사의 댓글에 '기자가 내용을 잘 모른다'는 지적이 많은데, 그런 지적을 다 사실이라고 할 수는 없다. 하지만 소비자 사이에서 기사의 전문성에 대한 불만이 상당하다는 것은 확실히 알 수 있다.

현재 언론사의 인력 운용은 대부분의 기자를 여러 부서에 순환 배치하는 방식이기 때문에 전문성을 축적하는 것부터가 어렵다. 언론사들이 이렇게 인력 운용을 해 온 것은 현실적인 이유가 있어서다. 처음부터 전문성 있는 인력을 뽑은 것도 아니고, 모든 사람을 희망하는 부서에 배치할 수도 없기 때문이다. 게다가 기자가 특정한 분야를 오래 맡고 있으면 매너리즘에 빠지는 문제도 있다.

그렇다 보니 방송을 포함한 전통 언론사에는 특정 분야에 전문화된 '스페셜리스트'보다는 어떤 부서에 배치해도 그럭저럭 일을 잘 해내는 '제너럴리스트'들이 많다. 이런 상황에서 언론사의 현실적 제약과 뉴스 소비자의 전문화 요구를 절충하면 초기에는 '제너럴리스트'로 시작하되 고참이 되면 '스페셜리스트'가 되는 기자 양성 방식을 도입하는 것을 적극적으로 고민해야 한다. 언론사 차원에서도 이런 문제를 고민해야겠지만 기자 스스로 자신이 잘할 수 있는 분야를 찾아서 공부를 계속하면서 전문성을 키워야 한다.

1) 황우석 사태의 교훈

모든 분야의 뉴스에 전문성이 필요하지만, 몇몇 전문 영역의 뉴스는 21세기에 들어선 이후 전문성이 크게 강화되고 있다. 특히 의학과 과학 분야가 그렇다. 한국 언론에서 의학과 과학은 오랫동안 정치, 경제, 사회 뉴스에 밀려 뉴스의 주인공이 되지 못했다. 언론은 권위 있는 학술지에 실린 연구 성과를 겉핥기식으로 소개하거나, 외국의 연구 성과를 외신 보도를 인용해 소개하거나, 생활 속 과학이나 건강 정보를 전달하는 수준에 머물렀다. 전문가의 세상을 살짝 엿보거나, 지금은 뉴스에서 잘 다루지 않는 상식을 소개하는 정도였다.

과학 저널리즘의 전문성이 취약하다 보니 과학자에게 무비판적인 권위를 부여하고, 과학계 움직임과 연구 성과에 대한 감시에 소홀했다. 이는 결국 황우석 사태라는 재앙을 만들었다. 엄밀한 검증을 중시하는 과학을 보도하면서 정치와 여론이라는 비과학적인 변수에 의존해 보도하는 뼈아픈 경험을 한 것이다.

황우석 사태를 겪은 뒤인 2005년 말 "과학보도윤리선언"이 나왔다. 이 선언은 '과학 보도에 임하는 기본자세'도 언급하는데, 황우석 사태와 직접 관련된 것을 제외한 내용은 다음과 같다.

- 새로운 과학적 발견과 발명에 관한 취재와 보도는 연구팀 관계자 등 이해당사자의 발언에만 의존하는 것을 지양하고, 이해관계가 없는 국내외 관련 전문가의 견해를 반드시 확인한다.
- 과학 기술 연구에 대한 취재와 보도는 철저한 사실 확인을 토대로 하여 자칫 왜곡, 과장되어 전달되지 않도록 주의한다.
- 과학적 사실에 관한 취재와 보도를 함에 있어 결과를 함부로 예단하지 않는 것은 물론 추측 보도를 자제한다.
- 과학적 사건을 보도함에 있어 '세계 최초' 또는 '국내 최초'라는 표현을 삼가고 그것이 국가와 사회 발전에 기여할 것인지를 고려한다.

2) 전문가 + 기자 = 기자

황우석 사태를 거치면서 언론사에는 의학과 과학 전문 기자를 두는 흐름이 나타났다. 황우석 사태의 교훈이기도 하지만, 의학과 과학 기술이 더 이상 연구실 안에 갇혀 있지 않고 이미 우리 생활 깊숙이 들어와 있기 때문이기도 하다. 기후 변화와 미세먼지, 선염병, 4차 산업 혁명, 미래 에너지, 우주 개발 등이 이제는 주요한 사회적 의제가 됐다. 의사 출신이나 과학 전문가들이 전문 기자로 활약하며 이런 의제를 다루고 있다. 국방, 북한, 외교 등의 분야도 전문성이 강화되면서 이들 분야의 전문 기자를 둔 언론사도 많다. 의학과는 달리 이들 분야는 일반 기자 중에서 선발되는 경우가 많다. 전문가로 입사하지는 않았지만, 기자가 된 이후 한 분야 취재를 오래하면서 노하우를 축적하고 학문적으로 지식도 쌓은 전문가다.

전문 기자는 어느 분야의 전문가이기도 하고, 정보를 다루는 전문가이기도 하다. 이중의 전문가다. 전문 기자가 아닌 일반 기자보다 취재가 풍성하고, 기자가 아닌 전문가보다는 전달력이 좋을 수밖에 없다. 같은 사안이라도 전문 기자가 맡으면 다른 기사가 나온다. 뉴스 통신사에 의존해 비슷비슷한 기사를 출고하는 비중이 많은 한국의 기사 작성 환경이지만, 전문 기자는 통신사 기사나 보도 자료 외에 많은 전문 자료와 전문가 견해를 종합적으로 취재해 차별화된 보도를 생산할 수 있는 역량을 갖춰야 한다.

전문 기자도 미디어라는 무대에서 기사를 통해 전문성을 발휘하는 만큼 저널리즘의 원칙을 똑같이 적용받는다. 취재 원칙이나 취재 보도 관련 윤리, 기사 작성 방법은 전문 기자라고 다르지 않다. 의사, 과학자, 변호사 등 출신이 무엇이더라도 전문 기자로 활동하는 동안은 모두 기자다.

3) 전문 영역 보도의 과제

한 우물을 계속 파다 보면 부작용도 있다. 우선, 자신이 취재하는 분야의 논리에 경도될 수 있다. 의사 출신 의학 전문 기자는 의사와 한의사의 갈등을 취재하고 보도할 때 의사의 입장에 서기 쉽다. 국방 전문 기자는 군의 입장에 서기 쉽다. 특정 분야의 취재원을 지속적으로 만나고 대화하다 보면 어쩔 수 없는 현상이긴 하지만, '불가근 불가원'의 원칙을 염두에 두고 경계해야 한다. 기사는 되는데 출입처나 취재원을 생각하면 기사 쓰기가 꺼려지는 인간적 갈등이 있을 때가 생긴다. 이럴 때에도 오로지 기자의 양심에 따라 행동하면 된다. 취재원이 아니라 독자와 시청자만 보고 기사를 써야 한다.

둘째, 전문 기자의 기사는 자칫 주관적 견해가 강할 수 있다. 오랜 경험은 취재에 약도 되고 독도 된다. 취재가 용이하고 풍성해지는 건 약이지만, 취재에 앞서 예단을 내리고 섣불리 단정적인 기사를 쓰는 유혹에 빠질 수 있다는 건 독에 해당한다. 이슈에 대해 분석과 전망을 할 때에도 철저히 취재를 바탕으로 해야 한다.

셋째, 전문 영역은 대중이 이해하기 어렵거나 대중과 유리된 영역이어서 둘 사이에 접점을 찾는 노력이 중요하다. 검증하고 선별한 뉴스를 쉬운 언어로 대중에 전달하는 커뮤니케이션 통로가 된다면 전문 영역에 대한 감시와 견제가 가능해진다. 이런 감시와 견제는 해당 전문 영역에도 자극제로 작용한다.

넷째, 언론사 차원에서 전문 기자가 담당한 영역의 기사뿐 아니라 모든 영역의 기사가 지금보다 더 전문화되도록 시스템을 만들어야 한다. 초기에 전문 기자 제도가 도입되고 나서 과제와 한계도 많이 제기되었지만 결국은 장기적으로 언론이 가야 할 길이라는 긍정적인 평가가 많다. 기사의 전문화, 심층화는 선택이 아닌 필수가 된 만큼, 이에 맞게 실력 있는 기자를 양성하고 뉴스룸을 개편하는 논의가 활발해져야 한다.

8장

방송 뉴스 제작

1. 방송 리포트 제작의 기초

뉴스에서 앵커 멘트, 스튜디오 출연, 중계차 등의 현장 연결은 모든 요소가 실시간으로 방송에 들어간다. 하지만 기자의 리포트는 사전에 제작이 완성된 영상 클립을 실시간으로 '재생'하는 방식이다. 실시간과 사전 제작이 혼재하는 것이다. 사전 제작된 리포트는 기자의 오디오와 영상, 컴퓨터그래픽(CG) 등의 제작 요소들이 다 들어간 하나의 제작물이기 때문에 '리포트 완제품'이라고 정확한 의미를 넣어서 부르기도 한다. 앞에서도 언급했지만 우리가 리포트라고 부르는 것을 미국에서는 '뉴스 패키지'라고 부른다.

리포트는 다른 방송 콘텐츠와 마찬가지로 음성(오디오)과 화면(비디오)으로 구성된다. 음성으로는 기자 오디오, 인터뷰이 오디오, 현장음 등이 있고 화면으로는 영상, CG 등이 있다. 리포트 제작은 기자 오디오 중심으로 이뤄진다. 편집할 때 다른 프로그램은 영상을 붙인 뒤 성우나 아나운서의 오디오 녹음이 나중에 이뤄지지만 뉴스는 기자 오디오를 먼저 녹음해 편집한 뒤에 다른 제작 요소를 붙이는 식이다. 기사 내용이 중요한 뉴스의 특수성 때문이기도 하고, 뉴스가 임박한 전쟁 같은 시간에 편집 시간을 아끼기 위한 현실적 이유도 있다.

이처럼 텍스트 기사가 뉴스 제작에서 매우 중요하다. 하지만 텍스트 기사의 결과물이 기자 오디오가 된 이후에는 기자 오디오도 제작 요소의 하나일 뿐이다. 기자 오디오가 현장음이나 영상, CG 등 다른 요소와 유기적으로 연결돼 있다는 점이 방송 뉴스의 큰 특징이다. 텍스트 기사를 쓸 때부터 기자 오디오 외의 다른 요소를 염두에 둬야 하는 이유도 이 때문이다. 기자 오디오가 다른 요소와 화학적으로 잘 결합하면 기사가 좀 부실해도 결과적으로 좋은 뉴스가 될 수 있고, 화학적 결합에 실패하면 텍스트 기사가 아무리 훌륭해도 전체적인 리포트는 실패작이 된다.

1) 살아 있는 리포트와 죽은 리포트

아침에 발표돼 하루 종일 유통된 뉴스를 진전된 내용 없이 그대로 다루는 리포트, 제목이나 앵커 멘트만 들어봐도 무슨 내용인지 다 알 만한 리포트, 특별한 메시지가 없는 무미건조한 발표 리포트, 구색 맞추기 인터뷰와 CG가 들어간 밋밋한 리포트 등은 죽은 리포트다. 시청자가 봐도 기억에 남지 않고 화제도 되지 않는다. 심폐 소생술이 필요하다. 내용상 죽은 리포트는 새로운 사실이든 관점이든 추가적인 취재가 있어야 하고, 제작상 죽은 리포트는 생동감을 줄 수 있는 어떤 제작상의 포인트가 있어야 한다.

제작에 대한 논의를 하고 있기 때문에 제작상의 심폐 소생술 얘기를 이어가면, 먼저 오디오와 비디오의 여러 제작 요소 가운데 한 가지라도 내세울 게 있어야 한다. 스케치 영상이 월등히 좋아 시청자의 눈을 사로잡거나, 인터뷰가 심금을 울리거나, 기자 스탠딩 장면이 각인되거나, CG 아이디어가 남다르거나, 기자 오디오(기사 포함)가 시청자의 무릎을 치게 해야 한다. 취재 과정에서 할 수 있는 것도 있고 사후에 할 수 있는 것도 있다.

제작 과정이 매너리즘에 빠지면 문제다. 영상 취재 기자, 편집 기자, CG 담당자 등 제작 현장의 동료와 끊임없이 아이디어를 상의하고, 생동감을 줄 수 있는 포인트를 살려내면 같은 내용을 다루어도 리포트는 살아난다. 작은 성의가 리포트를 살리고, 궁극적으로 시청자에게 호소력을 갖는다.

2) 리포트 제작에 정답도, 왕도도 없다

스트레이트 기사는 신문과 방송 모두 어느 정도 정형화된 기사체가 있지만, 방송의 리포트는 어떻게 제작해야 한다는 정답도 없고 좋은 리포트를 만들 수 있는 왕도도 없다. 같은 발생 아이템을 다뤄도 방송사마다 리포트는 각양각색이다. 같이 취재해도 구성에 따라 기사가 달라지고, 기사가 비슷해도 화면 편집에 따라 또 달라진다. 하늘 아래 완벽히 같은 리포트는 존재할 수 없다. 방송 리포트 제작에 정답은 없지만 몇 가지 포인트를 알아둘 필요가 있다.

우선, 모든 효과는 전달력을 위한 것이어야 한다. 본문 기사의 도입부를 생각해 보면 이펙트로 시작할 수도 있고, 인터뷰로 시작할 수도 있고, 영상 구성으로 시작할 수도 있고, 음악으로 시작할 수도 있고, 기사 문장으로 시작할 수도 있다. 영상의 경우 현장 영상이 아닌 인상적인 CG로 시작할 수도 있다. 단순히 기사보다는 다른 요소로 시작하는 것이 시청자를 집중시키는 흡인력이 있다. 기사는 문학이 아니기 때문에 시청자를 매료시키는 기사 문장은 어렵기도 하고 초보 기자에게는 권하지 않는다. 전달력 측면에서 기사 문장 이외의 요소를 이용하는 방송 효과나 장치가 많은 장점을 갖고 있다. 하지만 이것도 남발되거나 구색 맞추기가 돼서는 곤란하다. CG와 현장음 등의 효과가 너무 많아 오히려 전달을 방해할 수도 있다. 과도한 효과음도 마찬가지다. 구색 맞추기 인터뷰가 흐름을 방해하는 경우는 너무나 많다. 효과나 제작 요소는 모두 메시지를 전달하기 위한 조연이지 뉴스의 주인공은 아니다.

둘째, 실험적인 제작에 도전하면서 리포트의 지평을 넓혀 나가야 한다. 방송 뉴스는 기술의 발전에 따라 진화한다. 다양한 성능의 카메라나 그래픽 장비가 나오고 있고, 이제는 스마트폰 하나로 촬영과 편집은 물론 현장을 연결할 수도 있다. 이미 다양한 현장 연결 방법이 나와 있고, 앞으로 조금 더 발전하면 아예 중계차가 필요 없게 될지도 모른다. 드론 촬영이 활성화되면서 헬기를 이용한 항공 촬영이 줄어드는 것도 같은 이유다. 방송용으로 개발되지 않았지만 방송에 활용할 수 있는 기술과 장비도 많다. 기술의 발전 속도에 비해 이를 활용하는 속도는 느리다. 기능이 100인 스마트폰을 사 놓고 20 정도의 기능만 사용하는 것에 비유할 만하다.

셋째, 기사를 쓰기 전에 시청각적 구체성이 있는 구성을 해야 한다. 기사 쓰는 데도 도움이 되지만 미리미리 체크하고 준비하기 위해서도 필요하다. 앞서도 언급했지만 CG의 품질은 주어진 시간에 비례한다. 사전에 계획을 꼼꼼하게 세워서 기사를 쓰기 전에 CG 제작을 의뢰해 담당 디자이너에게 충분한 작업 시간을 확보해 주면 고품질의 CG가 나오지만 개략적인 구성만 갖고 기사를 쓰다가 뒤늦게 CG를 의뢰하면 좋은 품질을 절대로 기대할 수 없다. 기자는 주로 자신이 쓰는 텍스트 기사에 매달려 시간과 싸움을 벌이지만 실은 방송의 모든 작업이 시간과의 싸움이라는 점을 잊으면 안 된다.

넷째, 모니터하지 않으면 발전이 없다. 같은 아이템을 경쟁사 기자는 어떻게 제작했는지 모니터하는 것부터 습관화돼야 한다. 기사가 됐든 제작 방식이 됐든 배울 게 꼭 있다. 하다못해 '저렇게 제작하지 말아야지'라고 느껴도 배우는 것이다. 모니터해 보고 자신의 리포트가 부족하다고 느껴도 자책할 필요는 없다. 리포트는 정답이 없기 때문에 선의의 경쟁을 통해 리포트 제작의 지평을 넓혀 나가면 될 일이다.

프로그램으로서의 메인 뉴스는 뉴스를 만드는 방송사 보도국 전체 역량의 결과물이기 때문에 같은 아이템의 나른 뉴스를 모니터하는 건 하나의 리포트 품질 차이나 기자 개인의 능력 차이 이상의 의미가 있다. 그런 차이는 같은 아이템을 제작한 기자가 모니터해야 가장 정확하게 알아챌 수 있다. 같은 방송사 동료의 리포트를 모니터하면서 간접 경험하는 것 역시 매우 좋은 스승이 된다. 많이 만들고 많이 모니터하면 리포트 제작 능력이 늘기 마련이다.

3) 다양해진 영상

보도 영상은 현장의 생생한 기록이다. 현장 취재도 영상을 중심으로 이뤄지고, 기사 쓰기도 영상이 중심이다. 스케치 기사 이외의 방송 기사에도 스케치 문장이 필요한 것은 영상이 그만큼 중요하기 때문이다. '백문이 불여일견'에 해당하는 게 방송 뉴스다. 생생한 영상이 확보되면, 내용상으로는 기사 가치가 좀 떨어져도 영상 때문에 뉴스로 채택되기도 한다. 이때 기사는 영상을 부각하는 역할을 한다. 반대로 내용이 중요하고 영상의 중요성이 떨어질 때도 있다. 중요한 경제 지표 발표 같은 경우다. 이때도 내용을 뒷받침할 영상을 고민해야 한다. 취재 기자는 영상 기자와 한 몸처럼 움직이며 어떤 영상을 취재할 것인지 소통해야 한다.

영상 기자가 촬영하는 영상 외에도 뉴스에 쓸 영상을 확보하는 방법이 다양해졌다. 도처에 카메라가 넘쳐나는 영상 시대가 됐기 때문이다. 길을 나서면 곳곳에 CCTV가 온통 주변을 녹화하고 있다. 수도권 시민이 하루에 83회가량 CCTV에 노출된다고 국가인권위원회가 이미 2010년에 추정했다. 지금은 사각지대가 거의 없다고 봐야 한다.

자동차에는 블랙박스가 필수품이 됐다. 움직이는 눈이다. 관공서나 단체, 기업에서도 각종 행사나 사건 사고를 촬영한다. 영상 시대에 가장 위력적인 건 스마트폰이다. 전 국민이 카메라를 손에 들고 다니며 촬영하고 저장한다. 작은 기계에 커다란 진실이 담겨 있을 수도 있다. 이 모든 영상이 뉴스 영상의 후보다. 제보가 올 수도 있고 기자가 부지런히 찾아서 구할 수도 있다. 영상 시대가 되면서 방송 기자가 챙겨 봐야 할 것이 늘어난 것이다.

2. 리포팅과 스탠딩

1) 리포팅

좋은 목소리를 타고난 사람은 방송 기자에 유리한가? 자주 듣는 질문이지만, 방송 뉴스에 대한 이해가 떨어지는 질문이다. 타고난 목소리는 별문제가 되지 않는다. 방송 기자의 오디오는 귀에 쏙쏙 들어오고, 믿을 만하다는 느낌을 주는 게 더 중요하다. 이렇게 귀에 쏙쏙 들어오고 신뢰를 주는 오디오는 훈련을 통해서 얼마든지 다듬어 갈 수 있다.

물론 당연히 성량도 풍부하고 발성이 자연스러운 사람이 더 유리할 수 있다. 특히 뉴스 앵커가 되려면 목소리가 중요하다. 하지만 일상생활에서 대화할 때 아무 문제가 없다면 방송 기자가 되는 데 목소리는 문제가 되지 않는다. 사람마다 목소리는 조금씩 다 다르다. 어떤 사람은 혀가 너무 길고, 반대로 혀가 상대적으로 짧은 사람도 있다. 혀가 길어 부정확한 발음이 있고, 반대로 혀가 짧아도 그렇나. 또 목소리가 너무 잘 갈라지는 사람, 지나치게 거칠거나 바람 소리가 심하게 나는 경우도 있다.

방송 기자로 활동하고 있는 사람의 목소리를 들어 보면 카랑카랑해서 마치 성악가 같은 목소리가 있는가 하면 아주 거친 목소리도 있다. 밝은 목소리, 어두운 목소리도 있다. 하지만 원래 목소리보다 더 중요한 것은 내용을 제대로 잘 전달하느냐는 것이다. 리포팅의 목적이 목소리 감상이 아니라 정보 전달이기 때문이다.

다만 목소리가 너무 약하거나 이런저런 약점이 있다면 열심히 리포팅 훈련을 해야 한다. 방송 기자가 된 뒤에도 마찬가지다. 자신이 쓴 기사를 시청자의 귀에 제대로 들리게 해야 하기 때문이다. 처음엔 어색했던 오디오를 잘 갈고 닦아서 훌륭한 방송 기자가 되는 사례를 많이 보아 왔다. 여기서 핵심은 훈련을 반복함으로써 자기가 원래 갖고 있던 오디오의 단점을 극복하고 개성 있는 오디오로 발전시킬 수 있다는 것이다. 방송 기자가 된 뒤 꾸준히 노력하지 않으면 아무리 시간이 흘러도 발전이 없다. 오히려 노력 없이 시간이 흐르면 안 좋은 버릇이 더 굳어지고, 나중엔 정말 고치기 어려운 습관이 될 수 있다.

신문을 또박또박 큰소리로

신문으로 발음 훈련하는 것은 전통적인 오디오 훈련 방법이다. 한 글자 한 글자 또박또박 정확하게 큰소리로 읽어 보고, 문장을 일정한 톤으로 읽어 보는 연습을 반복해 본다. 우리말 발음 법칙은 이미 몸에 배어 있겠지만 장단음 등을 잘 모르면 사전을 찾아보며 익혀야 한다. 발음의 원리와 원칙에 대해서는 국립국어원 홈페이지에 들어가서 표준 발음법 설명을 참고하면 도움이 된다.

한 글자씩 또박또박 읽는 연습은 사투리나 개인의 특유한 발음 습관을 교정하는 데도 도움이 된다. 이 경우는 한 글자씩 똑같은 높이와 길이로 큰소리로 읽는 연습을 한다. 실제로 방송 기자가 된 뒤에도 이런 연습을 한다. 신문 기자에서 방송 기자로 전직을 한 경우, 기본적인 오디오 훈련이 되어 있지 않을 때는 이런 연습을 해야 한다. 지역 출신인 기자들도 입사 초기에 다 이런 연습을 하고, 이후로도 버릇처럼 신문을 큰소리로 읽는다.

신문으로 발음 훈련을 하면 단순히 오디오 훈련을 하는 것 이상으로 얻는 것이 있다. 가장 큰 것이 시사 정보에 대한 이해가 깊어지는 것이다. 신문을 눈으로 보고 크게 읽기까지 하니 그냥 눈으로만 정독하는 것 이상의 효과가 있다. 또 다른 기자의 잘 쓴 기사를 읽다 보면 기사를 구성하는 능력도 키울 수 있다. 물론 잘못 쓴 기사를 발견하거나, 오탈자를 발견하는 경우는 반면교사가 될 수도 있다.

호흡에 맞게 띄어 읽기

리포팅을 하는 사람이 자기 호흡에 맞게 문장을 띄어 읽어야 시청자가 편안함을 느낀다. 하지만 띄어 읽기를 잘못하면 의미가 엉뚱하게 전달되기도 한다. 긴장해서 쉬지 않고 읽어 내리는 경우와 데스크가 고친 기사를 기자가 소화하지 못하고 읽는 경우가 여기에 해당한다.

"신고자도 ∨ 숨지거나 실종된 6명 가운데 한 명으로 ∨ 경찰은 추정하고 있습니다"라고 띄어 읽으면 사고를 신고한 사람이 사망·실종자 6명에 포함됐다는 내용으로 전달된다. 하지만 "신고자도 숨지거나 ∨ 실종된 6명 가운데 한 명으로 ∨ 경찰은 추정하고 있습니다"라고 띄어 읽으면 신고자가 숨졌다는 의미인지, 실종자 6명에 포함됐다는 의미인지 모호해진다. 띄어 읽기에 따라 의미가 달라지는 것이다.

띄어 읽으면 다음에 오는 말이 강조될 때도 있다. 잠깐 쉬면 오디오의 리듬감이 살짝 깨지면서 시청자가 주목하기 때문이다. "국산으로 둔갑해 팔려나간 중국산 장어는 ∨ 지난달에만 모두 11톤 ∨ 5억 원어치가 넘습니다"의 경우 '5억 원어치' 앞에서 쉬었다가 읽으면 '5억 원어치나 될 정도로 많다'는 의미가 전달된다. 이때는 '5억 원어치'를 조금 높은 톤으로 읽어도 좋다. 오디오를 녹음하기 전에 자기 호흡에 맞게 띄어 읽을 곳을 미리 체크해 표시해 두는 것도 좋은 습관이다. 글로 써 놓았다고 보면 그렇게 잠깐 띄어 읽은 곳에 '쉼표'가 있는 것과 같다. 만약 텍스트로 온라인에 기사를 올린다면 그런 표시를 해 주는 것이 좋다.

악쓰지 말고, 신파조로 읽지도 말고

기사 성격에 따라 리포팅을 하는 오디오에 변화를 준다. 고발 리포트는 조금 긴장감 있는 오디오로, 스케치는 여유 있는 오디오로, 발표 기사는 건조한 오디오로 전달하는 게 좋다. 하지만 어떤 경우에도 기자 개인의 감정을 듬뿍 실은 오디오는 금물이다.

과거 고발 리포트에서 마치 소리를 지르거나 악을 쓰듯 오디오를 녹음하는 기자들이 있었다. '이렇게 나쁜 사람이 있습니다'라는 식으로 공분이 지나쳐 시청자에게 공분을 강요하는 것이다. 하지만 자기감정이 앞서면 시청자가 오히려 공감하기 어렵게 된다. 고발 보도이니 조금 긴장감을 주되 어디까지나 객관적 비판이라는 느낌을 주는 오디오가 오히려 듣는 사람의 공분을 자아낸다. 공분을 유발하는 것은 기사의 내용이지 격한 오디오가 아니다.

영결식이나 안타까운 사연을 전하는 리포트에서 지나치게 감정이입이 된 신파조의 오디오도 적절하지 않다. 감정을 실어서 낮은 톤으로, 심지어는 울먹이듯 읽었다고 해서 슬픔이 전달되지 않는다. 평상시 톤으로 읽으면서, 다만 강약이나 띄어 읽기 등으로 분위기를 전달하면 슬픔이나 여운이 더욱 잘 전달된다.

자주 틀리는 발음

사람들이 공통적으로 잘 틀리는 발음이 있다. 자신이 없을 때는 제대로 된 국어사전을 찾아보아야 한다. 다음은 자주 틀리는 발음이다. 연음 법칙이나 장단음 등을 기회가 될 때마다 사전에서 찾아보면 규칙성을 이해하기 쉽다.

애끓는 심정 [애끈는] ([애끌는] ×)

전기가 끊겨 [끈켜] ([끈겨] ×)

부엌에 가서 [부어케] ([부어게] ×)

빛에 쪼들려 [비제] ([비세] ×)

중학교 1학년 [이랑년] ([일항년] ×)

고가도로 [고가] ([고까] ×)

연륙교 건설 [열륙꾜] ([연뉵꾜] ×)

법학 전공 [버팍] ([버박] ×)

~의 (소유격 조사) [~에] [~의] ([으] ×)

태릉 골프장 [태릉] ([태능] ×)

교통 체증 [체증] ([체쯩] ×)

외국어(외래어) 발음

외국에서 누가 화제가 되거나 어떤 기술이 개발돼 국내에 소개할 때 방송 기자들이 표기와 발음을 놓고 어려움을 겪곤 한다. 다른 나라의 말을 한글로 표기할 때는 '외래어 표기법'에 따른다. 외국어의 발음 기호를 기준으로 현지 발음에 가깝도록 한글 표기를 정하되, 이미 굳어진 말은 관용을 존중한다. 외국어와 한글은 음운 체계가 서로 다르기 때문에 한글로 외국어 발음을 정확하게 표기할 수 없지만 비교적 가까운 우리말 소리로 표기하도록 통일성을 꾀한 것이다.

이를테면 영어 발음 [f]의 경우 'ㅍ'이나 'ㅎ'의 두 가지 표기 가운데 'ㅍ'으로 통일했다. 모음 앞에서는 'ㅍ,' 자음 앞에서는 '프'가 되는 것이다. 그래서 '파이팅,' '프라이팬'이 맞는 표기다. 참고로 이제 파이팅도 표준어로 채택되어 국어사전에 등재되었다. 규범을 적용하기 어려운 외국어나 새로 유입되는 인명 등에 대해 외래어 심의 위원회가 개별적으로 표기법을 정하기도 한다.

발음은 어떻게 해야 하나? 외래어 표기법은 있지만 외래어 발음법은 없다. 이 말은 표기된 대로 발음하는 걸 기본으로 한다는 뜻이기도 하다. 원어 발음에 가깝게 발음하는 게 아니다. 일단 한글로 표기된 이상 한글의 표준 발음대로 하면 된다. 'orange'의 표기는 '오렌지'이기 때문에 발음도 [오렌지]이지 영어 발음에 가깝게 발음한다고 [아륀지]로 읽으면 안 된다는 것이다. 'Paris,' '東京,' '北京'은 외래어 표기법에 따라 각각 '파리,' '도쿄,' '베이징'으로 쓰고 표기된 대로 읽으면 된다. 다만 외국어의 특수성을 반영해 읽어야 하는 경우도 있다. 'service'의 표기는 '서비스'인데 표기 그대로 [서비스]로 읽으면 어색하고 [써비스]로 읽는 게 자연스럽다. 외래어 발음법은 없기 때문에 표기된 대로 발음하는 걸 원칙으로 하고 어색할 때는 외국어의 특수성을 감안해 자연스러운 발음을 찾으면 된다.

2) 스탠딩

스탠딩이란 기자가 현장에서 기사의 일부를 오디오뿐 아니라 자신의 모습이 담긴 영상까지 녹화하는 일을 말하는 용어다. '스탠딩'이 많이 쓰이긴 하지만 방송사나 기자에 따라서 '스탠드업,' '온마이크' 등으로 불리기도 한다.

또 리포트에서 스탠딩이 들어가는 위치에 따라 도입부에 들어가면 '오프닝,' 리포트 중간에 들어가면 '중프닝,' 리포트 말미에 들어가면 '클로징'이라고도 하는데, 중프닝은 오래전 선배들이 만든 국적 없는 조어다. '브리지bridge' 또는 '브리지 멘트bridge ment'라고 하는 것이 맞다.

현장의 목격자로서 기록하라

스탠딩은 스케치 기사 작성과 더불어 적지 않은 방송 기자가 고통스러워하는 일이다. 하지만 스탠딩만으로 방송 리포팅의 분위기가 확 달라질 수도 있다. 스탠딩을 잘하면 방송 기자 체질이라고 부르기도 한다. 사전에 오래 준비를 한 기획 기사가 아니라 '당일 발생 당일 제작'인 경우에는 취재 현장에서 미리 기사 구성을 생각하고 그 구성에 맞는 효과적인 스탠딩을 하기란 베테랑 기자도 쉽지 않다. 취재를 마치고 회사로 돌아오는 차 안에서 방금 마친 스탠딩의 동작과 표현을 떠올리며 후회하는 일은 방송 기자라면 누구에게나 있는 일이다.

실제로 스탠딩을 촬영했다가 못 쓰는 경우도 많다. 막상 기사를 쓸 때는 상황이 바뀌었거나 기사 흐름으로 볼 때 쓰기 곤란하게 된 경우다. 이럴 때 스탠딩을 버리느냐, 리포트 품질을 포기하느냐를 놓고 고민하기도 한다. 하지만 답은 명확하다. 데스크는 취재 기자를 배려하고자, 현장에서 어렵게 해온 스탠딩을 살리려고 애를 쓴다. 간혹 현장에서 잘못된 표현을 사용했는데도 그대로 살려 두는 경우가 있는데, 이건 리포트 자체는 물론이고 취재 기자를 위해서도 바람직하지 않다. 리포트의 정확성을 포함한 전체 품질이 우선이다.

스탠딩을 하는 이유는 무엇일까? 우선, 현장의 목격자로서 이를 시청자에게 들려주기 위해서다. 시청자는 기자를 통해 간접적으로나마 현장을 체험하게 된다. 재난 현장, 사건 사고 현장, 이색 현장 등 누구나 경험하기 어려운 현장일수록 기자가 나와서 설명하는 것이 좋다. 둘째, 현장이 없는 경우에도 리포트의 신뢰도를 높일 수 있다. 기자가 얼굴과 이름을 드러내고 책임감 있고 신중한 표정으로 뉴스를 전달하면 시청자에게도 이런 자세가 전달된다. 셋째, 방송 리포트를 제작하는 과정에서의 현실적인 필요성도 있다. 비주얼 요소가 전혀 없거나 비주얼 요소가 있어도 자료 화면밖에 없는 경우 적절한 스탠딩으로 리포트를 살릴 수도 있다.

현장이 있으면 주저 없이 스탠딩하라

스탠딩의 위치와 관련해서는 현장이 있는 경우는 리포트 중간에 들어가는 스탠딩, 즉 '브리지 멘트'를 하는 것이 대체로 정답이다. 현장이 있으면 그 현장이 치워지거나 상황이 바뀌기 전에 스탠딩을 촬영해 놓아야 하기 때문이다. 이때 자연스럽게 현장에서 기자의 움직임을 보여 줄 수 있다면 움직여 보는 것이 좋다. 양복 윗도리를 벗고 와이셔츠도 걷어붙이고, 현장에 있는 것을 만져도 보면서 화면을 역동적으로 만들면 그 자체로 기사가 되고 나중에 기사 쓰기도 편해진다. 이런 브리지 멘트를 하면 나중에 기사를 어느 쪽으로 쓰더라도 살려서 사용할 수 있다. 물론 사건 현장에서 수사에 사용될 만한 물건을 건드리는 것은 당연히 금물이다.

'클로징 스탠딩'은 마무리 문장인 만큼 리포트를 정리하는 의미가 있는 장소에서, 내용도 현장 설명이 아니라 분석이나 전망으로 하면 된다. 특파원의 스탠딩, 정치 리포트의 스탠딩은 거의 '클로징'이다. '오프닝 스탠딩'은 매우 위험한 출장지 등 취재 장소를 내세울 경우가 아니면 쓰임이 많지 않다. 자신의 리포트를 스스로 소개하는 제작물에서 앵커 멘트 성격으로 더러 쓰기도 한다.

한때 방송사들이 시청자의 눈길을 끄는 현장 스탠딩을 경쟁적으로 내보낸 적이 있다. 군인의 혹한기 훈련을 리포트하면서 군인과 함께 상의를 벗은 기자, 비바람 강도를 실험하는 곳에서 몸이 날아갈 듯한 기자의 모습을 기억할 것이다. 과유불급이다. 스탠딩에 과도하게 집착하면 리포트의 본말이 전도되고, 리포트가 선정적으로 흐를 수 있다.

스탠딩이 독이 되는 리포트도 있다. 인물이 중심이 되는 피처물이나 영결식 리포트 같은 것에서 기자가 등장하면 흐름이 끊기거나 부자연스럽거나, 시청자를 불편하게 만들 수 있다. 이런 경우는 꼭 필요하지 않다면 스탠딩을 하지 않는 게 좋다. 또 너무 현장과 어울리지 않는 의상을 하고 스탠딩을 하는 것도 조심해야 한다. 굳이 군부대를 간다고 군복을 입을 필요는 없지만 상황에 맞게 넥타이를 풀거나 윗도리를 벗는 등 자연스러운 연출을 하는 것이 좋겠다.

피해야 할 스탠딩

① "기자가 직접 ~을 해 보겠습니다"

직접 무엇을 한다는 게 대단한 행동이라는 의미가 깔려 있지만 무의미한 경우가 많다. 대부분은 현장 보여 주기 정도다. '직접'이라는 말도 불필요하다. '간접'으로 무엇을 하는 경우는 없으니까. 방송은 시청각 미디어이기 때문에 행동을 보여 주면 된다. 그것을 별도의 멘트로까지 강조하지 않아도 된다. 상투적이기도 하다. 실험에 참여하거나 체험을 한 결과를 스탠딩으로 처리하는 게 낫다.

② "현장을 따라가 보겠습니다"

경찰의 단속을 동행 취재할 때 종종 등장하는 스탠딩이다. 단속 현장이 리포트의 중심이어야 하고 서론에 해당하는 스탠딩은 불필요하다. 동행 취재했다는 내용을 앵커 멘트에서 처리하면 그만이다.

③ "이곳에서 ~한 것으로 알려졌습니다"

'알려졌습니다'는 근거가 부족해 확정되지 않은 내용이다. 스탠딩이 아닌 부분에서도 가급적 배제하는 것이 바람직하다. 기자가 스탠딩 멘트로 하는 말은 시청자가 확인된 사실로 오해할 수 있기 때문에 확인되지 않은 내용을 스탠딩으로 잡는 건 위험하다. 꼭 써야 한다면 '누가 무엇이라고 했다'고 주체를 밝히는 것이 맞다.

3. 앵커 멘트

1) 앵커 멘트도 기사다

앵커 멘트 때문에 종종 앵커와 기자 사이에 불편한 상황이 벌어질 때가 있다. 기자는 종종 리포트 소개가 잘못됐다고 불만을 토로한다. 실제로 앵커가 중요하지 않은 내용을 부각하거나 리포트 주제에서 벗어난 내용을 말하는 경우, 적절하지 않은 어휘를 선택하는 경우, 주장을 단정적으로 말하는 경우, 심지어 사실 관계가 다른 말을 하는 경우도 있다. 기사 본문이 아니라 앵커 멘트 때문에 소송에 휘말리기도 한다. 앵커 멘트를 앵커와 기자 두 명이 쓰면서 생기는 일이다. 기자가 앵커 멘트를 써서 넘기면 앵커는 손을 본 뒤에 말로 표현한다. 앵커가 고치는 이유는 너무 다양하다. 기자가 넘긴 앵커 멘트의 표현이 마음에 안 들 수도 있고, 부각해야 할 포인트가 다르다고 생각할 수도 있고, 내용이 자신의 견해와 다르다고 생각할 수 있다. 불만은 없지만 자신만의 말하는 스타일 때문에 고칠 수도 있다.

앵커의 얘기를 들어 보면 앵커 멘트와 리포트 본문의 앞부분이 겹치게 기사를 넘기는 데 대한 불만도 꽤 많다. 메인 뉴스가 아닌 경우 이런 현상이 더 자주 나타난다.

[앵커 멘트]

북미 협상 실무자인 스티브 비건 미 국무부 부장관이

내일 한국을 찾습니다.

그제 북한 최선희 제1부상이 미국을 향해

'새로운 셈법'을 제시하지 않으면

마주앉을 이유도 없다고 했는데,

화답이 나올지 주목됩니다.

○○○ 기잡니다.

[리포트]

북미 실무 협상 대표인 비건 미 국무부 부장관이

내일 군용기 편으로 오산 공군 기지에 도착합니다.

앵커 멘트와 리포트의 첫 문장이 거의 똑같다. 앵커 멘트까지 하나의 기사라고 생각해 보면 중언부언하는 셈이다. 이런 앵커 멘트를 받으면 앵커도 난감하다. 앵커와 기자 둘 중에서 한 명은 고쳐야 하는데, 기자의 오디오는 이미 녹음을 마친 경우가 많아 앵커가 손을 볼 수밖에 없다. 앵커가 리포트 문장과 다르게 쓰기도 쉽지 않다. 애초에 기자가 리포트 첫 문장을 날렸으면 깔끔하다. 비건 부장관이 한국에 온다는 내용이 이미 앵커 멘트에 있기 때문에 리포트에서는 도착한 뒤의 일정부터 쓰면 된다. 사건 사고의 경우 '실종됐던 ○○○ 씨가 시신으로 발견됐다'는 내용을 리포트할 때 앵커 멘트는 위 내용을 쓰고, 본문에서는 시신 발견 현장 상황으로 바로 시작하면 된다.

앵커 멘트는 앵커의 영역으로 주어져 있지만, 기자도 좋은 앵커 멘트를 넘길 의무가 있다. '어차피 앵커가 알아서 하겠지'하고 대충 쓰면 자신의 리포트에도 좋지 않은 영향을 미친다. 좋은 표현을 앵커에게 넘겨야 리포트에 관심이 커지고 결국 기자의 리포트가 빛난다. 앵커 멘트 따로, 리포트 따로 있는 게 아니라 합쳐서 하나의 기사다.

2) 더 구어체로, 리포트가 빛나게

앵커 멘트에도 여러 가지가 있다. 스트레이트 기사의 리드 역할을 하는 '리드형,' 리포트 내용은 거의 알리지 않고 궁금증을 유발하는 것으로 끝나는 '궁금증 유발형,' 프레젠테이션을 하듯 친절하게 풀어주는 '설명형' 등이다. 경우에 따라서는 두세 꼭지의 리포트를 한꺼번에 소개하는 통합 앵커 멘트도 있다.

'리드형'은 가장 일반적인 앵커 멘트로 리포트 내용을 짧게 요약하는 방식이다. 이때는 육하원칙에 맞춰 구체적이고 많은 정보를 전달할 필요 없이 핵심적인 몇 단어로 짧은 문장을 만들어야 한다. '오늘 아침 서울 올림픽대로에서 충돌 사고가 나 3명이 숨졌습니다. ○○○ 기자가 보도합니다'라고 쓰지 말고 '출근길 서울 올림픽대로에서 큰 사고가 났습니다. ○○○ 기자가 보도합니다' 정도면 충분하다.

'궁금증 유발형'은 '왜 그럴까요?,' '○○○ 기자가 현장을 다녀왔습니다,' '취재해 보니 다른 결과가 나왔습니다' 같은 표현이 들어가는 앵커 멘트다. 리포트의 내용을 요약하는 '리드형'과 달리 리포트 내용이 아예 언급되지 않거나 언급되더라도 최소한으로 그친다. 궁금하면 기자 리포트를 보라는 관심 끌기가 포인트다.

'설명형'은 최근에 빈도가 늘고 있다. 앵커석 뒤 대형 화면을 이용해 리포트 방송 전에 리포트를 이해하기 위해 필요한 정보와 배경 지식 등을 설명하는 방식이다. 뉴스가 쏟아지다 보니 중간중간에 뉴스가 어떻게 흘러가고 있는지, 뉴스의 맥락이 어떤지 하는 흐름을 설명할 때도 앵커 설명이 들어간다. 이 경우 앵커는 서서 프레젠테이션을 하듯 진행한다. 서서 진행하면 뉴스 내용에 대한 흥미를 높이는 효과도 있다. 이제는 메인 뉴스에서 차분하게 앉아 있는 앵커 모습은 점차 사라지고 있다. 조금이라도 더 시청자에게 다가서고 친절하게 뉴스를 전달하려는 노력의 일환이다.

방송의 모든 기사가 구어체 문장을 써야 하지만 앵커 멘트는 심하다 싶을 정도의 구어체로 써야 한다. '설명형'이 아닌 앵커 멘트는 15초 안팎으로 짧지만 시청자와 얼굴을 마주한 듯이 말해야 하기 때문이다. 리포트 내용을 설명하는 비유적 표현도 적절히 쓰면 관심을 끌고 리포트도 살아난다.

앵커마다 개성이 있고 말하는 스타일이 있어서 기자가 넘긴 앵커 멘트가 그대로 방송되는 일은 거의 없다. 그래도 잘 쓴 앵커 멘트는 살아남는다. 기자의 앵커 멘트가 살아남는지 통째로 바뀌는지, 바뀔 경우 개선됐는지 개악됐는지 확인해 봐야 한다. 개악이 됐으면 뉴스 진행 도중에라도 적극적으로 의견을 제시하는 것이 필요하다. 특히 자신이 넘긴 앵커 멘트가 기사의 취지와 다르게 바뀐 경우에는 문제가 생기지 않도록 확인을 요구하는 것이 좋다.

4. 인터뷰

인터뷰 없는 리포트는 건조하다. 무성의해 보이기도 한다. 인터뷰 몇 마디가 리포트의 주제를 함축적으로 전달할 수 있다면, 인터뷰는 그 자체로 기사의 어떤 부분보다 중요하다. 시청자가 좋은 기사는 기억하지 않지만 좋은 인터뷰는 기억하고 이야기 소재로 삼는다. 시청자는 화면에 의미 없이 등장하는 군중이 아닌 특정한 인물의 스토리나 말에 주목도가 높은 편이다. 정치인이 무슨 말을 하는지 보면서 그의 생각을 읽으려 노력하고, 전문가의 분석을 들으며 자신의 생각을 정리해 보고, 평범한 이웃의 말에 감동받기도 한다.

리포트를 살리기 위해 인터뷰하기도 하지만, 인터뷰 내용 자체가 뉴스가 되는 경우도 있다. 정치인이 특정 시사 프로그램에 직접 출연하거나 전화로 인터뷰한 내용이 리포트의 소재가 되는 경우가 여기에 해당한다. 안희정 전 충남지사의 위력에 의한 성폭력 사건도 피해자 인터뷰를 통해 방송되었다. 인터뷰가 이슈의 출발점이 된 것이다. 표현의 자유가 신장될수록 인터뷰에서 나오는 기삿거리도 늘어날 수밖에 없다.

뉴스의 인물을 상대로 하는 대담형 인터뷰가 기본이지만 시민 의견을 묻는 길거리 인터뷰, 현장의 인물을 상대로 하는 현장 인터뷰, 전문가의 견해를 묻는 전문가 인터뷰 등 다양한 인터뷰가 있다. 개념적 분류 기준은 없고 기사 장르나 성격에 따라 인터뷰 내용이나 인터뷰할 사람을 정하면 된다. 영상 기자와 함께 만나서 인터뷰하는 게 방송 인터뷰의 기본이지만 경우에 따라서는 이메일이나 SNS를 통해서 인터뷰한 뒤 내용을 CG로 처리해 소개할 수도 있다.

1) 인터뷰이부터 적합해야 한다

리포트의 주제에 맞는 인터뷰이를 찾는 게 기본이다. '고2 학부모 혼란'을 다루면서 다른 학년의 학부모를 인터뷰할 리는 없다. 하지만

'저 이야기를 왜 저 사람이 하지?'라는 의문을 갖게 만드는 인터뷰이도 적지 않다. 전문가도 분야가 맞아야 한다. 한미 관계를 인터뷰한다면서 북한 문제 전문가를 섭외하면 안 된다. 분야가 맞아도 시청자를 상대로 설명을 할 수 있을 정도로 실력을 인정받는 인물이어야 한다.

인터뷰하는 주제에 대한 전문성이 느껴지지 않는 인물이 전문가라고 나오면 뉴스 전체가 신뢰를 잃을 수 있다. 권위 있고 정확히 리포트 주제에 맞는 전문가가 몇 시간 사이에 잘 섭외되지 않는 게 현실적인 고민이다. 그러다 보면 바로 섭외되는 인물을 인터뷰하게 되고, 인터뷰이로 등장하는 전문가 그룹의 다양성이 떨어진다. 리포트가 예측 가능할 때는 사전에 적합한 권위자를 섭외해 인터뷰해 두는 것도 좋은 방법이다.

적절한 대상이 섭외가 되면 인터뷰하기에 적합한 장소, 복장 등도 고려해야 한다. 인터뷰는 뉴스의 신뢰를 높일 수 있는 좋은 요소인데 오히려 반대 효과가 나지 않도록 세심한 주의를 기울여야 한다.

2) 시청자의 궁금증이 무엇인지 생각하라

인터뷰 현장에서 기자는 시청자를 대신하는 유일한 사람이다. 시청자가 인터뷰이를 만났다면 무슨 질문을 쏟아 낼지 생각해 보고 시청자의 궁금증을 해소하는 답을 이끌어 내야 한다.

범죄 혐의를 받는 정치인과 정치 현안에 대한 인터뷰 약속을 잡았다고 해 보자. 시청자는 범죄 혐의와 관련된 사실 관계가 궁금할 것이고, 인터뷰에 나선 정치인은 범죄 혐의에 대한 질문은 하지 말아 달라고 요청하거나, 사전에 범죄 혐의 질문을 받지 않는 조건으로 인터뷰에 응했을 수도 있다. 하지만 지금 그 사안이 쟁점이 되고 있다면 인터뷰이가 답을 하지 않아도 시청자를 대신해 기자는 질문을 해야 한다. 그 질문에 대한 얼굴 표정이나 손짓 하나도 시청자에게 전달되는 메시지가 있다. 물어보지 않으면 그에 대한 비난이 기자에게 돌아올 것이다.

3) 사전 준비하고 경청하라

기자가 대충 물어봐도 답을 잘해 주는 인터뷰이도 있지만, 질문의 수준에 맞는 답만 해 주는 까다로운 인터뷰이도 많다. 인터뷰도 일종의 대화이기 때문에 대화가 잘 진행되려면 사전 준비가 중요하다. 일본의 논픽션 저널리스트 다치바나 다카시立花隆는 "한 번의 인터뷰를 위해 60만 엔어치 책을 구입해 읽어 가며 준비를 해서 인터뷰를 했더니 원고료가 60만 엔이더라"는 말을 남겼다.[40] 이렇게까지는 아니라도 인터뷰를 하기 전에 사전 준비는 하면 할수록 좋다.

사전에 준비할수록 알맹이 있는 질문과 답변이 가능하다. 알맹이 준비가 부족하면 금방 대화가 끊기고 인터뷰이가 하고 싶은 말만 하다 끝난다. 준비를 많이 했다고 해서 난이도 높은 질문만 할 필요는 없다. 질문을 시청자 입장에서 쉬운 언어로 하면 인터뷰이도 어려운 내용을 쉽게 풀어서 설명하게 된다.

사전 준비는 경청으로 이어진다. 준비가 철저하면 인터뷰이의 말이 잘 이해되고, 그러면 더 의미 있는 질문이 떠오르게 된다. 이렇게 되면 대화의 본질적인 부분에서 꼬리에 꼬리를 무는 질문과 답변이 가능해진다. 인터뷰이의 답변에 근거해 진전된 질문을 던지다 보면 성공한 인터뷰가 된다.

4) 인터뷰 취지를 왜곡하지 말아야 한다

인터뷰에 응한 사람 가운데 막상 방송 나간 뒤 '인터뷰가 취지와 다르게 편집됐다'고 불만을 제기할 때가 있다. 방송이 나간 뒤 난처한 상황이 생길 때 기자에게 책임을 돌리는 경우도 있지만, 기자가 인터뷰의 취지를 자신의 기사에 맞게 왜곡하는 경우도 실제로 있다.

기자가 리포트의 주제에 맞게 인터뷰를 끼워 맞추면 이런 문제가 발생한다. 가령 인터뷰이가 "A로 볼 수 있는 측면도 있지만, 그보다는 B로 보는 게 더 정확합니다"라고 말했는데 정작 방송에서는 "A로 볼 수 있는 측면도 있다"는 내용만 편집해서 내보내면 인터뷰이의 말을 왜곡한 것이다. "B로 보는 게 더 정확하다"는 내용 그대로 인터뷰를 쓰든가, 리포트 주제에 맞지 않는다고 판단되면 인터뷰이에게 양해를 구하고 방송을 아예 하지 않는 것이 낫다.

시간적인 제약 때문에 인터뷰이가 말하는 취지를 충분히 살리지 못하는 경우도 있다. 인터뷰를 방송 리포트에 삽입하기 위해 편집한 것을 '사운드바이트soundbite'라고 하는데 사운드바이트는 통상 10초 안팎이다. 어지간히 중요한 인터뷰라도 짧은 뉴스 리포트에서는 15초 이상인 경우는 드물다. 물론 중요한 취재원인 경우에는 한 리포트 안에 두 번씩 등장하기도 하지만 하나의 사운드바이트는 대체로 10초 안팎으로 잘라서 쓴다. 10초 안팎이라는 시간적 제약을 극복하고 인터뷰 취지도 살리려면 기사를 쓰기 전에 녹화된 인터뷰를 듣고 가장 핵심적인 부분을 미리 확인해 두어야 한다.

인터뷰와 관련해 인터뷰에 응한 사람의 의도를 반영해야 할 것이냐는 문제가 있다. 인터뷰에는 크게 사실 관계를 파악하기 위한 취재로서의 인터뷰와 인터뷰 대상의 생각이나 삶을 피처 기사로 다루기 위한 인터뷰가 있다. 후자의 경우는 인터뷰 과정에서 나타난 다양한 인터뷰이의 생각을 충실하게 반영하도록 한다.

인터뷰이 자체가 중요한 것이 아니라 기사로 다루는 사안에 관한 사실 파악을 위해 인터뷰를 한 경우에는 기사에 필요한 사실에 해당하는 부분만 보도한다고 해서 문제가 되는 것은 아니다. 인터뷰이가 방송이 되기를 바라는 부분이 따로 있다 하더라도 그런 의도를 기자가 따라야 할 이유는 없다. 기사의 방향을 잡는 것은 기자이기 때문이다. 물론 이 경우에도 앞에서 설명한 것처럼 인터뷰이의 발언을 맥락과 다르게 잘라서 보도하는 것은 사실 왜곡에 해당하므로 해서는 안 된다.

원칙적으로 언론은 보도를 전제로 한 인터뷰에서 인터뷰이가 발언한 내용은 어떤 부분이라도 맥락을 왜곡하지 않는 한 잘라서 사용할 수 있다. 그것이 이른바 '온더레코드' 인터뷰의 기본 원칙이다. 물론 인터뷰 과정에서 특정 부분에 대해 어떤 조건을 걸었다면 다른 문제일 수 있지만 적어도 발언한 그대로 인터뷰가 나갔다면 언론을 탓할 일은 아니다.

다만 인터뷰이가 사후에라도 인터뷰 과정에 대해 문제를 제기할 가능성을 줄이기 위해서는 사전에 충분히 인터뷰를 하는 취지를 설명해 줘야 한다. 또한 이런 설명 과정 등도 녹화 등 기록으로 남겨 놓는 것이 불필요한 논란을 방지할 수 있는 방법이 될 것이다. 또한 인터뷰에서 어떤 부분을 실제 방송에 사용할지도 사전에 알려 주면 더 좋다. 인터뷰이가 미처 생각하지 못했던 부분이 방송되는 것을 방지하기 위해서다.

5) 구색 맞추기나 억지 연출은 퇴출해야 한다

카메라 앞에서 자연스럽지 못한 인터뷰 대상이 있다. 기자가 편안하게 분위기를 유도해도 카메라 녹화가 시작되면 말을 아예 못하는 사람도 있다. 인터뷰 내용을 큼지막한 종이에 써 놓고 누군가 카메라 옆에 들고 있도록 해놓고 그것을 보고 읽는 일도 드물게 있다. 나중에 모니터해 보면 어색하기 짝이 없다. 인터뷰는 말을 하는 것이지 국어책을 읽는 게 아니다. 너무나 어색한 장면이어서 선체 뉴스의 품질을 떨어뜨린다. 인터뷰이가 이렇게 나올 경우에는 리포트를 위해 꼭 필요한 인터뷰인지 진지하게 생각해 보아야 한다. 보통 기사의 내용 외적인 이유로 기관장 등을 인터뷰할 때 이런 경우가 있다. 이런 인터뷰는 하지 않는 것이 서로에게 좋다. 꼭 해야 한다면 충분히 사전에 대화를 해서 자연스러운 장면을 촬영하는 방법을 찾는 것이 좋다.

인터뷰가 없으면 밋밋하거나 성의가 없어 보인다고 해서 구색을 맞추려고 있으나 마나 한 인터뷰를 넣을 필요는 없다. '혐의가 드러나면 사법 처리하겠다'는 식의 너무 당연한 수사 관계자의 인터뷰도 필요 없다. 무의미한 사운드바이트에 10초의 시간을 쓰느니 기사를 조금이라도 더 충실하게 채우는 것이 낫다.

안타까운 사연을 소개하는 리포트에서 인터뷰를 억지로 연출하면 안 된다. 감동을 전하기 위해 인터뷰이의 눈물을 유도하는 질문을 반복하거나, 카메라를 눈물로 줌인하는 촬영은 있는 그대로의 취재가 아니다. 일종의 화면 연출이다. 용기 있는 의인을 인터뷰할 때는 인터뷰이와 함께 현장에 가서 상황을 재연하기도 하는데, 실제보다 과장될 가능성이 크다. 상황 재연 자체도 연출이다. 사실 전달에 도움이 된다고 하더라도 실상을 왜곡하는 일이 없도록 신중해야 한다.

5. 생방송

1) 예고 없는 생중계에 대비해야 한다

생중계는 기자를 스타로 만들기도 하고 바보로 만들기도 한다. 현장 중계를 물 흐르듯 능숙하게 소화하는 솜씨도 중요하지만 그보다는 성실하게 현장을 지키는 모습을 보여 주면 그것만으로도 시청자에게 신뢰를 줄 수 있다. 기자가 준비한 원고를 잊어버리고 망연자실한 표정을 짓는 바람에 화제가 되는 경우도 있다. 특히 상황에 따라서는 기사의 표현은 물론 옷차림이나 표정 같은 것 때문에 큰 비난을 받는 경우도 있다. 영결식 중계나 대형 참사 중계에서 웃음을 보이는 등의 행동은 금물이다. 비록 방송 중이 아니라도 언제 연결될지 모르는 현장에서는 표정조차 신중해야 한다.

생중계에서 실수는 한 번이어도 오래 남는다. 실수하면 '중계차 울렁증'이 생기고 극복하기 힘들어하기도 한다. 생중계에 능숙한 기자도 있지만, 모든 방송 기자는 좋건 싫건 예기치 않은 돌발 상황에 대비해야 한다. 신입 기자일 때는 앵커 멘트가 끝나고 마이크가 자신에게 넘어오면 머릿속이 하얗게 변하면서 준비했던 원고를 통째로 잊어버리는 일이 생긴다. 처음 시작하는 두세 문장은 자신의 입맛에 맞거나 좋아하는 표현으로 원고를 준비하는 게 좋다.

요즘은 현장 중계차에도 프롬프터가 준비되는 경우가 있는데, 아직도 프롬프터가 없는 경우가 많고, 있어도 갑자기 작동하지 않는 상황까지 염두에 둬야 한다. 실제로 프롬프터만 믿고 있다가 장비가 고장이 나 큰 낭패를 당하는 경우가 생긴다. 통상 두세 문장 뒤에는 기자 얼굴 대신 다른 화면으로 바뀌기 때문에 이후에는 원고를 보면서 읽어도 된다. 프롬프터를 쓰더라도 만약을 위해 원고를 준비해 두자.

원고 없이 중계 연결을 하는 상황도 대비해야 한다. 운전할 때 바뀌는 거리 풍경을 묘사하면서 중얼거리는 연습을 하는 것도 좋다. 또 가상의 상황을 만들어 길게 중계해 보는 것도 좋은 연습법이다. 과거에 났던 큰 사건 사고를 돌이켜보면서 자신이 만약 당시 상황을 현장에서 중계한다면 어떻게 하는 것이 좋을지 혼자서 시간이 날 때마다 연습해 보는 것이다. 사고는 예고 없이 찾아오고 TV에서나 보던 돌발 상황의 중계 연결이 언제든지 자신의 일이 될 수 있다.

김민표의 현장 #5: 머리 위에서 터진 불꽃놀이 화약

불꽃놀이 중계차를 탈 때였다. 앵커가 '불꽃놀이가 한창인 현장 연결합니다'라고 말하는 순간에 불발 화약이 머리 위에 떨어졌다. 잠시 머리를 크게 흔들어 털었는데도 머리가 뜨끈뜨끈했다. 이미 카메라와 마이크는 현장에 넘어온 상황. 화약을 털고 중계를 해야 할지, 그냥 준비된 원고를 읽어야 할지 순식간에 판단해야 했다. 그 짧은 순간에 머릿속에서 '화약부터 털어야 돼,' '아니야'를 오가다 화약을 털지 않고 머리카락 타는 냄새를 맡으며 준비된 기사 원고를 읽었다.

나중에 모니터해 보니 잠시 머리를 흔드는 모습에 이어 머리에서 연기가 모락모락 나는 채로 방송이 되었다. 그나마 이 정도면 위기를 잘 넘긴 것 같아서 안도했다. 지금이라면 그 화면 '짤'이 SNS에 돌았겠지만, 일회성으로 지나갔다. 이것도 다행이었다. 불량 화약을 털면서 원고까지 잊어버렸다면 최악의 중계 연결이 될 뻔했다.

---

2) 중계는 왜 하는가?

생중계를 하는 가장 큰 이유는 타이밍과 현장성이다. 뉴스 중에 또는 뉴스에 임박해서 긴급 상황이 발생하면 이를 소화할 수 있는 가장 좋은 방법이 생중계다. 시청자에게 지금 어디서 무슨 일이 벌어지는지 생생하게 전달할 수 있다. '이 시각 현장'이라는 멘트와 자막은 시청자의 눈길을 끄는 매우 강력한 힘이 있다. 방송의 강점인 실시간성을 극대화할 수 있는 방법이기도 하다.

중계를 하는 또 다른 이유는 뉴스 철학을 드러내기 위해서다. 세월호 참사 뒤 1년이고 2년이고 팽목항이나 동거차도에서 지속적으로 중계한다면 '우리 뉴스는 세월호 참사를 잊지 않고 진상 규명을 위해 보도하고 있다'는 메시지를 시청자에게 던지는 것이다. 어디서 무엇을 중계한다는 건 그 현장을 중시하고 지켜본다는 의미가 있기 때문이다. 어떤 아이템이나 이슈에 힘을 주는 역할, 그래서 뉴스에 색깔을 입히고 뉴스 전체의 이미지를 만드는 역할도 현장 중계가 할 수 있다.

5장에서 중계에 관한 기술적인 부분은 충분히 설명을 했다. 다시 강조하지만 방송 기자는 방송 장비와 기술을 직접 다루지는 못해도 어떤 장비가 있고 어떤 기술적 원리가 있는지는 어느 정도 이해하고 있어야 한다. 중계도 마찬가지다. 중계 방식이 무엇이고 회선이 어떻게 구성되는지를 알아야 한다. 그래야 방송을 어떻게 연결할지, 화면은 어떻게 보낼 수 있는지 계획을 세울 수 있다.

김민표의 현장 #6: 2014년 동거차도

2014년 4월 세월호 참사가 발생한 다음 날 현장 취재 반장으로 진도 팽목항에 급히 내려갔다. 무겁게 내려앉은 현장에서 여러 방송사의 기자들이 수시로 현장 상황을 생중계하고 있었다. 사고 해역에서 멀리 떨어져 있어서 현장 상황은 해경 등 구조와 수색 당국자들의 말을 듣고 시청자에게 전하고 있었다. 현장 상황을 간접 전달할 게 아니라 직접 보여 줄 수 있는 중계 포인트를 고민했다.

그러던 차에 누군가 사고 해역 가까운 곳에 섬이 있다고 알려줬다. 섬의 야산에 답사 간 팀에서 사고 해역이 카메라에 선명하게 잡힌다는 보고도 올라왔다. 남은 문제는 중계 장비였다. 중계차를 팽목항에서 화물선에 싣고 섬에 간다고 해도 야산에 올라갈 수 없는 노릇이었다. 야산에서는 LTE 망으로 연결하는 소형 중계 장비도 터지지 않았다. 고민 끝에 떠오른 게 '포터블 SNG'라는 장비였다. 기동성이 좋아 중계차가 들어가지 못하는 곳에서 사용할 수 있다. 참사 나흘째 되던 날 오후. 방송사 처음으로 섬에서 현장 중계를 시작했다. 그 섬이 나중에 모든 방송사들이 뒤따라 중계 포인트로 이용한 동거차도였다.

세월호 참사 19년 전인 1995년 7월, 대형 유조선 '시프린스호'가 진남 여천군 소리도 앞바다에서 태풍을 피하다 좌초됐다. 유조선에서 원유가 유출돼 바다가 시커멓게 오염됐다. 현장 취재 지시를 받고 내려갔더니 경쟁사들은 소리도에 들어가 집채만 한 유조선 바로 앞에서 중계하고 있었지만 SBS는 유조선이 코빼기도 보이지 않는 돌산에 취재 본부를 차리고 중계하고 있었다. 중계뿐 아니라 현장 취재 자체도 밀릴 수밖에 없었다. 그때 경쟁사들이 쓰던 중계 장비가 '포터블 SNG'였다.

세월호 참사에서 '포터블 SNG'를 떠올릴 수 있었던 건 19년 전 '시프린스호' 사고 취재에서 쓰라린 실패를 맛봤기 때문이다. 중계 장비와 기술과 원리를 알면 방송 기자에게는 결정적인 순간에 힘이 될 수 있다.

6. 속보: 방송은 마감 시간이 없다

'속보'는 이슈를 이어가는 '후속 보도'의 의미로도 쓰이고續報, '긴급 뉴스'의 의미로도 쓰인다速報. 여기서 이야기하는 것은 전자, 즉 후속 보도에 대한 것이다. 방송 뉴스는 실시간성과 신속성이 생명이기 때문에 방송되는 시점의 상황이 반영돼야 한다. 방송 기자는 소속 방송사 뉴스 프로그램이 편성돼 있는 시간을 외우고 자신의 기사를 바꿔 주거나, 새로 1보 기사를 넘겨야 한다. 하나의 이슈가 일회성으로 끝나면 기사도 한 번 쓰면 되지만 그런 일회성 이슈는 많지 않다. 뉴스 프로그램별로는 어느 정도 마감 시간이 있지만, 방송 기자에게는 마감 시간이 없는 것과 같다. 뉴스 프로그램이 없더라도 뉴 미디어용 기사를 상황이 변할 때마다 써야 하기 때문에 더욱 마감 시간의 의미가 사라지고 있다. 안타깝게도 기술의 발전과 기자의 노동 강도는 비례하는 경향이 있다.

사건 사고 현장이든 중요한 회의 현장이든 뉴스 시간마다 현장을 연결하는 장소에 있으면, 정신없이 바쁘게 돌아간다. 데스크에게 상황을 확인해서 보고하고, 기사도 보내야 한다. 기사가 조금 늦으면 편집 부서에서 기사를 빨리 보내라고 독촉하고, 뉴 미디어 부서에서도 기사든 사진이든 콘텐츠 만들 거리를 보내라고 요구한다. 한바탕 일을 치르고 나면 또 뉴스 시간이 돌아오고, 그러면 같은 일을 반복한다. 뉴스 사이 사이에 취재를 해야 하는데 시간이 많지 않다. 그래도 업데이트된 상황을 반영해 속보를 써야 한다. 다시 말하지만, 뉴스는 방송되는 시점의 상황을 실시간으로 반영해야 하기 때문이다.

새로운 내용이 없으면 어떻게 하나? 그때도 기사를 바꿔야 한다. 상황 변화가 없으니 그대로 읽겠다고 주장하는 경우가 있는데, 상황 변화가 없다는 것도 중요한 정보다. 기본적으로 변화가 없다는 사실을 넣고, 앞 뉴스에서 쓰지 않았던 내용을 쓰거나, 표현을 바꾸거나, 기사 구성을 바꿔야 한다. 중계를 종일 연결하거나 이슈에 대한 속보를 계속 요구하는 건 데스크와 편집 부서의 관심사가 아니라 시청자의 관심사이기 때문이다. 같은 기사를 앵무새처럼 반복해서 읽는 건 뉴스의 정도가 아닐뿐더러 시청자에 대한 예의도 아니다.

기획 기사를 제외하고는 전날 메인 뉴스의 리포트가 다음 날 아침 뉴스에 그대로 나가서도 안 된다. 경찰 수사 속보의 경우 전날 뉴스에서 '내일 구속 영장 신청 방침'을 보도했다면 아침 뉴스에서는 '오늘 구속 영장 신청'으로 시작해야 한다. 경찰 수사에서 밤새 진전된 내용이 없더라도 시점에 맞게 고치기만 해도 기사는 새로워진다.

1주일, 또는 한 달 이상 장기간 이슈가 이어질 때는 선택과 집중이 필요하다. 후반으로 갈수록 속보 거리가 떨어지게 마련인데도 아침마다 관성적으로 '속보' 아이템을 하나 발제한다. 아침에 출발할 때는 취재된 내용이 아무것도 없다. 차차 취재해서 내용을 채우겠다는 것이다. 발생 상황이 있어서 자연스레 취재가 되면 좋지만, 의무적으로 리포트할 필요는 없다. 큰 이슈라고 해서 별 의미 없는 사소한 정보나, 어제와 같은 상황을 반복적으로 전할 필요는 없다. 속보 리포트를 잡아 놓으면 자칫 덜 취재된 내용으로 섣불리 무리수를 두기 쉽다. 하루 이틀 늦더라도 충분히 취재한 뒤에 자신만의 기사를 쓰면 된다. 관성에 따라서, 무언가 진행 중인 이슈에 대한 기사를 내보내야 한다는 강박 때문에 본류에서 벗어난 지엽말단적인 기사나 무리한 기사가 나오게 된다. 속보를 챙길 때는, 그것이 정말 보도할 가치가 있는 기사인지를 잘 생각해 보아야 한다. 진전된 내용은 없지만 시청자의 관심이 높은 사안이라면 부실한 속보가 아니라 사안에 대한 분석이나 해설 같은 기사를 준비하는 것이 훨씬 의미가 있다.

7. 컴퓨터 그래픽과 자막

1) 취재 기자도 컴퓨터 그래픽을 알아야 한다

'컴퓨터 그래픽(CG)'은 비주얼 효과를 통해 시청자의 이해를 돕는 중요한 리포트 요소다. 장비가 발전하면서 CG의 표현 범위는 크게 넓어지고 있다. 과거에는 평면적인 CG가 많았지만 최근에는 3차원인 '3D CG'와 영상을 따라가면서 그래픽이 나타나는 '트래킹 CG,' 가상 현실, 즉 버추얼 리얼리티 기술로 만든 CG 등 입체적이거나 실제 영상을 보는 듯한 다양한 그래픽이 눈길을 사로잡는다. 아이디어만 있으면 CG로 표현이 가능하고 리포트를 돋보이게 할 수 있다.

앞에서도 언급했지만 CG 디자이너뿐 아니라 취재 기자도 적극적으로 그래픽 제작에 아이디어를 내고 사전에 기사의 취지에 대해 충분히 커뮤니케이션하는 게 필요하다. 기자는 리포트에서 전달하려는 주제를 명확히 하면서 CG 디자인의 개략적인 구상을 설명하고, 디자이너는 기자의 CG 아이디어를 발전시키거나 더 효과적인 방법을 제시하는 식으로 커뮤니케이션하면 고품질의 CG가 제작된다.

기획물은 사전에 이런 과정을 거치고, 급하게 만들어야 하는 스트레이트 리포트도 최대한 빨리 CG 디자이너와 그래픽 제작 방향을 논의하고 제작을 의뢰해야 한다. 뉴스 시간이 임박해지면 CG실에서는 1분 1초도 아쉬울 정도로 시간과의 싸움이 벌어지기 때문이다.

2) 강조할 것과 생략할 것: 직관적으로 만들자

CG 한 컷의 길이는 대략 7~8초에 불과하다. 너무 많은 정보를 넣으면 화면이 복잡해지고 오히려 시청자의 이해를 방해하게 된다. 그림 1의 두 사례를 보면 위보다 아래의 CG가 강조와 생략의 원칙을 잘 지켰다. 위의 CG는 중요한 부분을 강조하는 것은 잘했으나 너무 많은 정보를 생략하지 않아서 화면이 복잡하다. 반면 아래의 CG는 과감한 생략과 강조로 내용 전달력을 높였다.

직접 취재를 한 기자는 대체로 보다 자세한 내용을 그래픽에 넣고자 한다. 아무래도 취재 내용을 더 명확하게 설명하고 싶어서일 것이다. 심지어는 기사에 일일이 언급하지 못하는 구체적인 내용을 그래픽에 집어넣기도 한다. 하지만 그래픽에 너무 많은 내용을 넣으면 오히려 정보 전달을 방해할 뿐이다. 시청자는 CG가 노출되는 짧은 시간 안에 화면에 담긴 텍스트를 제대로 읽지도 못하는 경우도 많다. 그렇게 되면 글자 외의 시각적 정보, 그래픽이 주고자 했던 이미지 등은 아예 전달될 수도 없다.

이 때문에 편집부나 그래픽 담당 부서에서는 CG에 꼭 넣어야 하는 핵심 내용만 담으라고 요구한다. 취재 기자의 과욕 때문에 그래픽이 복잡해지는 것을 막기 위해 기자가 바로 CG 담당 부서에 제작을 의뢰하지 못하게 하고 데스크의 검수를 거치거나 보도국의 그래픽 담당자가 사전 검토를 하는 경우도 있다.

직접 리포트를 제작하는 기자가 그래픽을 실제 전달력을 감안해 꼭 필요한 내용만 넣고 부수적인 내용은 과감하게 생략하는 습관을 들여야 한다. 신문의 경우에는 텍스트 기사와 그래픽 이미지는 사실상 별개의 기사라고 볼 수 있다. 때문에 신문의 그래픽에는

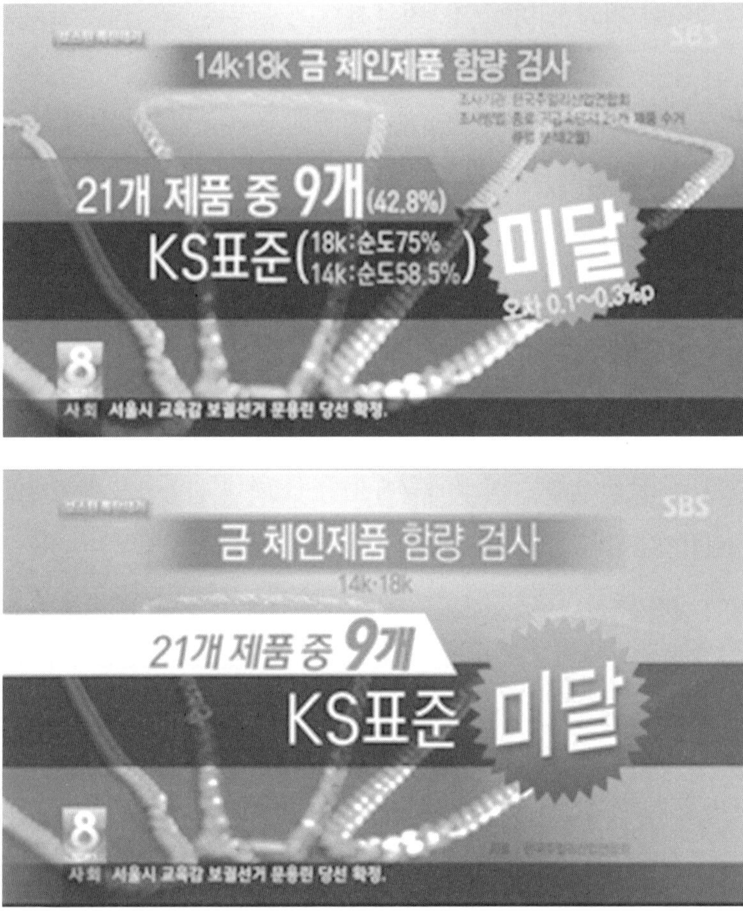

그림 1　CG 비교 1: 강조와 생략 표현

기사에는 전혀 언급되지 않은 내용이 얼마든지 포함될 수 있다. 독자가 얼마든지 그래픽을 찬찬히 들여다볼 수 있기 때문이다. 하지만 방송 리포트에서는 CG와 기사가 따로 논다면 문제가 크다. 시청자로서는 당황스러울 수밖에 없다.

또 하나, 기사 오디오와 CG에서 표출되는 내용이 일치해야 자

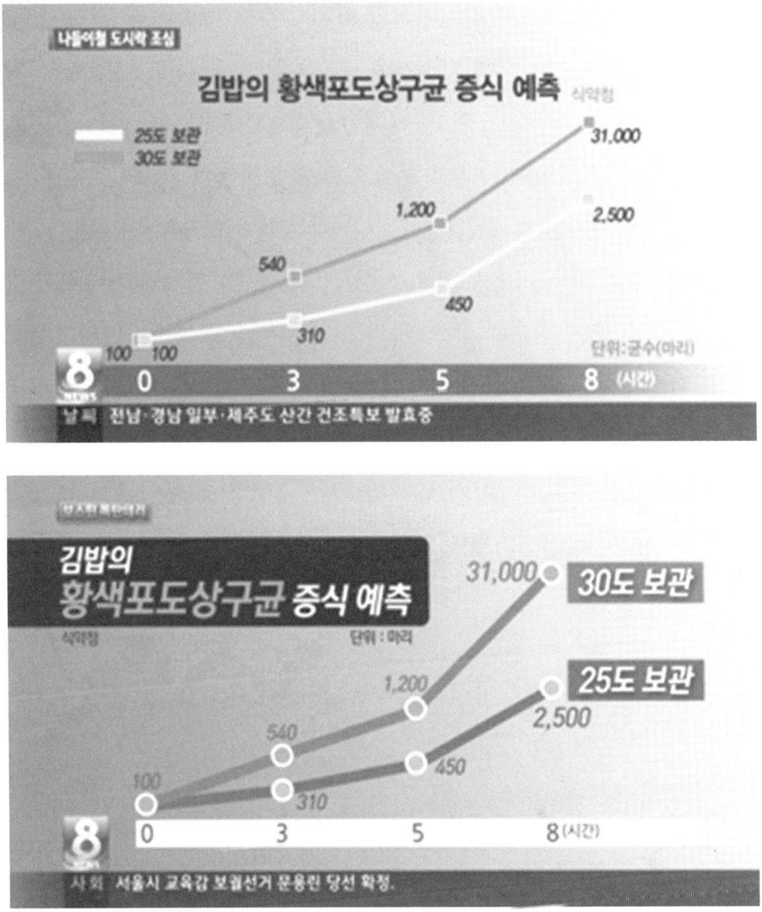

그림 2　CG 비교 2: 직관적 표현

연스럽게 이해된다. 이를테면 강우량을 서울, 경기, 충남 순으로 기사를 썼다면 CG에서도 같은 순서로 표출되게 제작해야 이해의 흐름이 자연스럽다. 시청자의 위치에서 보면 당연히 화면 노출 순서와 기사의 멘트가 같이 흘러가야 이해가 쉽다.

지금까지는 주로 텍스트 이야기를 했는데, CG가 보여 주는 이미지도 직관적이어야 한다. 예를 들어 CG에서 그래프를 그려서 보여 준다면 그래프가 보여 주는 것은 무엇인지, 그리고 그래프의 기울기는 무슨 의미인지 등이 명확해야 한다. 눈으로 보는 순간 바로 한눈에 파악이 가능하도록 직관적으로 구성해야 한다는 것이다. 그림 2를 보면 위에 비해 아래의 그림이 훨씬 직관성에서 뛰어나다.

일단 제목부터 눈에 들어오는 정도, 즉 시인성이 차이가 나고, 비교를 위해 제시한 두 개의 그래프가 무엇을 나타내는 것인지, 그리고 두 그래프의 차이도 확실하게 나타나 있다. 아래 그래프는 두 그래프의 차이를 그래프 옆에 표시해서 바로 알 수 있는 반면 위 그래프는 화면에서 별도로 찾아보아야 이해가 되는 것이다. 신문이라면 몰라도 방송 뉴스에서 직관성이 떨어져서 자세히 들여다보아야 비로소 이해가 되는 CG로는 리포트 전체의 전달력을 떨어뜨린다.

3) 저널리즘 원칙에서 벗어나지 말아야 한다

앞에서도 언급했지만 직관성을 강조하고, 과감한 생략을 주문하다 보니 CG가 사실을 왜곡할 가능성을 염려하지 않을 수 없다. 시각적이고 직관적이어야 한다고 해서 CG가 사실을 왜곡해도 된다는 뜻은 아니다. 보도 CG도 뉴스의 일부분이기 때문에 저널리즘 원칙에 어긋나지 않아야 한다.

우선, 일방의 주장을 그래픽으로 표현할 때 그 주장을 기정사실화하는 것으로 보이지 않게 해야 한다. 이때는 글자가 많고 복잡해도 CG에 '누구의 주장'이라고 분명히 밝히는 등의 장치가 있어야 한다. 화재나 교통사고 상황을 CG로 제작할 때도 실제 상황을 최대한 반영해야 하고, 실제 상황을 정확하게 모를 때는 CG 제작을 하지 않거나 하더라도 경찰의 설명을 바탕으로 제작했다는 등 그래픽의 근거가 기사나 CG에 들어가야 한다. 화재나 교통사고의 원인에 따라 책임 소재가 달라지고 CG 때문에 엉뚱한 피해자가 나오거나 논란이 일 수도 있다.

둘째, CG에 사용할 로고나 인물 이미지를 인터넷에서 내려받아 쓰면 안 된다. 최근 수년간 극우 사이트 일베에서 만든 이미지를 활용해 만든 CG가 방송에 나가는 사고가 빈발했다. 언뜻 정상으로 보이지만 교묘하게 조작된 이미지가 인터넷에 많이 돌아다닌다. 이런 사고를 막으려면 방송사 아카이브에 보관된 검증된 이미지를 사용해야 하고, 검증된 이미지도 한 번 더 확인해야 한다.

셋째, 버추얼 CG를 남발하면 뉴스의 사실성을 떨어트릴 수 있다. 버추얼 CG는 보기에 입체적이고 사실감도 주지만 그게 실제 영상은 아니다. 스크린 골프장 같은 것이다. 시청자도 실제 영상이 아니라는 것을 알고 뉴스 내용과 구분해서 보지만 화면이 주는 효과가 커서 뉴스의 사실성에 영향을 미칠 수 있다. 사실처럼 포장된 버추얼 이미지가 사실만을 말해야 하는 뉴스의 신뢰성을 훼손할 수 있는 것이다. 게임 같은 화려한 CG 영상은 원칙적으로 뉴스에 어울리지 않는 옷이다.

4) 자막도 기사다

방송 뉴스를 오디오만 들으면 생략된 정보가 많다. 전달하려는 모든 내용이 기자의 멘트에 담기지는 않기 때문이다. '대통령이 어제 국무회의를 주재하고, 무엇을 지시했다'는 내용의 리포트라면 '어제'와 '국무회의'는 자막으로 처리하면 된다. 방송 기사의 특수성이기도 하다. 시민 인터뷰이의 이름과 나이, 직업, 주소 등의 개인 정보도 자막으로 처리하면 충분하다.

기사 내용을 요약한 내용 자막은 리포트에서 말하고자 하는 포인트를 드러내기에 적합하다. 과거에는 이런 내용 자막을 많이 넣지 말아야 한다는 의견이 많았다. 자막이 들어가면 시선이 분산되고 시청자의 몰입을 방해한다는 이유였다.

하지만 시청자의 시청 습관이 바뀌었다. 오디오까지 집중해서 들으며 시청하기보다는 다른 일을 하거나 운동을 하면서 자막을 포함한 화면만으로 뉴스의 내용을 이해하는 시청자가 많아졌다. 눈으로만 보는 시청자다. 예능 프로그램에서 자막이 많아지면서 이에 익숙해진 시청자가 뉴스에서도 자막 서비스를 요구하는 쪽으로 바뀐 측면도 있다. 화면이 매우 중요한 리포트라면 화면을 가리지 않도록 자막을 최소화하고, 그렇지 않으면 자막을 충분히 넣어 줘야 친절한 뉴스가 된다.

자막은 압축적이고 간결해야 한다. 그래야 자막의 내용과 기자의 오디오가 물 흐르듯 연결될 수 있다. 기사에서는 무리하게 조사를 생략하면 어색하지만, 자막을 뽑을 때는 조사를 생략하고 핵심 단어 위주로 간결하게 만드는 것이 좋다. 부호의 의미도 정확하게 알고 써야 한다. 시민단체와 여당이 추모 문화제를 공동 개최했다는 내용은 '시민단체·여당, 추모 문화제 개최'로 자막을 뽑아야 한다. '시민단체, 여당 추모 문화제 개최'로 뽑으면 시민단체가 여당을 추모하는 문화제를 개최했다는 의미인지 혼란스럽게 된다. 가운뎃점(·)은 '~과'의 의미고, 쉼표는 주격 조사의 의미가 있다.

4부

디지털 혁신과 언론의 미래

9장 뉴 미디어 콘텐츠 제작

10장 언론 내·외부 소통

9장

뉴 미디어 콘텐츠 제작

1. 뉴 미디어의 등장과 디지털 혁신

1) 인터넷의 등장과 '디지털 퍼스트'

1990년대 후반부터 이미 미디어 환경이 변하면서 신문과 방송이 위기를 낮고 있다는 이야기가 나오기 시작했다. 인터넷의 등장에 이은 미디어 환경의 변화를 조금씩 체감하기 시작했기 때문이다. 그때부터 '뉴 미디어'라는 말이 나오고, 2000년대에 접어들면서부터는 국내 언론사에 인터넷, 뉴 미디어, 디지털이라는 단어가 들어간 부서가 경쟁적으로 생기기 시작했다. 학계에서는 '디지털 퍼스트digital first'라는 말을 제시했고, 언론사도 '디지털 퍼스트 정책'이라는 것을 내놓기 시작했다.

디지털 퍼스트 정책의 핵심은 기존의 신문과 방송이라는 전통적인 미디어보다 온라인 페이지를 염두에 두고 기사를 생산한다는 것이다. 실제로 2000년 초반 기존 언론사들이 인터넷 홈페이지를 통한 뉴스 서비스를 시작한 지 얼마 되지 않아 곧바로 일부 언론사가 온라인을 통한 기사 서비스를 우선한다는 방침을 천명한 것은 다분히 뉴미디어 흐름에 적극적으로 대응하겠다는 선언적인 의사 표현이었다.

언론사들이 미디어 환경 변화에 실질적 위기의식을 갖고 대응을 시작한 건 그리 오래된 것은 아니다. 2000년대까지만 해도 마치 유행을 따르듯이 저마다 '뉴 미디어'와 '디지털'을 외쳤다. 만약 전통 미디어들이 그 상황을 진짜 위기라고 생각했으면 최고의 인력을 그 분야에 배치하거나, 기존 업무 방식을 근본적으로 바꾸거나, 최소한의 실질적인 대응책이라도 내놓았을 것이다. 하지만 뉴 미디어, 디지털을 강조하는 상황에서도 언론 현장의 작업 관행은 거의 바뀐 것이 없다. 야심 차게 인터넷 관련 자회사를 만들고 사업을 벌인 언론사도 있지만 본질적으로 업무의 내용과 방식에는 거의 변화가 없었다.

거꾸로 디지털을 앞세우겠다는 이런 선언이 지나치게 실제 인사나 조직 운영과 괴리되면서 현업 종사자에게 오히려 디지털 전략에 대한 왜곡된 인식을 심어 준 측면도 있다. 디지털을 강조하는 회사의 언급이 실질적 조치가 없는 공허한 선언에 그치면서 디지털 강화 방안에 대한 고민의 진정성을 의심하게 되었기 때문이다. 사람들이 디지털이니 혁신이니 하는 말 자체에 무감각해진 것이다.

2000년대 초반에 이른바 벤처 거품이 꺼지면서 사회 전반에 걸쳐 디지털 비즈니스를 바라보는 시각도 차가워졌고, 언론사의 뉴 미디어 전략도 시들해졌다. 역시 언론은 전통 영역에서의 경쟁력이 중요하다거나, 역시 돈을 버는 영역은 전통 영역이라는 인식이 더 강해지기까지 했다.

2) 스마트폰과 '모바일 퍼스트' 시대

이런 상황에서 스마트폰의 등장과 함께 모바일 혁신이 닥쳐 왔다. 국내 언론은 이제 '모바일 퍼스트mobile first'를 외쳤다. 디지털 퍼스트가 구호에 머물러 있는데, 모바일 퍼스트인들 제대로 되기 쉽지 않았다. 그런데 모바일 시대는 과거 유선 인터넷이 도입되던 시기와는 전개 양상이 좀 달라졌다. 아예 스마트폰 이용 집단의 뉴스 이용이 급격하게 모바일로 옮아가기 시작했기 때문이다. 뿐만 아니라 광고도 과거와는 비교하기 힘들 정도로 급속하게 디지털 영역으로 옮겨 갔다. 명실상부한 디지털, 모바일 시대가 열린 것이다.

이제 '모바일 퍼스트'는 '모바일 온리mobile only'라는 구호로 바뀌었다. 미국을 중심으로 모바일 환경에 최적화한 새로운 미디어가 등장했고, 〈뉴욕 타임스〉를 비롯한 전통 언론도 이전과는 차원이 다른 디지털 전략을 선보였다. 국내에서도 카드 뉴스는 물론 다양한 디지털 콘텐츠를 선보이는 전통 언론사들이 나타났다. 이른바 전통 미디어의 뉴 미디어 혁신으로 큰 관심을 모았던 SBS의 〈스브스뉴스〉와 〈비디오머그〉가 공식 출범한 것이 2015년 상반기였다.

전통 미디어의 콘텐츠 실험이 줄을 이었다. 모바일 시대의 영향은 단순히 콘텐츠 실험에 그치지 않았다. SNS를 활용해 이용자와 소통하는 방식도 달라졌고, 콘텐츠를 유통하는 방식도 크게 변화했다. 트위터에서 시작한 언론사의 SNS 활용은 이후 페이스북, 유튜브로 확대되었고 새로운 SNS가 나타나면 이를 뉴스 콘텐츠 유통으로 연결하기 위한 노력이 이어졌다.

3) 한국형 성공 모델은 어디일까?

국내 언론사들이 뉴 미디어 혁신에 나선 지 벌써 20년이 지났지만 성공했다고 평가할 만한 곳이 얼마 되지 않는다. 특히 일부 언론사는 최고 경영자까지 나서서 회사의 명운을 걸고 디지털 혁신을 시도하고 있지만, 미국의 일부 성공 사례처럼 확실한 성과를 내고 있다고 평가하기 힘들다.

국내 언론이 디지털 혁신에 성과를 내지 못하는 이유는 무엇일까? 그만큼 절실하지 않거나, 충분히 전략적이지 못하기 때문일 것이다. 국내 언론은 아직도 전통적인 수익원에 목을 매고 있다. 한국의 언론 산업은 완전히 산업적 경쟁력을 기반으로 돌아가지 않는다. 언론사들은 비록 매출은 역성장을 하더라도 생존을 할 수 있다는 것을 보여 준다.

어느 나라나 언론 산업에 완전한 시장 경제 논리가 적용되지는 않지만 한국의 언론 시장은 과잉 규제를 받는 만큼 사회적 부조리가 경제적으로 투영되는 측면이 있다. 그러다 보니 옥석이 잘 가려지지 않는다. 공연히 혁신을 시도하다가 손에 쥔 떡마저 놓칠까 걱정하는 언론도 많다. 포털이 뉴스를 장악하고 있다고 비판하면서도 사실상 포털에 의존해서 생존하는 미디어가 많다. 그러니 산업 전체가 왜곡되고, 애써 시도한 혁신은 정당한 평가도 쉽지 않다. 언론만의 문제는 아닐 것이다. 이런 상황이 언제까지나 계속될 것이라고 보기도 어렵다.

전술적 시도와 전략적 시도는 차원이 달라야 한다. 지금까지 한국 언론이 보여 준 디지털 혁신이 과연 그때그때의 상황에 일시적으로 대응하기 위한 전술적 시도였는지, 아니면 정말 새로운 흐름에 적응하고 그 흐름을 이용해 새로운 영역을 개척하려는 전략적 시도였는지는 냉정하게 볼 필요가 있다.

전략적 변화를 위해서는 기존의 틀을 깨는 과감한 전략적 시도를 해야 한다. 하지만 우리 언론은 아직은 거기까지 나아가지는 못한 것 같다. 신문과 방송을 통틀어 현재의 주요 인력 배치를 보면 30년 전과 비교해 근본적인 차이를 발견하기 어렵다. 물론 기회가 항상 기다리고 있는 것이 아니라는 점은 잊지 말았으면 좋겠다.

2. 뉴 미디어 콘텐츠 제작

1) 뉴 미디어 콘텐츠의 특성

'기사'에서 '콘텐츠'로

기존의 뉴스 콘텐츠에 비해 뉴 미디어를 겨냥한 콘텐츠는 몇 가지 특징이 있다. 먼저 기존의 기사가 갖고 있던 포맷의 한계를 벗어난다. 그래서 더 이상 '기사'라는 이름에 국한되지 않는다. 우리가 기존에 '기사'라고 부르던 것은 기본적으로 인쇄를 전제로 한 신문용과 방송용으로 구분된다. 방송용의 경우 스트레이트와 리포트로 구분된다. 리포트 안에서는 스케치와 르포 등이 있지만 근본적인 포맷의 차이라고 보기는 어렵다. 기존에도 형식상의 차별성이 있었지만 그 폭이 그렇게 크지는 않았다.

뉴 미디어 영역에서는 사정이 다르다. 순수한 텍스트 뉴스, 텍스트와 이미지를 혼합해 컷 만화처럼 제작한 카드 뉴스, 다양한 영상 제작물 등 다양한 형식이 나타날 수 있다. 오디오만으로 만든 것도 있고 웹드라마 같은 것도 있다. 기존의 '기사'라는 말로는 이런 것을 모두 포괄할 방법이 없기 때문에 '콘텐츠'라고 부르는 것이다. 이렇게 '콘텐츠'라고 이름을 바꾸면서 기자도 자신이 생산하는 것에 대한 기존의 여러 한계를 넘어설 수 있게 되었다.

'콘텐츠'라는 명칭을 사용하면서 가장 크게 달라지는 것은 사안을 대하는 기자의 태도이다. 기사라는 용어에 들어 있던 진지함, 엄숙함이 사라지면서 기자들이 기존에는 금기로 생각했던 것을 벗어나 자유로운 상상력을 발휘할 수 있게 되었다. 기존의 정갈한 표현 대신 젊은 세대에게 친근한 표현을 사용하기 시작했고, 예능 프로그램에서 사용할 법한 '재미 요소'를 뉴스 콘텐츠에 도입하기 시작했다.

기존의 기사는 정보 전달이나 논평의 기능을 벗어나는 것을 극도로 조심했다. 뉴스 제작물을 콘텐츠라고 부르면서 이를 제작하는 과정에 상업적 측면을 고려하고 하나의 상품으로 생각해서 유통을 고민하는 계기가 되었다.

뉴스 콘텐츠 생산과 관련해 산업적, 상업적 측면이 부각되는 것을 부정적으로 볼 것만은 아니다. 실제로 기존의 기사를 제작하는데도 비용이 들어가므로 언론사는 간접적으로 비용을 회수하는 방식을 사용했다. 뉴스 시청자의 이탈, 구독자 감소로 점차 기존 방식의 언론사 운영이 힘들어지게 되었는데, 이제 직접 기자가 생산하는 콘텐츠를 판매하거나 거기에 직접 광고를 붙이는 등의 수익 모델을 만들 수 있게 된 것이다. 이는 이런 디지털 콘텐츠를 기반으로 한 수익 모델이 언론사의 운영을 위한 새로운 경제적 기반이 될 수도 있음을 보여 준다.

마감 시간 없는 콘텐츠 제작

디지털 퍼스트 정책을 채택하면서 언론사들이 추구했던 변화는 기존의 마감 시간을 기준으로 한 콘텐츠 생산 시스템을 완전히 바꾸는 것이었다. 신문과 같은 것은 아니라도 방송의 경우에도 메인 뉴스를 중심으로 개별 뉴스 프로그램마다 마감 시간이 존재한다. 예를 들어서 어떤 취재 현장에 배치된 기자는 현장 상황이 바뀔 때마다 기사를 계속 쓰는 것이 원칙이긴 하지만 실제로는 각각의 뉴스 시간을 감안해 기사를 쓴다. 메인 뉴스에 리포드를 하기로 배정됐다면 시시각각 현장 상황을 스트레이트로 쓰는 것은 다른 사람에게 맡기고 아예 리포트 제작에만 매달린다. 그사이에 현장 상황이 변해도 리포트 준비가 우선이다.

밤에 야근을 하는 기자도 밤 12시 직후에 일어난 사건에 대한 기사를 아침 뉴스 시작할 때에 맞춰서 쓰기도 한다. 24시간 방송으로 뉴스를 하는 뉴스 전문 채널이 아닌 한 상황이 비슷하다. 인터넷 홈페이지나 모바일 뉴스앱은 개념상으로는 24시간 운영되고 있지만 거기에 실리는 기사는 방송 뉴스 프로그램 시간에 맞춘 것이 대부분이었다.

디지털 정책을 제대로 수행한다면 기사 작성은 마감 시간이 아니라 사건의 발생과 진행에 따라 이뤄진다. 새로운 상황이 생기면 그에 맞춰 기사를 쓰면 된다. 이런 기사는 당장 인터넷 홈페이지와 해당 언론사의 SNS 등을 통해 뉴 미디어 콘텐츠로 유통된다. 카드뉴스나 동영상 구성물 등 다양한 포맷의 콘텐츠도 자체적인 제작 일정에 따라 만들어진다. 전체 콘텐츠 생산 주기를 정하는 통일적인 '마감 시간'은 더 이상 존재하지 않는다. 야근 기자도 사건이 생길 때마다 그때그때 기사를 생산해야 한다. 이렇게 기사에 대해 '생산'

이라는 말이 사용되는 것부터가 어색할 수 있다. 하지만 콘텐츠라는 말에는 제작, 생산이라는 말이 자연스럽게 어울릴 수 있다.

마감 시간이 없다고 해서 뉴스 콘텐츠 생산에 특히 힘을 써야 할 전략적인 시간대도 없을까? 스마트폰 이용이 확산되면서 한밤에도 뉴스를 소비하는 사람이 있고, 더구나 해외에서는 그 시간대가 출퇴근 시간대일 수도 있다. 실제로 콘텐츠의 소비 경로가 다양해지면서 갑자기 해외 이용자의 관심으로 특정 콘텐츠가 엄청난 조회 수를 기록하는 경우도 생긴다. 하지만 전체적으로 뉴스 콘텐츠 이용이 집중되는 시간대는 분명히 있다. 뉴스 콘텐츠 이용 시간대를 분석해 보면 아침 출근 시간대, 점심을 전후한 시간, 퇴근 시간대, 마지막으로 심야에 한 차례 등 기존의 뉴스 마감 시간과는 상관없이 사람의 생활 패턴에 따라 이용이 집중되는 것을 알 수 있다. 그렇게 본다면 하루에도 여러 차례의 전략적 콘텐츠 유통 시간대가 있다고 볼 수도 있다.

콘텐츠 제작 참여 인원의 다변화

뉴스를 만드는 사람은 기자다. 하지만 뉴스 콘텐츠라고 하면 사정이 달라진다. 취재와 저널리즘적 판단에 최적화된 사람은 기자지만 거기에 다양한 뉴 미디어적 기술을 입혀서 콘텐츠를 만드는 것은 기자의 몫이 아닐 가능성이 크다. 디자이너, 웹 개발자, 데이터 전문가, PD, 성우 등이 콘텐츠 제작에 참여한다. 점점 콘텐츠 제작에 들어가는 기술이 고도화되면서 다양한 전문가들이 제작진에 포함된다.

영상 기자나 편집 기자도 전통적인 리포트 제작에 참여할 때와는 달리 뉴 미디어용 콘텐츠 제작 과정에서는 개인적인 역량에 따라 얼마든지 제작 참여도가 커질 수 있다. 영상 기자가 작은 코너의 진행자로 등장하기도 하고, 취재 기자가 하던 현장 중계를 맡기도 했다. 취재 기자도 마찬가지다. 기획자가 되기도 하지만 진행자, 편집자 등 개인적인 역량에 따라 다양한 일을 할 수 있다.

기존에 뉴스룸에서 볼 수 없던 다양한 인력이 제작에 참여하는 상황은 몇 가지 현실적인 문제를 제기한다. 기존의 기자 중심의 뉴스룸 운영 시스템을 다양한 인력이 협업을 하는 데 적합한 방식으로 조정해 나갈 필요가 있다. 이미 뉴스 콘텐츠 생산에 다양한 인력이 참여하는데도 기자 중심의 운영 방식을 고수한다면 진정한 콘텐츠 혁신을 이룰 수가 없기 때문이다. 장기적으로는 기자 출신이 아닌 사람이 뉴스룸을 주도할 수 있다는 생각도 해야 한다. 저널리즘적 판단도 취재 기자의 전유물이 아니다.

일을 하는 데도 업무 중심으로 사고해야 한다. 뉴스룸 내에서 기존의 위계질서를 뛰어넘어 업무 완성도를 어떻게 하면 더 높일 수 있을 것인지를 중심으로 협업하는 자세를 가져야 한다는 것이다. 이런 변화를 적극적으로 수용하지 않으면 제대로 된 콘텐츠 혁신을 추진하기가 쉽지 않다.

디지털 콘텐츠도 저널리즘 영역이다

디지털 콘텐츠는 기존의 전통적 뉴스에 비해 젊은 이용자를 겨냥한다. 그래서 디지털 콘텐츠 제작에 사용되는 언어는 매우 젊고 톡톡 튀고, 기존의 방송 기사에 사용되던 표현보다 훨씬 더 구어적이다. 젊은 세대의 취향을 반영한 신조어, 줄임말 등이 더 폭넓게 사용된다. 이용자의 취향을 무시할 수 없다는 측면과 함께 디지털 콘텐츠를 만드는 사람 자신이 상대적으로 매우 젊기 때문에 자연스럽게 일어나는 일이기도 하다. 이런 콘텐츠를 유통하는 창구 중 하나인 SNS에서 쓰는 표현도 마찬가지다. SNS 자체에 워낙 편한 표현이 많이 사용되다 보니 언론사가 운영하는 SNS 계정에서도 일반 이용자가 많이 쓰는 표현이 자주 등장한다.

그런데 한 가지 유의할 점이 있다. 젊은 이용자의 취향을 겨냥해 이들이 자주 사용하는 표현이나 용어를 사용하면 장점도 있겠지만, 그렇다고 저널리즘이 지켜야 하는 원칙을 디지털 콘텐츠에서는 무시해도 되는 것은 아니다. 사실 관계를 쉽게 설명한다고 함부로 단정적인 표현을 쓰거나, 혹은 편하게 표현한다고 감정적 표현을 사용하거나 심지어 모욕적, 혐오적인 표현을 쓰면 안 된다. 심지어 언론사 공식 계정에서 욕설에서 유래한 비속어를 쓰면서 그것이 젊은 취향을 드러내는 신선한 시도인 것처럼 포장하는 경우도 있다. 하지만 언론사 계정에서 내보내는 콘텐츠는 그 자체로 저널리즘 원칙을 지키는 것이 맞다.

저널리즘 원칙의 핵심 가치는 사회적으로 공적인 정보를 제공하고 공적인 쟁점에 대한 논의 공간을 마련해 주는 것이다. 기본적으로 공익성을 전제로 한 것이다. 재미가 없어서 사람들이 아예 보지 않으면 콘텐츠를 만드는 이유가 사라지는 것이기 때문에 최선을 다해 재미있게 만들어야 한다. 하지만 그 목적은 어디까지나 공익적인 것이어야 하고, 그 수단도 정당성을 갖는 범위 안에서 찾아야 한다. 관심을 끌기 위해 거친 표현이나 과도한 단순화, 부적절한 표현을 사용하는 것은 편하게 문제를 해결하려는 무책임한 태도다.

아무도 보지 않는 콘텐츠를 만드는 것도 문제지만 잘못된 내용을 사람들이 많이 보게 만들면 사회적으로는 더 나쁜 결과를 가져올 것이다. 내용이 공익적이기 때문에 그것을 보게 만드는 과정은 좀 거칠어도 된다는 건 자기중심적 논리에 불과하다. 뉴 미디어 공간에는 이미 거칠고 자기 논리만 앞세운 선정적, 정파적 콘텐츠가 넘쳐난다. 그런 콘텐츠와는 다른 차원의 콘텐츠를 만들어 차별화하는 것이 아니라면, 굳이 책임 있는 언론사가 비슷한 수준의 콘텐츠를 더 만들어야 할 이유는 없다.

디지털 콘텐츠에 문제가 생기면 금방 삭제하거나 고칠 수 있다. 제대로 면밀하게 검증하지 않고 일단 만들어서 올렸다가 문제가 발견되면 뒤늦게 고치는 경우도 종종 있고, 아예 삭제해 버리기도 한다. 하지만 일단 업로드가 되면 자신의 계정에서는 삭제했더라도 이미 캡처되거나 퍼 나르기가 되어 돌아다니는 경우가 많다. 비공개로 올린다는 것이 공개가 되어 버리기도 한다. 한 번 잘못된 콘텐츠가 올라가면 생각보다 파장이 클 수 있다. 애써 구축한 브랜드를 통째로 버려야 할 수도 있다. 콘텐츠로 인해 피해를 보는 쪽이 있다면 문제는 더 커진다. 디지털 콘텐츠가 가벼운 제작 방식을 추구한다고 해서 저널리즘적 원칙까지 가볍게 취급해서는 안 된다.

2) 제작이 끝이 아니다

뉴스 이용자를 찾아가자

예전에 방송 뉴스 중심으로 리포트를 만들 때는 일단 기사를 써서 리포트 편집을 마무리해 편집부에 넘기면 업무가 끝났다. 뉴스 프로그램을 담당한 편집부도 뉴스센터에서 앵커 등을 지휘해 뉴스를 제작해서 송출하면 업무는 종료되었다. 얼마나 많은 시청자가 뉴스를 보았는지는 다음 날 알 수 있을 뿐이었다. 실시간 시청률이라는 게 있지만 의미 있는 자료로 삼을 만큼 정확성을 갖고 있지는 않다. 시청자가 어떤 사람이었는지를 편성 담당 부서에서 분석하긴 하지만 구체적인 정보를 파악하기는 쉽지 않다.

이런 상황에서 전통 미디어의 시청자, 독자는 지속적으로 줄어들고 있다. 이렇게 뉴스 이용자가 줄어드는 문제는 2000년대 들어 전통 언론 종사자 모두 중요한 문제로 생각하고 있다. 그런데 실상을 들여다보면 전체 뉴스 이용자가 줄었다기보다는 신문과 방송을 통해 뉴스를 접하는 사람이 지속적으로 줄어든다고 해야 정확하다. 신문의 구독 부수는 급격하게 줄었고, 방송 뉴스의 시청률도 지속적으로 하락했다. 그런데 오히려 전체 뉴스 소비 자체는 늘었다고 보는 사람도 있다. 뉴스를 인터넷 포털을 통해서, 또는 스마트폰을 통해서 보는 비중이 크게 늘었기 때문이다.

이 때문에 언론도 기존의 시청자, 독자가 어디로 갔는지 찾아 나서게 되었다. 신문 지면과 TV 앞에서 멀어진 사람이 지금 어디 있는지를 파악해야 한다. 신문을 보는 사람이 급격히 줄었다고 하면서도 여전히 신문 지면 만드는 일에만 전념하고 있다면 미래를 장담하기 어렵다. 방송도 마찬가지다. 하지만 전통 미디어를 떠난 시청자와 독자가 지금 어디에 있는지를 알지 못한다면 아무 소용이 없다. 지금까지 전통 언론은 이용자를 제대로 연구한 적이 없고 아직도 이용자가 어디에 있는지 파악하지 못하고 있다. 시청자, 독자가 찾아오지 않으면 언론이 이들을 직접 찾아 나서야 한다.

뉴스 이용자들도 머리가 아프다. 과도하게 정파적인 언론 환경 속에서 어떻게 해야 제대로 된 정보를 접할 수 있을지, 뉴스 생산자들의 옥석을 구분하기 어렵기 때문이다. 뉴스 이용자가 고개만 돌리면 찾아볼 수 있는 곳에는 엉뚱한 콘텐츠들이 차지하고 있다. 대부분의 원천 정보를 생산하는 전통 언론이 아니라 디지털 기술을 이용해 조회 수를 올리는 데만 관심이 있는 유사 언론들이 매우 전략적으로 뉴스 이용자의 눈길을 공략하고 있다. 그렇게 혁신을 외치던 전통 언론은 아직도 급변하고 있는 미디어 환경에 충분히 전략적인 대응을 하지 못하고 있다.

이제는 제대로 된 뉴스를 생산하는 전통 언론, 그리고 언론의 역할을 진지하게 생각하는 대안 언론 모두가 뉴스 이용자들이 어디 있는지, 이들에게 제대로 된 뉴스 콘텐츠를 전달하려면 어떻게 해야 하는지를 연구해야 한다. 그렇지 않으면 뉴스 이용자들이 온통 '유사 언론'에 포위되어 사회적으로 중요한 의제에 대한 제대로 된 정보를 접하는 것 자체가 어렵게 될 수도 있다.

이용자 접점을 연구해야 한다

기자가 생산하는 것을 '기사'라고 부를 때는 그 소비자를 '시청자' 혹은 '독자'로 불렀다. 하지만 기자의 생산물을 '콘텐츠'라고 부르면 이를 보는 사람은 '이용자' 혹은 '소비자'가 된다. 디지털 환경에서는 시청자와 독자를 정확하게 구분하기도 어렵다. 동영상 콘텐츠와 텍스트 콘텐츠가 혼재되어 있기 때문이다. 방송 기자인지, 신문 기자인지에 따라 기존의 작업 방식은 근본적으로 달랐겠지만 지금 디지털 환경에서 뉴스를 '소비'하는 이용자를 전제로 한다면 새로운 뉴 미디어 콘텐츠의 생산 방식은 방송 기자와 신문 기자를 굳이 구분할 이유도 없다.

기존의 '시청자' 혹은 '독자'는 그 기사를 소비하는 방식이 예측 가능했다. 뉴스 시간에 맞춰 TV를 켜서 여러 사람이 한꺼번에 시청하는 것을 상상해 볼 수 있다. 하지만 이제 거실에 있는 TV를 켜서 방송 뉴스를 보는 사람 자체가 급격히 줄었다. 독자에게 배달된 신문도 어떻게 이용될지 어렵지 않게 상상할 수 있었다. 하지만 지금은 종이 신문 이용이 급감하고 있다. 그렇다면 뉴스 소비자들이 어디서, 어떤 방식으로 기자가 생산한 뉴스 콘텐츠를 보는지, 그때 그의 물리적, 심리적 상황은 어떨지 등등을 파악해야 한다. 지금까지 사용하던 시청자, 독자 분석 도구를 활용하는 것만으로는 부족하다.

그것이 텍스트든 동영상이든 언론사가 생산하는 콘텐츠를 소비할 사람이 어떤 사람인지, 그의 관심은 무엇이고, 소비 방법은 어떤지 등을 체계적이고 깊이 있게 연구해야 한다. 콘텐츠와 이용자가 만나는 부분, 그 접점을 연구해야 한다는 것이다. 이것은 단순히 이 일을 오래한 사람의 '감'으로 짐작할 것이 아니라 실질적인 데이터를 확보해서 분석해야 하는 전문적인 일이 되어야 한다.

3) 기자도 디지털 전략을 알아야 한다

기자는 일단 취재를 잘하고 기사를 잘 쓰며 리포트 같은 제작물을 잘 만들어야 한다. 이 정도만 잘해도 훌륭한 기자가 된다. 그런데 문제가 있다. 취재의 문제는 일단 제쳐두고, 어떤 기사가 좋은 기사이고 어떻게 만들어야 사람의 이목을 끌고 내용을 잘 전달하는 것일까?

과거에는 일을 잘하고 못하는 것을 구분하는 것이 좀 간명했다. 남이 잘 쓰지 못하는 숨겨진 사회 문제를 잘 파악해서 기사를 쓰면 최고의 기자가 될 수 있었다. 하지만 지금은 그렇게 열심히 기사를 써도 사람들이 그 기사를 접할 기회조차 갖지 못할 수 있다. 전통적인 방식으로 기사를 잘 썼다고 해서 꼭 많은 시청자, 독자를 만날 것이라고 장담할 수 없다.

모든 기자가 미디어 환경의 변화, 디지털 전략의 세부적인 사항까지 다 알 수는 없고 그럴 필요도 없다. 하지만 어떤 기자가 지금 맡은 일을 더 잘하기 위해서는 현재 미디어 기술이 어떤 것이 있고, 내가 만든 콘텐츠는 어떻게 이용자들을 만나게 될 것인지, 그렇다면 어떻게 콘텐츠를 만들어야 더 많은 이용자에게 다가갈 수 있는지를 파악해야 한다. 그런 부분을 공부하는 것이 바로 미디어 전략, 디지털 전략을 연구하는 것이다. 그런 연구가 바탕이 되어야만 변화하는 미디어 환경 속에서도 경쟁력 있는 콘텐츠를 생산할 수 있다.

디지털 전략을 이해한다고 곧바로 기술적인 것을 이해해야 한다는 것은 아니다. 기술적인 측면도 일부가 되겠지만 전반적으로 사람의 콘텐츠 이용 행태를 이해하고, 바뀌어 가는 사람의 관심과 고민을 파악해야 한다. 그래야 현실에 맞는 콘텐츠를 생산하고 유통 방법을 찾아낼 수 있기 때문이다. 이를 위해서는 상상력이 필요하다. 자신이 하고 있는 일이 무엇을 위한 것인지, 그리고 그 일을 제대로 하려면 무엇이 필요한지를 깨닫는 것이다.

3. 뉴스의 미래

1) 전통 미디어와 뉴스의 미래

많은 미디어 비평가들이 전통 미디어를 '레거시 미디어legacy media'라고 부른 지가 제법 오래되었다. '레거시'에는 여러 가지 의미가 있지만 미디어 비평가들이 그 말을 쓴 것은 이제 새로운 미디어에 자리를 내주고 사라질 미디어라는 의미를 담고 있다. 전통 미디어의 이용자 수 감소는 이런 분석의 근거가 되기도 했다. 미국이나 일본 등과 비교해 한국에서의 전통 미디어 이용자 감소는 놀라울 정도였다.

경제적 분석으로만 보면 지금도 전통 미디어가 기업으로서 운영을 계속하고 있다는 것이 놀라울 정도다. 특히 지상파 방송을 중심으로 한국의 방송 미디어에 부과되고 있는 여러 가지 경영상의 제약을 생각해 보면 더 그렇다. 신문 등 활자 미디어의 운영 상황을 보면 이 업계 자체가 근본적으로 경제 논리로 운영되지 않는다는 분석이 설득력을 갖는다. 그렇다면 전통 미디어의 앞날은 어떻게 될 것인가?

사실 방송이나 신문이 지금의 모습 그대로 지속적으로 운영될 수 있을 거라고 생각하기는 어렵다. 이용자 환경의 급격한 변화를 되돌릴 방법도 없다. 한국과는 비교도 안 될 정도로 완만한 변화를 보여 주는 일본 미디어 시장에서도 최근 전통 미디어의 위기의식이 점점 높아지고 있다.

그러나 〈뉴욕 타임스〉나 〈워싱턴 포스트〉, 〈월 스트리트 저널〉, BBC 등이 보여 주는 것처럼 전통 미디어가 디지털 환경 변화에 적응해 나갈 가능성도 얼마든지 있다. 물론 그런 가능성이 모든 미디어에 공평하게 열려 있지만, 그렇다고 그들의 시도가 모두 성공할 것이라고 볼 수는 없다. 결국 현재의 전통 미디어 시장은 사라지는 것이 아니라 재편될 가능성이 높다. 그 속에서 주도권을 쥐는 쪽은 성공적으로 디지털 전략을 수립하고 실천해 내는 곳일 수밖에 없다. 전통 미디어의 위기라며 혁신을 해야 한다고 수없이 말하면서도 실질적인 시도는 제대로 하지도 않는 언론사들이 적지 않다. 사실상 아무것도 하지 않는 언론사와 그 구성원들이 지금까지 20년 가까이 버텨 왔듯이 앞으로도 버틸 수 있을 것이라고 막연하게 생각하는 것은 너무 무모하거나 무책임한 태도가 아닐까 싶다.

전통 미디어들이 머지않아 진정한 의미에서 생존의 위기에 내몰릴 것이라는 예상과는 달리 뉴스 자체의 전망은 그렇게 어둡지 않다. 무엇보다도 뉴스 소비 자체는 오히려 더 늘었기 때문이다. 스마트폰으로 많이 사용하는 대표적인 콘텐츠 중 하나가 뉴스다. 뉴스 자체의 미래가 어둡지 않다는 건, 뉴스의 역사를 봐도 자명하다. 1부에서 언급했듯이 인류학자들의 연구에 따르면 어떤 원시 사회에서도 뉴스와 유사한 것을 찾을 수 있다. 어디나 사회가 커지면 뉴스를 전문적으로 수집하고 전달하는 사람이 생겼다. 앞으로 사회가 아무리 많이 변하더라도 뉴스의 생산과 유통이라는 기능 자체가 사라지지는 않을 것이다.

2) 기술 변화를 받아들여야 한다

정보의 수집과 전달은 항상 그 시기의 가장 효율 좋은 최고의 기술을 활용해 이루어진다. 말로 소식을 전하던 구전 뉴스의 시대에서 글자가 생기면서 기록을 이용한 뉴스의 전달이 이루어졌고, 이후로도 인쇄술, 전신의 등장, 라디오, 텔레비전, 위성 방송 등 항상 정보 전달에는 가장 최신의 기술이 이용되었다. 지금 스마트폰 등 디지털 기술을 이용한 정보 전달이 큰 흐름을 형성한 것도 자연스러운 것이다.

언론인도 이런 기술의 변화를 이해하고 자신의 업무로 자연스럽게 받아들일 필요가 있다. 텍스트 기사와 이를 방송용 리포트로 만드는 것을 뛰어넘는 다양한 뉴스 콘텐츠 생산의 시대가 되면서 기술은 언론 활동의 일부로 자연스럽게 녹아들고 있다. 방송 기자는 이전에도 방송 송출에 관한 기술적 사항부터 컴퓨터 그래픽 등 영상 관련 기술의 변화까지 어느 정도 파악하고 있어야 했다. 하지만 이제는 그 수준을 뛰어넘어 자신이 만드는 콘텐츠 자체의 생산과 유통에 어떤 기술이 관련되는지를 파악할 때가 된 것이다.

모든 기자가 기술적 요소를 직접 익히는 것은 불가능하므로 다양한 기술을 가진 전문가와의 협업은 필수적이다. 하지만 기자가 자신의 콘텐츠를 만드는 데 어떤 기술적 요소가 필요하고, 그 특성이 어떤 것인지를 이해하지 못한다면 전문가들과 제대로 된 협업을 하기 어렵다. 협업을 하더라도 효율이 떨어질 수밖에 없다. 콘텐츠와 기술적 요소가 따로 놀거나, 억지로 끼워 맞춰야 하는 상황이 발생하지 않도록 해야 한다.

무엇보다도 다양한 기술적 변화의 흐름에 관심을 갖도록 하자. 우리가 별생각 없이 소비하는 디지털 콘텐츠가 실제로 어떤 제작 방식으로 만들어졌고, 그것이 어떻게 유통되고 있는지를 이해할 수 있는 정도면 족하다. 콘텐츠에 관련된 전문가들과 협업을 제대로 할 수 있는 기자가 훨씬 좋은 콘텐츠를 만들 수 있는 환경이 되었다.

3) 개별 언론인 브랜드의 가능성

디지털 변화가 가져온 중요한 변화의 하나는 기존에는 언론사에 가려져 있던 언론인이 조금씩 개성을 가진 존재로 부각되고 있다는 점이다. 이전에는 방송 뉴스 앵커를 제외하고는 극히 일부의 기자만 시청자에게 개인적인 인지도를 확보할 수 있었다. 해외 특파원을 하면서 인상적인 스탠딩 화면을 많이 내보냈다든지, 태풍 등 상황에서 몸을 던진 취재로 화제를 모은 기자가 여기에 해당된다. 물론 아주 가끔은 엉뚱한 방송 사고의 주인공이 되면서 화제가 된 경우도 있다. 그밖에는 뉴스 앵커가 아니고는 일반적인 시청자 사이에서 기자의 이름이 기억될 가능성은 거의 없었다.

변화의 계기가 된 것은 먼저 SNS의 활성화였다. SNS를 통해 기자가 직접 시청자와 소통할 수 있는 길이 활짝 열렸기 때문이다. 이

전에는 데스크의 첨삭을 거치면서 기자 개인의 개성을 담지 못한 기사를, 그것도 일방향적으로 전달할 수밖에 없었다. 하지만 이제는 기자 개인의 성격을 드러내면서 직접 이용자와 쌍방향 대화를 나눌 수 있는 여건이 형성된 것이다.

여기에 다양한 포맷의 뉴 미디어 콘텐츠가 결합하면서 이전에는 잘 전달하지 못했던 다양한 취재 뒷이야기, 기자 개인의 해당 사안에 대한 생각 등이 어우러진 입체적인 커뮤니케이션이 가능해졌다. 방송으로는 알 수 없었던 방송 기자의 필력이 취재 뒷이야기나 칼럼 같은 긴 글을 통해 드러나는 경우도 있다. 신문 기자의 전유물로 여겨졌던 '글 기사'에서 방송 기자가 실력을 자랑하는 경우가 늘어났다. 더구나 팟캐스트, 생방송 출연, 현장 생중계 등등 이른바 '라이브' 콘텐츠가 늘어난 것도 시청자들이 '개별 기자'를 인식할 수 있는 환경의 일부가 되었다.

물론 뒤에서 다시 언급하겠지만 이런 쌍방향 소통이나 기자 개인의 브랜드화는 부담스러운 면도 분명히 있다. 하지만 기자 개인이 나름의 전문성을 쌓고, 현장을 직접 누비는 데서 나오는 정보력을 바탕으로 이용자들과 지속적인 소통을 하는 것은 언론사에 가려져 있던 언론인 개인의 브랜드화 가능성을 높이고 있다. 물론 출입처 시스템 때문에 조금 익숙해질 만하면 다른 출입처로 옮기는 현재의 인사 방식 때문에 특정 분야에 관심이 있는 사람과 지속적인 관계를 형성하기는 어려운 문제가 있다. 하지만 앞으로 언론사 인력 운용이 기자 개인의 브랜드화를 고려한다면 충분히 언론사의 한계를 넘어서는 언론인 브랜드들이 나타날 수 있을 것이다.

언론사로서도 미래 전략의 하나로서 개별 언론인 브랜드를 육성해서 언론사의 경쟁력을 확대하는 계기로 삼을 수도 있다. 개별 언론인 브랜드의 총합이 그들이 소속된 언론사 경쟁력의 바탕이 될 수 있기 때문이다. 개별 기자도 자신의 노력에 따라서는 얼마든지 자기 이름으로 시청자, 독자를 확보함으로써 소속 언론사의 한계를 극복해 나갈 수도 있다. 언론사 차원의 단일한 전략만 생각해서는 복잡다기한 시청자의 관심을 제대로 반영하기 어려울 것이다. 개성 있고 실력 있는 언론인을 개별적으로 브랜드화하는 것을 지원한다면 새로운 미디어 소비 환경에 더 효율적으로 대응할 수 있을 것이다. 물론 언론사와 언론인이 서로 마음이 맞을 때 기대해 볼 수 있는 언론의 미래상이라고 할 수 있다.

10장
언론 내·외부 소통

1. 시청자·독자와의 소통

1) 언론의 신뢰 위기와 해법

한국 언론에 대한 사회적 신뢰가 심각한 위기라는 데는 이견이 없다. 앞서 언급했지만 영국 로이터저널리즘연구소가 해마다 발표하는 조사 결과를 보면 한국에서 언론을 신뢰한다는 응답은 수년째 조사 대상 국가 중에서 꼴찌다. 물론 신뢰나 불신 같은 의견 표명을 보류한 사람이 많다는 점, 그리고 자신과 같은 관점의 뉴스를 선호하는 비중이 조사 대상 40개국 가운데 네 번째로 높다는 점 등을 감안해야 한다는 주장도 많다. 또 '언론을 불신한다'는 응답을 기준으로 하면 그렇게 비관적이라고 볼 것은 아닌 측면도 있다. 하지만 어쨌든 국내에서 언론을 신뢰한다는 목소리를 듣기가 어렵다는 것은 분명하다.

과거에도 언론에 대한 불신이나 비판이 없었던 것은 아니지만 결정적 계기가 된 것은 아무래도 2014년 세월호 참사 과정이 아니었을까? 수백 명을 태운 배가 침몰하는 과정을 보도하면서 한국 언론은 씻기 어려운 잘못을 저질렀다. 경기도 교육청이 보낸 '전원 구조' 문자 등을 근거로 모든 언론이 오보를 긴급 속보로 냈다. 아마 한국 언론사에서 가장 결정적 오보로 기억이 될 것이다. 첫 단추를 잘못 끼운 세월호 참사 보도는 내내 덜컹거렸다. 집권 세력, 특히 대통령의 7시간 행적 문제 등 이상한 초동 대응을 둘러싼 논란과 이를 덮기 위한 과잉 홍보와 과열 보도, 정부 발표와 동떨어진 구조 상황, 이를 확인하지 않은 보도 등 끝이 없었다. 이 때문에 세월호 참사는 곧바로 언론 참사라는 지적을 받았다.

한국 언론은 이러한 언론 참사가 나타난 원인을 제대로 분석하고 앞으로 비슷한 일이 재발하지 않도록 조치를 취했을까? 많은 원인 분석과 연구가 뒤따랐지만 언론 현실은 별로 바뀌지 않았다. 오히려 나빠진 면도 많다. 언론이라는 간판은 더 늘었고, 경쟁 상황은 더 열악해졌으며, 언론 품질은 더 하락했다. 등록된 정기간행물은 2만 개가 넘었고, 언론 중재 대상인 언론사도 1만 개에 육박한다.

더구나 유튜브 등 SNS의 폭발적인 확산으로 출처를 알 수 없는 정보의 유통이 크게 늘었고, 큰 사건이 나면 현장에는 누군지 알 수 없는 취재진이 몰려 북새통이 된다. 방송의 뉴스 시간도 경쟁적으로 늘었고, 뉴스가 '시사 엔터테인먼트' 수준이 됐다. 주요 신문도 인터넷 공간에서의 조회 수 경쟁에서 자제력을 발휘하지 않는다. 일부 신문은 오히려 앞장을 설 정도다. 이후에도 여러 종류의 재난이 일어날 때마다 언론의 무책임하고 무분별한 보도는 계속된다. 살아 있는 사람을 죽었다고 '단독'으로 속보를 내기도 했다.

그렇다고 지금 언론에 대한 혐오 수준의 비난은 모두 정당한 것일까? 로이터저널리즘연구소의 조사 결과에서 나타난 것처럼, 자기와 같은 의견을 가진 뉴스원을 선호하는 경향이 유별나게 강하다는 것을 잘 생각해 봐야 한다. 지금의 언론에 대한 혐오는 정상적인 언론에 대한 평가라기보다는 언론 환경을 자신에게 유리하게 만들고, 자신에게 불리한 언론 보도를 부정하기 위한 정치적 행위인 측면이 적지 않다는 것이다. 언론에 대한 평가가 우리 사회의 극단적인 정파적 대립을 그대로 반영하고 있다는 말이다. 더구나 이미 뉴스 시장에서 기존의 전통 미디어들이 절대적인 영향력을 상실한 지 오래다. 이 때문에 언론에 대해 쏟아지는 비판의 상당 부분은 전통 언론으로서도 어쩔 수 없는 것이기도 하다.

물론 우리 사회 전반이 어떻게 돌아가는지를 최초로 취재하고 그에 대한 지속적인 보도를 하는 것은 여전히 전통 미디어다. 또한 사회적으로 책임성을 갖도록 요구할 수 있는 대상도 전통 미디어다. 1인 미디어 등 소규모 매체들이 아무리 성장하더라도 지속적으로 사회 전반을 취재하는 기본적인 기능을 하는 미디어의 중요성은 사라지지 않는다. 소규모 미디어의 문제, 나아가 SNS 등을 통한 개인들 사이의 뉴스 전달 방식 등에는 문제가 있어도 책임을 묻는 것 자체가 쉽지 않다.

하지만 무엇보다도 전통 언론이 현재의 언론에 대한 사회적 불신을 '우리 책임이 아니'라고 말할 정도의 품질을 보여 주지 못하고 있는 것이 가장 큰 문제다. 이 때문에 어떤 식으로든 전통 미디어들이 제대로 기능을 수행할 수 있도록 만드는 일은 매우 중요하다. 전통 미디어의 행태에 문제가 있으면 분명히 지적하고 바로잡을 것을 요구하되 그 기준이 명확해야 한다. 언론에 대한 비판이 내 편과 네 편에 대한 기준이 다르다면 그건 정당한 언론 비평이 아니라 정치적 행위일 뿐이다. 언론의 관행과 품질은 개선되어야 하지만 언론에 대한 비평도 정상화되어야 한다. 문제는 지금처럼 멀리 불신의 강 건너에 있는 전통 언론과 뉴스 소비자 사이의 거리를 어떻게 좁혀 갈 것이냐 하는 것이다.

2) 시청자·독자와의 전략적 소통 필요성

언론은 저널리즘 품질을 높이고 소비자는 언론에 대해 제대로 된 평가를 하는 선순환 관계를 만들어야 한다. 이를 위해서는 양자 간에 소통이 이루어져야 한다. 이미 언론은 SNS 등을 통해 적극적으로 소비자들과 소통을 하고 있고, 소비자는 소비자대로 언론 보도에 대해 댓글 등을 통해 적극적으로 의사 표명을 하고 있다. 하지만 지금의 언론에 대한 전반적인 불신이 현재와 같은 수준의 소통 시도로 해소될 가능성은 없어 보인다. 불신을 해소하기 위해서는 전략적 차원에서의 소통이 필요하다.

언론이 시청자·독자와 전략적으로 소통하기 위해서는 언론의 기능은 어떠해야 하는지, 이런 기능을 위해 언론은 어떤 보도를 해야 하는지, 그리고 이런 보도를 위해 언론은 어떤 방식으로 일해야 하는지를 먼저 분명히 제시해야 한다. 이런 본질적인 측면에 대해 언론이 지향점을 분명히 한 뒤 이를 이용자에게 설명하고 이해를 확보해 나가야 하는 것이다. 이를 위해서는 언론이 먼저 고민하고, 또 실질적으로 변화를 만들어 내야 한다.

지금의 언론 불신에 언론과 소비자 양쪽의 문제가 다 있다고 해서 시청자·독자가 먼저 바뀌기를 기대하는 것은 현실적이지 않다. 언론 집단 전체가 이런 변화를 선도해 나가면 좋겠지만 그것 또한 기대하기 어렵다. 언론 관련 단체들이 중심이 되어 이런 변화를 주도할 수 있으면 좋겠지만 현재 언론사들 사이의 경쟁 관계, 그리고 저마다 처해 있는 상황이 다르다는 점 등을 감안하면 그런 기대는 하지 않는 게 좋다.

결국 지금은 개별 언론사가 이런 부분에 대한 자신의 전략적 결단을 내리고, 저널리즘적 품질을 개선하는 작업을 주도하면서 시청자, 독자를 설득하는 것이 현실적인 답이다. 그런 노력을 통해 해당 언론사의 브랜드가 갖는 가치와 영향력을 키워 나간다면 국내 언론이라고 해서 미국의 〈뉴욕 타임스〉, 〈워싱턴 포스트〉가 갖는 프리미엄급 위상을 확보하지 못할 리가 없다.

문제는 이런 소통 노력은 충분히 전략적이어야 한다는 것이다. 일회적이고 얕은 수준에서의 시도가 아니라, 해당 언론사의 미래를 걸고, 자신이 추구하는 저널리즘적 가치를 모든 콘텐츠에 실을 수 있도록 내부 구성원에 대한 교육과 제작 관행 전체를 정비하는 수준의 노력을 기울이지 않는다면 지금의 고착화된 언론 불신 사회의 장벽을 무너뜨리기 어렵기 때문이다. 이런 측면에 대한 진지한 고민과 성찰을 해야 한다. 또한 이런 노력은 언론사 차원에서도 이루어져야 하지만 구성원 모두가 절실하게 느끼고 실천해야만 실질적인 성과로 연결될 수 있다는 점을 분명히 인식해야 한다.

3) SNS 활동의 명과 암

개별 언론인이 SNS를 적절히 활용하는 것이 언론사를 넘어 언론인을 브랜드로 구축하는 방안이 될 수 있다는 점을 9장에서 언급했다. SNS는 분명히 언론인 개인이 직접 뉴스 소비자와 만날 수 있는 접점을 제공해 주고 있다. 언론인만이 아니라 언론사도 SNS 공식 계정을 통해 과거와는 차원이 다른 이용자들과의 입체적인 접촉면을 만들어 내고 있다. 수십만을 넘어 백만 명이 넘는 이용자를 확보한 계정까지 나타나고 있고, 구독자는 몇십만 명에 불과하더라도 개별 콘텐츠로만 보면 수백만에서 천만이 넘는 조회 수를 기록한 것까지 나타난다. 이 때문에 언론사의 공식 SNS 계정은 단순한 이용자와의 접점을 넘어 새로운 수익원이 되기도 하다.

SNS는 기존의 신문과 방송이라는 전통적인 전달 방식과는 다른 쌍방향 전달 수단으로서 확실히 차별성을 보여 준다. 이 때문에 시청자, 독자와의 소통이라는 측면에서 SNS의 가능성은 상당하다. 위에서 언급한 시청자, 독자와의 전략적 소통을 실현하려면 SNS는 중요한 수단이 될 수밖에 없다.

하지만 SNS에 이런 긍정적인 면만 있는 것은 아니다. 시청자, 독자와의 전략적 소통의 관점을 갖고 있지 않은 상태에서 SNS를 통한 소비자와의 직접적인 소통이라는 기능만 활용하려고 할 경우 자칫 SNS의 부정적 측면이 부각될 위험성도 크다. 실제로 많은 언론사나 언론인이 그런 부정적 측면을 실제 SNS 운영을 통해 보여 준다.

SNS 활용 문제는 크게 두 가지로 정리할 수 있다. 하나는 SNS가 당장의 조회 수나 수익 등을 목표로 운영되면서 장기적인 저널리즘적 가치의 강화와 같은 전략적 목표와 오히려 충돌할 수 있다는 것이다. SNS에 대한 단순한 접근은 그저 이용자를 많이 끌어모으는 데 최적화된 운영으로 귀결된다. 앞에서도 언급했지만 심지어 공영 방송의 공식 계정이 젊은 이용자의 취향에 맞춘다며 비속어까지 동원하는 것이 단적인 사례다. 어떻게든 내가 만든 콘텐츠를 많이 보게 하는 것이 중요하다는 접근은 장기적이고 전략적인 접근과는 거리가 멀다. 이런 운영은 단순히 개별 계정 운영자의 문제가 아니다. 언론사 차원에서 SNS 활용 전략을 시청자, 독자와의 접촉을 통해 자신의 고유한 브랜드를 구축하려는 수준까지 끌어올리지 못하고 있음을 드러내는 것이다.

다음으로 SNS를 개별 언론인이 지나치게 개인적인 차원에서 활용하는 문제도 있다. 특정 언론사에 소속된 언론인이 공개적으로 운영하는 계정은 어떠한 경우에도 언론 활동의 연장선으로 받아들여진다는 점을 감안해야 하는데 그렇지 않은 것이다. 실제로 일부 언론인은 자신의 정치적 색깔이나 취향, 감정 등을 여과 없이 SNS를 통해 드러내고 있다. 심지어 공영 방송이나 주요 미디어의 현직 기자나 PD라고 밝힌 계정을 통해 특정한 정치적 주장을 강하게 피력하거나, 반대 의견을 가진 사람에 대해 혐오적 표현을 거침없이 하는 것도 심심찮게 볼 수 있다.

일반 SNS 이용자들은 아무래도 정보 접근 등이 용이한 현직 언론인이 SNS를 통해 내놓는 발언에 귀를 기울이는 측면이 있다. 이는 언론인이 SNS를 운영할 때는 일정한 정도의 책임성을 인식해야 한다는 점을 보여 주는 대목이다. 기자나 PD가 저널리즘적 원칙을 지키지 않은 주장을 SNS에 올리게 되면 자신이 소속된 언론사에 대해 시청자와 독자가 편향적 시각을 갖게 될 가능성이 높다.

이런 문제는 모두 SNS에 대해 어느 정도의 통일적 기준이 마련되지 않고 있다는 점, 아직 한국의 많은 언론사와 언론인이 SNS의 성격에 대해 충분히 깊이 있는 고민을 하지 못하고 있다는 점 등을 보여 준다. 언론의 위기를 헤쳐 나가기 위해 시청자, 독자와의 전략적 소통이 필요하다는 점에서 이 문제를 더 이상 지금처럼 방치하지 않아야 할 것이다.

SNS를 빼놓고는 앞으로의 뉴스 콘텐츠 유통 전략을 논의하기 힘들다. SNS가 갖고 있는 긍정적인 면과 부정적인 면을 두루 감안한 전략적 대응이 필요하다. 뉴스 소비자들의 콘텐츠 이용 행태가 다시 과거로 돌아갈 가능성은 거의 없기 때문에 SNS를 이용해 뉴스 소비자들과 소통하는 접촉면을 극대화하는 노력을 기울여야 한다. 전략적인 SNS 이용을 위해 언론사들이 자신의 상황에 맞는 SNS 전략이나 SNS 활용을 위한 가이드라인을 만들어 조직적인 대응을 하는 것을 적극 검토해야 한다.

2. 언론사 내부 소통과 언론의 미래

1) 언론사 내부 소통의 문제

어떤 저널리즘 콘텐츠가 세상에 나가기까지는 정말 많은 단계의 판단과 결정이 있어야 한다. 애초에 수많은 일 중에서 무엇을 취재할 것인지를 검토하는 것부터, 그것의 어떤 측면을 취재할 것인지, 보도를 한다면 어떤 형식으로 할 것인지, 보도에 세부적으로 어떤 내용을 담을 것인지, 제작은 어떻게 할 것인지, 그렇게 만든 보도물은 어떻게 유통시킬 것인지 등등 이루 말할 수 없이 많은 내용을 결정해야 한다. 그 결정 하나하나가 콘텐츠의 실질적 내용과 소비에 큰 영향을 미친다.

언론의 의사 결정은 최종적으로 보도 책임자들이 내리게 된다. 회사마다 약간씩 차이가 있을 수 있지만 특정 콘텐츠를 생산할지에 대한 최종적 결정권은 방송의 보도국장, 신문의 편집국장에게 있다.

하지만 일상적으로는 실질적인 의사 결정은 대체로 담당 부장과 팀장 선에서 내려진다. 물론 구체적으로 그 콘텐츠에 어떤 내용이 담길지는 해당 기자의 손에서 상당 부분 결정된다. 아무리 부장 등 데스크가 훌륭한 콘텐츠를 제작하길 희망해도 현장 기자의 취재가 거기에 미치지 못하면 그걸로 끝이다. 데스크가 개별 기자의 취재를 대신할 수는 없기 때문이다.

편집 회의 등에서 내려진 많은 의사 결정 중 상당 부분은 실제 현장 기자의 취재와 부합하지 않으면 무용지물이 된다. 편집 회의에서의 논의가 아무리 심오했더라도 현장을 취재한 결과가 그에 미치지 못하면 그 논의는 탁상공론으로 끝날 공산이 크다. 실제로 데스크 이상 뉴스룸의 의사 결정권자들은 해당 사안에 대한 자신들의 논의대로 뉴스가 만들어질지 확신하지 못한다. 취재 기자의 역량에 따라 편집 회의에서 논의된 것에 부합하는 기사가 만들어질 수도 있고 전혀 엉뚱한 결과물이 나올 수도 있다고 생각한다.

정반대의 시각도 있다. 현장 기자는 자신이 실제로 무엇을 취재하고 싶은지, 어떤 내용을 취재했는지와 무관하게 편집 회의에 참석하는 의사 결정권자들의 탁상공론 때문에 저널리즘적 판단이 산으로 가는 경우가 많다고 생각한다. 현장에서의 생생한 취재 결과에 관심을 더 기울여야 하는데 자신들의 경험과 선입견에 근거한 의사 결정이 많이 이루어진다는 의심을 하는 것이다.

가끔은 편집 회의 논의 내용을 제대로 현장에 전달해 주지도 않아 헛수고하게 만든다는 시각도 있다. 실제로 뉴스룸의 의사 결정권자들 사이에도 서로 의견이 달라서 혼선을 빚기도 한다. 미리 조율했으면 큰일도 아니었을 텐데, 막상 뉴스 시간 임박해서 기사를 다 써놓고 나니 원래 쓰기로 했던 기사와 달라 갈등을 빚기도 한다.

뉴스 한 시간 전에 이런 일이 벌어지면 실제로 큰일이다.

이런 혼란은 모두 언론사 내부의 소통 부족에서 비롯되는 일이다. 언론 자체가 소통 산업인데, 정작 언론사 내부에서 서로 소통이 충분하지 않으면 이런 문제가 발생한다. 언론인은 소통에 관한 한 전문가인데 왜 소통 문제가 발생할까? 이것은 단순히 관련된 개별 언론인만의 문제라기보다는 조직 구성과 운영의 문제일 수 있다. 어쨌든 언론사 내부의 의사소통 부족 문제는 정도의 차이가 있지만 모든 언론사에서 다 나타난다고 볼 수 있다. 일부 언론사의 경우 사내에 대자보가 붙는 등 큰 문제로 불거지기도 하고, 내부 익명 게시판이라도 있다면 소통 문제를 둘러싼 논란이 끊이지 않는다.

2) 언론의 성격과 소통의 중요성

언론은 지식 산업이다

기본적으로 언론사 내부에서 소통이 필요한 가장 기본적인 이유는 언론이라는 산업의 본질적 특성 때문이다. 언론이 만들어 내는 콘텐츠는 그 사회의 다양한 가치의 충돌을 다룬다. 단순 사고로 보이는 것에도 그 사회의 구조적 모순이 숨어 있는 경우가 많다. 부족한 생활비를 메우기 위해 택배 물류 회사에서 아르바이트를 하던 젊은이가 과로로 숨지거나, 혹은 공장에서 위험 작업에 투입된 외주업체 소속 젊은이가 부족한 안전 설비 때문에 어이없이 숨지는 일처럼 어떻게 보면 또 하나의 사고로 큰 주목을 받지 못할 수 있는 일도 청년 실업의 문제나 위험의 외주화 같은 우리 사회의 구조적 문제라는 시각에서 보면 전혀 다른 사건이 될 수 있다.

이처럼 기자가 생산하는 콘텐츠는 사람이 어떤 가치를 추구하는가, 어떤 고민을 담아내는가에 따라 전혀 다른 내용으로 바뀔 수 있다. 그것이 바로 가치 산업, 지식 산업의 특징이다. 단순히 사건 그 자체라는 표면만 보고 지나칠 수도 있지만 사람에 따라서는 그 속을 들여다 보고, 그 안에 들어 있는 여러 가지 문제점을 꺼내 보일 수도 있는 것이 언론의 특징이다. 그래서 시각이 중요하고, 상상력이 중요한 것이다.

열린 조직 문화와 언론의 미래 전략

항상 사회는 변화한다. 사람마다 추구하는 가치가 다르고, 같은 사안이라도 바라보는 관점이 다르고, 민감도 또한 차이가 난다. 이것은 사회적인 흐름과도 관련이 있다. 과거에는 사회적으로 추구하는 가치가 비슷했다. 특히 성장 중심의 사회에서는 더 그랬다. 언론의 콘텐츠도 비교적 단순했고 획일적이었다.

하지만 지금은 다르다. 사회 전체적으로 다양성의 폭이 엄청나게 넓어졌다. 언론은 지식 산업으로서 이런 사회의 흐름에 선도적으로 대응해야 한다. 그러지 않으면 뒤처진다. 그런 다양한 흐름을 순조롭게 받아들이기 위해서는 소수의 의사 결정권자들이 모든 사안을 폐쇄적으로 재단하던 것에서 구성원의 다양한 생각을 뉴스 제작에 반영하는 쪽으로 바꾸어야 한다. 그래야 사회의 다양한 가치를 뉴스 콘텐츠로 받아들일 수 있다. 그렇게 해야만 새로운 뉴스 콘텐츠에 대한 다양한 소비자의 요구를 담아낼 수 있다.

아직도 경험 많은 의사 결정권자 몇몇이 모든 뉴스 관련 쟁점에 대한 판단을 내리는 것이 효율적이라고 생각하는 조직은 장기적으로 경쟁력을 갖기가 힘들다. 보도할 가치가 있는 사안을 선정하고 보도 방식을 결정하는 권한을 소수의 지도부가 독점하는 닫힌 조직으로는 현재의 다양한 가치를 반영하기 어렵다.

물론 과거의 집중적인 의사 결정이 무조건 잘못이라는 것은 아니다. 아직도 어떤 결정적인 순간에는 집중화된 의사 결정이 효율성을 발휘할 때가 있다. 하지만 일상적으로 의사 결정권이 소수에게 독점되어 있다면 사회의 변화를 따라가기 쉽지 않다. 그것은 기본적으로 지식 산업의 본질에 반한다. 지적 활동의 핵심은 자율성과 다양성이기 때문이다. 거기서 경쟁력을 이끌어 내는 것이 지식 산업으로서의 언론이 추구할 수 있는 미래 생존 전략일 수밖에 없는 이유다.

뿐만 아니라 지금의 너무나 빠른 미디어 환경의 변화는 도저히 과거의 경험에 바탕을 둔 조직 운영으로는 따라잡을 수가 없다. 새로운 콘텐츠 제작 기술과 콘텐츠 소비문화의 등장을 중앙집중화된 전통적인 조직 운영으로 대응할 수 없다. 비전통적 상황에는 비전통적 대응이 필요한 것이다. 권한을 과감하게 위임하고, 다양성을 존중하고 모든 구성원의 생각을 존중하는 열린 조직 운영이 필요하다. 물론 해당 언론사가 추구하는 본질적인 가치에 대한 전략적 판단, 저널리즘적 목표에 대한 명확한 인식, 언론 윤리적 취재 보도 기준 같은 것은 엄정하게 관리해야 한다. 하지만 지금은 오히려 일반적인 조직 운영은 권위적이고 닫힌 체제로 운영하면서 저널리즘적 가치나 취재 보도 관행 등 언론 윤리적 기준은 엄정하게 관리하지 않는 모습도 목격된다. 언론의 미래를 생각하면서 근본적인 전략을 모든 언론인이 좀 더 치열하게 고민해야 한다.

주

1 미첼 스티븐스도 마라톤 승전보 전달 사건을 메신저에 의해 뉴스가 전달되었던 가장 좋은 사례라고 들고 있다. 《뉴스의 역사*A History of News*》, 이광재·이인희 옮김, 커뮤니케이션북스, 2010, p.31.

2 위의 책, pp.11~28.

3 T. I. Emerson, *The System of Freedom of Expression*, New York: Random House, 1970, pp.6~7.

4 Alexander Meiklejohn, *Free Speech and Its Relation to Self-Government*, New York: Kennikat Press, 1948.

5 남주현, "[방송 기자가 만난 방송 기자] 집요하게 취재하는 냉철한 의사," 〈방송 기자〉 2017년 1·2월호. 방송 기자연합회, 2017. 1. (방송 기자연합회 인터넷 홈페이지, http://reportplus.kr/?p=19337).

6 한국언론진흥재단, 《한국의 언론인 2017》, 2017, pp.124~125.

7 한국언론진흥재단, 《2019 한국의 언론인》, 2019, pp.126~127.

8 빌 코바치·톰 로젠스틸, 《저널리즘의 기본 원칙*The Elements of Journalism*》, 이재경 옮김, 한국언론진흥재단, 2009.

9 심석태 외 9인, 《방송 뉴스 바로 하기》, 컬처룩, 2014.

10 심석태, "6장 사실 확인 관행과 투명성의 윤리," 임종수 외, 《저널리즘 모포시스》, 팬덤북스, 2020, pp.187~223.

11 강준만, "'기레기'라고 욕하는 당신께," 〈한겨레〉, 2019. 12. 9. 26면.

12 언론진흥재단, 〈디지털 뉴스 리포트 2020〉, 2020. 10.

13 〈미디어오늘〉, "'편향적 뉴스 이용자'의 나라, 대한민국," http://www.mediatoday.co.kr/news/articleView.html?idxno=207697, 2020. 6. 18.

14 언론진흥재단, 위의 책, pp.44~47.

15 Conrad Fink, *Media Ethics,* Allyn & Bacon, 1994. [한국언론연구원 편역, 《언론 윤리》, 1995], p.27; 김옥조, 《미디어 윤리》, 2004, 커뮤니케이션북스, pp.4~5.

16 https://imnews.imbc.com/replay/2018/nwdesk/article/ 4488843_30181.html

17 〈미디어오늘〉, "SNS 가이드라인 "저널리즘 지켜라,"" 2010. 12. 9. http://www.mediatoday.co.kr/news/articleView.html?idxno= 92533

18 이완수 · 양영유 · 신명환, "근로시간 단축이 취재와 뉴스를 어떻게 바꿔 놓았는가?: 주 52시간제 도입에 따른 취재관행과 뉴스생산에 대한 기자인식을 중심으로," 〈커뮤니케이션 이론〉, 2020년 가을호.

19 민주언론시민연합, "[방송사 단도 보도 모니터] ①방송사 '단도 보도'는 정말로 단독일까," 2020. 7. 7. http://www.ccdm.or.kr/xe/index.php?mid=watch&page=5&document_srl=296372

20 유수정 · 이건호, "방송 뉴스의 단독 보도 품질 연구," 〈한국방송학보〉, 2020년 5월호.

21 고광남, "무너진 저널리즘 신화…… 슈피겔 기자 조작 스캔들 조사 보고서 공개," 〈신문과 방송〉, 2019년 7월호, 한국언론진흥재단, pp.120~125.

22 〈조선일보〉, "조민 씨 · 연세대의료원에 사과드립니다," 2020. 8. 29. A2면.

23 연합뉴스, "프랑스, 가짜 보도 자료에 속은 블룸버그에 거액 과징금 부과," 2019. 12. 17. https://www.yna.co.kr/view/AKR20191217072900009?section=search

24 다양한 언론 윤리적 쟁점 상황에서 어떤 윤리적, 법적 판단이 가능한지에 대해서는 심석태, 《언론법의 이해》, 컬처룩, 2016 참조.

25 언론인권센터, 《언론에 당해 봤어?》, 커뮤니케이션북스, 2013. 언론인권센터는 2019년에는 후속 사례를 모아 《언론에 당해봤어? 2》를 냈다.

26 https://news.sbs.co.kr/news/endPage.do?news_id=N1002398781.

27 이에 대해서는 방송 기자 출신인 김종국 교수도 비슷한 기사 구성 방식을 설명하면서 나아가 구성 방식을 5단계로 나누는 방식까지 제시하기도 했다. 김종국, 《세상을 보는 뉴스》, 나남, 2017.

28 국가인권위원회, 〈혐오 표현 리포트〉, 2019, pp.25~31.

29 국가인권위원회, 〈2019년 혐오 차별 국민 인식 조사〉, 2019, pp.242~244.

30 한국기자협회, "기자 회원들께 드리는 코로나19 보도 관련 제2차 긴급 호소문," 2020. 5. 12. http://www.journalist.or.kr/mybbs/bbs.html?mode=view&bbs_code=bbs_20&cate=&page= &search=&keyword=&type=&bbs_no=29250

31 김지영, 《피동형 기자들》, 효형출판, 2011, pp.39, 55.

32 알랭 드 보통, 《뉴스의 시대*The News: A User's Manual*》, 최민우 옮김, 문학동네, 2014, p.34.

33 알랭 드 보통, 위의 책, pp.50~51.

34 김준범, "[여심야심] 그럴듯한 거짓말, 새빨간 거짓말, 그리고 통계… 누가 더 '경알못'?" KBS 뉴 미디어 콘텐츠 '여심야심,' 2019. 7. 24. http://news.kbs.co.kr/news/view.do?ncd=4248941 &ref=A

35 한세현, "참을 수 없는 '부동산 통계'의 가벼움," SBS 〈취재파일〉, 2020. 9. 9. https://news.sbs.co.kr/news/endPage.do?news_ id=N1005971373&plink=SEARCH&cooper=SBSNEWSSEARCH&plink=COPYPASTE&cooper=SBSNEWSEND.

36 진 엡스타인, 《경제는 어떻게 조작되는가*Econospinning*》, 김현정 옮김, 아고라, 2012. pp.8~9.

37 대럴 허프, 《새빨간 거짓말, 통계*How to Lie with Statistics*》, 박영훈 옮김, 더불어책, 2004, pp.167~192.

38 한국언론진흥재단, 《2019 한국의 언론인》, 2019, pp.9~11.

39 〈미디어오늘〉, ""부산폭우 외면" 비판 받는 KBS 재난방송 살펴보니," 2020. 7. 25. http://www.mediatoday.co.kr/news/articleView. html?idxno=208386.

40 권혜진 외, 《현장기자를 위한 체크리스트》, 한국언론진흥재단, 2019, p.33.

참고 문헌

강준만 (2019). "'기레기'라고 욕하는 당신께," 〈한겨레〉, 2019. 12. 9. 26면.

고광님 (2019). "무너진 저널리즘 신화…… 슈피겔 기자 조작 스캔들 조사 보고서 공개," 〈신문과 방송〉, 2019년 7월호, 한국언론진흥재단.

국가인권위원회 (2019). 〈혐오 표현 리포트〉.

국가인권위원회 (2019). 〈2019년 혐오 차별 국민 인식 조사〉.

권혜진 외 (2019). 《현장기자를 위한 체크리스트》. 한국언론진흥재단.

김옥조 (2004). 《미디어 윤리》. 커뮤니케이션북스.

김종국 (2017). 《세상을 보는 뉴스》. 나남.

김준범 (2019). "[여심야심] 그럴듯한 거짓말, 새빨간 거짓말, 그리고 통계…… 누가 더 '경알못'?" KBS 뉴 미디어 콘텐츠 '여심야심,' 2019. 7. 24. http://news.kbs.co.kr/news/view.do?ncd=4248941&ref=A

김지영 (2011). 《피동형 기자들》. 효형출판.

남주현 (2017). "[방송 기자가 만난 방송 기자] 집요하게 취재하는 냉철한 의사," 〈방송 기자〉 2017년 1·2월호. 방송 기자연합회, 2017. 1. (방송 기자연합회 인터넷 홈페이지, http://reportplus.kr/?p=19337)

〈미디어오늘〉 (2010. 12. 9). "SNS 가이드라인 "저널리즘 지켜라,"" 2010. 12. 9. http://www.mediatoday.co.kr/news/articleView.html?idxno= 92533

〈미디어오늘〉 (2020. 6. 18). "'편향적 뉴스 이용자'의 나라, 대한민국," http://www.mediatoday.co.kr/news/articleView.html?idxno=207697

〈미디어오늘〉 (2020. 7. 25). ""부산폭우 외면" 비판 받는 KBS 재난방송 살펴보니," http://www.mediatoday.co.kr/news/articleView. html?idxno=208386

민주언론시민연합, "[방송사 단도 보도 모니터] ①방송사 '단도 보도'는 정말로 단독일까," 2020. 7. 7. http://www.ccdm.or.kr/xe/index.php?mid=watch&page=5&document_srl=296372

보통, 알랭 드(2014). 《뉴스의 시대*The News: A User's Manual*》. 최민우 옮김, 문학동네.

스티븐스, 미첼 (2010). 《뉴스의 역사*A History of News*》. 이광재 · 이인희 옮김, 커뮤니케이션북스.
심석태 (2016). 《언론법의 이해》. 컬처룩.
심석태 (2020). "6장 사실 확인 관행과 투명성의 윤리," 임종수 외, 《저널리즘 모포시스》. 팬덤북스.
심석태 외 9인 (2014). 《방송 뉴스 바로 하기》. 컬처룩.
언론인권센터 (2013). 《언론에 당해 봤어?》. 커뮤니케이션북스.
언론인권센터 (2019). 《언론에 당해 봤어? 2》. 누리.
언론진흥재단 (2020. 10). 〈디지털 뉴스 리포트 2020〉.
엡스타인, 진 (2012).《경제는 어떻게 조작되는가*Econospinning*》. 김현정 옮김, 아고라.
연합뉴스 (2019. 12. 17). "프랑스, 가짜 보도 자료에 속은 블룸버그에 거액 과징금 부과," https://www.yna.co.kr/view/AKR20191217072900009?section=search
이완수 · 양영유 · 신명환 (2020). "근로시간 단축이 취재와 뉴스를 어떻게 바꿔 놓았는가?: 주 52시간제 도입에 따른 취재관행과 뉴스생산에 대한 기자인식을 중심으로," 〈커뮤니케이션 이론〉, 2020년 가을호.
〈조선일보〉(2020. 8. 29). "조민 씨 · 연세대의료원에 사과드립니다," A2면.
코바치, 빌 · 로젠스틸, 톰 (2009). 《저널리즘의 기본 원칙*The Elements of Journalism*》. 이재경 옮김, 한국언론진흥재단.
한국기자협회 (2020. 5. 12). "기자 회원들께 드리는 코로나19 보도 관련 제2차 긴급 호소문," 2020. 5. 12. http://www.journalist.or.kr/mybbs/bbs.html?mode=view&bbs_code=bbs_20&cate=&page= &search=&keyword=&type=&bbs_no=29250
한국언론진흥재단 (2017). 《한국의 언론인 2017》.
한국언론진흥재단 (2019). 《2019 한국의 언론인》.
한세현 (2020). "참을 수 없는 '부동산 통계'의 가벼움," SBS 〈취재파일〉, 2020. 9. 9. https://news.sbs.co.kr/news/endPage.do?news_ id=N1005971373&plink=SEARCH&cooper=SBSNEWSSEARCH&plink=COPYPASTE&cooper=SBSNEWSEND
허프, 대럴 (2004). 《새빨간 거짓말, 통계*How to Lie with Statistics*》. 박영훈 옮김, 더불어책.

Emerson, T. I. (1970). *The System of Freedom of Expression*. New York: Random House.
Fink, Conrad (1994). *Media Ethics*. Allyn & Bacon. [한국언론연구원 편역, 《언론 윤리》. 1995].
Meiklejohn, Alexander (1948). *Free Speech and Its Relation to Self-Government*. New York: Kennikat Press.

https://imnews.imbc.com/replay/2018/nwdesk/article/ 4488843_30181.html
https://news.sbs.co.kr/news/endPage.do?news_id=N1002398781

찾아보기